神戸大の英語
15カ年［第9版］

渡里芳朗 編著

教学社

はしがき

神戸大学を目指す受験生で，文法・語彙・読解面での基礎学力をある程度身につけた生徒さんから「神大受験向けの実戦的な英語の問題集ってないですか」と尋ねられるたびに，以前は「『神戸大の英語』もあればいいのにね」と，私はよく言っていました。今では豊富なラインナップを誇る赤本の「難関校過去問シリーズ」も，当時はまだ，『東大の英語』と『京大の英語』しかなかったのです。この２冊は出版当初から資料集として活用していました。特定大学の英語の過去問が，豊富に，しかも問題形式別に整理されているので，教える側にとってもこれは便利なツールです。まして受験生にとってこのシリーズが，実戦トレーニング用教材として非常に利用価値の高い問題集であることは言(げん)を俟(ま)ちません。その待望の『神戸大の英語』を誕生させる役目を仰せつかり，幸いにも読者の好評を得て，今回第９版を刊行する運びとなりました。

本書には神戸大学の前期試験（英語）の過去 15 年分（2008～2022）が収められています。コンパクトに神大英語を俯瞰(ふかん)しつつ，ポイントをわかりやすく提示して，実戦力を養う――これが本書のコンセプトです。これを形にするため，次の３点にとりわけ意を注ぎました。

①段落分けの明確な読解問題には「各段落の要旨」という項目を設けて，英文内容の要約を示す

問題文の論旨の流れがつかみやすくなるだけでなく，段落ごとに要点を捉えて読んでいく「パラグラフ・リーディング」の練習にも役立ちます。

②読解問題の設問解説に工夫を凝らし，簡潔だがわかりやすいものにする

自学自習がしやすいよう，疑問を残さない解説を心がけました。複雑な文構造の説明には理解を助けるため図を添えています。

③答案作成の流れとポイントがわかるよう，英作文の解説を充実させる

自由英作文ではアプローチの仕方を示し，和文英訳で読み換えの必要な箇所ではその変換法を示すなど，英文作成のプロセスにできるだけ目を向けました。

神戸大学の英語の過去問は，「標準」から「やや難」レベルの国公立大入試問題として良質なものが多いので，本書は，神大志望者のみならず，他大学を受験する人にも役立つでしょう。一人でも多くの受験生の手助けができればと願っています。すてきな春を自らの手で呼び寄せましょう。

編著者しるす

CONTENTS

第1章　読　解

♦：自由英作文問題を含む

第 2 章　英作文

◊：和文英訳問題　♦：自由英作文問題

●掲載内容についてのお断り

・著作権の都合上，2013 年度〔1〕は収載しておりません。
・本書に掲載されている入試問題の解答・解説は，出題校が公表したものではありません。

神大英語の分析と攻略法

分析　Analysis

1 「読解３＋英作文１」が基本

大問の構成は「読解問題３題＋英作文問題１題」という形が長く続き，神大英語の「型」となって定着してきた。2020年度では「読解問題３題」の構成になり，その大問〔１〕と大問〔３〕の設問に英作文が１問ずつ組み込まれる形になったが，その後また基本の形に戻っている。読解問題の英文量は，大問１題あたり概ね500～650語，総語数で1500～1900語程度である。

2 全問題を80分で

読解問題１題あたりの設問数はかつては３問構成のものも散見されたが，近年は４～５問が標準となり，2022年度では６問構成となった。80分という比較的短い試験時間の中で，読解問題３題と英作文（2020年度では２題に英作文が含まれる読解問題３題）を仕上げるのは結構大変だ。共通テストでも素早い処理能力が求められるが，神大英語でも各設問をテキパキとこなしていく力が問われている。

3 読解力を記述式と記号選択式の設問で問う

ほとんどの読解問題には下線部を和訳させる設問が１～２問含まれている。また，理由や結果，語句や文の意味などを具体的に説明させる設問も定番となっており，「○字以内の日本語で説明しなさい」といった字数指定が設けられている場合が多い。こうした記述式の設問に加えて，空所補充や同意表現の選択，内容真偽や後続する英文の選択といった多様な設問が記号選択式で出題されている。

設問の出題形式は，用いられる素材英文ごとにそれにふさわしい問い方が工夫されるので一定してはいないが，どの大問でも，文法・語彙・構文の知識，英文の構造を把握する力，文脈を的確に追いつつ文章の要旨を捉える力，そして理解した内容を適切に表現する力が，常に総合的に試される。

4 物語性のある英文や対話文へのこだわり

社会・文化・科学・歴史，あるいは特定の人物や事物などに関する論説文という，入試の長文としては比較的オーソドックスな内容の英文を用いた読解問題に加えて，3題の大問のうちの1題で，物語文（セリフの多い小説やエッセー）や対話文の素材が用いられ，それが神大英語の特色の一つになっている（大問〔3〕が概ねそれに該当するが，2020年度のように物語文が大問〔2〕になることもある）。そして，こうした問題では，人物の発言部分を何らかの形で問う設問が頻出している。

5 自由英作文にシフトしてきた英作文

英作文問題では，かつては和文英訳だけが出題されていたが，その後，和文英訳と自由英作文の一方もしくは両方が出題されるようになり，2011年度からは，年度によっては和文英訳と組み合わされながらも，自由英作文は欠かさず出題されてきた。近年は自由英作文2問という形が続いている。神大英語では自由英作文が英作文問題の主流になってきたと言えるだろう。

出題形式には新しい趣向が盛り込まれることも多く，あるテーマで意見を求めるもの，グラフや絵を読み取らせるもの，和文英訳と自由英作文を一つの問題に組み込んだ融合型，さらには，読解問題の中に自由英作文を組み入れる形（2020年度）など，その形式はさまざまだ。なお，2018年度に英作文の配点が従来の25点から30点に変更されたが，2021年度からは25点に戻っている。

6 「標準」から「やや難」レベルの良問

「はしがき」でも触れたように，国公立大の英語の問題として良質な問題が多い。年度や大問によって標準レベルのものからやや難しいものまで，難易度には多少の幅があるものの，どれも受験生の学力の差がきちんと出るようにうまく作られている。

出題形式をあえて一定にしないことも神大英語の特徴であり，以前に用いられたパターンが復活したかと思えば，まったく新しい試みがなされたりもする。そこには，そうした形式の「揺れ」に惑わされない，土台のしっかりした学力を受験生に求める大学側の思いが込められているように思われる。

また，問題全体のレベルが昔と比べて上がってきてもいる。だからこそ，日頃のトレーニングが大切なのだ。次頁からの「攻略法」と「英語の基礎体力作り」で述べる対策を参考に，着実に力をつけて試験に臨めるよう頑張ろう。

攻略法　Strategy

は参考図書

読解問題の攻略法

神大英語では，分量的にも配点的にも読解問題に大きな比重がかかっている（読解問題の配点は全体の 8 割ほどを占める）ので，その攻略が最重要課題と言える。

● 読解力を高める学習で大切なこと

① 読解力の基盤は語彙力と文法・語法の知識であり，この分野の反復作業は受験生の日課である。しかし，英文を読んでその構造と意味内容をつかむ作業も同時に日常化しないと，語彙も文法・語法も読解に役立つレベルには決して至らない。

② 一度しっかりと学習した英文素材を定期的に読み込むこと，そしてそのたびにスピードを徐々に上げて速読力を高めること――こうした反復的なトレーニングを，新たに学習する素材にも適用しつつ積み重ねていこう。そうすることで，語彙力，文法・語法力，それに構造把握力が一つに溶け合い，堅固な読解力が養われていく。

③ 音声データが利用できる教材では，リスニングと音読の訓練にも積極的に取り組もう。文構造と意味内容がわかるまで読み込んだ英文を用いて音声面の練習をすることで，左から右へ比較的速いスピードで英文を理解するスキルが向上し，耳から入れて口から出す英語は記憶に残りやすいので語彙力も大いに強化される。

次に，代表的な設問形式別に読解問題攻略のポイントを概観しておこう。

1　英文和訳

正確に英文の構造を把握することが何よりも大切だ。句や節などのカタマリを作る語（前置詞・準動詞・従位接続詞・関係詞・疑問詞など）に対する理解を深めたい。また，and などの等位接続詞による並列・共通関係を正確に捉える力がカギを握ることも多い。本書の解説中に必要に応じて示している構造図も役立ててほしい。

次に，語句の意味を文脈に即して捉えることが要求される。未知語も前後関係から推測しよう。代名詞や指示語などが指す内容を明らかにしながら和訳する場合や，物語文での和訳などでは，そうした文脈からの情報処理がとりわけ重要になる。また，直訳のままでは日本語として不自然になる場合には意訳をする必要があり，そのためにも，全訳や模範解答などを参考に，日頃から日本語の表現力を鍛えておきたい。

2 内容説明

設問形式は多種多様であるが，共通している最大のポイントは，解答となる内容が問題文のどこに述べられているかを的確に見抜くことである。そのためには，上述の英文和訳以上に，論旨の展開を追い，段落と段落，文と文との内容面でのつながりをしっかりつかみながら読むことが必要となる。多くの過去問に取り組み，読み解く経験を積んでいこう。段落ごとの論旨の流れを追って英文を読む，いわゆるパラグラフ・リーディングの訓練では，本書の「各段落の要旨」もうまく活用してほしい。

記号選択式の場合もあるが，記述式でしかも字数制限が設けられていることも多く，その場合，日本語の要約力も問われる。字数がやや少なめに設定され，指定字数内に収めるのに苦労することが多いのも神大英語の特徴だ。解答例から要領を学ぼう。

3 空所補充

以前は，イディオムで用いられている前置詞を入れるといった比較的平易なものが多かったが，次第に文脈重視型へと重点を移し，今では正確な読解力を見るための設問として用いられることが多い。2020 年度〔3〕の問 4 や 2014 年度〔3〕の問 1 などがその典型例である。説明問題と同様，文脈をつかむ力を養うことが対策となる。

また，物語文では，空所になった登場人物のセリフ部分を補充する問題が以前から頻出している。物語文が不得意だという受験生が多いので，物語文での文脈や人物の心理を読み取る力を本書の過去問などで鍛えると共に，よく用いられる会話表現にも習熟しておきたい。

4 内容真偽

内容真偽には，複数の選択肢の中から本文の内容と合致する（または合致しない）ものを幾つか選ばせるものと，本文の内容に合致するものには○，合致しないものには×をそれぞれ記入させるものがあり，近年は前者の形式が主流である。形式はどうあれ，本文の内容が理解できているかどうかが細かく問われるので，まず本文中の該当箇所を探し当て，その箇所と選択肢とを慎重につき合わせる作業が必要となる。なお，2022 年度では合致するものを全て選ばせる設問が出題された。

『英語長文ナビ（標準編）（発展編）』（日栄社）
『システム英語長文頻出問題 1 ～ 3』（駿台文庫）

英作文問題の攻略法

英作文は，大部分の神大受験生が苦手意識を持っている分野に違いない。土台ができていないうちから自分で英文を書こうとしても挫折感が募るばかりなので，以下に述べる効率のよい方法で取り組んで和文英訳・自由英作文どちらの設問形式にも臨機応変に対処できるだけの表現力をきちんと身につけよう。

● 英作文力を高める学習で大切なこと

① 英作文力の基盤もやはり語彙力と文法・語法の知識である（語法の知識も語彙力の一部と捉えよう）。基本的な単語や熟語は，文脈に応じて選択し，語法に即して使えるようにしよう。また，文法という概念の中には，文構造に関する知識（文型，語順，句と節というカタマリ感覚や，重要構文と呼ばれる数々の定型パターン）と品詞に対する理解が含まれる。これらすべてが英作文力の核となり，支えとなる。

② 英作文とは，オリジナルの独創的な表現をこしらえることではない。日頃，語彙や文法，読解や英作文の学習で目にする，既成の，使って安全な英語表現を，口と手で幾度も再現しながら貪(どん)欲にインプットすることを直前期まで続けること――これが英作文学習で最も大切な作業だ。十分なインプットがあれば，必要なときに必要な表現を組み合わせて，書くべきことが書けるようになっていく。

次に，英作文問題攻略のポイントをそれぞれの設問形式別に概観する。

1 和文英訳

今は自由英作文が主に出題されるので，さっそく自由英作文の問題に取り組みたくなるかもしれない。しかし，自由英作文が書けるようになるには，まずはその基盤になる和文英訳力を身につける必要がある。

上の①で述べた語彙と文法・語法の反復学習がある程度順調に進み始めたら，読解の学習と並行して，英作文の問題にも取り組もう。解答例がそのまま暗唱用例文集になるような英作文問題集（下記の旺文社のものなど）から始めるとよい。自分で解くのではない。読み物として，あるいは講義を受ける感覚で読み進め，提示されている表現やポイントとなる事項を吸収するのだ。自分が使える表現の「引き出し」をできるだけ多く作ることが大切なのである。

覚えるべき表現や文を音読し，すぐに目を上げて自力で言ってみる。しばらくしてまた思い起こして声に出す。日を空けてもまだ言えるようなら，綴りは大丈夫かと書いてみる。上の②でいうインプット作業とは，そういう日々の，口と手を使った「仕込みのための反復練習」のことだ。表現の「引き出し」はこうして作られていく。

和文英訳ではたいてい直訳的に処理できないこなれた日本語が顔を出す。その場合，そのメッセージを「要するにどういうことを言っているのか」という視点で捉え直し，その趣旨を自分が自信を持って使える語彙や表現パターンに変換する作業が必要となる。その処理法を問題集などで研究し，示された英訳例を仕込んでいくうちに，自分でも読み換えができるようになってくるものだ。本書の問題に取り組む際にも，解説や解答例からそうした変換法を体得してもらいたい。

2 自由英作文

自由英作文の出題形式は一定していないが，どのような設問であれ，自由英作文の答案作成で重要なことは

- 設問の要求を満たした内容になっていること
- 論理的に破綻のない，メリハリのきいた論旨展開になっていること
- 文法・語法や綴りなどの面で，正しい英文になっていること

である。この点に留意して，自分が確実に書ける表現や構文で答案を作ろう。

自由英作文の力をつけるには，まずは上の１で述べた和文英訳の練習を地道におこなうことだ。その上で，「論理的に書く」とはどういうことなのかを下記の参考図書の解説などから学び，解答例をインプットしよう。自由英作文は，はじめのプランニングが極めて重要だ。論理的で無駄のない英文を構成する力を身につけるには，多くの解答例に触れる必要がある。阪大・広島大など，他大学の自由英作文問題もよい学習教材になる。多様な形式に対する慣れと，解答例からの学びを大切にしたい。

自由英作文の対策は，直前期になってあわてても手遅れだ。「英語の基礎体力作り」のためのトレーニング（次頁参照）が習慣化され，そこへ１の和文英訳の練習を加えて，英文の表現力がある程度身についてきたら，日々の学習メニューの中に自由英作文の訓練も組み込んでいこう。インプットも進み，ある程度自力で書けるようになれば，和文英訳であれ自由英作文であれ，自作の答案を先生に添削してもらうとよい。客観的な評価と，自学では気づかない指摘はとてもためになる。しかし直前期にはまた，学習済みの教材のさまざまな表現の仕込み直しに専念して本番を迎えよう。

『基礎英作文問題精講　３訂版』（旺文社）
『減点されない英作文 改訂版』（Gakken）
『大学入試 英作文ハイパートレーニング 自由英作文編』（桐原書店）
『[自由英作文編] 英作文のトレーニング 改訂版』（Ｚ会）

英語の基礎体力作り

神大英語に取り組む前に，まずは英語の基礎学力を構築しておく必要がある。

〈英語の基礎体力作りのためのトレーニング・メニュー〉

a　単語やイディオム，会話の決まり文句を覚える
b　文法・語法の知識を身につける
c　基礎～標準レベルの英語の文章を，構造と意味をつかみつつ反復音読する

この3つの作業を日々並行してこなしていこう。その際，キーワードとなるのは「反復」「スピード」そして「音声化」だ。

繰り返しの中で次第に定着し理解も深まるのだから，忘れることを恐れず，とりあえず速めの進度をキープしてサクサクとこなしていくことが大切。そして語句や英文は声に出して読む。音声データが利用できる教材は，ぜひその音源も活用しよう。耳と口を使う効果は絶大だ。語彙の定着度もアップし，英語を英語のまま理解して読んでいく力も次第に養われる。

英語の基礎力と言えばa＋bだと思われがちだが，cのトレーニングをa＋bの作業と並行して毎日おこなってこそ，aとbの知識も本当に身につくのである。3つのトレーニングを日々地道に実践し，相乗効果を高めよう。

こうした英語の基礎体力作りのトレーニングは，神大レベルの演習をする段階に入ってからも継続していく必要がある。揺るぎない土台を固め，それを強化していくことこそ，得点力を伸ばすための最強の戦略なのである。

a『システム英単語　5訂版』（駿台文庫）
　『システム英熟語　5訂版』（駿台文庫）

b『ブレイクスルー総合英語 改訂二版』［新装版］（美誠社）
　『英文法・語法 Vintage 3rd Edition』（いいずな書店）

c『入門英文問題精講　4訂版』（旺文社）
　『英語の構文150　UPGRADED 99 Lessons』（美誠社）

a＋b＋cの総合実戦演習用，および共通テスト対策として――
　『共通テスト過去問研究 英語』（教学社）

第1章　読　解

1

2022年度〔1〕

次の文章は環境問題について書かれたものである。この文章を読んで，問1～6に答えなさい。

Electric light is transforming our world. Around 80% of the global population now lives in places where night skies are polluted with artificial light. A third of humanity can no longer see the Milky Way. But light at night has deeper effects.(1) In humans, nocturnal* light pollution has been linked to sleep disorders, depression, obesity and even some types of cancer. Studies have shown that nocturnal animals modify their behavior even with slight changes in night-time light levels. Dung beetles* become disoriented when navigating landscapes if light pollution prevents them from seeing the stars. Light can also change how species interact with each other. Insects such as moths are more vulnerable to being eaten by bats when light reduces how effective they are at evading predators.

Relatively little is known about how marine and coastal creatures cope. Clownfish* exposed to light pollution fail to reproduce properly, as they need darkness for their eggs to hatch. Other fish stay active at night when there's too much light, emerging quicker from their hiding places during the day and increasing their exposure to predators. These effects have been observed under direct artificial light from coastal homes, promenades, boats and harbors, which might suggest the effects of light pollution on nocturnal ocean life are quite limited.

Except, when light from street lamps is emitted upwards, it's scattered in the atmosphere and reflected back to the ground. Anyone out in the countryside at night will notice this effect as a glow in the sky above a distant city or town. This form of light pollution is known as artificial skyglow,(2) and it's about 100 times dimmer than that from direct light, but it is much more widespread. It's currently detectable above a quarter of the world's coastline, from where it can extend hundreds of kilometres out to sea. Humans aren't well adapted to seeing at night, which might make the effects of skyglow seem (　A　). But many marine and coastal organisms are highly (　B　) to low light. Skyglow could be changing the way they perceive the night sky, and ultimately affecting their lives.

We tested this idea using the tiny sand hopper*, a coastal crustacean* which is known to use the moon to guide its nightly food-seeking trips. Less than one inch long, sand hoppers are commonly found across Europe's sandy beaches and named for their ability to jump several inches in the air. They bury in the sand during the day and emerge to feed on rotting seaweed at night. They play an important role in their ecosystem by breaking down and recycling nutrients from stranded algae* on the beach.

In our study, we recreated the effects of artificial skyglow using a white LED light in a diffusing sphere that threw an even and dim layer of light over a beach across 19 nights. During clear nights with a full moon, sand hoppers would naturally migrate towards the shore where they would encounter seaweed. Under our artificial skyglow, their movement was much more random.

(3) They migrated less often, missing out on feeding opportunities which, due to their role as recyclers, could have wider effects on the ecosystem. Artificial skyglow changes the way sand hoppers use the moon to navigate. But since using the moon and stars as a compass is a common trait among a diverse range of sea and land animals, including seals, birds, reptiles, amphibians* and insects, many more organisms are likely to be vulnerable to skyglow. And there's evidence that the Earth at night is getting brighter. From 2012 to 2016, scientists found that Earth's artificially lit outdoor areas increased by 2.2% each year.

As researchers, we aim to unravel how light pollution is affecting coastal and marine ecosystems, by focusing on how it affects the development of different animals, interactions between species and even the effects at a molecular level. (4) Only by understanding if, when and how light pollution affects nocturnal life can we find ways to mitigate the impact.

注 nocturnal 夜間の，夜行性の； dung beetles フンコロガシ
clownfish クマノミ； sand hopper ハマトビムシ
crustacean 甲殻類； algae 藻類
amphibians 両生類

出典追記：The Moon and stars are a compass for nocturnal animals – but light pollution is leading them astray, The Conversation on August 11, 2020 by Svenja Tidau, Daniela Torres Diaz, and Stuart Jenkins

問 1 下線部(1)について，人間以外の生物への影響として本文の内容に<u>合致しない</u>ものを選択肢の中から一つ選び，記号で答えなさい。

(あ) Bats fail to evade predators effectively when eating moths.

(い) Clownfish experience problems breeding at night.

(う) Dung beetles get confused and don't know where to go.

(え) Fish face a greater risk to be eaten by other fish that prey on them.

問 2 下線部(2)の内容と合致するものを選択肢の中から全て選び，記号で答えなさい。

(あ) It has been researched by scientists using sand hoppers and LED lights.

(い) It is detectable only from far out in the sea.

(う) It is noticeable from the city shining above the distant countryside.

(え) It is produced by the scattering of artificial light at night.

問 3 空所(　A　)と(　B　)に入る最も適切な語句の組み合わせを選択肢の中から一つ選び，記号で答えなさい。

(あ) (　A　) attractive　　(　B　) insensitive

(い) (　A　) insignificant　　(　B　) resistant

(う) (　A　) invisible　　(　B　) attracted

(え) (　A　) negligible　　(　B　) sensitive

問 4 下線部(3)を，They が指している内容を明らかにしたうえで日本語に訳しなさい。

問 5 下線部(4)を日本語に訳しなさい。

問 6 本文の内容と合致する文を選択肢の中から二つ選び，記号で答えなさい。

(あ) A third of the people in the world can't see the Milky Way due to the interference of artificial light.

(い) Over time, sea animals eventually get used to artificial light.

(う) Researchers have shown that artificial light across the world has increased.

(え) Sand hoppers became more cautious under artificial skyglow compared to natural moonlight.

(お) Sand hoppers eat stranded fish, contributing to nutrient cycles in marine ecosystems.

(か) Skyglow can shine even brighter than direct light on beaches to the point that marine and coastal creatures are severely affected by the light.

全 訳

■光害が夜行性の生物に与える影響

❶ 電灯は私たちの世界を変えつつある。今や世界の人口の約80％が，人工の光で夜空が汚染されているところに住んでいる。人類の3分の1が，もう天の川を見ることができない。しかし夜間の光はさらに深刻な影響を及ぼしている。人間の場合，夜間の光害は睡眠障害，うつ病，肥満，さらには一部のがんにも関係していることが明らかになってきた。研究では，夜行性動物は夜間の光量がわずかに変化しただけでも行動を変えることがわかっている。フンコロガシは，光害で星が見えないと，地表を進んで行く際に方向感覚を失ってしまう。光はまた，さまざまな生物種の相互の関わり合い方を変えてしまうこともある。蛾などの昆虫は，捕食生物からうまく逃れる機敏さが光のせいで損なわれると，コウモリに食べられる恐れが高まるのだ。

❷ 海や海岸の生き物がどう対処しているかについては，比較的わずかなことしか知られていない。光害にさらされたクマノミはうまく繁殖できない。卵が孵化するには暗闇が必要だからである。他にも，光がありすぎると夜間も活動的なままでいる魚もいて，その場合彼らは昼間に身を隠している場所から普段より早く出てしまい，捕食生物に身をさらすことが多くなる。こうした影響は，海岸沿いの家や遊歩道，船舶や港から発せられる人工の光に直接さらされている場所で観測されており，このことは，夜行性海洋生物への光害の影響がかなり限定的であることを示唆するのかもしれない。

❸ ただし，街灯の光は，上方に放射されると，大気中に拡散して地面に照り返してくる。夜間に田舎で屋外にいる人なら誰でも，遠くの都市や町の上空が明るいことで，この効果に気づくだろう。このような形の光害は人工的な夜空の明るさとして知られており，直射光による光害と比べると約100倍輝度の低いものだが，はるかに広い範囲に拡散する。それは今では世界の海岸線の4分の1の上方で見られ，そこから数百キロメートル沖の海にまで及ぶこともある。人間はあまり夜間にものを見るようにはできていないために，夜空の明るさの影響は無視できるほどのものに思われるかもしれない。しかし，海や海岸の生物の多くは微光に対して極めて敏感である。夜空の明るさはそうした生き物たちの夜空の知覚の仕方を変えて，最終的にはその生息にも影響を及ぼすかもしれないのだ。

❹ 私たちはこの考えを，夜間に餌を探して動き回る道しるべとして月を利用することで知られる，海岸に生息する甲殻類の小さなハマトビムシを使って検証した。ハマトビムシは，体長1インチ未満で，ヨーロッパ全域の砂浜でよく見られ，空中

に数インチもジャンプする能力があることからその名前がついている。昼間は砂の中にもぐり，夜になると腐りかけの海藻を餌にするために姿を現す。彼らは浜に打ち上げられた藻類から栄養素を分解し再利用することで，生息地の生態系に重要な役割を果たしている。

❺ 私たちの研究では，光を拡散させる球体に入れた白色 LED ライトを使って人工的な夜空の明るさの影響を再現し，19 夜にわたり海岸に均一な薄暗い光の層を投射した。満月が出ている晴れた夜間には，ハマトビムシは海藻が見つかりそうな岸辺に向かってごく自然に移動していた。（しかし）私たちの人工的な夜空の明るさのもとでは，彼らの動きははるかにでたらめなものとなった。

❻ (3)ハマトビムシは移動する頻度が低下して餌を食べる機会を逃すことになったが，そのことは，彼らが栄養素を再循環させる生物としての役割を担っているために，より広範囲にわたる影響を生態系に及ぼすかもしれない。人工的な夜空の明るさは，ハマトビムシが月を利用してうまく進んで行く，そのやり方を変えてしまう。しかし，羅針盤として月や星を利用するのは，アシカ，鳥類，は虫類，両生類，昆虫を含むさまざまな海洋動物や陸上動物に共通する特性なので，はるかにもっと多くの生き物が夜空の明るさに対して脆弱である可能性が高い。しかも，夜間の地球がますます明るさを増しているという証拠もある。科学者たちの調査で，2012 年から 2016 年にかけて，地球上の人工の光で照らされる屋外の範囲が毎年 2.2％ずつ増加していることがわかったのだ。

❼ 研究者として私たちが目指しているのは，光害がさまざまな動物の生育に影響を及ぼしている実態や生物種間の関わり合い方，さらには分子レベルでの影響にも焦点を当てることで，光害がどのように海岸や海の生態系に影響を及ぼしているのかを解明することである。(4)光害は夜行性の生物に影響を及ぼしているのか，及ぼしているならそれはいつ，どのようにしてなのかを理解してはじめて，私たちはその影響を軽減する方法を見出すことができるのである。

各段落の要旨

❶ 夜間に灯される人工の光は，今や地球規模の光害として，人間だけでなく多くの生物にも深刻な影響を及ぼしている。

❷ 海や海岸に生息する生物に対する光害の影響はまだ研究が進んでいないが，直射光の場合，その影響は光に直接さらされる場所に限定されるのかもしれない。

❸ しかし街灯の光は上方に放射されると大気中に拡散して地上に照り返す。人工的な夜空の明るさとして知られるこの間接光による光害の影響は広範囲に及び，微光に敏感な，海や海岸の多くの生物に重大な影響を及ぼす可能性がある。

❹ そのことをハマトビムシを使って検証した。昼間は砂の中にいるこの生物は夜になると姿を現し，月明かりを道しるべとして移動して，海岸に打ち上げられた海藻を見つけて餌にすることで生息地の生態系に重要な役割を果たしている。

❺ 白色LEDライトの光を拡散し，19夜にわたり海岸を均一に薄暗く照らして人工的な夜空の明るさの影響を再現すると，ハマトビムシの行動は通常の満月の夜とは異なり，はるかにでたらめなものとなった。

❻ ハマトビムシが移動頻度の低下により餌を食べる機会を逃したことは生態系に広範な影響を与えるかもしれず，月や星を羅針盤とする他の多くの生物も人工的な夜空の明るさに弱い可能性が高い。しかも，夜間の地球は明るさを増す一方なのだ。

❼ 研究者として目指しているのは，光害がどのように海や海岸の生態系に影響を及ぼしているのかを解明することであり，その実態を理解してはじめて，その影響を軽減する方法を見出すことができるのである。

解 説

問1 正解は(あ)

▶下線部(1)は「夜間の光はさらに深刻な影響を及ぼしている」という意味。選択肢の訳は以下のとおり。

(あ)「コウモリは，蛾を食べているときには捕食者からうまく逃げることができない」

(い)「クマノミは，夜間の繁殖の際に問題を経験する」

(う)「フンコロガシは混乱し，どこへ向かえばよいのかわからなくなる」

(え)「魚は，自分を捕食する他の魚に食べられる危険性が高まる」

▶(あ) コウモリと蛾については，第1段最終文（Insects such as …）に「蛾などの昆虫は，捕食生物からうまく逃れる機敏さが光のせいで損なわれると，コウモリに食べられる恐れが高まる」と述べられているだけであり，(あ)のような記述はないので，不一致。

語句 fail to *do*「～できない」 evade「～から逃れる」 predator「捕食者」

▶(い) 第2段第2文（Clownfish exposed to …）に「光害にさらされたクマノミはうまく繁殖できない」と述べられており，その内容と一致。

語句 experience problems *doing*「～していて問題を経験する」 breed「繁殖する，産卵する」（＝reproduce）

▶(う) 第1段第7文（Dung beetles become …）の「フンコロガシは，光害で星が見えないと，地表を進んで行く際に方向感覚を失ってしまう」という内容に一致。

語句 become disoriented「方向感覚を失う」 navigate landscapes「地表を（うまく）進んで行く」

▶(え) 第2段第3文（Other fish stay …）に「(クマノミの) 他にも，光がありすぎると夜間も活動的なままでいる魚もいて，その場合彼らは昼間に身を隠している場所から普段より早く出てしまい，捕食生物に身をさらすことが多くなる」という記述があり，その内容と一致。

語句　prey on ～「～を捕食する」 exposure to ～「～に身をさらすこと」

問2　正解は(あ)・(え)

▶下線部(2)は「人工的な夜空の明るさ」という意味。合致するものを全て選べという指示から，解答が一つとは限らないことを意識しておこう。選択肢の訳は以下のとおり。各選択肢文頭の It は「人工的な夜空の明るさ〔輝き〕」を指している。

(あ)「それは，科学者によって，ハマトビムシと LED ライトを使って研究されている」

(い)「それは，海のはるか沖合からしか見つけられない」

(う)「それは，遠く離れた田舎の上空で輝いているのが都会からはっきり見える」

(え)「それは，夜間に人工の光が拡散することで生み出される」

▶(あ)　第4段第1文（We tested this …）および第5段第1文（In our study, …）に，筆者を含む科学者たちがハマトビムシと LED ライトを使って行った研究調査の手順が述べられており，その内容と一致。

語句　a diffusing sphere「光を拡散させる球体」

▶(い)　第3段第4文（It's currently detectable …）に「それは今では世界の海岸線の4分の1の上方で見られ，そこから数百キロメートル沖の海にまで及ぶこともある」と述べられており，その内容に不一致。

語句　detectable「見つけられる」

▶(う)　第3段第2文（Anyone out in …）に「夜間に田舎で屋外にいる人なら誰でも，遠くの都市や町の上空が明るいことで，この効果に気づくだろう」と述べられており，明るいのは都会や町の空であり田舎の空ではないので，不一致。

語句　noticeable *doing*「～しているのが目立つ〔はっきりわかる〕」

▶(え)　第3段第1文（Except, when light …）および同段第3文（This form of …）に，街灯から上方に出る光が大気中に拡散し地表に照り返す仕組みと，それが「人工的な夜空の明るさ」として知られる光害であることが述べられており，その内容と一致。

語句　scattering「拡散（すること）」

問3　正解は(え)

▶選択肢の訳は以下のとおり。

(あ)A.「魅力的な」　B.「無感覚な」

(い)A.「重要でない」　B.「抵抗力のある」

(う)A.「目に見えない」　　　　　　B.「引きつけられた」
(え)A.「無視できる」　　　　　　　B.「敏感な」

▶空所Aを含む文（Humans aren't well …）では，人間はあまり夜間にものを見るようにはできていないと述べられており，夜空の明るさの影響もほとんど受けないはずなので，Aについては選択肢(い)と(え)に絞っておける。

▶次に，空所Bを含む文（But many marine …）では，「しかし海や海岸の生物の多くは微光に対して極めて（　B　）である」とあり，Bの選択肢としては(え)の「敏感な」が適切だとわかるので，正解は(え)と決まる。Bを含む文に後続する文（Skyglow could be …）の「夜空の明るさはそうした生き物たちの夜空の知覚の仕方を変えて，最終的にはその生息にも影響を及ぼすかもしれないのだ」という内容からも，こうした生物の夜間の光に対する敏感さが確認できる。

問4 They migrated less often, missing out on feeding opportunities which, due to their role as recyclers, could have wider effects on the ecosystem.

▶ They が指している内容を訳文の中で明らかにすることが求められているので，まず，They が指すものを特定しよう。直前の段落（第5段）を，they を手掛かりに順にさかのぼっていくと，同段第2文（During clear nights …）の sand hoppers が，その後 they で指されて下線部に至ることがわかる。したがって They は「ハマトビムシ」のことである。

▶ migrated less often「移動する頻度が低下した〔移動することが少なくなった〕」で less often という比較級が用いられているのは，普段の晴天の満月の夜の場合の移動頻度と比べているからだ。

▶ missing out on feeding opportunities「餌を食べる機会を逃すことになった」は，手前の主文に対する分詞構文であり，主文の出来事の結果として生じたことを述べている。and missed out … と読み換えて理解すればよい。

語句　miss out on ～「～を逃す」 feeding opportunities「餌を食べる機会」

▶ which, due to their role as recyclers, could have wider effects on the ecosystem「そのことは，彼らが栄養素を再循環させる生物としての役割を担っているために，より広範囲にわたる影響を生態系に及ぼすかもしれない」は，which を用いた関係代名詞節であるが，which の先行詞の特定は文脈を頼りにするほかない。直前の feeding opportunities を先行詞だと考えた場合には文意がまったく通らないが，主節（They から feeding opportunities まで）の内容全体を先行詞として，「そしてそのことは…」と解釈すると，ようやく文意の通る論理的な内容になる。つまりこの which は非制限用法なのだ。文法的には which の手前にコンマを加えるべきだが，英語話者もときおり文法を軽視することがあるので気を付けたい。あくまでも文脈から文意と構造を判断することが大切だ。due to their role as recyclers「彼らの再循環者としての役割ゆえに → 彼らが栄養素を再循環させる生物としての役割を担っているために」は，which 節内に組み込まれた挿入句である。

語句　due to ～「～のゆえに，～のために」（= because of ～）　could *do*「～するかもしれない，～する可能性がある」（この could は can よりも控えめな表現）　have effects on ～「～に影響を及ぼす」　ecosystem「生態系」

問 5　Only by understanding if, when and how light pollution affects nocturnal life can we find ways to mitigate the impact.

▶一見すると，コンマで区切られた Only by understanding if までがひとカタマリだと思ってしまいそうだが，それでは if の働きもよくわからず，コンマの後も奇妙な文構造になり文意もつかめない。「否定的な意味を表す副詞要素が文頭に出ると，後続する SV 部分が倒置される」という重要な文法項目を正しく運用しよう。倒置が can we find の部分で生じていることから，その直前まで（つまり Only by understanding if, when and how light pollution affects nocturnal life）がひとカタマリとわかる。そこで動名詞 understanding の目的語は if, when and how light pollution affects nocturnal life であると確定する。if から life までは，if と when と how とが and で並列された一個の名詞節であり，if, when and how に，light pollution affects nocturnal life が共通につながっている。

▶とりあえず，上でつかんだ名詞節を「…」で示して，文全体の基本構造とその訳出法を先に確認しておこう。Only by understanding … can we find ～「…を理解することによってのみ，私たちは～を見つけることができる」という直訳では日本語としてやや不自然なので，「…を理解することによって〔理解して〕はじめて〔ようやく〕私たちは～を見つける〔見出す〕ことができる」という定番の訳出法を使おう。

語句　ways to *do*「～する方法」　mitigate「軽減する，和らげる」（難語なので文脈から推測）　impact「影響」

▶では if, when and how light pollution affects nocturnal life に戻ろう。名詞節を導く if は「もし～」ではなく「～かどうか」である。ただ，「光害は夜行性の生物に影響を及ぼしているのか，いつ，どのようにして影響を及ぼしているのか」という直訳では，日本語として不自然だ。if にあたる「及ぼしているのか」では及ぼしているかどうかまだわからないという状態だが，後続の「いつ，どのようにして影響を及ぼしているのか」では，及ぼしていることがいつの間にか前提となっているからだ。補うべきは補い，くどい繰り返しは省いてよい。

→「光害は夜行性の生物に影響を及ぼしているのか，及ぼしているなら（それは）

いつ，どのようにして及ぼしているのか〔どのようにしてなのか〕」

語句 pollution「汚染」（light pollution「光の汚染 → 光害」） nocturnal life「夜行性の生物」（life には「生物」の意味がある）

問6 正解は(あ)・(う)

▶選択肢の訳は以下のとおり。

(あ)「世界の人々の3分の1が，人工の光に邪魔をされて，天の川を見ることができない」

(い)「時を経て，海洋生物は最終的には人工の光に慣れる」

(う)「研究者は，世界中の人工の光が増えていることを明らかにしている」

(え)「ハマトビムシは，自然の月の光の場合と比べて，人工的な夜空の明るさのもとではより用心深くなった」

(お)「ハマトビムシは，浜に打ち上げられた魚を食べて，海洋生態系の栄養素の循環に貢献している」

(か)「（人工の）夜空の明るさは，海や海岸の生物がその光によって深刻な影響を受けるほどに，浜辺に直接あたる光よりもさらに明るく輝くことがある」

▶(あ) 第1段第2・3文（Around 80％ of … the Milky Way.）には，世界の人口の約80％が，人工の光で夜空が汚染されているところに住んで，人類の3分の1が天の川をもう見ることができないことが述べられており，この内容と一致する。

語句 interference「邪魔，干渉」

▶(い) 海洋生物は最終的には人工の光に慣れるという未来予測は，問題文のどこにも述べられていないので，不一致。

語句 over time「時の経過と共に，時を経て」 get used to ～「～に慣れる」

▶(う) 第6段最終文（From 2012 to …）に「科学者たちの調査で，2012年から2016年にかけて，地球上の人工の光で照らされる屋外の範囲が毎年2.2％ずつ増加していることがわかった」と述べられており，その内容と一致。

▶(え) 第5段最終文（Under our artificial …）と第6段第1文（They migrated less …）では，「動きがでたらめになった」「移動の頻度が低下した」と述べられているが，「用心深くなった」とは書かれていないので，不一致。

語句 cautious「用心深い，慎重な」

▶(お) 第4段第3文（They bury in …）の記述から，ハマトビムシの餌は魚でなく海藻だとわかるので，不一致。

語句 stranded「浜〔岸〕に打ち上げられた」 nutrient「栄養素，栄養物」

▶(か) 第3段第3文（This form of …）では，人工的な夜空の明るさは直射光による光害と比べると約100倍輝度が低いことが述べられており，その内容に不一致。

解答

問1　(あ)

問2　(あ)・(え)

問3　(え)

問4　ハマトビムシは移動する頻度が低下して餌を食べる機会を逃すことになったが，そのことは，彼らが栄養素を再循環させる生物としての役割を担っているために，より広範囲にわたる影響を生態系に及ぼすかもしれない。

問5　光害は夜行性の生物に影響を及ぼしているのか，及ぼしているならそれはいつ，どのようにしてなのかを理解してはじめて，私たちはその影響を軽減する方法を見出すことができるのである。

問6　(あ)・(う)

2

2022年度〔2〕

次の文章は言語と社会について書かれたものである。この文章を読んで，問1～6に答えなさい。

Each of us has a mother tongue, which we speak within our own language community. But what happens when two communities that don't speak each other's language come into contact and need to talk? Sometimes they can learn enough of each other's language to get by, but sometimes that's not possible — for example, what if there are three communities in contact, or five or more? In many cases they resort to a lingua franca, a kind of bridge language that is distinct from the mother tongues of each group. An example from recent history is French, which was used from the seventeenth century until after World War I as the language of diplomacy in Europe. Written Classical Chinese served for an even longer period as a diplomatic lingua franca in countries bordering on China. Today's best example of a lingua franca is undoubtedly English, which supports international communication in fields ranging from aviation* to business to rock music.

So (1)<u>how do lingua francas come about?</u> About ten thousand years ago, as agriculture and stock-breeding increasingly replaced hunting and gathering, human groups became larger and more hierarchical, and had more occasion to interact with neighboring groups that had different mother tongues. In some cases, perhaps, the groups were brought into contact by some dominant power — such as a regional strong man, or an early empire. In others the contact may have arisen spontaneously, as networks of markets came into existence. Later on — since maybe five thousand years ago — another motive for intergroup contacts emerged: enthusiastic religious believers conceived it as their duty to pass on valuable knowledge of spiritual life to strangers. So imperialists, merchants, and missionaries have all been motivated to establish communication beyond their mother-tongue groups. (2)<u>A lingua franca is a technical fix that helps overcome language barriers across a set of groups that is too large — or too recently united — to have a common language.</u> Performing that fix is the job of a new kind of specialist who must have begun to appear around this time: (A), who learned the regional lingua franca in addition to their mother tongue and used it to communicate with (A) in other groups.

Sometimes a lingua franca replaces the mother tongues it bridges. Latin(3), for example, spread far and wide through the settlement of soldiers within the Roman Empire. It gradually became a mother tongue throughout western Europe. But for Latin to remain a common language over so large an area, the groups that spoke it as a mother tongue would have had to remain in contact. This didn't happen. Germanic conquests after the fifth century broke the Roman Empire into distinct regions that had little to do with one another, and Latin eventually broke up into distinct dialects and languages, like French, Italian, Spanish, and Catalan.

A lingua franca may be a language like Latin or Sanskrit, taught according to strict rules, and capable of surviving for many centuries with little change. On the other hand, it need not be a fully developed language at all. An important subcategory of lingua francas is pidgins(4), which result when people who lack a common tongue make up a new one out of pieces of the languages they already know. The first language to be known specifically as "lingua franca" was a medium of this kind. It was a kind of simplified and highly mixed Italian, used by traders and others in the eastern Mediterranean around the year 1000. Such a loosely structured language may change unpredictably; communication depends more on (B) and (C) than on a clearly shared grammar and vocabulary.

注 aviation 航空産業

問 1 下線部(1)の答えとして本文の内容に合致しないものを選択肢の中から一つ選び, 記号で答えなさい。

(あ) Communities did not share a common language.

(い) Empires were often conquered by other empires.

(う) Religious leaders insisted on using their own language.

(え) Trade partners needed to communicate in emerging markets.

問 2 下線部(2)を日本語に訳しなさい。

問 3 二箇所の空所(A)に入る最も適切なものを選択肢の中から一つ選び，記号で答えなさい。両方ともに同じものが入る。

(あ) imperialists

(い) interpreters

(う) invaders

(え) inventors

問 4 下線部(3)の Latin はなぜ西ヨーロッパで使われなくなったのか。その理由として最も適切なものを選択肢の中から一つ選び，記号で答えなさい。

(あ) As a result of the Germanic conquests, people came to speak German instead.

(い) Latin-speaking communities lost contact because they separated into their own regions.

(う) Roman Empire soldiers did not enforce the use of Latin, so people spoke their local dialects.

(え) The Roman Empire wanted to encourage more cultural diversity in the region.

問 5 下線部(4)を本文の内容に即して，70 字以内の日本語で説明しなさい。ただし，句読点も 1 字に数える。

問 6 空所(B)と(C)に入る最も適切な語句の組み合わせを選択肢の中から一つ選び，記号で答えなさい。

(あ)	(B) cooperative imagination	(C) mutual good will
(い)	(B) environmental management	(C) sustainable development
(う)	(B) group identity	(C) older generations
(え)	(B) hierarchical authority	(C) ethnic unity

全訳

■リンガ・フランカとは

❶ 私たちにはそれぞれ母語があり，それを自分自身の言語共同体内部で話している。しかし，もし互いに相手の言語を話さない2つの共同体が接触し，対話する必要がある場合はどうなるだろう？　両者が何とかやっていける程度に互いの言語を身につけることができることもあるが，それが無理なこともある――例えば，もし交わりを持つ共同体が3つある場合や，5つかそれ以上ある場合ならどうだろう？　多くの場合，彼らはリンガ・フランカ，つまり，各集団の母語とは異なる一種の仲介言語に頼ることになる。近現代史の例がフランス語で，それは17世紀から第一次世界大戦後まで，ヨーロッパの外交用の言語として用いられた。古代中国語の書き言葉は，フランス語よりもさらに長期間にわたって，中国に隣接する国々で外交用のリンガ・フランカとしての役割を果たした。今日のリンガ・フランカの最たる例は間違いなく英語であり，それは航空産業からビジネスやロック音楽に至るさまざまな分野で国際的な意思疎通を支えている。

❷ では，リンガ・フランカはどのように生まれるのだろう？　約1万年前，農業と家畜の飼育が次第に狩猟と採集に取って代わるにつれて，人間の集団はますます大規模化し，階層性も増し，また母語の異なる近隣集団と交わる機会も増えていった。時には，そうした異集団が何らかの支配的な勢力――地域の実力者や初期の帝国など――によって引き合わされることもあったかもしれない。また時には，市場のネットワークの出現に伴い，こうした接触が自然発生的に生じたかもしれない。その後，おそらく5000年ほど前から，集団間の接触を求めるもう一つの動機が生まれてきた。熱心に宗教を信仰する人々が，精神生活に関する貴重な知識を見知らぬ者たちに伝えることが自らの義務だと考えたのである。こうして，帝国主義者や商人や伝道者の誰もがそれ以来，自分が属する母語集団を超えて意思疎通を成り立たせることに意欲的になった。<u>リンガ・フランカは，規模が大きすぎる――あるいは統合されてまだ日が浅すぎる――ために共通言語がない複数の集団全体に及ぶ言葉の壁を乗り越えるのに役立つ，技術的な解決策なのだ。</u>その解決策を実行に移すのは，この頃に現れ始めたに違いない，新種の専門家である通訳者の仕事であり，彼らは自身の母語に加えて地域のリンガ・フランカを身につけ，それを使って他集団の通訳者と意思の疎通を行った。

❸ 時にはリンガ・フランカが，仲介対象の母語に取って代わることもある。例えばラテン語は，兵士たちがローマ帝国内に移住することで広範囲に広まった。ラテン語は次第に西ヨーロッパ全体の母語となったのである。しかし，ラテン語がそれ

ほど広範な地域の共通言語であり続けるには，それを母語として話す集団が交流し続ける必要があっただろう。だがそうはならなかった。5世紀以降のゲルマン民族による征服により，ローマ帝国は互いにほとんど関わりを持たない別々の地域に分裂し，ラテン語は最終的に，フランス語，イタリア語，スペイン語，カタロニア語といった別々の方言や言語に分かれたのである。

❹ リンガ・フランカは，厳格な規則に従って教えられ，何世紀もの間ほとんど変わることなく生き残ることができる，ラテン語やサンスクリット語のような言語である場合もあろう。だが一方で，それが十分に発達した言語である必要はまったくない。リンガ・フランカの一つの重要な下位区分がピジン語で，それは共通言語を持たない人々が，自分たちがすでに知っている言語の断片から新たな言語を作り上げる結果として生まれるものである。明確に「リンガ・フランカ」として最初に知られるようになった言語は，この種の媒介言語であった。それは単純化され著しく混合したイタリア語の一種で，1000年頃に東地中海沿岸で交易商人などの人々によって用いられていた。そうした厳格な構造を持たない言語は予測不能な変化をするかもしれず，意思の疎通は，明確に共有された文法や語彙よりもむしろ共同的な想像力と相互の善意を拠(よ)り所にして行われるのである。

各段落の要旨

❶ 母語がそれぞれ異なる複数の共同体の間で意思疎通を行う場合に利用されるのが，リンガ・フランカと呼ばれる仲介言語であり，今日では英語がリンガ・フランカとしてさまざまな分野で国際的に用いられている。

❷ 狩猟と採集から農業と飼育への移行の結果生じた人間集団の大規模化と階層化が，また宗教を広く伝道したいという欲求の高まりが，異言語集団間の交流を増やし，共通言語として役立つリンガ・フランカが生まれ，通訳者という専門家も生まれた。

❸ ラテン語のように，リンガ・フランカであった言語が地域全体の母語となるケースもある。ただし，ローマ帝国はゲルマン民族による征服によって分裂し，最終的にラテン語も別々の方言や言語に分かれてしまった。

❹ リンガ・フランカは成熟した言語の場合もあれば，ピジン語のように厳格な構造を欠いた未成熟な言語の場合もある。予期せぬ変化もありうる後者による意思疎通は，共有された文法や語彙よりもむしろ互いの想像力と善意を頼りに行われる。

解 説

問1 正解は(い)または(う)

※正答が複数存在したため全員正解の措置が取られたことが，大学より公表されている。

▶下線部(1)は「では，リンガ・フランカはどのように生まれるのだろう？」という意味。その答えは下線部に後続する第2段第2～6文（下線部(2)の手前まで）に述べられており，各選択肢はその内容から察するに，この第２段第２～６文の内容と照らし合わせて答えさせる作りになっていると思われる。選択肢の訳は以下のとおり。

㋐「複数の共同体が（互いに通じ合える）共通言語を持っていなかった〔共通する言語を共有していなかった〕」

㋑「帝国は他の帝国に征服されることが多かった」

㋒「宗教の指導者は，あくまでも自分自身の言語を使うと強く主張した」

㋓「交易する者同士は，新興市場で意思の疎通を行う必要があった」

▶㋐　第２段第２文（About ten thousand …）は，人間の集団である共同体が，異なる言語を持つ近隣の集団（＝共同体）と接触する機会が増えたという内容であり，その後も第６文までずっと，異言語話者同士が意思疎通をしなければならない状況が描かれるので，そうした必要に迫られてリンガ・フランカが生まれたと考えられる。㋐はこの内容に一致している。

語句　hierarchical「階層性の」 mother tongue「母語」

▶㋑　第２段第３文（In some cases, …）に，母語の異なる集団同士が，初期の帝国のような支配的な勢力によって引き合わされることもあっただろう，とは述べられているが，㋑のような記述はどこにもないので，不一致。

語句　conquer「～を征服する」

▶㋒　第２段第５文（Later on …）に，熱心に宗教を信仰する人々が，精神生活に関する知識を（言語が異なる）見知らぬ者たちに伝えるのが義務だと考えるようになったと述べられており，それが，リンガ・フランカを使うようになる動機の一つになったと示唆されているのであって，宗教の指導者があくまで自分の母語を使うと言い張る話はどこにもないので，不一致。

語句　conceive *A* as *B*「*A* を *B* だと考える」 pass on ～「～を伝える」

▶㋓　第２段第４文（In others the …）に「市場のネットワークの出現に伴い，母語の異なる異集団同士の接触が自然発生的に生じたかもしれない」と述べられているが，それは「そうした交易上の必要からもリンガ・フランカは生まれたのだ」ということを示唆しているので，一致していると判断。

語句　emerging「現れ始めている，新興の」

問２　A lingua franca is a technical fix that helps overcome language barriers across a set of groups that is too large—or too recently united—to have a common language.

▶ A lingua franca is a technical fix「リンガ・フランカは技術的な解決策である」
lingua franca はそのままカタカナ表記で「リンガ・フランカ」としておけばよいが，「媒介〔仲介〕言語」や「共通言語」と訳すこともできる。

語句 technical「技術的な」 fix「解決策」(これは文脈から推測するほかない。他動詞の fix「～を修理する」がヒントになる)

▶ that helps overcome language barriers across a set of groups「複数の集団全体に及ぶ言葉の壁を乗り越えるのに役立つ」の that は関係代名詞で a technical fix が先行詞。前置詞の across ～ には「～を横切って越える」イメージと「～中にくまなく，～の隅々にまで及ぶ」イメージとがあり，ここでは文脈から後者と考えないと文意が通らない。a set of ～ は「一連の～」と訳したくなるが，この後に続く関係代名詞節内の動詞が is であることから，ここでは「～のひとカタマリ → ～全体」と，set という単数名詞を中心にすえた訳出が適切だ。across a set of groups「複数の集団全体に及ぶ」は，手前の language barriers「言語の壁」を修飾する。

語句 help (to) *do*「～するのに役立つ」 overcome「～を克服する，～を乗り越える」

▶ that is too large—or too recently united—to have a common language「規模が大きすぎる——あるいは統合されてまだ日が浅すぎる——ために共通言語がない」の that も関係代名詞で，a set of groups を先行詞とする。この関係詞節の内部で too ～ to *do*「《訳し上げ》…するにはあまりにも～すぎる」→「《訳しおろし》あまりにも～なので…できない」が用いられている。左右をダッシュ (—) で囲まれた or too recently united は挿入句で，or は too large「あまりにも規模が大きすぎて」と too recently united「あまりにも最近統合されたばかりで → 統合されてから日が浅すぎて」とを並列し，共に後の to have a common language「共通言語を持てない → 共通言語がない」と結びついている。

語句 united「一つにまとめられた，統合された」

問 3 正解は(い)

▶選択肢の訳は以下のとおり。

(あ)「帝国主義者」 (い)「通訳者」
(う)「侵略者」 (え)「発明者」

▶一つ目の空所Aに後続する非制限用法の関係代名詞節にAの人物の説明が書かれているので，その内容から判断する。who 以下は「彼らは自身の母語に加えて地域のリンガ・フランカを身につけ，それを使って他集団のAと意思の疎通を行った」という意味なので，2つのAに(い)の「通訳者」を入れると文意が通る。

問 4 正解は(い)

▶選択肢の訳は以下のとおり。

(あ)「ゲルマン民族による征服の結果，人々は代わりにゲルマン語を話すようになった」

(い)「ラテン語を話す複数の共同体が，自分たち自身のそれぞれの地域に分裂してしまったために接触しなくなった」

(う)「ローマ帝国の兵士たちがラテン語の使用を強制しなかったので，人々は自分の地元の方言を話した」

(え)「ローマ帝国はその領域内での文化的多様性をいっそう推進したいと望んだ」

▶ラテン語が西ヨーロッパで使われなくなった理由については，第3段最終文（Germanic conquests after …）に「ローマ帝国は互いにほとんど関わりを持たない別々の地域に分裂し，ラテン語は最終的に，フランス語，イタリア語，スペイン語，カタロニア語といった別々の方言や言語に分かれたのである」と述べられており，その内容は(い)と一致する。

語句　Germanic conquests「ゲルマン民族による征服」 enforce「～を強制する」 dialect「方言」 diversity「多様性」

問5　▶ pidgins「ピジン語」を直接説明しているのは，後続の関係代名詞節であり，そこには「それは共通言語を持たない人々が，自分たちがすでに知っている言語の断片から新たな言語を作り上げる結果として生まれるものである」と述べられている。この内容から，Ⓐ「共通言語を持たない人々が，既知の言語の断片から新たに作り上げたリンガ・フランカの一種」といったまとめ方が，まずできるだろう。

▶しかし，第4段第1・2文（A lingua franca … language at all.）では，「リンガ・フランカは，厳格な規則に従って教えられ，何世紀もの間ほとんど変わることなく生き残ることができる，ラテン語やサンスクリット語のような言語である場合もあろう。だが一方で，それが十分に発達した言語である必要はまったくない」としたうえで，後者の具体例としてピジン語が提示されている。未成熟なピジン語を，ラテン語のような厳格な規則を有して何世紀にもわたって変化しない成熟した言語と対比して紹介している点に注目したい。その未成熟さについて，同段最終文（Such a loosely …）の前半では「そうした厳格な構造を持たない言語（＝ピジン語）は予測不能な変化をするかもしれない」と，いっそう具体的に述べているので，こうしたピジン語が持つ特徴をまとめると，Ⓑ「予期せぬ変化もありうる厳格な構造のない未成熟な言語」などとなるだろう。上述したⒶと，このⒷとを組み合わせると〈解答例〉が出来上がる。

語句　result「(結果として）生じる」（自動詞としての用法） make up ～「～を作り上げる」 unpredictably「予測できないほどに，意表をついて」

問6 正解は(あ)

▶選択肢の訳は以下のとおり。

(あ)B.「共同〔協力〕的な想像力」　C.「相互の善意」
(い)B.「環境の管理」　C.「持続可能な発展」
(う)B.「集団の自己認識〔アイデンティティー〕」
C.「年配の世代〔旧世代〕」
(え)B.「階層的な権威」　C.「民族の統一〔結束〕」

▶空所BとCを含む第4段最終文（Such a loosely …）のセミコロンまでの前半では，問5でも見たように，「そうした厳格な構造を持たない言語（＝ピジン語）は予測不能な変化をするかもしれない」と述べて，「ラテン語のような厳格な規則を有して何世紀にもわたって変化しない成熟した言語」と対比している。それを踏まえてセミコロンの後を読もう。「意思の疎通は明確に共有された文法や語彙よりもむしろ（　B　）や（　C　）に頼って行われる」という内容である。互いに使う共通言語に「明確に共有された文法や語彙」を期待することができないとなれば，互いの母語が通じない者同士は，いったい何を拠り所にして交流するだろうか。お互いが善意に満ちた態度で接し，相手の気持ちや考えを，お互いが協力し合いながら想像力を働かせて理解しようとするのではないか。これは常識的に考えて最も妥当なものを選ぶ設問である。(あ)が正解だ。

解 答

問1　(い)または(う)
問2　リンガ・フランカは，規模が大きすぎる――あるいは統合されてまだ日が浅すぎる――ために共通言語がない複数の集団全体に及ぶ言葉の壁を乗り越えるのに役立つ，技術的な解決策なのだ。
問3　(い)
問4　(い)
問5　共通言語を持たない人々が，既知の言語の断片から新たに作り上げたリンガ・フランカの一種で，予期せぬ変化もありうる厳格な構造のない未成熟な言語。(70字)
問6　(あ)

3 2022年度〔3〕

次の文章を読んで，問1～3に答えなさい。

In the following passage, Marianne and Ken are longtime friends who have grown up in the same small town in Ireland.

Marianne climbs out of the shower now and wraps herself in the blue bath towel. The mirror is steamed over. She opens the door and Ken looks back at her.

"Is something up?"(1) Marianne says.

"I just got this email."

"Oh? From who?"

Ken looks dumbly at the laptop and then back at her. His eyes look red and sleepy. He's sitting with his knees raised up under the blanket, the laptop glowing into his face.

"Ken, from who?" she says.

"From this university in New York. It looks like they're offering me a place on the Master's of Fine Arts. You know, the creative writing program."

Marianne stands there. Her hair is still wet, soaking slowly through the cloth of her blouse. "You didn't tell me you applied for that," she says.

Ken just looks at her.

"(A)" Marianne says. "I'm not surprised they would accept you. I'm just surprised you didn't mention it."

Ken nods, his face inexpressive, and then looks back at the laptop. "I don't know," he says. "I should have told you but I honestly thought it was such a long shot.(2)"

"Well, that's no reason not to tell me."

"It doesn't matter," Ken adds. "It's not like I'm going to go. I don't even know why I applied."

Marianne lifts the towel off the wardrobe door and starts using it to massage the ends of her hair slowly. She sits down at the desk chair.

"(B), okay?" Ken says. "Sometimes I feel embarrassed telling you stuff like that because it just seems stupid. To be honest, I still look up to(3) you a lot. I don't want you to think of me as, I don't know, (4)out of my mind."

Marianne squeezes her hair through the towel, feeling the coarse, grainy texture of the individual strands. "You should go," she says. "To New York, I mean. You should accept the offer. You should go."

Ken says nothing. She looks up. The wall behind him is yellow like butter. "No," he says.

"I'm sure you could get funding."

"(C). I thought you wanted to stay here next year."

"I can stay, and you can go," Marianne says. "It's just a year. I think you should do it."

Ken makes a strange, confused noise, almost like a laugh. He touches his neck. Marianne puts the towel down and starts brushing the knots out of her hair slowly.

"That's ridiculous," Ken says. "I'm not going to New York without you. I wouldn't even be here if it wasn't for you."

(D), Marianne thinks, he wouldn't be. He would be somewhere else entirely, living a different kind of life.

"I'd miss you too much," Ken says. "I'd be sick, honestly."

"At first. But it would get better."

They sit in silence now, Marianne moving the brush methodically through her hair, feeling for knots and slowly, patiently untangling them. There's no point in being impatient anymore.

"You know I love you," says Ken. "I'm never going to feel the same way for someone else."

Marianne nods, okay. He's telling the truth.

"To be honest, I don't know what to do," Ken says. "Say you want me to stay and I will."

Marianne closes her eyes. He probably won't come back, she thinks. Or he will, differently. What they have now they can never have back again. (5)But for her the pain of loneliness will be nothing to the pain that she used to feel, of being unworthy. He brought her goodness like a gift and now it belongs to her. Meanwhile his life opens out before him in all directions at once. They've done a lot of good for each other. Really, she thinks, really. People can really change one another.

"You should go," Marianne says. "I'll always be here. (E)."

出典追記：Normal People by Sally Rooney, Hogarth

問 1　下線部(1)〜(4)について，本文中の意味に最も近いものを選択肢の中からそれぞれ一つ選び，記号で答えなさい。

(1) Is something up?

(あ) Are you going somewhere?
(い) Are you okay?
(う) Are you still up?
(え) Did something drop and hit you?
(お) Did you hear that sound?

(2) a long shot

(あ) a missed opportunity
(い) an honest statement
(う) an impossible task
(え) a slow progress towards a goal
(お) a small chance of success

(3) look up to

(あ) confuse
(い) follow
(う) observe
(え) respect
(お) trust

(4) out of my mind

(あ) childish
(い) depressed
(う) foolish
(え) surprised
(お) unfocused

問 2 空所（ A ）～（ E ）のそれぞれに入る最も適切なものを，選択肢の中から一つ選び，記号で答えなさい。ただし，同じ記号は一度しか使えない。

(あ) He's right

(い) I don't know why you are saying this

(う) I mean, congratulations

(え) I'm sorry I didn't tell you

(お) You know that

問 3 下線部(5)を日本語に訳しなさい。

全 訳

■留学をめぐる幼なじみの男女の会話

(次の一節で，マリアンとケンはアイルランドの同じ小さな町で育った長年の友人である)

マリアンは今シャワーからあがり，青いバスタオルに身を包む。鏡は一面，湯気で曇っている。彼女がドアを開けると，ケンが振り返って彼女を見る。

「どうかした？」とマリアンが言う。

「メールを受け取ったとこ」

「へえ？　誰から？」

ケンはノートパソコンを無言で見つめ，それから視線を彼女に戻す。彼の目は赤くて眠そうに見える。膝を毛布の下で立てたまま座っており，パソコンが彼の顔を照らしている。

「ケン，誰からなの？」と彼女は言う。

「ニューヨークの大学から。芸術修士課程（MFA）の受け入れ許可の知らせみたい。クリエイティブ・ライティングの課程さ」

マリアンはそこに立っている。髪の毛は濡れたままで，ブラウスの生地に水滴がゆっくり染み込んでいく。「そこに出願したって話，してくれなかったね」と彼女は言う。

ケンはただ彼女を見つめる。

「て言うか，おめでとう」とマリアンは言う。「大学があなたの入学を認めてくれても驚かない。その話をしてくれなかったことに驚いてるだけ」

ケンは頷くが，顔は無表情で，それから視線をパソコンに戻す。「わからないんだ」と彼は言う。「君に言うべきだったけど，正直，すごく無謀な賭けだって思ってたし」

「でもそれって，私に言わない理由にはならないよ」

「大したことじゃない」とケンは言い添える。「行くつもりってわけでもないし。なんで出願したのか，自分でもわからない」

マリアンは衣装ダンスの扉からタオルを取り上げ，それを使って髪の毛先をゆっくりもみ始める。彼女はデスクチェアに腰を下ろす。

「話さなくてごめん，これでいいかな？」とケンは言う。「君にそういう話をするのが恥ずかしく思うことがあるんだ。それって馬鹿みたいに思えてね。正直言って，今も君をとっても尊敬してる。君に，なんて言うか，頭がおかしいって思われたくないんだ」

マリアンは髪の毛をタオルではさむようにし，それをぎゅっと押さえて水気を取る。より合わされた髪束一つひとつの粗いザラっとした手触りを感じながら。「行くべきよ」と彼女は言う。「ニューヨークにってこと。誘いを受けなきゃ。行くべきだわ」

ケンは無言だ。彼女は視線を上げる。彼の後ろの壁はバターのように黄色い。「いや」と彼は言う。

「あなたならきっとお金の援助をしてもらえる」

「なんでそんなこと言うのかわからないよ。君は来年もここにいたいんだろうって思ってた」

「私は残れるし，あなたは行ける」とマリアンは言う。「たった1年のこと。やるべきだと思うよ」

ケンは妙な，混乱したような声を出す。それはほとんど笑い声に近い。彼は首に手をやる。マリアンはタオルを下に置き，ブラシで髪のもつれをゆっくりとかし始める。

「そんなの馬鹿げてる」とケンは言う。「君を置いてニューヨークに行くつもりはないよ。君がいないなら，僕はここにだっていないさ」

彼の言う通りだ，とマリアンは思う。彼はいないだろう。どこか全然別のところにいて，別の生活をしてることだろう。

「君がいないなんて寂しすぎる」とケンは言う。「病んでしまうよ，ほんとに」

「はじめはね。でも治っていくわ」

二人は今では黙って座っていて，マリアンはブラシで念入りに髪をとかし，もつれを手探りしては，それをゆっくり根気よくほぐしていく。これ以上あせっても意味はない。

「君のことを愛してるのはわかってるよね」とケンは言う。「ほかの誰かに同じ気持ちを抱くことは絶対ないよ」

マリアンはうなずく。わかってる。彼は本当のことを言ってる。

「正直なとこ，どうしたらいいかわからない」とケンは言う。「僕にいてほしいって言ってくれよ，ならそうするから」

マリアンは目を閉じる。彼はたぶん帰ってこないだろうと彼女は思う。あるいは帰ってくる，別人になって。今，二人が手にしているものは二度と取り戻せない。でも私にとって寂しさの痛みなど，私がかつて感じていた，自分には価値がないという痛みに比べれば，なんでもないことだろう。彼は私に贈り物みたいに優しさを授けてくれて，今ではそれは私のものになっている。そのうちに彼の人生は彼の目の前で一気にあらゆる方向に向かって開くんだ。二人はお互いのためになることをたくさんやってきた。本当に，と彼女は思う。本当に。人は本当にお互いを変えることができるんだ。
「あなたは行くべきよ」とマリアンは言う。「私はずっとここにいるわ。わかってるでしょう」

解 説

問1 (1) 正解は(い)

▶ Is something up? は「どうかしたの？」という意味の口語表現で，(い)「大丈夫？」が最も近い。

(あ)「どこかへ行くの？」　(う)「まだ起きてるの？」
(え)「何かが落ちて当たったの？」　(お)「あの音聞えた？」

(2) 正解は(お)

▶ a long shot は「成功する見込みの低い大胆な試み，無謀な賭け」という意味の口語表現で，遠くから的をねらうイメージだ。その意味に最も近いのは(お)「わずかな成功の見込み」である。なぜ話してくれなかったのかと問われて，「君に言うべきだったけど，正直，すごく（　　）だって思ってたし」と言う文脈にも合う。

(あ)「逃してしまった機会」　(い)「正直な発言」
(う)「実行が不可能な課題」　(え)「目標へのペースの遅い進展」

(3) 正解は(え)

▶ look up to ～「～を尊敬する」は覚えておくべきイディオム。(え)が同意語となる。「相手を尊敬しているからこそ，自分が愚かなことをしていると思われたくない」という心情を述べる文脈にも合う。

(あ)「～を混乱させる」　(い)「～に従う」
(う)「～を観察する」　(お)「～を信頼する」

(4) 正解は(う)

▶ out of *one's* mind は「頭がおかしくなって，理性を失って」という意味のイディオムで，(う)「愚かな，馬鹿げた」が最も近い。mind には「正気，理性」の意味がある。文脈からの推測だけで判断しようとすると，(あ)を筆頭に選択肢がやや紛らわしい。

(あ)「子供じみた」
(い)「気落ちして，落胆して」
(え)「驚いて」
(お)「焦点〔目標〕が定まらない，ぼんやりした，的外れの」

問2 ▶選択肢の訳は以下のとおり。

(あ)「彼の言う通りだ〔彼の言うことは正しい〕」
(い)「なんでそんなこと言うのかわからないよ」
(う)「て言うか，おめでとう」
(え)「話さなくてごめん」
(お)「わかってるでしょう」

A．正解は(う)

▶ケンに合格通知が来たと言われ，そもそも出願したことさえ聞かされていなかったマリアンは思わず「出願したって話，してくれなかったね」と反応したが，いやここはひとまずお祝いの言葉を言うのが先だろうと思い直してする発言として(う)が適切。I mean「つまり，いやその，て言うか」は，前言の真意を明確にしたり訂正したりする際に用いる表現。congratulations「おめでとう」は相手への祝福の言葉で，常に複数形で用いる。なお，空所Aの直後にはコンマがあるほうが適切な表記となるだろう。

B．正解は(え)

▶なかなか納得せず黙ってしまったマリアンに対して，やはりここは謝るべきだと判断して発言するものとしては(え)が適切で，直後の okay?「これでいいかな〔これで納得してくれる〕？」とも自然につながる。

C．正解は(い)

▶空所の直後の発言「君は来年もここにいたいんだろうって思ってた」から，ケンはマリアンが「行かないで。一緒にここにいたい」などと言うものと思い込んでいたことがわかる。ところが，ニューヨークに行くべきだと彼女から留学を積極的に勧められたので(い)を入れると文意が通る。空所直前の I'm sure you could get funding. は「あなたならきっとお金の援助をしてもらえる」という意味であり，ケンの留学を強く促す言葉である。

D．正解は(あ)

▶直前のケンの発言（I wouldn't even be here if it wasn't for you.「君がいないなら，僕はここにだっていないさ」）を受けて彼女の思いが述べられているところ。空所に続く Marianne thinks, he wouldn't be. の he wouldn't be は，he wouldn't be here if it wasn't for me.「私がいなければ彼はここにはいないだろう」のことで，ケンの言葉をなぞったもの。ここから，ケンの言うことが正しいとマリアンが考えていることがわかるので(あ)が正解。if it wasn't〔were not〕for ～ は「～が（い）なければ」という意味の，仮定法過去を用いた慣用表現。

E．正解は(お)

▶場面全体を通してのケンの発言から，彼が，マリアンは今自分と暮らしているところにこのまま住み続けるだろうと思っていることがわかる。そしてそれは彼女にも伝わっているはずだ。したがって，空所の直前の「私はずっとここにいるわ」の後に(お)を入れると文意が通る。

問3 But for her the pain of loneliness will be nothing to the pain that she used to feel, of being unworthy.

▶文頭の But for her に気を付けよう。But for ～「～が（い）なかったら」というイディオムなのか，「But（しかし）＋for her（彼女にとって）」なのかを素早く判断する。イディオムの but for ～ は仮定法を用いた文で使うので，述語動詞に直説法の will be を用いているこの文には不適切だ。したがって「しかし彼女にとって」の解釈で読み進めればよい。her / she の訳出については後述する。

▶ the pain of loneliness はこの文の主語であり，「寂しさの痛み，寂しさという心の痛み」という意味。ここでの pain は「身体的な痛み」ではなく「心の苦しみ」であり，loneliness は「一人ぼっちの寂しさ，孤独」を表す。この the pain of ～ の形が，文末の of being unworthy を理解する手がかりとなる。

▶ be nothing to ～ は「～に比べればなんでもない〔取るに足らない〕ことである」という意味。比べる対象は，to に後続する the pain that she used to feel, of being unworthy である。

▶ that she used to feel「かつて〔以前に〕感じ（てい）た痛み」は the pain を先行詞とする関係代名詞節。さて，最大のポイントが that she used to feel に後続する，コンマの後の of being unworthy であるが，上述したように，主語の the pain of loneliness との表現の類似性，および，この文が「*A* という痛み」と「*B* という痛み」とを比較している文であることから，of being unworthy「（自分が）無価値である〔自分には価値がない〕という」は手前の the pain（that she used to feel）を修飾していることに気付きたい。また，of being unworthy の手前に the pain が省略されていると考えれば，the pain that she used to feel の内容が（the pain）of being unworthy で言い換えられている一種の同格表現だという解釈も可能であろう。

▶さて最後に，物語文でよく用いられる「描出話法」について説明しておこう。he said や she thinks などを省き，引用符や that 節を用いずに，人物の発言や思考内容をそのまま地の文として提示する方法である。その際，人称代名詞や時制などは通常の間接話法と同様，筆者の視点がそのまま維持されることが多い。具体的に，下線部(5)を含む段落の第2文（He probably won't …）以下を見てみよう。2カ所に she thinks が加えられていることから，第2文以下全体がマリアンの心の中の思いを描いたものであるということがわかる。したがって，全訳を読めばわかるように，she とはマリアンの立場で見直せば I であり，they も「自分たち二人」のことなのだ。そう考えると，この設問の答案でも「彼女」を「私」に置き換えて訳すほうがマリアンの心情に寄り添った訳出になる。もちろん，あくまでも筆者の視点からの客観的な心理描写ととらえて「彼女」のままで訳しても問題はない。

解答

問1 (1)―(い) (2)―(お) (3)―(え) (4)―(う)

問2 A―(う) B―(え) C―(い) D―(あ) E―(お)

問3 でも私にとって寂しさの痛みなど，私がかつて感じていた，自分には価値がないという痛みに比べれば，なんでもないことだろう。

4

2021 年度〔1〕

次の文章は，近年のミツバチの減少について書かれたものである。この文章を読んで，問1～4に答えなさい。

The Food and Agriculture Organization of the United Nations (FAO) states that there are 100 crop species that provide 90% of the food around the world and 71 of these are pollinated* by bees. In Europe alone, 84% of the 264 crop species and 4,000 plant varieties exist thanks to pollination by bees.

In Europe, bee populations and honey reserves have declined dramatically since 2015 — by 30% per year in some areas. And the latest statistics from beekeepers in the USA are not much more (A) — according to the Bee Informed Partnership poll, last winter 37% of honeybee colonies* died, 9% more than the usual average for winter deaths. But why are these insects disappearing?

In Oregon 50,000 bees died due to the effects caused by a pesticide; this is an example of how different substances can have an impact. The European Food Safety Agency (EFSA) confirmed that the cause behind the mass death of bees in Europe is specifically the use of a particular type of fertilizer* called neonicotinoids. The mixture of substances (B) with the learning circuits in insects' brains. They make the bees slower to learn or they completely forget basic associations for their survival, such as linking floral aroma and food. The bees die as they are not able to feed themselves.

In 2018, the European Union decided to completely ban outdoor use of three neonicotinoid insecticides* that are frequently used worldwide in corn, cotton and sunflower crops. And the European Parliament has already proposed that (C) usage of these insecticides should become a key objective of the common agricultural policy (CAP) in the future.

The Varroa mite* is one of bees' greatest enemies and one of the biggest causes of their disappearance. It is an external parasite that invades the insect and feeds on its blood and also transmits lethal viruses to the rest of the hive, including deformed wing virus*. This mite has spread across most of the world, except Australia so far.

A group of scientists from the University of Texas at Austin, USA, have developed a project that is pioneering the use of genetic engineering to improve bee health. The project involves creating genetically modified strains of bacteria* that live in the honeybees' digestive system to protect them from this destructive mite that causes colonies to collapse.

According to the study(1), bees with genetically modified bacteria are 36.5% more likely to survive deformed wing virus. Mites that feed on these bees are 70% more likely to die than mites that feed on bees that have not received any treatment.

Air pollution also reduces the strength of chemical signals sent out by flowers, causing bees and other insects to find it more difficult to locate them. Climate change makes the situation even worse as it alters flowering and the amount of plants due to rainy seasons, which affects the quantity and quality of nectar*.

In (D) of the above, the disappearance of bees would cause a true food crisis. Around 84% of commercial crops depend on bee pollination. For example, in Andalusia (Spain) in 1987 a good sunflower harvest was expected but this did not occur due to the lack of beehives; this was caused by the loss of bees from the Varroa mite.

As for the elimination of the Varroa mite and the ban of the pesticides, we will have to wait and see how effective the measures are in preventing the loss of bees. We can fight this problem in our everyday life by taking steps to combat climate change and pollution. Even so, we are faced with questions such as: Are we in time to fix it or should we also work on preventing this phenomenon? (2)Are other animals disappearing that at first do not seem to be essential yet without whose activity we could not conceive life?

注 pollinate ～に受粉する； honeybee colonies ミツバチの蜂群
fertilizer 肥料； insecticides 殺虫剤
mite ダニ； deformed wing virus 羽変形病ウイルス
strains of bacteria バクテリアの菌株
nectar 花蜜（ミツバチが集める花の蜜）

出典追記：What would happen if bees disappeared?, Sustainability for all, Acciona

問 1　空所（　A　）～（　D　）に入る最も適切な語を，それぞれの選択肢から一つ選び，記号で答えなさい。

(A)	(ア)	depressing	(イ)	reassuring	(ウ)	suggestive	(エ)	trustworthy
(B)	(ア)	accords	(イ)	cooperates	(ウ)	copes	(エ)	interferes
(C)	(ア)	assuring	(イ)	developing	(ウ)	reducing	(エ)	supporting
(D)	(ア)	advance	(イ)	light	(ウ)	order	(エ)	spite

問 2　下線部(1) the study とはどのようなものか，その目的と方法が具体的に分かるように，35 字以内の日本語で説明しなさい（ただし，句読点も 1 字に数えます）。

問 3　ミツバチの減少に対してとられているさまざまな方策について，筆者はどのような態度を示しているか，25 字以内の日本語で説明しなさい（ただし，句読点も 1 字に数えます）。

問 4　下線部(2)を日本語に訳しなさい。

全 訳

■ミツバチの減少を食い止める方策

❶ 国連食糧農業機関（FAO）の報告では，世界中の食料の 90％を供給する作物種が 100 種あり，このうちの 71 種はミツバチによって受粉している。ヨーロッパだけでも，264 の作物種の 84％と 4,000 の植物種はミツバチによる受粉のおかげで生存しているのだ。

❷ ヨーロッパでは，ミツバチの個体数と蜂蜜の貯蔵量が 2015 年以来激減しており，1 年あたり 30％減という地域もある。また，アメリカ合衆国の養蜂家から得られた最新の統計も，ヨーロッパと比べてさほど安心できるものではない。養蜂情報組合の調査によると，昨年の冬はミツバチの蜂群の 37％が死滅し，これは例年の冬季死の平均値を 9％上回っている。しかし，なぜこれらの昆虫は消滅してきているのだろうか。

❸ オレゴン州では 5 万匹のミツバチが殺虫剤が引き起こした影響のせいで死んだが，これはさまざまな物質がいかに影響を与える可能性があるかを示す一例である。欧州食品安全機関（EFSA）は，ヨーロッパにおけるミツバチの大量死の背後にある原因はとりわけ，ネオニコチノイドと呼ばれる特定の種類の肥料（注：英文には fertilizer「肥料」とあるが，ここでは insecticide〔pesticide〕「殺虫剤」とするのが正しいと思われる）の使用であることを正式に認めた。この化合物は，昆虫の脳内の学習回路を阻害する。そのせいでミツバチは物覚えが悪くなったり，花の香りと食べ物とを結びつけるといった，生存のための基本的な連想を完全に忘れたりする。ミツバチは餌を摂ることができずに死んでしまうのだ。

❹ 2018 年に欧州連合は，トウモロコシ，綿花，ヒマワリなどの作物に世界中で頻繁に使用されている 3 種類のネオニコチノイド系殺虫剤の屋外での使用を完全に禁止する決定をした。さらに，欧州議会は，これらの殺虫剤の使用を削減することを今後，共通農業政策（CAP）の重要な目標とするよう，すでに提言を行っている。

❺ バロアダニはミツバチの最大の天敵の一つで，ミツバチが姿を消した最大要因の一つである。このダニは昆虫の体内に侵入してその血液（注：正確には「血リンパ」と呼ばれる体液）を餌にし，また，巣にいる他のミツバチたちに羽変形病ウイルスなどの致死性のウイルスを伝染させる外部寄生虫である。このダニは，今のところオーストラリアは例外として，世界のほとんどの地域に広がっている。

❻ 米国のテキサス大学オースティン校の科学者のグループは，ミツバチの健康を改善するために，他に先駆けて遺伝子工学を利用するプロジェクトを進めてきた。そのプロジェクトは，蜂群の崩壊を引き起こすこの破壊的なダニからミツバチを守

るために，ミツバチの消化器官にいるバクテリアの遺伝子を操作した菌株を作り出すことを目指している。

❼ その研究によると，遺伝子操作をしたバクテリアを持つミツバチは羽変形病ウイルスに感染しても生き延びる可能性が36.5％高くなる。こうしたミツバチを餌にするダニは，何の処置も受けていないミツバチを餌にするダニよりも死滅率が70％高くなる。

❽ 大気汚染もまた，花から放出される化学信号の強度を低下させることでミツバチや他の昆虫が花のありかを探し出すのをより難しくしている。気候変動によって状況はさらに悪化している。（気候変動がもたらす）雨季のために開花期や植物の量が変化し，それが花蜜の量と質に影響を与えるからだ。

❾ 上記の点をふまえると，ミツバチが姿を消せば真の食料危機を招くことになるだろう。商品作物の約84％がミツバチの受粉に頼っている。例えばアンダルシア（スペイン）では，1987年にヒマワリの豊作が期待されていたが，ミツバチの巣の不足によりそうはならなかった。これはバロアダニによるミツバチの減少に起因するものだった。

❿ バロアダニの駆除と殺虫剤の禁止に関しては，この方策がミツバチの減少を抑えるのにどの程度有効かを私たちはじっくり見定める必要があるだろう。気候変動や汚染と戦う対策を講じることで，日々の生活においてこの問題に立ち向かうことは可能だ。たとえそうだとしても，私たちは次のような疑問に直面している。手遅れにならないうちにこの問題を解決できるのだろうか。あるいは，この現象を未然に防ぐことにも取り組むべきなのだろうか。一見なくてはならないとは思えないものの，彼らの活動がなければ私たちが暮らしを思い描くことができないような他の動物たちも，姿を消しつつあるのだろうか。

各段落の要旨

❶ 国連食糧農業機関によると，世界の作物の多くがミツバチによる受粉のおかげで存在している。

❷ ヨーロッパでは近年ミツバチの個体数と蜂蜜の貯蔵量が激減し，アメリカでも昨年の冬は例年以上にミツバチの蜂群が死滅した。

❸ 殺虫剤などの物質の影響も大きい。とりわけネオニコチノイドがミツバチの脳機能を阻害し，餌を摂れなくして死に至らしめることを欧州食品安全機関が認定した。

❹ 2018年に欧州連合は3種のネオニコチノイド系殺虫剤の屋外使用を禁止し，欧州議会もこの農薬の使用削減を共通農業政策の目標にするようすでに提言している。

❺ ミツバチに寄生してウイルスを感染させるバロアダニもミツバチ減少の原因の一つであり，このダニは世界のほとんどの地域に広がっている。

❻ アメリカの科学者グループは，ミツバチの消化器官にいるバクテリアの遺伝子を操作した菌株を作ることでバロアダニからミツバチを守る研究を行っている。

❼ この研究によると，遺伝子を組み換えたバクテリアを持つミツバチは，ウイルス耐性も高く，寄生するバロアダニの死滅率も高い。
❽ 大気汚染や気候変動も，花に影響を及ぼすことでミツバチ減少の原因になっている。
❾ 商品作物の約84％がミツバチによる受粉に依存しているため，ミツバチの減少は真の食料危機を引き起こすだろう。
❿ 上述の諸課題に対処していくにせよ，私たちは，ミツバチ減少の問題解決に間に合うのか，予防にも取り組むべきなのか，私たちの生活に不可欠な動物で消滅しつつあるものが他にもいるのか，といった疑問に直面している。

解説

問1 (A) 正解は(イ)

▶ not much more ～ は「(比較の対象と比べて) ～の度合いはさほど高いわけではない，～の程度はさほど変わらない」という意味。第2段第1文 (In Europe, bee …) ではヨーロッパでの安心できない状況が述べられ，空所を含む第2文では，そうしたヨーロッパの状況と比べて，米国でも憂慮すべき状況になっていることが述べられている。空所に(イ)を入れると「アメリカ合衆国の養蜂家から得られた最新の統計も，(安心感を与える程度がゼロである) ヨーロッパと比べて，安心感を与える程度はさほど変わらない (＝米国もあまり安心できない状況になっている)」という内容になり，文意が通る。

(ア)「気を滅入らせる」　(イ)「安心感を与える」
(ウ)「示唆に富む」　(エ)「信頼できる」

(B) 正解は(エ)

▶空所に(エ)を入れると interfere with ～ で「～を妨害〔～に干渉〕する」という意味になり，「その化合物 (＝ネオニコチノイド) は昆虫の脳内の学習回路を阻害する」という内容は前後の文脈にうまく当てはまる。

(ア)「調和する，一致する」　(イ)「協力する」
(ウ)「対処する」　(エ)「妨害〔干渉〕する」

(C) 正解は(ウ)

▶空所から insecticides「殺虫剤」までは that 節内の主語となる動名詞句。欧州議会が，ネオニコチノイド系殺虫剤の usage「使用」をどうすることを CAP の重要な目標とするよう提言しているのかを考えれば，(ウ)が適切だとわかる。

(ア)「～を保証すること」　(イ)「～を開発すること」
(ウ)「～を削減すること」　(エ)「～を支援すること」

(D) 正解は(イ)

▶空所の前後の In と of も加えて，文脈上適正な表現になるものを選ぶ。(イ)なら後続の the above「上記のこと」と合わせて「上記のことを考慮する〔ふまえる〕と」という意味になり，文意が通る。
(ア) in advance of 〜「〜に先立って」
(イ) in light of 〜「〜に照らして，〜を考慮する〔ふまえる〕と」
(ウ) in order of 〜「〜の順序で」
(エ) in spite of 〜「〜にもかかわらず」

問2 ▶下線部(1)の「その研究」の具体的内容は直前の第6段第2文（The project involves …）に詳しく述べられている。このプロジェクトは「蜂群の崩壊を引き起こすこの破壊的なダニからミツバチを守るために，ミツバチの消化器官にいるバクテリアの遺伝子を操作した菌株を作り出すことを目指している」のである。ここから目的と方法とを簡潔に抽出しよう。目的は「(蜂群の崩壊を引き起こすこの破壊的な）ダニからミツバチを守ること」で，方法は「(ミツバチの消化器官にいる）バクテリアの遺伝子を操作した菌株を作り出す」というものだ。この内容を 35 字以内にまとめる。「〜する研究。」と体言止めで答えよう。
語句 genetically modified「遺伝子的に変更された → 遺伝子を操作された〔組み換えられた〕」 digestive system「消化器官，消化管」 collapse「崩壊する」

問3 ▶第4段の「ネオニコチノイド系殺虫剤の使用禁止」と，第6・7段の「ミツバチをダニから守るための遺伝子操作したバクテリアの菌株を作る研究」が「ミツバチの減少に対してとられているさまざまな方策」であり，こうした方策について筆者が示している態度は，最終段第1文の we will have to wait and see how … に述べられている。つまり，「(バロアダニの駆除と殺虫剤の禁止に関しては，この）方策が（ミツバチの減少を抑えるのに）どの程度有効かを（私たちは）じっくり見定める必要があるだろう」という内容だ。これを「〜する態度。」で締めくくる 25 字以内の日本語にまとめるには wait and see 〜 が「〜の成り行きをじっくり見守る，静観する」という意味の慣用句であることを知っておく必要がある。
語句 elimination「排除，駆除」 ban「禁止」 measures「対策，方策」

問4 Are other animals disappearing that at first do not seem to be essential yet without whose activity we could not conceive life?

▶ Are other animals disappearing?「他の動物も姿を消しつつ〔消滅しつつ〕あるのだろうか」が基本骨格。「他の動物は」ではなく「他の動物も」と訳しているのは，直前までミツバチの減少のことだけを述べてきたが，消滅しつつある動物は他にもいるのだろうか，という気持ちを「も」に託している。

▶ that at first do not seem to be essential「一見〔初めは〕なくてはならない〔不可欠だ〕とは思えない」は1つ目の関係代名詞節で，that は主格の関係代名詞。先行詞は other animals である。

▶ここでの yet は接続詞で，but と同意。1つ目の関係代名詞節と2つ目の関係代名詞節が，この yet によって並列されていることを正しくつかもう。

▶ without whose activity we could not conceive life「彼らの活動がなければ私たちが暮らしを思い描くことができない（であろう）」が2つ目の関係代名詞節で，先行詞はやはり other animals である。whose は所有格の関係代名詞（＝other animals'）で，後ろの activity を修飾。節内で without whose activity「彼らの活動がなければ」は副詞句として働いており，「もしなければ」という仮定の気持ちが含まれている。それを受けて we could not conceive life「私たちが暮らしを思い描くことができない（であろう）」では仮定法過去が用いられているのだ。

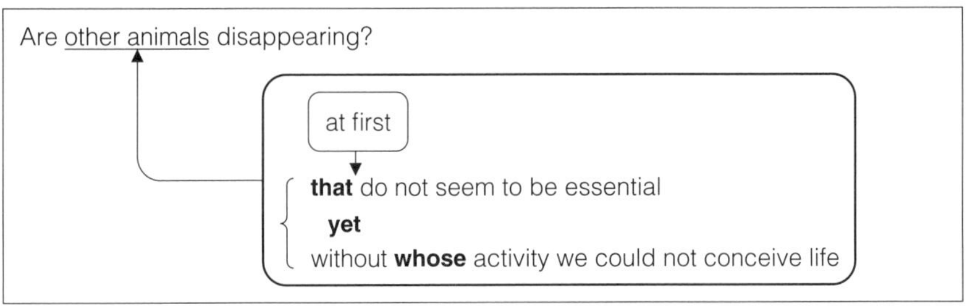
Are other animals disappearing?
at first
that do not seem to be essential
yet
without whose activity we could not conceive life

語句　conceive「～を想像する，思い描く」

解答

問1　(A)―(イ)　(B)―(エ)　(C)―(ウ)　(D)―(イ)

問2　ミツバチをダニから守るため，遺伝子操作したバクテリアの菌株を作る研究。(35字)

問3　方策がどの程度効果的かを静観すべきだという態度。(24字)

問4　一見なくてはならないとは思えないものの，彼らの活動がなければ私たちが暮らしを思い描くことができないような他の動物たちも，姿を消しつつあるのだろうか。

5

2021 年度〔2〕

次の文章は，「STEM 教育」について書かれたものである。この文章を読んで，問 1 ～ 5 に答えなさい。

Women and girls are underrepresented in science, technology, engineering, and mathematics (STEM) education and careers. One <u>prevalent</u>(a) explanation for women's underrepresentation in STEM is the gender gap in math performance favoring males, particularly spatial skills. Research suggests that gender gaps in math performance emerge in middle school or high school; however, meta-analyses* indicate this gap has disappeared.

Given the evidence from meta-analyses, an ability explanation for women's underrepresentation in STEM is less plausible; many other explanations, including broad contextual factors (societal expectations, parental and peer influence, and climate within STEM majors and organizations) and women's motivations, math ability self-assessment, and choices, are well-supported. From a sociocultural perspective, research has documented how environments dominated by males can be threatening to women and girls and can <u>elicit</u>(b) stereotype threat, which can lower their sense of belonging, increase feelings of exclusion and isolation, and lead to disengagement from the domain.

Stereotype threat is the phenomenon in which members of a stereotyped group worry that their performance on an evaluative task will be judged according to a negative group stereotype indicating inferiority in the domain. The stereotype relevant to STEM education is that women and girls are not as competent in math as men and boys. Thus, when women and girls take math tests, they may worry that their performance will be judged according to this stereotype and they may fear confirming the stereotype if they perform poorly. (1)<u>This threat</u> can lead to negative outcomes such as poor test performance and disengagement from the domain.

Arguably, the most widely studied academic performance outcome for women in the stereotype threat literature is math test performance; other less frequently studied outcomes include more negative attitudes toward the domain and lower intentions to pursue education and careers in the domain. For example, it was found that women taking a math test had poorer performance when they were told the test was diagnostic of math ability than when they were told the test was not diagnostic. In a diagnostic testing situation, women performed poorly because they feared confirming the stereotype that "women are not as good at math as men" ; when women were told that no gender differences have been found on a math test, the women performed better than when no such information was given. Thus, stereotype threat is one factor in women's underperformance in math. If women are worried about validating gender stereotypes regarding women's math ability, this additional cognitive burden may lead (2)to (A) performance, feeling a (B) of belonging in the field of mathematics, and (C) the domain.

As shown by these results, one important variable examined in stereotype threat research is gender identity, or the centrality and importance a person places on gender as part of one's larger self-concept. Research on gender identity among adults has shown that women who strongly identify with their gender are more (c)vulnerable to the negative effects of stereotype threat, presumably because they care more about confirming stereotypes that reflect poorly on their gender group. Performance pressure, not wanting to make the group look bad, or group-level stereotype threat, leads to underperformance for women who are highly gender identified.

However, a recent study showed that (3)because stereotype threat is triggered within educational contexts, it can be reduced through interventions to promote mathematics and science education, thus improving the educational pipeline leading to good careers in STEM. Educators, parents, practitioners, and policy makers can learn more about stereotype threat through many publicly accessible resources and partner with social scientists to carry out these interventions on a large scale.

注 meta-analyses メタ分析(複数の研究結果を統合し，より高次の見地から行う分析)

出典追記：Stereotype Threat Among Girls: Differences by Gender Identity and Math Education Context, Psychology of Women Quarterly vol.41 (4) by Bettina J. Casad, Patricia Hale, and Faye L. Wachs, Sage Publications

問 1　下線部(a)〜(c)の単語または語句について，本文中における意味に最も近いものを，それぞれの選択肢から一つ選び，記号で答えなさい。

(a) prevalent

(あ) common

(い) exclusive

(う) immediate

(え) possible

(b) elicit

(あ) get rid of

(い) give rise to

(う) put up with

(え) be concerned about

(c) vulnerable to

(あ) highly resistant to

(い) easily influenced by

(う) relatively indifferent to

(え) strongly encouraged by

問 2　次の文は，下線部(1) This threat の内容を説明したものである。本文の内容に即して，空所［　イ　］と［　ロ　］に入る適切な日本語の文を書きなさい。

［　　イ　　］というステレオタイプの影響によって，［　　ロ　　］のではないかという脅威

問 3　下線部(2)の空所（　A　）〜（　C　）に入る最も適切な単語の組み合わせはどれか。選択肢(あ)〜(え)から一つ選び，記号で答えなさい。

	(A)	(B)	(C)
(あ)	different	state	improving
(い)	improved	sense	entering
(う)	inferior	fail	rejecting
(え)	lower	lack	leaving

問 4 下線部(3)を日本語に訳しなさい。

問 5 本文の内容と合致する文を選択肢から二つ選び，記号で答えなさい。

(あ) Educational interventions can pave the way for women to pursue rewarding careers in STEM fields.

(い) The possible factors that explain women's underrepresentation in STEM are relatively predictable.

(う) Gender gaps in math performance which emerge in early childhood education tend to increase over time.

(え) Male-dominated environments can lead to stereotype threat, resulting in lower math performance of women.

(お) Decreasing a feeling of exclusion is pivotal in building women's negative attitudes toward STEM majors and careers.

(か) Women are more likely to perform well on math tests when they are informed that their math ability is being assessed.

全 訳

■理数系分野で女性が活躍するには

❶ 科学，技術，工学，数学（STEM）分野の教育や職業では女性が比率的に少ない。STEM 分野で女性が少ないことに対してよく言われる説明の一つは，数学の成績，特に空間認識能力において男性が優位に立つ男女間格差があるというものだ。研究では，数学の成績における男女間の格差は中学や高校の時期に現れると示唆されている。しかしメタ分析の結果では，この格差はなくなっている。

❷ メタ分析から得られる証拠を考慮すると，STEM 分野における女性の少なさを能力面から説明するのは妥当性に乏しい。広範囲に及ぶ状況的要因（社会からの期待，親や仲間の影響，STEM 分野の専攻者や組織の風土）や，女性の側の意欲，数学の能力に対する自己評価や選択を含む，他の多くの説明には十分な根拠がある。社会文化的見地から，研究で立証されているのは，男性が優位を占める環境が女性にとって脅威となり，またステレオタイプによる脅威を生み出して，そのことが女性の帰属意識を低下させ，疎外感や孤立感を高め，結果的にこの分野からの離脱につながりうる，ということである。

❸ ステレオタイプによる脅威とは，ステレオタイプ化された集団に属する者が，評価を受ける課題での自分の成績が当該分野でのその集団の劣等性を示す否定的なステレオタイプによって判断されはしないかと懸念する現象のことである。STEM 教育に関するステレオタイプとは，女性は数学では男性ほど有能でないというものだ。したがって，女性が数学のテストを受けると，自分の成績がこのステレオタイプによって評価されるのではないかと心配するかもしれないし，もし成績が悪いとそのステレオタイプを裏付けることになるのではないかと懸念するかもしれない。この脅威は，テスト成績の不振やこの分野からの離脱といったよくない結果につながりかねない。

❹ おそらく，ステレオタイプによる脅威に関する文献において最も幅広く研究されている女性の学業成績面での（ステレオタイプによる脅威がもたらす）結果は数学のテスト成績である。他にも，研究頻度がそれほど高くはない結果の中には，数学分野に対していっそう消極的な姿勢になることや，数学分野の教育や職業をそのまま続ける意欲がより低下することなどがある。例えば，数学のテストを受けている女性は，そのテストが数学の能力を診断するものだと言われると，能力を診断するものではないと言われる場合より成績が悪くなることがわかった。能力を診るテストを受けるという状況では，「女性は男性ほど数学ができない」というステレオタイプを裏付けることになるのではないかと不安になるために成績が振るわなかっ

たのだ。この数学のテストでは，性別による差はこれまで出ていないと告げられると，そうした情報が与えられない場合よりも女性の成績はよかった。このように，ステレオタイプによる脅威は，数学で女性が実力を十分に発揮できない一因となっている。女性の数学の能力に関する性差によるステレオタイプを裏付けてしまうのではないかと懸念していると，女性はこの余分の認知的負荷のせいで成績が下がり，数学分野での帰属意識を失い，その領域から離脱するという結果になるかもしれないのだ。

❺ こうした結果が示すように，ステレオタイプによる脅威の研究で検証されている一つの重要な変数は，性同一性，つまり，より大きな自己概念の一部として人が性別に置いている中心性と重要性である。成人における性同一性に関する研究によって，自分の性別に対して強い一体感を持っている女性のほうがステレオタイプによる脅威の悪影響を受けやすいことがわかっているが，それはおそらく，こうした人たちは女性全体のイメージを悪くするようなステレオタイプを裏付けることになるのを，一体感を持っていない人よりも気にかけるからだろう。成績へのプレッシャー，女性の集団が面目を失うようなことはしたくないという思い，集団レベルでのステレオタイプによる脅威などが，自分の性別に強い同一感を持つ女性の成績不振につながるのである。

❻ しかしながら，最近の研究では，ステレオタイプによる脅威は，教育の場の中で生じるので，数学や科学の教育を推進する目的で介入することで抑制することができるものであり，そうすることで，STEM 分野で満足のいく職に就くことにつながる，教育上のルートを改善できることが示されている。教育者，親，専門家，政策立案者たちは，誰もが利用可能な多くの情報源を通してステレオタイプによる脅威についてより多くのことを学び，社会科学者と連携して，こうした介入を大規模に行うことができるのである。

各段落の要旨

❶ STEM（科学，技術，工学，数学）分野の教育や職業で女性が少ないのは，数学分野，特に空間認識能力で女性は男性に劣るからであるとされ，その性差は中学，高校の時期に現れると言われるが，メタ分析によればその差はない。

❷ むしろ，広範囲に及ぶ状況的要因や女性自身の意欲や自己評価など，他の多くの説明のほうに説得力がある。男性優位の環境やステレオタイプが女性に脅威を与え，STEM 分野に対して女性を萎縮させうることが研究で立証されている。

❸ ステレオタイプによる脅威とは，ステレオタイプ化された集団に属する者が否定的なステレオタイプによって自分が評価されるのを懸念する現象で，STEM 教育でも女性は，数学の能力が男性より劣るというステレオタイプの脅威にさらされる。

❹ ステレオタイプによる脅威が女性の学業成績面にもたらす悪影響の研究では，数学のテスト成績を扱うものがおそらく最多で，他に数学への意欲低下を扱うものもあ

る。ステレオタイプによる脅威が数学で女性の成績が振るわない一つの要因なのだ。

❺ ステレオタイプによる脅威の研究における一つの重要な変数は，性同一性，つまり自己概念における性別の重要度であり，自分の性別を強く意識する女性ほどステレオタイプによる脅威の悪影響を受けやすい。

❻ 最近の研究によれば，ステレオタイプによる脅威は教育現場で生じるので，理数教育の推進のために介入することで抑制でき，STEM 分野の仕事につながる教育上のルートも改善できる。関係者が脅威について学びを深め，大規模に介入できるのだ。

解　説

問1　(a)　正解は(あ)

▶ prevalent は「広く行き渡っている，普及している，一般的な」という意味であり，(あ)が意味的に最も近い。prevalent は prevail「広く行き渡っている」という動詞の形容詞形であることを覚えておこう。

(あ)「一般的な，ありふれた，よく見られる」
(い)「排他的な，独占的な」
(う)「即座の，直接的な」
(え)「可能な，可能性のある」

(b)　正解は(い)

▶ elicit は「～を引き出す，引き起こす」という意味だが難語なので，文脈からどの選択肢が文意に合うかで選べばよい。「男性が優位を占める環境が…ステレオタイプの脅威を（　　）ことがありうる」という文脈には(い)が適切だ。

(あ)「～を取り除く」　(い)「～を引き起こす」
(う)「～を我慢する」　(え)「～を心配〔懸念〕している」

(c)　正解は(い)

▶ vulnerable to ～ は「～の影響を受けやすい，～に弱い」という意味で，(い)が意味的に最も近い。vulnerable は覚えておくべき単語だが，万一知らなくても，文脈的に考えて(い)を入れると文意が通ることは比較的容易にわかるはず。

(あ)「～に対して耐性の高い，～に高い抵抗力がある」
(い)「～に容易に影響される」
(う)「～に比較的無関心な」
(え)「～に強く勇気づけられて」

問2　▶ 下線部(1)を含む第3段では，第1文（Stereotype threat is …）で stereotype threat「ステレオタイプ（固定観念）による脅威」の一般的な定義を示し，第2・3文（The stereotype relevant … they perform poorly.）ではSTEM教育で女性が受けるステレオタイプの脅威の実態を述べている。下線部(1)の「この脅威」は，第1文を受けて「ステレオタイプによる脅威」全般を指すと考えるのが，段落内の文章構成としては妥当ではあるだろう。だが，問題文全体が一貫してSTEM教育で女性が受けるステレオタイプの脅威について論じていることと，第2・3文の記述の流れが，空所イ・ロを含む，設問で与えられている文の記述の流れに実にうまく合致していることを考えると，おそらく出題者は，第2・3文を参照してSTEM教育で女性が受けるステレオタイプの脅威の内容を書かせようとしているように思われる。

▶空所イには，第2文の内容から「女性は男性ほど数学が得意ではない」という趣旨のことを書き，空所ロには，第3文の内容から「女性が数学のテストを受けるとステレオタイプによって評価され，成績が悪いとそのステレオタイプが裏付けられてしまう」という趣旨のことを書けばよい。

▶設問にある，「空所［ イ ］と［ ロ ］に入る適切な日本語の文を書きなさい」という指示に注目しよう。どちらの空所に入れる文言も「文」と呼べる形になっている必要がある。

▶なお，下線部(1)が，第1文に述べられている一般論としての「ステレオタイプによる脅威」を指していると捉える場合は，空所イに「この集団はこの分野においては劣っている」という内容を，空所ロには「評価を受ける課題における自分たちの成績がそのステレオタイプによって判断される」という内容を書けばよい。

問3 正解は(え)

▶下線部(2)を含む第4段最終文（If women are …）は，「女性の数学の能力に関する性差によるステレオタイプを裏付けてしまうのではないかと懸念していると，女性はこの余分の認知的負荷（＝ステレオタイプを裏付けてしまうのではないかという懸念）のせいで成績が（ A ），数学分野での帰属意識を（ B ），その領域から（ C ）という結果になるかもしれない」という内容である。こうした負荷がかかると成績は下がるだろうからAにはlower「より低い」が入る。またこの分野での帰属意識はなくなるだろうからBにはlack「欠乏，欠落」が入り，そうなると最終的には数学の領域から身を引くだろうからCにはleave「～から去る，離脱する」（の動名詞形）が入る。つまり(え)を選べば，文意の通る文が完成するのだ。

▶下線部(2)のfeeling … mathematicsとleaving the domainは動名詞句であり，lower performanceと並列され，lead toの目的語になっている。

▶ 第2段 第2文（From a sociocultural …） に，which can lower their sense of belonging, … and lead to disengagement from the domain「そしてそのこと（＝

男性優位の環境がステレオタイプによる脅威を生み出すこと）が女性の帰属意識を低下させ，…結果的にこの分野からの離脱につながりうる」と述べられ，さらに第3段最終文でも，This threat can lead to negative outcomes such as poor test performance and disengagement from the domain.「この脅威は，テスト成績の不振やこの分野からの離脱といったよくない結果につながりかねない」と書かれているので，その内容も大いにヒントになる。

語句 a sense of belonging「帰属意識」 exclusion and isolation「疎外感と孤立感」 disengagement「離脱，撤退」 domain「分野，領域」 outcome「結果」 validate「～の正しさを立証する，～を裏付ける」 regarding「～に関する」 cognitive「認知の，認知的な」 performance「成績」

問4　because stereotype threat is triggered within educational contexts, it can be reduced through interventions to promote mathematics and science education

▶本問のポイントは語彙力のみ。because 節内では，trigger「～を引き起こす，誘発する」（の受動態）と context「状況，環境，場〔現場〕」に注意。stereotype と threat については，問2の問題文でそれぞれ「ステレオタイプ」「脅威」と書かれているので，そのまま使えばよいが，stereotype は「固定観念」と訳してもよい。within は「～の内部で，中で」という意味の前置詞。

▶主節では，reduce「～を減らす，軽減する」（の受動態），intervention「介入」（動詞 intervene の名詞形），promote「～を促進〔推進〕する」がポイント。主語の it は stereotype threat「ステレオタイプの〔による〕脅威」を指すが，〈解答例〉のように，主節の it に because 節の主語の stereotype threat を代入するようにして，事実上 it を訳出しないやり方もある。through は「～を通して，～によって」という意味の前置詞。

▶ to promote ～ は手前の interventions を修飾する形容詞句であり「～を促進〔推進〕するための」が直訳だが，interventions を「介入すること」と訳す場合は，「～を促進するために，～を推進する目的で」と副詞句的に訳すとよい。

問5　正解は㋐・㋓

▶選択肢の訳は以下のとおり。

㋐「教育に介入することで，女性が STEM 分野でやりがいのある仕事を目指す道を開くことができる」

㋑「STEM 分野で女性が少ないことの説明になる，ありうる要因は，比較的予測可能である」

㋒「幼児教育で現れる数学の成績の男女差は，時が経つにつれて増大する傾向がある」

(え)「男性優位の環境はステレオタイプによる脅威を引き起こし，結果的に女性の数学の成績を下げてしまうこともありうる」

(お)「排除されているという気持ち〔疎外感〕を軽減することが，STEM 分野の専攻や仕事に対する女性の消極的な姿勢を身につけるのに極めて重要である」

(か)「数学の能力が評価されていると知らされると，女性は数学のテストの成績がよくなる可能性が高い」

▶(あ) 最終段第1文（However, a recent study showed …）の that 節では「ステレオタイプによる脅威は，教育の場の中で生じるので，数学や科学の教育を推進する目的で介入することで抑制〔軽減〕することができるものであり，そうすることで，STEM 分野で満足のいく職に就くことにつながる，教育上のルートを改善できる」と述べられており，この内容と一致する。

語句 pave the way for *A* to *do*「*A* が～する道を開く」 thus *doing*「そうすることで，～する」

▶(い) 第1段第2文（One prevalent explanation …）と第2段（Given the evidence … from the domain.）に，女性が STEM 分野に少ないことの説明としてさまざまな説が挙げられているが，それらが予測可能だとは述べられていないので，不一致。

語句 underrepresentation「数が少ないこと」 predictable「予測可能な」 favor「～に有利である」 spatial skills「空間認識能力」 given「～を考慮すると」 plausible「理にかなっている，妥当な」 contextual「文脈上の，状況的な」 parental and peer「親や仲間の」 climate「風潮，（精神）風土」 self-assessment「自己評価」

▶(う) 第1段最終文（Research suggests that …）の「数学の成績における男女間の格差は中学や高校の時期に現れると示唆されている。しかしメタ分析の結果では，この格差はなくなっている」という内容に反するので，不一致。

語句 emerge「現れる」 over time「時の経過と共に，時が経つにつれて」

▶(え) 第2段第2文（From a sociocultural …）の how 節の記述から，男性優位の環境が，女性に対してステレオタイプによる脅威を引き起こすことがわかり，第3段第2～最終文（The stereotype relevant … from the domain.）では，女性は男性ほど数学ができないというステレオタイプによる脅威を受けることで，女性の数学の成績が下がることが述べられており，これらの内容に一致する。resulting in … は，結果的に生じることを述べる分詞構文。

語句 sociocultural perspective「社会文化的見地〔観点〕」 document「～を記録する，立証する」 dominate「～を支配する」

▶(お) 第2段第2文（From a sociocultural …）には，「ステレオタイプによる脅威のせいでSTEM分野で女性が疎外感や孤立感を高め，結果的にこの分野からの離脱につながる」ことが述べられており，第4段第1文（Arguably, the most …）では，negative「消極的な」という語を使って，脅威の結果として女性が消極的な姿勢をとることが述べられている。したがって，疎外感を減らすことは，女性を消極的にさせるのに極めて重要なのではなく，逆に積極的にさせるために極めて重要なはずなので，不一致。

語句　pivotal「極めて重要な，中核となる，要（かなめ）の」

▶(か)　第4段第2文（For example, it …）の，このテストは数学の能力を診断するものだと言われるほうが，そうでない場合よりも成績が下がるという内容に反するので，不一致。

語句　assess「～を評価する」 diagnostic「診断（用）の，診断に役立つ」

解答

問1　(a)―(あ)　(b)―(い)　(c)―(い)

問2　イ．女性は男性ほど数学が得意ではない

ロ．女性が数学のテストを受けるとステレオタイプによって評価され，成績が悪いとそのステレオタイプが裏付けられてしまう

問3　(え)

問4　ステレオタイプによる脅威は，教育の場の中で生じるので，数学や科学の教育を推進する目的で介入することで抑制〔軽減〕することができる

問5　(あ)・(え)

6

2021年度〔3〕

次の文章は，アメリカのある経営学大学院での “Digital Transformation” という授業における議論の一部である。この文章を読んで，問1～4に答えなさい。

Student A: Artificial intelligence, or AI is a powerful technology. If humankind can find a way to regulate and use AI ethically, I truly believe this technology will bring unparalleled(a) advancement and benefits to our way of living.

Professor: There is a problem, and it comes with the use of that one single word: ethically. AI may have amazing potential, but the fast-moving technology needs to be employed carefully and thoughtfully.

Student A: If AI is not regulated, a lot of harm can be done.

Professor: (1)For some three decades, digital technology has continued its never-ending march of progress, remaking and disrupting a wide range of industries. Looking at the efforts of organizations to transform themselves digitally today, we are going to examine some cases that investigated AI ethics.

Assistant Professor: It's a timely topic. I think the public is becoming more aware of the effect of algorithms* and AI. Digital transformation should be responsive to not only customer needs, but also to the consequences it has for society.

Student B: I think AI is going to drastically change the way businesses operate in the very near future. I hope that the major corporations, and citizens of the globe, will ensure it is rolled out responsibly.

Assistant Professor: We are in a reflection phase. There is a movement. Companies are starting to realize they have to be responsible in how they use this technology. Let me liken this movement to sustainability. About 20 years ago, companies began thinking about their environmental impacts because of the increasing concerns of their customers. Companies had to look at sustainability. It became a part of how they presented themselves. I think we're seeing a similar shift in technology.(2)

Professor: Still, there are concerns. Biases, for one, can creep into algorithms. The technology behind self-driving cars can more easily identify white pedestrians than nonwhite ones, which makes them a higher risk for being struck. Discrimination can be baked into banking algorithms, making it harder for people of color to obtain loans.

Assistant Professor: The autonomy built into these systems is raising the stakes(b). It has to be built with some sort of ethical framework.

Professor: Because the technology is advancing at such a rapid pace, reigning it in may be difficult.

Student B: The optimistic part of me thinks that most companies understand there is significant value to their consumers by utilizing technology responsibly, but there is no way legislation(c) is going to be able to keep up.

Assistant Professor: This discussion went very well. I believe that our students, who are well versed in social responsibility and business model design, are uniquely positioned to consider these issues that emerge in the future.

Student A: I am full of excitement and am optimistic that we can use AI for good. However, any technology is nothing more than a tool. It's a double-edged sword that has the ability to enslave or empower humanity.

注　algorithms　アルゴリズム(コンピューターなどで演算手続きを指示する規則)

問 1　下線部(1)を日本語に訳しなさい。

問 2　下線部(2)を 40 字以内の日本語で説明しなさい(ただし，句読点も 1 字に数えます)。

問 3　下線部(a)～(c)の意味と最も近い単語を，それぞれの選択肢から一つ選び，記号で答えなさい。

(a)　unparalleled

(あ)　comparable

出典追記：Why AI Ethics Are So Important, Babson Thought & Action on June 12, 2020 by John Crawford

(い) exceptional

(う) expected

(え) explanatory

(b) stakes

(あ) charges

(い) interests

(う) profits

(え) risks

(c) legislation

(あ) court

(い) government

(う) justice

(え) law

問 4 本文の内容と合致するものを以下の選択肢の中から二つ選び，記号で答えなさい。

(あ) It is necessary for humans to be optimistic about the future of AI technology.

(い) Governments should be more cautious in enacting rules that regulate AI technology.

(う) Humans should not fail to be aware of the ethics in using AI technology properly.

(え) AI technology is supposed to contribute to solving various issues of racial discrimination.

(お) Companies' efforts to utilize AI technology result in facilitating environmental consciousness.

(か) AI technology has advantages as well as disadvantages in terms of its impact on human society.

全 訳

■大学院のデジタル・トランスフォーメーションの授業にて

学生A：人工知能，つまりAIは強力な技術です。もし人類がAIを倫理的に規制して利用する方法を見つけることができれば，この技術は私たちの生活様式に比類なき進歩と恩恵をもたらすことになると，私は心から信じています。

教授　：一つ問題があって，それはそのたった一言，「倫理的に」という言葉の使用を伴う問題です。AIには驚くべき可能性があるかもしれませんが，進歩の速い技術は，注意深く，よく考えて使う必要があるんです。

学生A：AIが（倫理的に）規制されなければ，多くの害が出る可能性がありますね。

教授　：約30年間，デジタル技術は（その）歩みを止めることなく進歩し続け，多岐にわたる産業を作り変え，潰しもしてきました。さまざまな組織が今日行っている，デジタル面で自らを変革しようとする努力を見つめながら，AI倫理を調査したいくつかの事例を検証していきましょう。

助教　：それは時宜（じぎ）にかなったテーマですね。一般大衆はアルゴリズムやAIの影響をますます意識するようになっていると思うんです。デジタル変革は顧客の要望だけでなく，それが社会にもたらす結果に対しても対応すべきでしょう。

学生B：AIはごく近い将来，事業経営の仕方を劇的に変えることになると思います。大手の企業が，それに世界中の一般市民も，責任を持ってAIを広めていくよう努めてほしいのです。

助教　：私たちはじっくり考えるべき局面にいます。動きはあります。この技術の使い方に自らが責任を持つ必要があることに企業が気づき始めているのです。この動きを持続可能性になぞらえてみましょう。約20年前，顧客の関心が高まってきたことで，企業は自分たちが環境に与える影響について考えるようになりました。企業は持続可能性に目を向けなければならなくなったのです。それが，企業が自社を売り込む方法の一部になりました。私たちは技術面でも（それと）同様の変化を今，目にしているのだと思います。

教授　：それでも，憂慮すべきことはありますよ。一例として，偏見がアルゴリズムに紛れ込むことがあり得ます。自動運転車を支えている技術では，白人の歩行者を，それ以外の歩行者より簡単に識別することができるのですが，それだと，白人以外の歩行者がはねられる危険性が高くなります。人種差別が銀行のアルゴリズムに織り込まれて，有色人種の人たちのほうが融資を受け〔ローンを組み〕にくくなる可能性もあるのです。

助教　：こうしたシステムに組み込まれた自律性が危険性を高めています。そうした自律性は，ある種の倫理的な枠組みを持つ形で構築されなければなりません。

教授　：技術はとても急速に進歩しているので，それを抑制するのは難しいかもしれません。

学生B：自分の中の楽観的な部分では，ほとんどの企業が，責任を持って技術を利用することで消費者に対して大きな価値があるという点は理解していると思っていますが，法律がついていくのはとうてい無理でしょう。

助教　：今回の議論はとてもうまく進行しましたね。私が思うに我が学生諸君は社会的責任やビジネスモデル設計を熟知しているがゆえに，今後表面化するこうした問題について考察する独自の立ち位置にいるのでしょう。

学生A：私はほんとうにワクワクしていますし，善いことのために私たちはAIを用いることができると楽観しています。けれども，どんな技術もただの道具にすぎません。AIは，人間を隷属させることも人間に力を与えることもできる能力を持った諸刃(もろは)の剣(つるぎ)なのです。

解　説

問1　For some three decades, digital technology has continued its never-ending march of progress, remaking and disrupting a wide range of industries.

▶ For some three decades の some は「約，およそ」という意味。数字の前の some は about で読み換えよう。

▶ has continued its never-ending march of progress は「その終わりなき進歩の歩みを続けてきた」が直訳で，このまま答案として成立する。ここでの march は「(人々の) 行進」ではなく，「(ものごとの) 進展，進行，歩み」のこと。〈解答例〉ではさらにこなれた日本語にしてある。its は digital technology を指す。

▶ remaking and disrupting a wide range of industries の部分は，文末に加えられた分詞構文。「～しながら」という付帯状況を表しているが，〈解答例〉のように手前から訳しおろしても自然な日本語になる。a wide range of industries「多岐にわたる産業」は remaking と disrupting の共通の目的語。

語句　decade「10年（間)」 digital technology「デジタル技術，デジタルテクノロジー」 never-ending「終わることのない，果てしない」 progress「進歩，発達」

remake「～を作り変える，再編する」 disrupt「～を壊す，潰す」 a wide range of ～「広範囲に及ぶ～，多岐にわたる」

問2 ▶下線部(2)で締めくくられる「助教」の発言の流れを見てみよう。第3文（Companies are starting …）で，現在見られる企業の意識変化を具体的に述べ，続く第4～7文（Let me liken … they presented themselves.）で，それを約20年前の持続可能性に関する企業の意識変化になぞらえたあと，下線部を含む最終文（I think we're …）で「私たちは技術の面でも（それと）同様の変化を今，目にしている」と述べている。この論旨展開から，下線部(2)で言う「変化」とは，第3文に述べられている「この技術（＝AIもしくはAI技術）の使い方に自らが責任を持つ必要があることに企業が気づき始めている」という変化を指していることは明らかだ。

▶また，「（それと）同様」とは，第4～7文で述べられている「約20年前に，顧客の関心が高まってきたことで，企業は自分たちが環境に与える影響について考えるようになり，持続可能性に目を向けざるを得なくなった」状況と同様，ということである。したがって，下線部の「（それと）同様の変化」を具体的に説明するにあたっては，以上の2点，すなわち「今の変化の内容」と「過去の同様の状況への何らかの言及」を40字以内で簡潔に盛り込む必要がある。相当な要約力が求められる設問だ。まとめ方については〈解答例〉の2つの例を参考にしていただきたい。

▶なお，第5文（About 20 years …）の「顧客の関心が高まってきたことで，企業は自分たちが環境に与える影響について考えるようになった」という記述をベースにして，「顧客の関心の高まりから，企業が自らのAI技術が社会に与える影響を考え始めたこと。」（40字）などと答えることも可能だろう。約20年前の企業の意識変化との類似性を，第5文の表現を利用することで示すやり方である。

語句 a reflection phase「熟慮の局面〔時期〕」 sustainability「持続可能性」 present *oneself*「自らを売り込む」 shift「変化」

問3 (a) 正解は(い)

▶ unparalleledは「比類のない，前代未聞の」という意味なので，(い)が最も近い。文意が通るものを文脈だけを頼りに探そうとすると(う)でもよいのではという気にもなるので，もともとunparalleledの意味はわかっておく必要がある。動詞のparallel「～と並行している，～に匹敵する」の過去分詞形に否定を表すun-が付いた形に由来する形容詞なので，匹敵するものが他にないイメージだ。

(あ)「匹敵する，同等の」　(い)「並外れた，例外的な」
(う)「予期される，期待される」　(え)「説明的な」

(b) 正解は(え)

▶「こうしたシステム（＝偏見が紛れ込んだアルゴリズム）に組み込まれた自律性が（　　）を高めているので，そうした自律性には何らかの倫理的な枠組みを持たせるべきだ」という文脈に最も合うのは(え)である。stake(s) は「杭」や「賭け（金）」の意味がベースにあるが，at stake「賭けられて → 危険にさらされて」や raise the stakes「賭け金を上げる → 危険性を高める」といった表現では「危険（性）」の意味を持つことも覚えておきたい。

(あ)「料金，非難，責任，充電」　(い)「利益，利子，利害関係，関心事」

(う)「収益，利益」　(え)「危険（性）」

(c) 正解は(え)

▶ legislation「法律，立法行為」は覚えておくべき語。(え)が同意語となる。

(あ)「法廷，裁判，宮廷」　(い)「政府，政治」

(う)「正義，司法」　(え)「法律」

問4 正解は(う)・(か)

▶選択肢の訳は以下のとおり。

(あ)「人間は AI の未来について楽観的になる必要がある」

(い)「政府は，AI 技術を規制する規則を制定するにあたってはもっと慎重になるべきだ」

(う)「人間は，AI 技術を適切に用いる際には必ず倫理を意識しておくべきだ」

(え)「AI 技術は人種差別のさまざまな問題の解決に貢献するとみなされている」

(お)「AI 技術を利用しようとする企業の努力は，結果的に環境に配慮する意識を促進することになる」

(か)「AI 技術には，人間社会への影響という点ではプラスとマイナスの両面がある」

▶(あ) 議論全体を通して語られるのは倫理面における懸念であり，楽観論は見られない。また，optimistic「楽観的な」という語が問題文で用いられるのは学生Aと学生Bのそれぞれ最後の発言の中だけであるが，両者とも全面的な楽観論を述べているわけではない。よって不一致。

▶(い) 学生Aの第2発言（If AI is not …）では，AI を規制する必要を訴えており，規制する規則の制定にもっと慎重になるべきだという内容はその発言と矛盾するので，不一致。

語句 cautious「慎重な」 regulate「～を規制する」

▶(う) 学生A→教授→学生Aという最初の3つの発言が議論全体の基調となるテーマを示しており，そこでは，AI を倫理的に規制して利用する必要性が述べられているので，一致。

語句 fail to *do*「～しない」→ should not fail to *do*「～しないべきではない → 必ず～するべきだ」 be aware of ～「～を自覚〔意識〕している」 ethics「倫理」 properly「適切に」

▶(え) 教授の第3発言第3・最終文（The technology behind … to obtain loans.）ではAI技術が人種差別を助長する可能性が論じられているので，不一致。

語句 be supposed to *do*「～するとみなされている」 racial discrimination「人種差別」

▶(お) 助教の第2発言第5・6文（About 20 years … look at sustainability.）では，顧客の関心が高まったことで企業が環境への影響を考えるようになったと述べられており，AI技術を利用しようとする企業の努力が環境に配慮する意識を促進するわけではないので，不一致。

語句 result in *doing*「結果的に～することになる」 facilitate「～を促進する」

▶(か) 学生Aの最終発言最終文（It's a double-edged …）で，AI技術は人間を隷属させることも人間に力を与えることもできる，つまりマイナスとプラスの両面を持っていることが述べられているので，一致。

語句 in terms of ～「～の観点からは」 *A* as well as *B* については，2018年度〔1〕問2の解説（p. 133 の語句）を参照のこと。

解答

問1 約30年間，デジタル技術は（その）歩みを止めることなく進歩し続け，多岐にわたる産業を作り変え，潰しもしてきました。

問2 かつての環境への配慮のように企業がAIの使い方への責任を認識し始めたという変化。（40字）

〈別解〉顧客の関心の高まりから，企業がAI技術の使い方に責任を負う必要を感じ始めたこと。（40字）

問3 (a)―(い) (b)―(え) (c)―(え)

問4 (う)・(か)

7

2020年度〔1〕

次の文章を読んで，問1～5に答えなさい。

(1)Nature is like granola: The list of ingredients is long, but the bowl is mostly filled with just a few of them. Take England, for example, which is obsessed enough with animals and birds to count its wildlife nearly one by one. Population estimates for 58 species of land mammal in that country, ranging from the familiar to the obscure, total about 173 million animals. But just three species ──the common shrew*, rabbit, and mole──account for half of those individuals. All told, the most common 25 percent of English mammal species add up to 97 percent of all the individual animals. Similar patterns play out on land and at sea, in your local park or across whole continents, and whether you are counting beetles, shellfish, or tropical trees. The most common land bird in the United States and Canada is the American robin, harbinger of spring*. Robins alone are as numerous as the two countries' 277 least-common bird species combined.

The fact that species of such incredible abundance can decline as quickly as the white-rumped vulture did points to (2)a counter-intuitive idea in conservation that (3)common species may need protection just as much as rare ones do.

The first scientist to propose the conservation of the common was, almost too perfectly, the author of a book called *Rarity*. After 20 years of studying what made some species rare, Kevin Gaston, an ecologist at the University of Exeter, in England, started to wonder why other species are widespread and abundant. He soon came to a seemingly contradictory conclusion: "The state of being common is rare." While any given common species is made up of many individuals, only a small fraction of species are common.

Gaston's work culminated in "Common Ecology," a paper published in the journal *BioScience* in 2011 that found that commonness was not a well-studied phenomenon, and that "(A)." The work triggered a quiet increase in research. A study from 2014 hints at the scale of what has been overlooked. Its authors found that (B), and that (C).

(4)Industrial agriculture carries much of the blame for Europe's disappearing birds. "They've been taking out hedgerows, taking out trees, making fields bigger, increasing inputs of pesticides*——just essentially squeezing out the opportunities for wild organisms to live in those kinds of environments," Gaston told me. "We're talking just massive losses."

But even the most human-adapted and urban of birds, such as starlings* and house sparrows, have steeply decreased——in fact, those two very common birds were among the top five birds experiencing population declines. Most of the rarest birds in Europe are actually increasing at present, due to successful conservation efforts, although they remain uncommon ; meanwhile, most of the common birds are declining toward scarcity. "The inevitable place you end up," said Gaston, "is that (　D　)."

From Tragedy of the Common, *Pacific Standard* on September 5, 2018, by J.B. MacKinnon

注 shrew　トガリネズミ
harbinger of spring　春告げ鳥
pesticides　農薬
starling　ムクドリ

問 1　下線部(1)の意味を，50字以内の日本語で，本文の内容に即して具体的に説明しなさい。ただし，句読点も1字に数えます。

問 2　下線部(2)を置き換えるのに最も適切な一続きの語句を，本文中から抜き出しなさい。

問 3　下線部(3)と(4)を，それぞれ日本語に訳しなさい。

問 4　空欄（　A　）～（　D　）に入る最も適切な表現を次の中からそれぞれ一つ選び，記号で答えなさい。ただし，同じ記号は一度しか使えません。

(あ) everything is rare
(い) many common species are as poorly studied as many rare ones
(う) the number of birds nesting in Europe has dropped by 421 million——fully one-fifth of the continent's bird population, gone——since 1980
(え) the species has recovered
(お) this decline in sheer birdiness is accounted for almost entirely by common

species, among them such household names as the skylark

問5　本文の内容をふまえ，conservation をどのように行うべきか，あなたの意見を 60 語程度の英語で書きなさい。

全　訳

■ありふれた種の保護の重要性

❶ 自然界はグラノーラに似ている。素材のリストは長いものの，主としてそのうちの僅か数種類の素材でボウルは満たされている。例えば，野生動物をほぼ1匹ずつ数えるほどに動物や鳥に心奪われているイギリスを例に取ろう。国内にいる58種の陸生哺乳動物の推定個体数は，見慣れたものから普段目にしない希少なものまで，合計で約1億7300万匹である。しかし，ありふれたトガリネズミとウサギとモグラというわずか3種が，その個体数の半数を占めている。結局のところ，イギリスに生息する哺乳動物種のうち最もありふれた25パーセントの種で，総個体数の97パーセントになるのだ。陸でも海でも，地元の公園でも大陸全体でも，また，甲虫，甲殻類，熱帯の木のいずれを数えても同様のパターンになっている。米国やカナダで最もよく目にする陸鳥は，春告げ鳥とも呼ばれるコマツグミであるが，そのコマツグミだけで両国に生息する277種の最も珍しい鳥類を合わせた数に匹敵するほど，その個体数は多いのだ。

❷ そんな信じられないほど個体数の多い種が，ベンガルハゲワシが減少したのと同じくらい急速に数を減らしかねないという事実は，(3)ありふれた種も希少種と全く同程度に保護する必要があるのかもしれないという，野生生物保護における直観に反する考えを示している。

❸ ありふれた種の保護を最初に提唱した科学者は，紛れもなく，『希少性』という書物の著者であった。英国のエクセター大学の生態学者であるケビン=ガストンは，一部の種が希少種となった原因を20年にわたって研究し，なぜ他の種は広く分布して数も多いのだろうと思い始めた。彼はほどなく，一見矛盾するように思われる結論に至った。それは，「ありふれているという状態が希少なのだ」というものである。ありふれた種はどれも多くの個体数から成るのだが，ありふれていると言えるのはごく僅かな種だけなのだ。

❹ ガストンの研究は，2011年に『バイオサイエンス』誌に掲載された論文である「普通種の生態学」へと結実したが，その論文で，ありふれているということは十分に研究されている現象ではなく，「多くのありふれた種は，多くの希少種と同様にほとんど研究されていない」ということが明らかにされた。この論文は，研究が静かな広がりをみせるきっかけとなった。2014年に発表されたある研究は，これまで見落とされてきたことの規模の大きさを示唆している。その著者たちが明らかにしたのは，ヨーロッパで巣作りをする鳥の数が，1980年以来，4億2100万羽——大陸にいる鳥の個体数のまるまる5分の1に相当——減少したことと，鳥類

全体におけるこの減少は，ほぼすべてありふれた種で占められており，そこにはヒバリのような誰もがよく知る名前が含まれていることである。

❺ (4)ヨーロッパで鳥が姿を消しつつある責任の多くは工業型農業にある。「人は生け垣を取り除き，木を引き抜き，農地を拡大して，ますます多くの農薬を投入してきましたからね。それは本質的に，野生生物がそうした環境で生きる機会をなくしていく行為なのです」とガストンは私に語った。「私たちはまさに莫大な喪失の話をしているのですよ」

❻ しかし，ムクドリやイエスズメのような，最も人間社会に適応して都会に住む鳥でさえ，急速に数を減らしている。実際，その２種類の実にありふれた鳥が，個体数が減少している上位５種の鳥の中に入っているのだ。ヨーロッパで最も希少な鳥の大半は，まだ人目にはつかないものの，保護努力がうまくいっているおかげで，現在，実は数が増えている。その一方で，ありふれた鳥の大半が，希少となる方向に向かって数を減らしつつある。「最終的に行きつく先は，すべてが希少であるということなのです」とガストンは語った。

各段落の要旨

❶ 地球上のどこであれ，野生生物の個体数は，その大半がごく少数のありふれた種で占められている。

❷ 直観に反して，そうした個体数の多いありふれた種も，希少種と同様に急速に個体数を減らす可能性があり，希少種だけでなくありふれた種も保護の対象にしなければならないのかもしれない。

❸ 個体数の多いありふれた種の保護を初めて提唱したのは生態学者ケビン=ガストンで，彼は長年の研究の末，ありふれているということが希少なのであり，多くの個体数を擁する種はごく僅かなのだという一見矛盾するような結論に至った。

❹ ガストンの新たな論文がきっかけとなって，ありふれた種も希少種と同様，従来研究が不十分であったことが認識され，ある研究では，ヨーロッパの鳥類がここ数十年で激減し，そのほとんどがありふれた種であることが解明されている。

❺ ヨーロッパで鳥の個体数が激減している原因の多くは，我々が営む工業型の農業にある。

❻ しかし，農村部だけでなく，都会に住むありふれた鳥も急速に数を減らしている。ヨーロッパの希少な鳥の大半が，保護努力のおかげで個体数を増やしている一方で，ありふれた鳥の大部分が希少化しつつあるのだ。

解　説

問1　▶グラノーラはシリアルの一種で，オーツ麦などの穀類を主原料にし，ナッツやドライフルーツなどを加えて，メープルシロップなどで味付けしたもの。下線部のあとのコロンの後に書かれているように，多様な素材を使ってはいるものの，僅かな数種の主原料（つまり，麦などの穀類）が大半を占めている。続く第1段第2文（Take England, …）から同段最終文では，自然界でもグラノーラと同様に，数種の，個体数の多いありふれた種が全個体数の大半を占めていることが具体例を挙げて述べられているので，そのことを50字以内にまとめればよい。

語句　be obsessed with ～「～に取りつかれている，～に心奪われている」 population estimates「推定人口，推定個体数」 total「合計で～になる」 all told「結局のところ，全体で」 add up to ～「合計～になる，結局～になる」 as ～ as *A* combined「*A* を合わせた数と同じくらい～」 numerous「数が多い」

問2　▶ a counter-intuitive idea は「直観に反する考え，経験則とは相容れない〔矛盾する〕考え」という意味。野生生物の保護に関しては，普段よく見かけるありふれた種は個体数が多いのだから保護する必要はないと直観的に我々は考えてきたが，その直観に反する考えということである。

▶さて，a counter-intuitive idea in conservation「（野生生物の）保護における直観に反する考え」の具体的内容は，後続の（同格節である）that 節内で述べられている。それは，下の問3(3)の〈解説〉と〈解答例〉を見るとわかるように，「ありふれた種も希少種と同様にしっかり保護する必要があるかもしれない」という，まさに直観に反する内容だ。さらに読み進めていくと，それと同趣旨のことが，生態学者のケビン=ガストンがたどりついた結論として，第3段第3～4文（He soon came … species are common.）に述べられている。その結論を筆者は a seemingly contradictory conclusion「一見矛盾するように思える結論」という言い回しで紹介しており，まさにこれこそが a counter-intuitive idea と同意の表現である。

▶ちなみに，第2段第1文の主語は The fact … did までで，points が述語動詞だ。did は代動詞で declined の代用語。

語句　of such incredible abundance「そんな信じられないほど豊富な〔個体数の多い〕」 white-rumped vulture「ベンガルハゲワシ」 point to ～「～を指摘する，～を示す」

問3　(3)　common species may need protection just as much as rare ones do

▶主語の common species は「（どこにでもいて馴染みのある，個体数の多い）ありふれた種，普通種」のこと。protection「保護，保護すること」

▶ just as much as ～「～とまさに同じくらい十分に〔しっかりと〕」 rare ones「希少種」 ones は代名詞で species を指す。do は代動詞で need protection の代用。just as much as rare ones do 全体で「希少種と全く同じくらい（十分に〔しっかりと〕）」といった意味になる。as ～ as … の比較表現を正しく理解しよう。

(4) Industrial agriculture carries much of the blame for Europe's disappearing birds.

▶まず，文の骨格はS carries much of the blame for *A*. で，「Sは*A*に対する責任の多くを負うている」という意味である。carryには「(責任など) を負う」という意味がある。主語のindustrial agricultureの「工業型農業」とは，農作・畜産物を工業製品のように効率的に大量生産する近代的農業を指し，大量の化学物質やエネルギーの使用，遺伝子の組み換え，といった効率優先の考え方が，生産物にも環境にも悪影響を与えている。

▶ Europe's disappearing birdsは「ヨーロッパの消えつつある鳥，ヨーロッパの絶滅に向かっている鳥」という意味。下線部全体では，「工業型農業はヨーロッパの消滅しつつある鳥に対する責任の多くを負うている」が直訳で，そのままでも答案として通用するが，日本語としての自然さと，前後の論旨展開の流れに沿うことを配慮して，〈解答例〉では「ヨーロッパで鳥が姿を消しつつある責任の多くは工業型農業にある」としてある。

問4 ▶選択肢の訳は以下のとおり。

(あ)「すべてが希少である」

(い)「多くのありふれた種は，多くの希少種と同様にほとんど研究されていない」

(う)「ヨーロッパで巣作りをする鳥の数が，1980年以来，4億2100万羽――大陸にいる鳥の個体数のまるまる5分の1に相当――減少した」

(え)「その種は（個体数が）回復した」

(お)「鳥類全体におけるこの減少は，ほぼすべてありふれた種で占められており，そこにはヒバリのように誰でもその名前をよく知っている種が含まれている」

A．正解は(い)

▶空所はthat節の内容であるが，前の行に1つ目のthat節があり，commonness was not a well-studied phenomenon「ありふれているということは十分に研究されている現象ではない」という内容になっている。このthat節と，空所を含む2つ目のthat節とはandで並列されて共にfoundの目的語になっており，両者は同種の〔一連の〕内容を述べていると推測できる。したがって，ありふれた種の研究がなされていないことを述べている(い)が適切。

語句 culminate in ～「～で最高潮に達する，～へと結実する」 phenomenon「現象」

B．正解は(う)　C．正解は(お)

▶空所BとCはワンセットで考えよう。直前の第4段第3文（A study from …）で，ありふれた種で大規模な減少が生じていることを示唆する2014年の研究が話題に出され，BとCでは，その著者が突き止めたことが述べられる，という流れをつかむ。「ありふれた種で大規模な減少が生じていること」を述べている選択肢は㈠と㈣だが，㈣の冒頭には this decline「この減少」という指示語を含む表現が用いられているので，㈠が先で，それを受けて㈣が後続することがわかる。したがって，Bには㈠が，Cには㈣が入る。

語句　hint at ～「～を示唆する」 overlook「～を見過ごす」 nest「巣を作る」 sheer birdiness「鳥類全体」 be accounted for by ～「～で占められている」（account for ～「～を説明する，（割合）を占める」の受動態） among them (being) S「そしてそれらの中にはSがいる」は，倒置形の分詞構文。among 以下を，and を使って普通の語順で言い換えると，and such household names as the skylark are among them となる。 such *A* as *B*「*B*のような*A*」 household names「よく知られた〔ありふれた〕名前」

D．正解は㈶

▶空所を含む文の途中に挿入されている said Gaston を省いて，引用文の中身をつなげて読めば，The inevitable place you end up is that（　D　）. となる。(that〔which〕) you end up は The inevitable place を先行詞とする関係代名詞節で，主語全体では「人が最終的に行きつく（避けられない）先は」「どうしても行きつくところは」という意味になる。手前の文の meanwhile 以下（most of the common birds …）では，ありふれた鳥の大部分が希少な状態に向かって数を減らしつつあることが述べられていることから，このままいけば「すべてが希少になる」とすれば文意が通る。したがって，㈶を選ぶ。

語句　inevitable「不可避の，必然の」 end up (being) ～「最終的には～に至る」

問5

アプローチ

● 「本文の内容をふまえ」という条件に注目しよう。希少種だけでなくありふれた種も保護する必要があるのではないかと問題提起する本文の内容と無関係なことを書いても得点にはつながらない。本文との接点を設けるのに最も手っ取り早い方法は，まず本文で知り得た実態を，本文の表現もうまく活用しつつ，自分なりの言葉で整理して提示し，それを自分の意見の根拠として，「だから～すべきだと思う」と，筆者に同意する論を展開することだろう。
● 第5段では工業型農業がヨーロッパの鳥類の減少の大きな原因となっていることが述べられているので，語数的に可能なら，農業のあり方について触れてもよい。

内容案

①ありふれた種が，想像よりもずっと速いペースで消えつつある → ②このままでは，

すべてが希少になってしまう → ③だから希少種だけでなくありふれた種にも注意を向け，環境に優しい農業を推進すべき（①・②：本文を踏まえた現状認識，③：（①・②を理由とした）主張）

英語で表現

①野生生物の保護を考える際には，ありふれた種が想像よりもずっと速いペースで消えつつあることを心に留めておかなければならない。

▶「野生生物の保護を考える際には」

● When considering wildlife conservation や When we think about wildlife conservation と表現できる。

▶「…を心に留めておかなければならない」

● bear *A* in mind「*A* を心に留める」を用いるとよいが，*A* が that 節の場合は bear in mind that … の形を取ることを覚えておこう。目的語が長く，節でもあるので，それは後に回し，in mind という bear を修飾する短い副詞要素を先に出して，in mind の働きをわかりやすくする。

▶「ありふれた種が想像よりもずっと速いペースで消えつつある」

● common species are disappearing at a much faster pace than we might imagine とすればよいが，比較表現を正しく用いることがポイントとなる。than we might imagine は「これまで想像していた（かもしれない）よりも」と考えて，than we might have imagined earlier〔in the past〕としてもかまわない。at a ～ pace「～なペースで」

②このままいけば，私たちの惑星は最終的にすべてのものが希少な場所になってしまいかねない。

▶「このままいけば」

● At this rate が覚えやすいのでおすすめ。

▶「私たちの惑星は最終的に…な場所になってしまいかねない」

● our planet could end up being a place where … と，本文で使われていた end up を利用してみよう。could は can よりも控えめに可能性を述べる。関係副詞の where のあとに，本文最後の空所Dに使った everything is rare「すべてのものが希少である」を拝借すれば，この文は完成。

③したがって，私たちは希少種だけでなくありふれた種にも十分な注意を払い，野生生物を守る，生態系に優しい農法を促進するべきだ。

▶「したがって，私たちは…するべきだ」

● ここは We should, therefore, … と難なく処理できる。therefore は，文頭でも，このように文中挿入でもよい。このあとに，動詞の原形から始まる部分を2つ（＝以下Ⓐ・Ⓑ），and で並列させることになる。

▶「Ⓐ希少種だけでなくありふれた種にも十分な注意を払い」

● 基本レベルの表現を組み合わせて，pay enough attention not only to rare species but also to common ones としよう。pay attention to ～「～に注意を払う」に，not only *A* but also *B*「*A* だけでなく *B* も」を組み合わせるときには，to を rare species や common ones のほうに付けて，上のように表現するのが英語としては自然なようだ。ones は species の反復を避けて用いた代名詞。

▶「Ⓑ野生生物を守る，生態系に優しい農法を促進する」

● まず「～を促進する」は promote で決まり。「生態系に優しい農法」は eco-friendly farming methods と表現できる。sustainable agricultural practices でもよい。eco-friendly farming methods を先行詞として，この後ろに「野生生物を守る」を意味する関係詞節（that protect wildlife）を加えると，このパーツ全体は promote eco-friendly farming methods that protect wildlife となる。wildlife の代わりに，nature「自然界」や the biosphere「生物圏」を用いてもよい。

解答

問1　自然界には多くの種の生物がいるが，その中の少数のありふれた種が総個体数の大半を占めているということ。(50字)

問2　a seemingly contradictory conclusion

問3　(3)ありふれた種も希少種と全く同程度に保護する必要があるのかもしれない。

(4)ヨーロッパで鳥が姿を消しつつある責任の多くは工業型農業にある。

問4　A―(い)　B―(う)　C―(お)　D―(あ)

問5　〈解答例〉When considering wildlife conservation, we must bear in mind that common species are disappearing at a much faster pace than we might imagine. At this rate, our planet could end up being a place where everything is rare. We should, therefore, pay enough attention not only to rare species but also to common ones and promote eco-friendly farming methods that protect wildlife.（62語）

8

2020年度〔2〕

次の文章を読んで，問１～５に答えなさい。

I thumped up the porch, two steps at a time, and slammed the screen door open, tumbling inside.

"Mom! Mom! (　A　)"

"What, Muriel? I wish you wouldn't slam the door."

"I've been chosen to play the part of Alice in the school operetta!"

"Oh how wonderful!" Mom looked up from the accounts she had been doing and pushed her glasses up with her forefinger. She patted my shoulder awkwardly. "(　B　) You have such a lovely voice and now everyone will hear you sing. I have to call your father."

"There's a meeting for the moms tomorrow after school, okay?" I nibbled a piece of my hair.

"Of course, dear," Mom said. "I'll be right on time."

Mom came right on time, with her going-out purse and pumps. She had done her hair in rollers, and the fat curls made her hair look two times bigger than it really was. Her eyebrows were newly plucked and penciled in darker than the original colour.

"So good of you to come, Mrs. Ton Kasu. We are so proud of our little Muriel. Such a lovely singing voice. (　C　)" Mrs. Spear beamed at my Mom. She tugged my Mom's elbow and drew her to the side. She looked sideways, this way and that, with the whites of her eyes rolling, and lowered her voice into a whisper. I edged in closer.

"There is (1)a delicate matter I want to speak to you about."

"Of course," Mom said, smiling.

"Well, it's the matter of your daughter's hair. You see, the part she is playing, you know the story of *Alice in Wonderland*, don't you?"

Mom shook her head apologetically.

"Well, Alice is a story about an English girl, you know. An English girl with lovely blonde hair. And strictly for the play, you understand, Muriel will have to have blonde hair or no one will know what part she is playing. You simply cannot have an Alice with black hair."

"Of course," Mom nodded, to my growing horror. "It's in the nature of theatre and costume, is it not ?"

"Of course !" Mrs. Spear beamed. "(D) I was thinking of a nice blond wig. They make such nice wigs these days, no one will notice a thing. Why, they'll think there's a new child in school who is star material ! You must be so proud."

(2)"We could dye her hair. I believe there are dyes that wash out in a few months or so. That way, (3)Muriel can really grow into her role as Alice. She can live and be Alice before opening night !"

"Mrs. Ton Kasu ! You are so cooperative. I wish my other mothers were more like you. Why, I was just telling Mrs. Rogowski her daughter should lose at least ten pounds before the play, and she just got up and left in anger. Pulling her daughter after her. Poor dear, when she was so looking forward to being in the play."

I was horrified, Mom and Mrs. Spear chatting away and dying my beautiful black hair blonde ? Me with blonde hair and living the role of Alice ? In this town ? What could my Mom be thinking ? I would look ridiculous and stand out like a freak.

"Mom !" I hissed. "Mom, I changed my mind. I don't want to be Alice anymore. I'll be the Mad Hatter, that way, I can just wear a hat. Or the Cheshire Cat ! Cats have slanted eyes. That would work out. Mom ?"

She just ignored me and chatted with Mrs. Spear, about costume and hair dyes and suitable diets for actors. On the way home from school she stopped at the drugstore and dragged me inside to discuss the merits of hair rinse over henna with Mrs. Potts, the drugstore owner.

From *Chorus of Mushrooms* by Hiromi Goto, NeWest Press

問１　下線部(1)の内容を，30 字程度の日本語で具体的に説明しなさい。ただし，句読点も１字に数えます。

問２　空欄（ A ）～（ D ）に入る最も適切な表現を下からそれぞれ一つ選び，記号で答えなさい。ただし，同じ記号は一度しか使えません。

(あ) Guess what !

(い) I found it !

(う) I knew you would understand.

(え) I'm so proud of you.
(お) It's a shame.
(か) Who would have thought？

問3 下線部(2)を受けて，Mrs. Spear と Muriel はどのように考えたか。それぞれ30字程度の日本語で，解答欄におさまるよう答えなさい。ただし，句読点も1字に数えます。

問4 下線部(3)を日本語に訳しなさい。

問5 本文の内容と合致する最も適切な文を次の中から二つ選び，記号で答えなさい。
(あ) Mrs. Potts suggests that Muriel should dye her hair blonde to look like an English girl.
(い) Mrs. Rogowski agrees that her daughter needs to lose weight before the play.
(う) Mrs. Spear communicates easily with the mothers of the students who will be in the school operetta.
(え) Muriel changes her mind about playing Alice because she likes the character of the Cheshire Cat better.
(お) Muriel has a beautiful voice and was looking forward to singing in the school operetta.
(か) Muriel's mother comes punctually to the school meeting, dressed up, because she is excited and anxious.

全 訳

■役柄に合う髪色に染める話にとまどう少女

　私は一度に２段ずつ玄関ポーチをトントンと駆け上がり，網戸をバタンと開けて中へ転がり込んだ。
「ママ！　ママ！　ちょっと聞いて！」
「何なの，ミュリエル？　ドアをバタンとやらないでほしいわ」
「私，学校のオペレッタでアリスの役に選ばれたの！」
「まあすごい！」 ママはつけていた帳簿から顔を上げ，メガネを人差し指で押し上げた。ママはぎこちなく私の肩をポンとたたいた。「よくやったわね。あなたはとっても素敵な声をしてるから，これでみんなにあなたの歌声を聴いてもらえるわ。お父さんにも電話しなくちゃ」
「明日，放課後に母親向けの集まりがあるんだけど大丈夫？」 私は髪の毛をつまんで軽くかんだ。
「もちろんよ」とママは言った。「時間ちょうどに行くわ」
　ママは，よそ行きのハンドバッグにパンプスといういでたちで，時間ちょうどにやって来た。髪をカーラーで巻き，膨らんだカールのせいで髪の毛は実際の倍に見えた。眉毛はあらたに抜かれ，ペンシルでもとの色よりも濃く引かれていた。
「お越しくださり本当にありがとうございます，トン=カス夫人。私どもはミュリエルちゃんを本当に誇りに思っております。とっても素晴らしい歌声ですこと。（あんなに素晴らしい歌声だとは）思いもよりませんでした」 スピア先生はママに輝くばかりの笑顔を見せた。彼女はママの肘を引っ張り，脇に引き寄せた。白目をくるくる動かしてあちこち横目で見回し，声をひそめてささやいた。私は少しずつにじり寄った。
「お母様にお話ししたい，少々厄介なことがございまして」
「伺いましょう」と，ママは微笑みながら答えた。
「あのう，それはお嬢様の髪の毛のことなんですが。ほら，彼女が演じる役ですけれども，お母様は『不思議の国のアリス』というお話はご存知でいらっしゃいますよね？」
　ママは申し訳なさそうに首を横に振った。
「実は，アリスはイギリス人の女の子のお話でして。きれいな金髪のイギリス人の女の子なわけで。それで，あくまでも劇のためだけにということですが，ご理解いただけますよね，ミュリエルちゃんは金髪でないといけないということになりまして，でないと，誰も彼女が何の役を演じているかわからなくなってしまいます。

アリスが黒髪というわけにはまいりませんので」

「当然ですわ」と，ママはうなずき，私はだんだん怖くなってきた。「それは，演劇と衣装の性質上，ってことですよね？」

「おっしゃる通り！」と，スピア先生は顔を輝かせた。「お母様ならご理解いただけるとわかっておりましたわ。素敵な金髪のカツラはどうかなと思っていましたの。今のカツラはとってもよくできていまして，誰もカツラだとは気づきませんわ。もちろん，皆さん，スターになれる逸材の新入生が学校にいると思うことでしょう！きっとお母様のお喜びもひとしおでしょう」

「うちであの子の髪を染めることもできますわ。確か，数カ月かそこらで洗い落とせる毛染めがあると思いますし。そうすれば，ミュリエルは本当にアリスとしての自分の役になりきることができます。本番を迎える夜までにはもう，実生活でもアリスになれていますわ！」

「トン=カス夫人！　あなたは実に協力的でいらっしゃる。他のお母様方も，もっとあなたのようだといいのですが。やれやれ，ロゴフスキー夫人には，おたくのお嬢さんは劇が始まるまでに少なくとも10ポンドはおやせになるべきですよと申し上げていただけですのに，あの方，怒って席を立って出て行かれました。お嬢さんの手を引っ張って。かわいそうに，あの子は劇に出るのを本当に楽しみにしていたところでしたのに」

私はぞっとした。ママとスピア先生はぺちゃくちゃおしゃべりしながら，私のきれいな黒髪を金髪に染めようとしてるわけ？　金髪の私がアリスを演じて暮らす？この町で？　ママはいったい何を考えてるの？　周りの人にはおかしく見えて，変人みたいに目立っちゃうじゃない。

「ママ！」と私はささやいた。「ママ，私，気が変わった。アリスはもうやりたくない。マッド・ハッターになるわ，そうすれば帽子をかぶるだけでいいもの。じゃなきゃ，チェシャー・キャット！　ネコって吊り目よね。それならうまくいくわ。ねえママ？」

ママは私を全く無視して，スピア先生と，衣装や毛染めや役者向けの食事の話をしていた。学校からの帰り道，ママはドラッグストアに立ち寄り，私を店内に引っ張り込んで，店のオーナーであるポッツ夫人と，ヘアーリンスが（天然素材の毛染め剤である）ヘナよりも優れている点を話し合った。

解 説

問1

▶ a delicate matter「厄介な問題」の具体的な内容は，下線部(1)を含むスピア先生の発言に続く，彼女の2つの連続した発言，つまり“Well, it's the matter of … don't you ?”と，“Well, Alice is a story … with black hair.”で説明されている。つまり，「ミュリエルが演じることになったアリスは金髪なので，黒髪のミュリエルがアリス役をするには金髪でないといけない」という内容だ。これを30字程度にまとめる。

問2　▶選択肢の訳は以下のとおり。

(あ)「ちょっと聞いて！」
(い)「見つけた！」
(う)「あなたならご理解いただけるとわかっておりました」
(え)「よくやったわね」
(お)「それは残念です」
(か)「思いもよりませんでした」

A．正解は(あ)

▶ミュリエルは急いで帰宅し，学校のオペレッタで自分がアリス役に選ばれたことを母親に伝えていることから判断して(あ)を入れる。Guess what!は，「あのね」「ちょっと聞いて」と，話を切り出す際に相手の注意を引く慣用表現。

B．正解は(え)

▶娘が役をもらったと知って喜ぶ母親の，娘への一連の発言の一つであることから，(え)が適切。I'm so proud of you. は「私はあなたのことをとても誇りに思う」が直訳で，「よくやったね」「えらい」と，子供などをほめるときによく使う表現。

C．正解は(か)

▶スピア先生の，ミュリエルの歌声の素晴らしさをほめた直後の発言としては(か)がふさわしい。Who would have thought? は，直訳すると「いったい誰がそんなことを思ったでしょう（いや，誰も思いもしなかった）」となる。これは仮定法過去完了を用いた修辞疑問（いわゆる反語）で，ここでは，「ミュリエルの歌声があれほど素晴らしいとは誰も想像していなかった」という賛辞として機能している。和訳では「思いもよりませんでした」としてある。

D．正解は(う)

▶空所Dを含むスピア先生の発言の直前で，ミュリエルの母親が，娘の髪の色を変える必要性を訴える先生に対して“Of course”と全面的な支持を表明していることに注目。母親に理解してもらえたことを先生が喜んでいる発言となる(う)が，会話の流れに合う。

問3　正解は

Mrs. Spear：ミュリエルの母親は他の母親と違い，協力的で助かると考えた。(29字)

Muriel：金髪にして変に目立つのは嫌だからアリス以外の役でいいと考えた。(31字)

▶スピア先生の心情は，下線部(2)を含む母親の言葉に続く先生の発言（"Mrs. Ton Kasu! You are so … in the play."）から判断。ミュリエルの母親が協力的であり，他の母親もそうであればいいのにと，怒って帰った母親の例まで出しているこの発言から，親が抵抗しかねない厄介な「髪の色の問題」が難なくクリアできて，ミュリエルの母親の協力的な態度に救われる思いをしている先生の気持ちを捉えると，〈解答例〉のようなまとめ方になる。もちろん，「この母親はとても協力的で，他の母親も見習ってほしいと考えた。」(30字) といった，スピア先生の発言内容に沿った解答でも容認されるだろう。

▶ミュリエルの思いについては，まず，上述のスピア先生の発言のあとの段（I was horrified, …）から，金髪にして目立つのを嫌がっていることがわかる。さらに，次の段（"Mom!" I hissed. …）では，「気が変わった。アリスの役はもうしたくない。自分はアリス以外の役がいい」と母親に伝えている点にも注目しよう。この2点を簡潔にまとめるとよいだろう。

問4　Muriel can really grow into her role as Alice.

▶ grow into ～ は，直訳すると「～に成長する，成長して～になる」という意味である。ここでは into のあとに「アリスとしての役」(意訳すれば「アリスの役」) が続いているので，grow into her role as Alice 全体で考えると「次第に～の役が自分のものになる」「～の役になりきる（ようになる)」といった意味合いになるだろう。そこで，解答としては「ミュリエルは本当にアリスとしての自分の役になりきることができます」や，「ミュリエルは真の意味でアリスの役を自分のものにすることができます」などが考えられる。

問5　正解は(お)・(か)

▶選択肢の訳は以下のとおり。

(あ)「ポッツ夫人は，ミュリエルがイギリス人の女の子に見えるよう，髪の毛を金髪に染めることを勧めている」

(い)「ロゴフスキー夫人は自分の娘が劇に出る前に減量する必要があるということに同意している」

(う)「スピア先生は学校のオペレッタに出演予定の生徒の母親たちと難なく意思の疎通を図っている」

(え)「ミュリエルはチェシャー・キャットの役のほうが好きなので，アリスを演じることについては考え直す」

(お)「ミュリエルは美声の持ち主で，学校のオペレッタで歌うことを楽しみにしていた」

(か)「ミュリエルの母親は，ワクワクしながらも不安でもあるので，着飾って学校の会合に時間ちょうどにやってくる」

▶(あ)　下線部(2)から，金髪に染めることを提案したのはミュリエルの母親なので，不一致。最終段でミュリエルの母親とポッツ夫人は，毛染め剤について話をしているだけで，ポッツ夫人がミュリエルの髪を金髪にするよう勧める記述はない。

▶(い)　下線部(2)・(3)を含むミュリエルの母親の発言に続くスピア先生の発言の第4～5文（Why, I was … daughter after her.）で，ロゴフスキー夫人はスピア先生から娘が減量する必要があると告げられて，怒って娘を連れて出て行ったことがわかるので，不一致。

▶(う)　上述のスピア先生の発言の中で，先生は，ミュリエルの母親が協力的だと言う一方で，他の母親たちが協力的ではないことを具体例まで出して嘆いているので，不一致。

▶(え)　最後から3段目で，ミュリエルはアリスの役のために髪を金色に染めることを大いに嫌がり，最後から2段目で，マッド・ハッターやチェシャー・キャットの役に代わりたいと述べており，初めからチェシャー・キャットの役のほうが好きだったわけではないので，不一致。

▶(お)　冒頭から空所Bの直後の母親の発言までで，ミュリエルが，学校のオペレッタでアリス役に選ばれたことを喜んでいることと，ミュリエルが美声の持ち主であることがわかる。さらに，空所Cとその直前のスピア先生の発言からもミュリエルが美声の持ち主であることが再確認できる。以上のことから，一致。

▶(か)　まず，空所Bを含むミュリエルの母親の発言から，自分の娘が学校のオペレッタで役をもらったことに有頂天になっているワクワク感は十分伝わってくる。次に空所Cを含む段の手前の段（Mom came right on time, …）の内容から，母親が着飾って時間どおりに学校に来たことが確認できる。問題は，「不安である」ことはどこにも明示的には書かれていないことと，「着飾って学校の会合に時間ちょうどにやってくる」ことの理由が「ワクワクしながらも不安でもあるので」なのか，という2点である。母親としては，劇の原作である『不思議の国のアリス』を知らないということも不安要素の一つかもしれないし，主役を射止めた娘や母親である自分にどんな指導や要求が突きつけられるのかなど，心配の種はいろいろあるはずで，そうしたことも早く知りたいし，自信なさげに振る舞うのも嫌だから，ビシッと決めて定刻に堂々と学校に乗り込んできたと考えれば，「ワクワクしながらも不安でもあるので」ということは，状況的に推測可能な範囲だと受け入れるほかないだろう。消去法で考えても，これ以外に２つ目の正解の候補はない。よって，一致と判断。

解答

問１　ミュリエルがアリス役をするには髪は金髪でないといけないという問題。(33字)

問２　A―(あ)　B―(え)　C―(か)　D―(う)

問３　Mrs. Spear：ミュリエルの母親は他の母親と違い，協力的で助かると考えた。(29字)

Muriel：金髪にして変に目立つのは嫌だからアリス以外の役でいいと考えた。(31字)

問４　ミュリエルは本当にアリスとしての自分の役になりきることができます。

問５　(お)・(か)

9

2020年度〔3〕

次の文章を読んで，問1～5に答えなさい。

Zen painting and calligraphy began very early in Zen history, although no examples exist from more than a thousand years ago. Earlier written records confirm that Chinese Zen Masters did both painting and calligraphy——sometimes with brush on paper, sometimes with a stick on the ground, and even with gestures in the air. With the introduction of Zen to Japan, Chinese Zen works from the Song and Yuan Dynasties* were imported, leading to a tradition of Zen brushwork in Japan that has been carried forth strongly to the present day. During the fifteenth and sixteenth centuries, the popularity of Zen paintings grew so great in Japanese society that major monasteries* maintained workshops, certain monks became painting specialists, and Zen art became somewhat professionalized.

After 1600, however, with the decline in the government support for Zen, monastery workshops were no longer needed, and it became the major Zen masters themselves who created Zen painting and calligraphy, usually as gifts for their followers. There is no parallel for (1)this in Western art; imagine if Pope Julius II, instead of asking Michelangelo to paint the Sistine Chapel ceiling, had painted it himself. The major difference is that Zen masters, having been taught the use of the brush when learning how to read and write in childhood, had control of their (2)medium, while Pope Julius was not trained in painting frescos*.

As a result of Zen masters creating their own art, the works became generally simpler, more personal, and more powerful than the elegant ink landscapes of earlier Zen-inspired artists. Another result was that major historical trends in Japanese Zen were increasingly (3)echoed in Zen art. For example, there were three basic responses from monks to the loss of support from the government. The first was to continue interactions with the higher levels of Japanese society, often through the tea ceremony. Works by Zen masters from the Kyoto temple Daitoku-ji, with its strong connections to the imperial court, were especially popular for displaying at tea gatherings, such as the single-column calligraphy by Gyokushū, (4)*The Mosquito Bites the Iron Bull.* Not only its inspiring Zen text but also its powerful brushwork would have been subjects for discussion during the ritual (5)sipping of whisked green tea.

A second trend in Zen during the seventeenth century was to ignore the governmental restrictions on society and concentrate on one's own practice. (A)

A third trend, however, became the most significant in later Japanese Zen : (6)to reach out as never before to every aspect of Japanese society. Hakuin Ekaku, generally considered the most important Zen master of the last five hundred years, was extraordinary in his abilities to connect with people of all ranks of life. (B)

Hakuin also spoke at public Zen meetings throughout Japan, and his voluminous writings include autobiographical narrations, commentaries on Zen texts, letters to everybody from nuns to merchants, poems in Chinese and Japanese, and Zen songs ; he also created an amazing array of Zen paintings and calligraphy. In addition to painting familiar Zen themes from the past such as the first patriarch Bodhidharma*, Hakuin invented a whole new visual (7)language for Zen. (C) In his teachings, Hakuin emphasized the importance of bringing Zen practice to every aspect of everyday life.

Hakuin's teachings came to have a (8)pervasive influence upon both the Rinzai and Obaku Zen traditions, and his example as an artist was also a great influence on later monks. Zen masters such as Sengai continued to invent new painting subjects, often humorous, while direct and indirect pupils of Hakuin and Sozan followed stylistic trends that Hakuin had developed in his brushwork. (D)

From *The Zen Art Book : The Art of Enlightenment* by Stephen Addiss and John Daido Loori, Shambhala Publications

注 the Song and Yuan Dynasties　中国王朝の宋と元
monasteries　僧院
frescos　フレスコ（画法）
the first patriarch Bodhidharma　創始者である菩提達磨

問1　下線部(1)の内容を，25字程度の日本語で具体的に説明しなさい。ただし，句読点も1字に数えます。

問2　下線部(2), (3), (5), (7), (8)について，本文中の意味に最も近いと思われるものを次の中からそれぞれ一つ選び，記号で答えなさい。

(2) medium

(あ) essential architectural techniques
(い) meditation on life and death
(う) moral standard of behavior
(え) tools and materials for art works

(3) echoed

(あ) filled with sounds that are similar to each other
(い) repeated after the original sound has stopped
(う) repeated so that similar effects can be seen in both
(え) repeated to express agreement

(5) sipping

(あ) drinking by taking a little bit at a time
(い) drinking with a large sucking noise
(う) putting food into one's mouth and chewing it
(え) swallowing an amount of liquid

(7) language

(あ) a particular style or type of expression
(い) a system of communication used by a particular country
(う) a system of symbols and rules for writing programs or algorithms
(え) the method of human communication

(8) pervasive

(あ) causing great surprise or wonder
(い) remarkably or impressively great in size
(う) showing great knowledge or understanding
(え) spreading widely throughout a field or group of people

問3　下線部(6)を日本語に訳しなさい。

問4　空欄（　A　）～（　D　）に入る最も適切なものを下からそれぞれ一つ選び，記号で答えなさい。ただし，同じ記号は一度しか使えません。

(あ) For example, in addition to guiding many monk pupils, he also taught lay people, giving them his own riddle, "What is the sound of one hand ?"
(い) In addition, the calligraphy often hides rather than displays technical skill,

but expresses the spirit of text through the individuality of each master very clearly.

(う) This included scenes of the human condition ; folk tales ; pictures of birds, insects, and animals ; and various humorous subjects of his own invention.

(え) This is exemplified by Fūgai Ekun, who left his temple to live in a mountain cave. His portrait of the wandering monk Hotei shows Fūgai's extraordinary concentration of spirit through its great simplicity of composition and dramatic focus on Hotei himself.

(お) Twentieth-century monk artists such as Nantembō continued to be influenced by Hakuin, as can be seen in the work where Nantembō dipped his hand in ink, stamped it on paper, and wrote above it "Hey Listen !"

問5 下線部(4)を，あなたならどのように解釈しますか。70語程度の英語で書きなさい。

全 訳

■日本の禅の歴史と書画との関係

❶ 禅画や禅書は，千年以上も前の作品は残っていないものの，禅の歴史のごく初期に始まった。それ以前の文献記録で，中国の禅の高僧たちが画と書の両方を創作していたことが裏付けられている。それは，ときには紙に筆で，ときには地面に棒切れで表され，ときには空中に身振りで行うことさえあった。禅が日本にもたらされるのに伴い，宋王朝と元王朝の中国の禅の作品が輸入されたことが，今日に至るまで力強く綿々と受け継がれてきた日本における禅の画法の伝統へとつながった。15，16 世紀には，禅画の人気が日本の社会で非常に高まったので，主要な僧院では工房を構えるようになり，一部の僧が絵の専門家になっ（て指導し）たことで，禅の美術はやや職業化した。

❷ しかしながら，1600 年以降，禅に対する幕府の支援が弱まると共に，僧院の工房がもはや必要とされなくなり，主だった禅の高僧自身が，通常は信者への贈り物として，禅画や禅書を制作するようになった。西洋美術にはこれに類するものはない。もし，教皇ユリウス 2 世が，ミケランジェロにシスティーナ礼拝堂の天井に絵を描くよう依頼せずに，教皇自らがそれを描いたとしたらと想像してみるとよい。大きな違いは，禅の高僧は子供の頃に読み書きを学ぶ際，筆の使い方も教わっていたので，絵を描く手段を掌握していたのに対し，教皇ユリウスはフレスコ画法の手ほどきなど受けていなかったことである。

❸ 禅の高僧が自身の美術を創り出した結果，その作品は，禅の教えに触発された画家たちが描いた初期の優雅な水墨山水画に比べて，一般的にはより簡素で，より個性的で，より力強いものとなった。もう一つの結果は，日本の禅の主要な歴史的な流れが禅の美術にますます大きく反映されるようになったことである。例えば，幕府からの支援がなくなったことに対する僧侶側の反応は基本的に 3 つあった。1 つ目は，日本社会の上位層との交流を，多くの場合，茶道を通して維持することだった。朝廷と強いつながりがあった京都の大徳寺の禅の高僧たちによる作品は，茶会で飾るものとして特に人気を博した。玉舟（ぎょくしゅう）の手による一行書「蚊子咬鐵牛（ぶんすてつぎゅうをかむ)」がその一例である。その，人を触発する禅の言葉はもとより，その力強い筆遣いもまた，点（た）てられた緑茶を茶会の儀式で少しずついただきながら交わされる論議の話題になっていたことだろう。

❹ 17 世紀の禅における 2 つ目の流れは，社会に対する幕府の制約を無視して，自らが為すことに集中することだった。この実例となっているのが，自身の寺を出て山中の洞穴に住んだ風外慧薫（ふうがいえくん）である。彼が描いた放浪の僧布袋（ほてい）の肖像画は，その極

めて簡素な構図と布袋その人への劇的な焦点化を通して，風外の並外れた精神統一ぶりを伝えている。

❺ しかしながら，3つ目の流れは，のちの日本の禅において最も重要なものとなった。それは，かつてなかったほどに日本社会のあらゆる方面に手を差し伸べることである。白隠慧鶴は，一般にはここ500年間で最も重要な禅の高僧とみなされており，あらゆる階層の人々と心を通わせる非凡な才能があった。例えば，彼は多くの弟子たちを指導しただけでなく，世人にも教えを授け，その人たちに自作の「片手で鳴る音とはいかなる音か（隻手音声）」という公案〔禅問答〕を投げかけた。

❻ 白隠はまた，日本の各地を巡っては民衆向けの禅の講話会で説話をし，彼が記した幾多の書物の中には，自伝的な物語や，禅書の注釈，尼僧から商人に至る数多の人に書き送った手紙，漢詩や和歌・俳句，禅歌などが含まれる。彼はまた，驚くべき量の禅画や禅書を創作した。白隠は，禅の創始者の菩提達磨のように昔からよく知られた禅の題目を描いただけでなく，禅を伝えるための全く新しい視覚的な表現法を編み出した。これには，人間の境遇の色々な場面を表現したもの，民話，鳥や昆虫や動物の絵，自らが考案した様々な滑稽味のある画題が含まれていた。白隠は自らの教えの中で，禅の修行を日常生活のあらゆる面に取り入れる大切さを強調した。

❼ 白隠の教えは臨済禅と黄檗禅双方の伝統に広範囲な影響を及ぼし，芸術家としての彼の（手本となる）作品もまた，のちの僧侶たちに大きな影響を及ぼした。仙厓などの禅の高僧は，往々にしてユーモラスな新しい画題を生み出し続けたが，一方，白隠や蘇山の直弟子や又弟子たちは，白隠が自らの筆致で磨き上げた画風に倣った。南天棒らの20世紀の僧侶芸術家も白隠の影響を受け続けたが，それは，南天棒が墨に手を浸し，紙にその手形を押して，その上部に「さあ きけ」と記した作品に見て取ることができる。

各段落の要旨

❶ 禅画や禅書は禅の歴史の初期から中国で行われていたが，禅の教えと共に宋や元の作品が輸入されて，日本の禅画や禅書の伝統が生まれた。15，16世紀の日本で禅画の人気が高まり，主要な僧院では僧がプロとして制作指導を行うほどだった。

❷ しかし1600年以降，幕府の支援が弱まると，高僧自身が禅画や禅書を手がけるようになったが，これは西洋美術では考えられないことである。日本では西洋と違って，高僧は子供の頃に絵や書の手ほどきも受けるので自ら制作できたのだ。

❸ 高僧自身が創作することで禅美術は画風も変わり，禅の歴史の動向を色濃く反映するようにもなった。幕府の支援を失った僧侶側の3つの反応の1つ目は，主に茶道を通じて上位層との交流を維持することであり，禅美術はそれに役立った。

❹ 2つ目は，寺を出て山中の洞穴に住んだ風外慧薫の布袋図に見られるように，社会に対する幕府の制約を無視して自らが為すことに集中することだった。

❺ 3つ目は，その後の日本の禅において最も重要なものとなったことだが，あらゆる階層の人々と心を通わせることであり，それは名僧白隠慧鶴（はくいんえかく）の実践に端的に表れている。

❻ 白隠は日本各地に赴いて民衆に教えを説く一方で，多種多様な文章を記し，創意を凝らした禅画や禅書も多く残した。また，自らの教えの中で，禅の修行を日常生活のあらゆる面に取り入れることの大切さを強調した。

❼ 白隠の教えは禅宗に，また，彼の作品はのちの僧侶芸術家たちに，それぞれ大きな影響を与え，その影響は現代の僧侶芸術家にまで及んでいる。

解　説

問1 ▶まず，下線部を含む第2段第2文（There is no …）のセミコロンまでの「西洋美術にはこれに類するものはない」という意味内容を正しくつかんでおこう。「これ」とは，手前に述べられている日本独自の事柄を指しているはずだ。次に，セミコロンのあとから第2段最後までの部分を読むと，ヨーロッパではカトリック最高位の教皇はフレスコ画の描き方は学ばないので礼拝堂を飾る絵を自ら描くことなどあり得ないが，日本で禅の高僧は子供時代に絵や書の手ほどきを受けるので筆の扱いに長けていることが述べられている。このことから下線部の this が指す内容は，第2段第1文後半の and 以下の内容（it became the major Zen masters themselves …）である，禅画や禅書の創作を禅の高僧自身が行うようになったことであると判断できる。

▶ it became ～ who created … は強調構文のバリエーションで，it was ～ who〔that〕created … の was が became になったもの。

語句 Zen master「禅の高僧」 Zen painting and calligraphy「禅画と禅書」 follower「信者，信奉者」 parallel「対応〔類似〕するもの」

問2 ⑵ **正解は㈡**

▶ medium は「媒体，伝達手段」という意味。ここでは文脈から，禅僧が禅画や禅書を描くときの手段のことを指すと考えられるので，㈡が適切だとわかる。

㈠「基本的な建築技術」　㈡「生と死についての瞑想」
㈢「行動に関する道徳的規範」　㈣「美術作品用の道具や素材」

⑶ **正解は㈢**

▶ echo は，ここでは受動態で用いられているので他動詞だとわかる。他動詞の echo は「①音を反響させる　②（思想などを）～を繰り返す，～を模倣する，～を反映する」という意味。禅美術の中に日本の禅の精神がますます大きく反映されるようになったという内容だと考えると文意が通るので，(う)が最も近い。both「双方」とはJapanese Zen と Zen art を指す。(あ)と(い)は「音」の話をしているので却下。

(あ)「互いによく似た音で満たされ」

(い)「元の音が止んだあとに繰り返され」

(う)「双方で同様の影響が生じるように繰り返され」

(え)「同意を表すために繰り返され」

(5) 正解は(あ)

▶ sip は「～を少しずつ飲む」という意味。茶室でお抹茶をいただく動作をイメージすれば，(あ)が正解だとわかるはず。

(あ)「一度に僅かずつ口に入れて飲むこと」

(い)「すする音を大きく立てながら飲むこと」

(う)「食べ物を口に入れてそれを噛むこと」

(え)「一定量の液体を飲み込むこと」(swallow は，ゴクリと喉を通らせることに重点を置く語)

語句 ritual「儀式の，儀礼的な」 whisked「泡立てられた」(〈全訳〉では茶道用語を使って「点(た)てられた」としてある)

(7) 正解は(あ)

▶ language は「言語」が基本義だが，ここでは白隠が伝統的な禅画とは異なる独自の禅画の手法を編み出したという文脈なので，(あ)を選ぶ。

(あ)「特定の表現様式や表現型」

(い)「特定の国で使われる意思伝達の体系」

(う)「プログラムやアルゴリズムを書くための記号や規則の体系」(これはコンピュータの話)

(え)「人間の意思伝達法」

語句 whole new「全く新しい」 visual「視覚的な，視覚に訴える」

(8) 正解は(え)

▶ pervasive は「広がっている，行き渡っている」という意味の形容詞であり，下線部のあとの内容からも白隠の影響が広範囲に及んでいることが伺えるので，(え)が正解。

(あ)「大きな驚きや感嘆の念を引き起こしている」

(い)「著しくあるいは印象的なまでにサイズが大きな」

(う)「知識や理解が深いことを示している」

(え)「ある分野や人々の集団にあまねく広がっている」

語句 monk「僧侶」 pupil「弟子」

問3　to reach out as never before to every aspect of Japanese society

▶この to 不定詞は，下線部を含む文の主語である A third trend の内容を具体的に言い換えた部分なので，「～すること」という名詞的用法である。reach out to ～ は「(ある人や集団に) 手を差し伸べる」という意味。次の aspect の説明でも触れるように，後続の文の connect with people of all ranks of life「あらゆる階層の人々と心を通わせる〔つながる〕」がほぼ下線部の言い換えであることから，「～と心を通わせる〔つながる〕」などと訳すこともできるだろう。間に as never before「それ以前にはないほど，かつてないほど」が挿入されているので，reach out と to とのつながりを見抜くことがポイントとなる。

▶ aspect は「面，側面」という意味だが，下線部の内容の具体例として，後続の文で白隠慧鶴（はくいんえかく）の行動が述べられていることから，その中の connect with people of all ranks of life「あらゆる階層の人々と心を通わせる〔つながる〕」という表現は，reach out to every aspect of Japanese society と結局同じことを表していると判断できるので，every aspect of Japanese society とは「日本社会の全階層の人々」のことをやや抽象的に表現したものと考えられる。したがって，「日本社会のあらゆる方面」くらいにしておくとよい。

問4　▶選択肢の訳は以下のとおり。

(あ)「例えば，彼は多くの弟子たちを指導しただけでなく，世人にも教えを授け，その人たちに自作の『片手で鳴る音とはいかなる音か（隻手音声（せきしゅおんじょう））』という公案〔禅問答〕を投げかけた」

(い)「さらに，禅書は技術的な熟練ぶりを示すよりもむしろそれを隠している場合が多いが，高僧各人の個性を通して，書かれた言葉の神髄を極めて明確に表現している」

(う)「これには，人間の境遇の色々な場面を表現したもの，民話，鳥や昆虫や動物の絵，自らが考案した様々な滑稽味のある画題が含まれていた」

(え)「この実例となっているのが，自身の寺を出て山中の洞穴に住んだ風外慧薫（ふうがいえくん）である。彼が描いた放浪僧布袋（ほてい）の肖像画は，その極めて簡素な構図と布袋その人への劇的な焦点化を通して，風外の並外れた精神統一ぶりを伝えている」

(お)「南天棒らの 20 世紀の僧侶芸術家も白隠の影響を受け続けたが，それは，南天棒が墨に手を浸し，紙にその手形を押して，その上部に『さあ　きけ』と記した作品に見て取ることができる」

A．正解は(え)

▶空所Aを含むこの第4段では，17世紀の禅の2つ目の流れ〔僧侶側の反応〕が述べられており，それは「社会に対する幕府の制約を無視して，自らが為すことに集中することだった」とある。したがって，そのあとの空所には，集中力の高さを有する人物の例が挙げられている(え)がふさわしい。

語句　exemplify「よい実例として～を体現する〔表す〕」

B．正解は(あ)

▶空所の直前で，白隠には，あらゆる階層の人々と心を通わせる非凡な才能があったことが述べられているので，そのあとには，その具体例として，弟子だけでなく世人も教え導いたという(あ)を入れると文意が通る。

語句　lay people「素人の一般人，世人」 riddle「なぞなぞ」(ここでは，禅の用語で言う「公案」つまり，俗に言う「禅問答」のこと)

C．正解は(う)

▶空所の直前の a whole new visual language「全く新しい視覚的な表現手段」を手がかりにしよう。その表現手段の様々な実例が挙げられている(う)が空所には適切だ。

D．正解は(お)

▶最終段では白隠の影響力が広範囲に及んでいるさまが述べられており，空所の直前の第2文（Zen masters such …）では，のちの僧侶画家たちが白隠の影響を強く受けていることが記されているので，それに続く空所には，現代の僧侶画家である南天棒も白隠の影響を受けているという(お)が適切。

語句　as can be seen in ～「～に見ることができるように，そしてそれは～に見ることができるものだ」(関係代名詞の as を用いた表現)

問5

アプローチ

● 「蚊が鉄の牛を咬む」という言葉にはどういう意味が込められていると思うか，自分なりの解釈を70語程度の英語で書かせる自由英作文。玉舟（ぎょくしゅう）の書「蚊子咬鐵牛（ぶんすてつぎゅうをかむ）」の「蚊子（ぶんす，ぶんし）」とは蚊のことで，本来は自分の実力を考えずに無謀な行動をとることを意味しているとされるが，ここは自由に解釈すればよい。

● 蚊が鉄の牛を刺そうとするけなげな努力に，一見不可能に思えることにも果敢に挑んでいくべきだという教えを読み取る積極論と，逆に，蚊の試みを身の程を知らぬ行為と捉え，無謀なことは慎むべきだと解釈する慎重論とが想定される。一方の内容だけで70語も書くのは困難だと思う人は，「～という意味かもしれないが，私なら～と解釈する」などと，両論に触れる展開にすることもできる。

内容案

①本来の意味は，人は無謀なことをするものだということだったのかも → ②しかし自分なら，どんなに困難に見えてもあきらめては駄目だということだと解釈する → ③忍耐と努力が大切だと言っているように思うのだ → ④ことわざにも～とあるから（①：譲歩，②・③：逆接＋主張，④：理由を兼ねた結び）

英語で表現

①この書で玉舟（ぎょくしゅう）が本当に言いたかったことは，私たちは自分の能力を超えたことを無謀にもしようとすることがある，ということだったのかもしれない。

▶「この書で玉舟（ぎょくしゅう）が本当に言いたかったこと」

● What Gyokushū really meant by this calligraphy　mean *A* by *B*「*B* で *A* を意味する」の *A* を what にして前へ出し，主語として働く what 節をこしらえる。

▶「…ということだったのかもしれない」

● may〔might〕have been that … で表せる。

▶「私たちは…を無謀にもしようとすることがある」

● we sometimes recklessly try to *do*　recklessly「無謀にも」は覚えておきたい。

▶「自分の能力を超えたこと」

● what is beyond our ability　beyond *one's* ability で「～の能力を超えて」という意味になる。what is impossible for us to do，または単に the impossible としてもよい。

②しかし私なら彼の言葉を，それを解決することがどんなに難しそうに見えても，人生の厄介な問題に取り組むことをあきらめるべきではないというメッセージとして解釈する。

▶「しかし私なら彼の言葉を…というメッセージとして解釈する」

● However, I would interpret his words as a message that …　interpret *A* as *B*「*A* を *B* だと解釈する」を使おう。that 節は手前の a message と同格の関係。冒頭を I'd like to interpret …「私は…解釈したい」としてもよい。

▶「人生の厄介な問題に取り組むことをあきらめるべきではない」

● we should not give up tackling difficult problems in life と表現できる。difficult problems の代わりに challenges を使ってもよい。

▶「それを解決することがどんなに難しそうに見えても」

● however 節や no matter how 節を用いて however〔no matter how〕hard solving them (may) seem (to be) とすればよいが，hard の位置や，そのあとの SV 部分でのミスに気をつけたい。them は difficult problems in life または challenges in life を指す。

③僧は忍耐とたゆまぬ努力が大切だということを私たちに思い出させてくれているように思う。

▶「…ということを私たちに思い出させてくれているように思う」

●remind *A* that ～「*A* に～ということを思い出させる」を使って I think (that) the monk is reminding us that … と表現できる。「僧」は本文でも使われている monk が適切だ。

▶「忍耐とたゆまぬ努力が大切だ」

●perseverance and continuous effort are very important とすればよい。perseverance が難しければ patience を使おう。

④ことわざでも，点滴石を穿(うが)つと言っている（のだから）。

●As the proverb goes, constant dropping wears (away) the 〔a〕 stone. とする。As the proverb goes は「ことわざで言うように」という決まり文句。「点滴石を穿つ」（constant dropping wears (away) the 〔a〕 stone）とは，「絶え間なくぽたぽたと落ちる雫は（一滴では力はないが，それが継続されると）石に穴を空ける（ほどの大きな力を発揮するのだ）」という有名なことわざ。英語のことわざは，このように結びの一文としても利用できる場合があるので，好きなことわざは覚えておくとよい。ことわざが無理なら，例えば，I love the words 〔I am always motivated by the words〕, "Don't give up before you even try."「『やりもしないうちからあきらめてはいけない』という言葉が私は大好き（なので）〔という言葉でいつもやる気が出る（ので）〕」といった，何か自分で書ける表現で十分である。

▶〈別解〉の全訳と語句解説を以下に示しておく。慎重論のサンプルだ。

この書を読むと，玉舟(ぎょくしゅう)が『謙虚になれ。身の程を知れ』と言っているのが聞こえる気がする。私たちはこの世で小さく弱い生き物なのにもかかわらず，よく自信過剰の態度を取っては重大な過ちを犯してしまいがちだ。だから，全力〔すべて〕を注ぎさえすれば何でも達成できると安易に信じるべきではない。自分自身の限界を知って，無謀な野心（を抱くの）を避けるようにすることが大切である。

●humble「謙虚な」 know *one's* place「身の程を知る」 overconfident「自信過剰な」 reckless「無謀な」

解答

問1 禅の高僧自身が禅画や禅書を創作するようになったこと。(26字)

問2 (2)—(え) (3)—(う) (5)—(あ) (7)—(あ) (8)—(え)

問3 かつてなかったほどに日本社会のあらゆる方面に手を差し伸べること。

問4 A—(え) B—(あ) C—(う) D—(お)

問5 〈解答例〉What Gyokushū really meant by this calligraphy may have been that we sometimes recklessly try to do what is beyond our ability. However, I would interpret his words as a message that we should not give up tackling difficult problems in life, however hard solving them may seem. I think the monk is reminding us that perseverance and continuous effort are very important. As the proverb goes, constant dropping wears the stone. (72語)

〈別解〉Reading this calligraphy, I feel like I hear Gyokushū saying, "Be humble. Know your place." We are small and weak creatures in this world, but despite this, we often tend to have an overconfident attitude and make serious mistakes. Therefore, we should not easily believe that we can achieve anything if only we put everything into it. It is important to recognize our own limitations and try to avoid reckless ambitions. (71語)

10

2019年度〔1〕

次の文章を読んで，問1～4に答えなさい。

The establishment of a colony on Mars has been a dream for decades. Inevitably some people have objected to the idea of colonizing Mars on both ideological and practical grounds. Some object to humans living on Mars because they would harm whatever bacterial life forms might be present on the planet. Others oppose Mars settlements because they disagree with the idea of using the Red Planet as a "backup" in case the Earth is destroyed. Those in favor of colonizing Mars, however, look to spread the human race beyond our single planet. The practical considerations of surviving long term on a world without a breathable atmosphere, no surface water, exposure to radiation, and extremes of heat and cold all have to be addressed first. Mars colonists could survive in domed cities, extracting and recycling resources from the Martian environment. However, a more interesting plan for the settlement of the Red Planet involves a process called terraforming, turning the dangerous environment of Mars into something resembling Earth.

Billions of years ago, Mars was more like Earth, with a thick atmosphere as well as oceans and rivers of surface water. The planet may well have had complex life forms. However, sometime in the distant past, Mars lost its (A). When Mars found itself without the protection of that field, solar wind relentlessly stripped it of its atmosphere, quickly turning the planet into the frozen desert it currently is. While a number of schemes exist to restore Mars' atmosphere, creating a runaway greenhouse process that would raise its temperature, NASA and some academic researchers recently came up with (1)a simple way to achieve the process naturally. The idea involves the creation of an electromagnetic shield between Mars and the Sun to protect the Red Planet from solar wind. Without the solar wind stripping it away, the atmosphere of Mars would gradually become thicker. Soon the temperature on the Martian surface would become high enough to release the trapped (B) at the poles, accelerating the (C). Water ice at the poles would melt, giving Mars back some measure of its oceans and rivers. All humans would have to do is introduce genetically designed plants and animals to create a new Martian (　D　). The process of turning Mars into a new Earth could take place in the span of a single human lifetime. That contrasts with previous schemes to terraform Mars that would take anywhere from several hundred to several thousand years.

The scheme to build an electromagnetic shield in space is still at the conceptual stage. The engineering problems of building the thing and maintaining it essentially forever would be astronomical. (2)<u>However, the prospect of returning Mars to its former state as a warm, wet world where life could flourish is an appealing one.</u> Mars could be transformed into a place where not just a few people, but many millions would be able to move to in order to start a new life. The effects for human civilization would be beyond evaluation.

From Could Mars ever be a new home for humans ?, *The Hill* on April 2, 2018, by Mark Whittington

問1　空所（　A　）〜（　D　）に入る最も適切なものを下からそれぞれ一つ選び，記号で答えなさい。ただし，同じ記号は一度しか使えません。

(ア) space colony
(イ) ecosystem
(ウ) greenhouse effect
(エ) carbon dioxide
(オ) natural resources
(カ) magnetic field
(キ) atomic heat

問2　下線部(1)の内容を具体的に35字以内の日本語で説明しなさい。ただし，句読点も1字に数えます。

問3　下線部(2)を日本語に訳しなさい。

問4　本文の内容と合致する文を下から二つ選び，記号で答えなさい。

(ア) NASA believes the scheme to terraform Mars will be highly appreciated because it involves a difficult task of engineering and maintenance.
(イ) NASA and other researchers estimate the new scheme to terraform Mars would be completed in a shorter period of time than that outlined in previous plans.

(ウ) Most scientists oppose the idea of colonizing Mars even though they look to spread the human race beyond our single planet.

(エ) Even if we successfully transform Mars into a habitable planet, most people would be unwilling to move there to start a new life.

(オ) Scientists assume that Mars used to have almost the same atmosphere as Earth, suggesting the possibility that it once held life.

全　訳

■火星を人類が住める惑星に改造する計画

❶ 火星に植民地を作ることは何十年来の夢である。当然のことだが，理念的な理由と実際的な理由の両面から，一部の人々は火星を植民地にするという考えに反対してきた。いかなるものであれその惑星（＝火星）に存在するかもしれない細菌型の生命体に害を及ぼすことになるという理由で，人間が火星で暮らすことに反対する人もいる。また，万一地球が破壊された場合の「バックアップ」として赤い惑星（＝火星）を利用するという考えには賛同できないという理由で，火星への移住に反対する人もいる。しかし，火星を植民地にすることに賛成する人々は，私たちがいる唯一の惑星（＝地球）から外部世界へと人類を広げていくことを目指している。呼吸のできる大気がなく，地表に水のない，放射線にさらされる，寒暖の極端な世界で，長期間生き延びること――これらをすべて現実的に考慮することにまず取り組む必要がある。火星への移住者は，火星の環境から資源を採取・再利用しながらドーム型の都市で生きていくこともできるだろう。しかしながら，赤い惑星へ移住するためのもっと興味深い計画があり，それには，火星の危険な環境を地球に似たものに変えるテラフォーミングと呼ばれる工程が伴う。

❷ 何十億年も前には，火星は今よりもっと地球に似ており，分厚い大気も，海や川の形で地表に水もあった。この惑星に（当時）複雑な構造の生命体がいた可能性は十分にある。しかし，遠い昔のある時期に，火星はその磁場を失った。火星がその磁場で保護されなくなると，太陽風が火星から容赦なく大気を奪い取り，急速に火星を現在のような凍てついた不毛の地に変えてしまったのだ。火星の大気を取り戻して，その気温を上昇させる急速な温室効果作用を生み出す構想はいくつも存在するが，NASA（米航空宇宙局）と大学の研究者たちが最近になって，その作用が自然に得られる単純な方法を考案した。その着想は，火星と太陽の間に電磁シールドを作り，火星を太陽風から保護するというものだ。太陽風が大気を奪い取ってしまわなければ，火星の大気は徐々に分厚くなるだろう。やがて，火星の気温は極地に閉じ込められた二酸化炭素を放出させるほど高まり，温室効果を加速させることになるだろう。極地の水氷が溶けて，ある程度の水量の海と川が火星によみがえるだろう。人間がなすべきことは，遺伝子を操作した動植物を導入して，新たな火星の生態系を作り上げることだけだ。火星を新たな地球に変える工程なら，一人の人間の寿命程度の期間で成し遂げることも可能だろう。それは，数百年から最大で数千年の期間がかかるであろう従来の火星地球化計画とは対照的である。

❸ 宇宙空間に電磁シールドを建造する計画はまだ構想段階である。そのようなも

のを建造して，実質的に永遠に維持し続けるという工学上の問題は桁外れに大きなものとなるだろう。しかしながら，火星を，生物が繁栄可能な，温暖で水のある世界としてのかつての状態に戻すという展望は魅力的なものだ。火星は，単に少数の人だけでなく，何百万人もの人が，新たな生活を始めるために移住できるような場所に変わりうるのである。人類の文明に対するその影響は，計り知れないものとなるだろう。

各段落の要旨

❶ 火星の植民地化には賛否両論があるが，賛成派は人類が地球外世界へ進出するのを目指す。火星への定住計画で興味深いものに，火星の過酷な環境を地球型に改変するテラフォーミングという手法を伴うものがある。

❷ 磁場を失って凍てつく不毛の地になった火星を簡単に短期間で地球化する方法として最近提唱されたのが，火星と太陽の間に電磁シールドを作り，大気を奪う太陽風から火星を保護して温暖化を促すという構想である。

❸ 宇宙空間に電磁シールドを作る計画はまだ着想段階にすぎず，実現には問題が山積しているが，火星の地球化という展望は魅力的で，火星への大規模な移住が実現すれば人類の文明に計り知れない影響を与えるだろう。

解説

問1 ▶選択肢の訳は以下のとおり。

(ア)「スペースコロニー，宇宙植民地」　(イ)「生態系」
(ウ)「温室効果」　(エ)「二酸化炭素」
(オ)「天然資源」　(カ)「磁場」
(キ)「原子熱」

A．正解は(カ)

▶後続の文の when 節中の without the protection of that field という表現に注目。空所に(カ)の magnetic field「磁場」を入れると，「その field（つまり磁場）の保護を火星が失えば，太陽風が火星から容赦なく大気を奪い取る」と，文意が通る。

語句 when 節の found itself without ～ は「自分自身（＝火星）が～のない状態であることに気づく」が直訳で，「～を失う」と意訳できる。

B．正解は(エ)　C．正解は(ウ)

▶空所BとCはワンセットで捉えよう。第2段第5文（While a number of …）の restore Mars' atmosphere, creating a runaway greenhouse process that would raise its temperature「火星の大気を取り戻して，その気温を上昇させる急速な温室効果作用を生み出す」という内容を頭に入れて，空所B・Cを考える。「火星の気温が極地に閉じ込められた（　B　）を放出させるほど高まり，（　C　）を加速させる」という文脈から，Cには(ウ)の「温室効果」が適切で，それを生み出すのは温室効果ガスだからBには(エ)の「二酸化炭素」が入ると判断。

語句 release「～を放出する」 trapped「閉じ込められた」
accelerate「～を加速する」

D．正解は(イ)

▶空所の直前の内容が手がかり。火星の環境に適応するよう遺伝子操作を施された動植物を火星に導入することで，火星の新たな何が生まれるのかを考えれば，(イ)が正解とわかる。

語句 All S have to do is *do*.「Sがしなければならないのは～することだけだ，Sは～しさえすればよい」 genetically designed「（目的に沿って）遺伝子を操作された」

問2 ▶a simple way「簡単な方法」の具体的な内容は，後続文（The idea involves …）の，the creation … from solar wind「火星を太陽風から保護するために，火星と太陽の間に電磁シールドを作ること」，または「火星と太陽の間に電磁シールドを作って，火星を太陽風から守ること」が該当する。このままでも正解だが，下線部では「方法」という語が使われているので，「～する（という）方法」と答えるといっそう適切な答案となろう。

語句 electromagnetic shield「電磁シールド，電磁気を利用した遮蔽体」 protect *A* from *B*「*B*から*A*を保護する〔守る〕」 solar wind「太陽風」

問3 However, the prospect of returning Mars to its former state as a warm, wet world where life could flourish is an appealing one.

▶まずは文の基本骨格を捉えよう。the prospect of *doing* is an appealing one「～するという展望は魅力的なものだ」という，SVCの文型だ。文末のoneは，先行する可算名詞を指して使う代名詞の用法。ここではprospectの代用である。ただ，「～するという展望は…な展望だ」という直訳は，減点ではないが，日本語としてややぎこちないので，〈解答例〉のように「…なものだ〔である〕」としておくとよい。

語句 prospect「展望，見込み，可能性，見通し」 appealing「魅力的な，興味をそそる」

▶the prospect of に続く動名詞句では，return *A* to *B*「*A*を*B*に戻す」が用いられ，*A*がMars「火星」で，*B*がits former state … life could flourish「生物が繁栄可能な，温暖で水のある世界としてのかつての状態」である。itsは，直訳すれば「それ（＝火星）の，その」だが，答案では省くほうがすっきりした日本語になる。asは「～としての」という意味の前置詞であり，asからflourishまでが，手前のits former state を修飾している。「〜としての」は，ここでは日本語としてこなれていないと感じて，「〜という」や「〜であった」と意訳しても減点にはならないだろうが，受験生としては，安全第一の訳出を心がけておこう。

▶ a warm, wet world は，後続の関係副詞節（where life could flourish「生命が繁栄可能な」）の先行詞である。warm と wet はいずれも形容詞で，コンマで並列されて共に world を修飾している。

語句 former「以前の，かつての」 state「状態」 wet「水のある，湿潤な」 flourish「繁栄する」

問4　正解は(イ)・(オ)

▶選択肢の訳は以下のとおり。

(ア)「火星を地球化する計画は，工学面と維持面の難しい課題を伴うので，高く評価されるだろうと，NASA は確信している」

(イ)「NASA と他の研究者たちは，新たな火星地球化計画は，それ以前の計画で概略が示されていた期間よりも短期間で遂行が完了するだろうと見積もっている」

(ウ)「大部分の科学者は，私たちのいる唯一の惑星（＝地球）を超えて人類が広がることを目指しているが，火星を植民地化するという考えには反対している」

(エ)「たとえ私たちが火星を人間が住める惑星に改造することに成功しても，大部分の人は，そこに移住して新たな生活を始めようという気にはならないだろう」

(オ)「科学者は，火星にはかつて地球とほぼ同じような大気があったと考えており，そこ（＝太古の火星）にはかつて生命体がいた可能性を示唆している」

▶(ア) 最終段第2～3文（The engineering problems … an appealing one.）に，電磁シールドを作る計画は，技術面・維持面で問題は桁外れに大きいけれども魅力的だ，とは述べられているが，NASA が問題の大きさを理由にこの計画は高く評価されると確信しているという記述はないので，不一致。

▶(イ) 第2段の最後の2文（The process of turning … several thousand years.）の内容と一致する。

▶(ウ) 第1段第5文（Those in favor …）より，人類を地球の外へ広げることを目指しているのは，火星の植民地化に賛成している人たちであることがわかるので，不一致。

▶(エ) 最終段第4文（Mars could be …）に，火星は，何百万人もの人が新たな生活を始めるために移住できるような場所に変わりうると述べられており，計画が実現しても大部分の人は移住したがらないとは書かれていないので，不一致。

▶(オ) 第2段第1～2文（Billions of years … complex life forms.）の内容と一致。問題文には，その内容が科学者たちの見解だとは明示されていないが，こうした大昔の火星の様子を筆者が語れるのは，専門家である科学者の研究の成果を踏まえているからということは自明であろう。

解答

問1　A—(カ)　B—(エ)　C—(ウ)　D—(イ)

問2　火星と太陽の間に電磁シールドを作って，火星を太陽風から守るという方法。(35字)

問3　しかしながら，火星を，生物が繁栄可能な，温暖で水のある世界としてのかつての状態に戻すという展望は魅力的なものだ。

問4　(イ)・(オ)

11

2019年度〔2〕

次の文章を読んで，問1～4に答えなさい。

Barely 3 percent of the American work force cycles or walks to work with any frequency, despite the obvious merits : decreased risks for lifestyle-related diseases, environmental benefits and lower transportation costs. Ask people why they avoid what's known as active commuting, as many surveys have, and the primary reason cited is time. (1)Those things take too long, most say.

They're probably wrong. A new study published last month shows that people often overestimate the time required to commute actively, a miscalculation especially common when someone has secured a parking permit near the office.

For the study, researchers at Pennsylvania State University asked the school's faculty, staff and students to complete an extensive series of online questionnaires about their fitness, health, commuting and parking habits, comfort and ability on a bike or as pedestrians, distance from home to their main workplace on campus and how long they thought it would take them to either cycle or walk that distance. Only a few of the 505 respondents went by foot or bike ; most of them were students. Estimates of commuting times were then compared with the corresponding route times calculated by Google Maps. The researchers independently timed some of the routes by walking or riding them.

The survey participants——faculty and staff members above all——proved to be generally poor at guessing active-commuting times. About 90 percent of their estimates were too (A) by at least 10 minutes. The few assessments (B) to Google's were almost always made by riders or walkers. Parking availability and distances affected the estimates. Those with parking permits, a fiercely sought-after campus amenity, tended to overestimate active-commuting times significantly ; the (C) someone lived to the workplace, the (D) the guesses. Confidence had an outsize effect, too. The people surveyed, especially women, who had little bicycling experience or who did not feel physically fit thought that active commuting would require considerably more time than the Google calculations.

The study is limited, of course, because it relies on a narrow, self-selected group of respondents to provide information about themselves, a topic on which people can be surprisingly unreliable. The published results also did not investigate such pressing active-commuting concerns as hygiene, showers or the logistics of carrying changes of clothes. (2)But the study's results do indicate that time may be less of a barrier to active commuting than many might anticipate, says Melissa Bopp, the study's senior author.

問1　下線部(1)について，Those things の指す内容を明らかにしたうえで，日本語で説明しなさい。

問2　空所（　A　）～（　D　）に入る最も適切なものを下からそれぞれ一つ選び，記号で答えなさい。ただし，同じ記号は一度しか使えません。

(ア) better　(イ) close　(ウ) closer
(エ) long　(オ) good　(カ) poorer

問3　下線部(2)を，「アクティブ（ヴ）」，「コミューティング」ということばを使わずに日本語に訳しなさい。

問4　本文の内容と合致する文を下から二つ選び，記号で答えなさい。

(ア) Many surveys have avoided asking about active commuting.
(イ) Few of the respondents who cycled and walked were students.
(ウ) Students were better than professors and staff at estimating their commute time.
(エ) The researchers sometimes used Google Maps to check the actual time each commute took.
(オ) Fit people were better able to guess the time it would take them to commute by bicycle or foot.

全 訳

■身体運動を伴う通勤の効用

❶ いかなる頻度であれ，アメリカの労働人口のかろうじて3パーセントしか自転車や徒歩で通勤してはいない。生活習慣病のリスクが低下し，環境面での恩恵もあり，交通費の削減にもなるという明らかな利点があるにもかかわらず，である。多くの調査でなされてきたことだが，なぜいわゆるアクティブ・コミューティングを避けるのかと人に尋ねると，挙げられる主な理由は時間だ。そういうことには時間がかかりすぎると，大部分の人が答えるのである。

❷ その人たちはおそらく間違っている。先月公表された新たな研究で，人は，身体を動かして通勤するのに要する時間を過大に見積もることが多く，計算ミスは，職場近くに駐車する許可を得ている人の場合にとりわけよく起こることが明らかになっている。

❸ その研究のために，ペンシルベニア州立大学の研究者は，大学の教職員と学生に，体調，健康状態，通勤通学や駐車の習慣，自転車や徒歩での移動時の快適さとそれをする能力，家から大学構内の主たる職場もしくは勉学の場までの距離，その距離を自転車か徒歩で行けばかかると思う時間，といったことに関する，広範囲に及ぶオンラインでの一連のアンケートに答えるよう求めた。505人の回答者のうち，徒歩か自転車で通っていたのはごく僅かで，その大半が学生だった。次に，（本人が回答した）移動時間の推定値が，グーグルマップを使って算出されたそれぞれの経路の所要時間と比較された。研究者は，独自にその経路の一部を徒歩や自転車で自ら移動して所要時間を計測した。

❹ その調査に参加した人たち――とりわけ教職員――は，アクティブ・コミューティングにかかる時間を推定するのが概して下手だということがわかった。彼らの推定の約90パーセントは，少なくとも10分は長すぎた。グーグルを使った数値に近い推定値は少数だったが，ほとんどの場合それは自転車か徒歩で通う人によるものだった。利用できる駐車場の有無や移動距離も推定に影響した。大学構内で獲得競争の激しい特典である駐車許可を得ている人たちは，アクティブ・コミューティングにかかる時間をかなり過大に見積もる傾向があり，職場もしくは勉学の場に近い所に住んでいる人ほど，より正しい推定をしていた。自信があるかどうかも，所要時間の推定にとても大きな影響を及ぼした。調査対象者で，ほとんど自転車に乗った経験のない人や体調が良くないと感じていた人は，特に女性の場合，アクティブ・コミューティングにはグーグルの算定値よりもかなり長い時間がかかるだろうと思っていたのだ。

❺ もちろん，この研究は限定的なものである。なぜならそれが，自分自身という驚くほど信頼できない可能性のあるテーマに関する情報の提供を，範囲の狭い自薦の回答者集団に頼っているからだ。また，公表された結果は，衛生面の問題，シャワーの利用，着替えの持ち運びの管理といった，アクティブ・コミューティングにまつわる急を要する懸念事項を調査したものでもなかった。しかしこの研究の結果は，多くの人が予想するほどには，時間は自転車や徒歩による通勤の妨げにならないのかもしれないということを確かに示していると，この研究の上席著者であるメリッサ=ボップは語る。

各段落の要旨

❶ さまざまな利点があるにもかかわらず，米国のほとんどの労働者がアクティブ・コミューティング（自転車か徒歩での通勤）を避けているが，その理由として彼らがまず挙げるのが，時間がかかりすぎるということである。

❷（しかし）最近の研究で，人は，特に職場近くに駐車できる場合，アクティブ・コミューティングに要する時間を過大に見積もりがちであることがわかった。

❸ このペンシルベニア州立大学の研究では，大学の教職員と学生を対象にアンケート調査をし，自転車か徒歩で通うならかかると回答者本人が推定する所要時間を，グーグルや実測での算定値と比較した。

❹ 回答者（とりわけ教職員）が自転車か徒歩で通う場合に要すると推定した時間の約90％は過大に見積もられており，利用可能な駐車場の有無や移動距離，自転車もしくは徒歩で通うことへの自信の程度も推定値に影響を与えた。

❺ この研究は限定的なものではあるが，多くの人の予想に反し，時間はアクティブ・コミューティングの妨げにはならないかもしれないということを示している。

解　説

問1　▶ Those things「そのようなこと」の具体的な内容を知るためには，第1段全体の論旨展開を正しくつかむ必要がある。第1文（Barely 3 percent …）で，アメリカの労働者の3パーセントしか自転車や徒歩で通勤していない――言い換えると，労働者のほとんどが自転車や徒歩での通勤を避けているとわかる。続く第2文（Ask people why …）の「なぜいわゆるアクティブ・コミューティングを避けるのかと人に尋ねると，挙げられる主な理由は時間だ」という記述から，「アクティブ・コミューティング」とは「自転車や徒歩で通勤すること（学生なら「通学すること」)」だとわかる。これは，問3でも利用する知識だ。さて，こうした文脈を追って下線部に至れば，Those things が「自転車や徒歩で通勤すること」を指すことが理解できる。

▶下線部では，most がS，say がV，そして文頭の Those things take too long がO

である。念のために，下線部を直接話法にして通常のSVOの語順で書き換えると，Most (people) say, "Those things take too long." となる。

▶「日本語に訳しなさい」という和訳の問題ではなく，「日本語で説明しなさい」という説明問題なので，答案の最後は「…ということ。」で締めくくっておこう。

語句　take too long「時間がかかりすぎる」 most は most people「大部分の人」のこと。第1段ではアメリカ人労働者を話題にしているので，「大部分のアメリカ人（労働者）」としてもよい。

問2　A．正解は(エ)

▶空所Aを含む文は，「彼ら（＝調査の参加者）の（アクティブ・コミューティングをした場合にかかると思う）推定時間の約90パーセントは，少なくとも10分は（　A　）すぎた」という内容であり，第2段第2文（A new study …）から，この調査研究が，人々がアクティブ・コミューティングにかかる時間を多く見積もりすぎる傾向があることを明らかにしたことがわかるので，(エ)の long を入れる。

語句　estimate「見積もり，概算，推定値」

B．正解は(イ)

▶空所Bを含む文は，「グーグルを使った数値に（　B　）な推定値は少数だったが，ほとんどの場合それは自転車か徒歩で通う人によるものだった」という内容であり，上のAから，ほとんどの人の推定値は長すぎたのに対して，日頃からアクティブ・コミューティングをしている少数派は，グーグルマップによる算定時間に近かったと判断できるので，(イ)の close が入る。

語句　assessment「推定値」

C．正解は(ウ)　D．正解は(ア)

▶空所CとDを含む文では〈The＋比較級～, the＋比較級…〉「～すればするほど，それだけいっそう…」という比較構文が用いられているので，ワンセットで考えよう。自転車や徒歩で通勤通学した場合の所要時間を推測するのだから，自宅から職場もしくは勉学の場までの距離が近ければ近いほど，通勤通学にかかる時間はそれだけ少なく，その分，誤差もいっそう少なくなる（つまり，推測がいっそう上手になり，推定値はより優れた〔正しい〕ものになる）はずだ。したがって，Cに(ウ)の closer，Dに(ア)の better を入れると文意が通る。the better the guesses のあとに are が省かれている。

語句　workplace「仕事場，職場」（学生の場合は「勉学の場」）
guess「推測，推定（値）」

問３ But the study's results do indicate that time may be less of a barrier to active commuting than many might anticipate

▶ But the study's results do indicate that …「しかし，この研究の結果は…ということを確かに示している」では，助動詞の do を見逃さないこと。直後の動詞（ここでは indicate）を強める働きだ。和訳では「確かに」や「実際」などと副詞的に処理する。

▶ time may be less of a barrier to active commuting (than …)「(自転車や徒歩による通勤にかかる）時間は（…ほど）自転車や徒歩による通勤の妨げにならないのかもしれない」では，まず active commuting を設問の指示に従って訳出することが１つのポイントとなる。問１で確認したとおり，これは「自転車や徒歩で通勤すること」の意味である。次の大きなポイントは less ～ than …「…ほど～ではない」という比較表現だ。この less は名詞で，「より少ない量・数・程度」の意で，しばしば less of a〔an〕*A* than …「…ほど *A* でない」のように用いられる。よって，less of a barrier to ～ than … は「…ほど～にとって〔～の〕障壁〔妨げ〕でない」となる。may「～かもしれない」の訳し忘れにもご用心。

▶ than many might anticipate「多くの人が予想する（かもしれない）ほど（には)」の might は訳出しないことも多い。many は many people のこと。

語句　indicate「～を示す」 barrier「障壁，妨げ（になるもの)」 anticipate「～を予期する，予想する」

問４　正解は(ウ)・(オ)

▶選択肢の訳は以下のとおり。

(ア)「多くの研究が，アクティブ・コミューティングに関して尋ねることを避けてきた」

(イ)「自転車に乗ったり歩いたりしていた回答者のうちほとんどが学生ではなかった〔ほんの僅かだけが学生だった〕」

(ウ)「学生は教授や職員よりも通学にかかる時間を推定するのが上手だった」

(エ)「研究者は，各人の通勤通学に実際にかかる時間を調べるためにグーグルマップを利用することもあった」

(オ)「健康な人のほうが，自分が自転車か徒歩で通うのにかかる時間をうまく推測することができた」

▶(ア)　第１段第２文（Ask people why …）の as many surveys have「多くの調査でなされてきたことだが〔なされてきたように〕」が手がかり。have のあとには asked people why … が省略されており，人々にアクティブ・コミューティングとして知られている行為を避ける理由を尋ねることは，多くの研究がしてきたことだとわかるので，不一致。

▶(イ) 第 3 段第 2 文（Only a few …）に，505 人の回答者のうち，徒歩か自転車で通っていたのはごく僅かで，その大半が学生だったとある。別の言い方をすれば，回答者のうちで自転車か徒歩で通っていた人の大半は学生だったのだ。したがって，不一致。

▶(ウ) 第 4 段第 1 文（The survey participants …）から，教職員はアクティブ・コミューティングにかかる時間の推測が概して下手であることがわかる。逆に，第 3 文（The few assessments …）から，グーグルの算定値に近かったのは自転車か徒歩で通う人であり，第 3 段第 2 文（Only a few …）後半から，その人たちの大半が学生だとわかるので，(ウ)は内容に一致と判断。

▶(エ) 第 3 段第 3 文（Estimates of commuting …），および後続の最終文（The researchers independently …）から，研究者がグーグルマップを用いたのは，回答者の推定時間をグーグルマップによる算定値と比較するためであり，実際にかかった時間は，自ら徒歩や自転車で移動して実測したことがわかるので，不一致。

▶(オ) 第 4 段最終文（The people surveyed, …）に，体調が良くないと感じている人たちは徒歩や自転車で通う場合の所要時間をかなり多めに見積もったとあることから，逆に，体調の良い人たちは比較的正しい推測ができたと判断できるので，一致。

解答

問 1　自転車や徒歩で通勤するのは時間がかかりすぎると大部分の人は答える，ということ。

問 2　A―(エ)　B―(イ)　C―(ウ)　D―(ア)

問 3　しかしこの研究の結果は，多くの人が予想する（かもしれない）ほどには，時間は自転車や徒歩による通勤の妨げにならないのかもしれないということを確かに示している。

問 4　(ウ)・(オ)

12

2019年度〔3〕

次の文章を読んで，問1～5に答えなさい。

They were tall, burly men in rugby jerseys with torn-off sleeves that exposed their muscles and they had almost passed when one of them turned. He must have said something because the entire group halted and looked. They stared at the small European woman with the powder blue parasol standing beside a pink baby-grand piano as cargo ships unloaded around her.

A brainwave forced a cry from Mrs. Patterson's lips. She shuffled towards them. "Excuse me, hello, excuse me!"

The men gathered about, smelling of tuna fish.

"I was wondering if you would all be so kind as to help me out. You see, (1)I've bitten off rather more than I can chew. I must move that …" Their gaze followed her small pale hand to the piano sitting on the dock. "… up there." Their heads followed her finger back to the large wooden house high on the hillside.

Malakai Saulo, the smallest man in the group, stepped forward. "We're on our way home, Mrs. —"

"— Patterson."

"Yes, we know who you are. We have lived here our whole lives."

"Yes, of course you have …" she said. There was now a hint of pleading in her tone. (A)"I was just wondering if you good men would help me."

They looked at one another. Someone cracked his knuckles.

"Listen Mrs. Patterson," said Malakai, "we wake up at five a.m. Monday to Friday. We start work at six a.m. and we work hard all day gutting, slicing, canning fish. Today we did over twelve hundred tuna and we are paid only enough money to feed our families and send our children to school. All we want to do now is go home and drink a cold beer and go swimming with our kids." The men grunted in approval at Malakai's speech.

"Alright, how much then?" said Mrs. Patterson.

(B)"How much for what?" said Malakai.

"How much money will it take for you to move that piano?"

"This isn't about money, Mrs. Patterson. It's about tired men who have done an honest day's work and want to go home to their families."

"Alright, ten dollars," she said.

"Ten dollars each ?"

"Ten dollars total."

(C)"We'll do it for fifteen."

"Fifteen ?"

"Each."

(D)"No way ! That's outrageous !" said Mrs. Patterson.

"No, Mrs. Patterson, (2)that's capitalism."

Mrs. Patterson's chest swelled. (3)"Now, you look here …"

Malakai shrugged and turned to leave, the men following. Mrs. Patterson's cheeks shook, her eyebrows clenched and a sound grew in her chest. It worked its way to her throat and leapt from her lips, a sound more shrill than the cannery siren. "NOOOO !" She felt faint. It was the heat, the smell of the docks, the canniness of the cannery men. And that damn piano ! That damn pink piano sitting there on the dock like a big helpless baby.

"Alright !" she cried.

The men halted. They turned around, teeth flashing, and swept past her onto the dock where they assembled about the piano ; ten big muscled men with size forty-six shoes and legs as tough as tree roots. Malakai counted and on "three" the piano rose into the sky in one momentous action.

From Finalist, Open Road Review Short Story Prize 2016—In Partnership with NHP Centre : "Baby Grand" by Simon Rowe, *Open Road Review*

問1　下線部(1)のイディオムはこの場合何を指すのか。最も適切なものを下から一つ選び，記号で答えなさい。

(ア) She ate too much tuna for lunch.

(イ) She had something she couldn't carry alone.

(ウ) She didn't have enough money left to pay the men.

(エ) She didn't know who to ask for help.

問2　下線部(2)について，that の指す内容を明らかにしたうえで，日本語で具体的に説明しなさい。

問 3　波線部(A)〜(D)にある表現はどのような行為を指しているのか。最も適切なものを下からそれぞれ一つ選び，記号で答えなさい。ただし，同じ記号は一度しか使えません。

(ア)　greeting
(イ)　counter-offering
(ウ)　offering
(エ)　clarifying
(オ)　requesting
(カ)　rejecting

問 4　下線部(3)の発言は途中で終わっているが，その続きにパターソン夫人は何を言おうとしたと考えられるか。最も適切なものを下から一つ選び，記号で答えなさい。

(ア)　“I'm not paying that much.”
(イ)　“That's not enough.”
(ウ)　“Can you see this ?”
(エ)　“Here you are.”

問 5　結局パターソン夫人は謝礼をいくらあげることになるのか。最も適切なものを下から一つ選び，記号で答えなさい。

(ア)　10 dollars
(イ)　20 dollars
(ウ)　30 dollars
(エ)　100 dollars
(オ)　150 dollars

全 訳

■ピアノを運んでもらうための交渉

彼らは背の高い，たくましい体格の男たちで，袖をはぎ取って筋肉が剝き出しのラグビージャージを身につけていた。そしてもう少しで通り過ぎようとするとき，彼らの一人が振り向いた。その男は何か言ったに違いない。というのも，男たち全員が足を止めて目を向けたからだ。彼らは小柄なヨーロッパ人女性を見つめた。彼女は淡いブルーの日傘を手に，ピンクの小型グランドピアノのそばに立っていて，貨物船が彼女の近くに荷下ろしをしているところだった。

妙案がひらめいて，パターソン夫人は思わず大きな声を出した。彼らのほうに足を引きずって歩み寄り，「ちょっとすみません，あの，ちょっと！」

男たちが集まってきた。マグロのにおいをさせて。

「皆さん方に助けていただけないものかと思いまして。ご覧のとおり，手に余ることをしようとしていますの。あれを移動しないといけなくて…」 彼女の小さな血の気のない手を追って彼らが見つめた先には，波止場に鎮座するピアノがあった。「…あそこまで」 彼女の指を追って振り向いた先には，丘の中腹の高いところに大きな木造の家があった。

男たちの中では一番小柄なマラカイ=サウロが進み出た。「俺たちは家に帰るところなんでね，ミセス…」

「パターソンよ」

「でしたね，存じ上げてますよ。俺たちはずっとここで暮らしてますから」

「ええ，もちろんそうでしょうとも…」と彼女は言った。彼女の口調には今や嘆願の色が混じっていた。「皆さんのようなご親切な方々なら助けてくださるのではないかと思って」

彼らは互いに顔を見合わせた。誰かが指の関節をポキポキ鳴らした。

「いいですか，パターソンさん」とマラカイは言った。「俺たちは午前5時起きでね。月曜から金曜まで。午前6時には仕事を始めて，魚のはらわたを抜いて，切って，缶詰にして，一日中懸命に働いてるんです。今日はマグロを1200匹以上さばいてさ，それで俺たちに支払われるのは，なんとか家族を食わせて子たちを学校にやれるだけのお金でね。今は俺たち，家に帰って冷えたビールを一杯ひっかけて，ガキどもと泳ぎに行きたいだけなんですよ」 男たちは，マラカイの弁舌に賛同してうなるような声を出した。

「わかったわ。じゃ，おいくら？」とパターソン夫人は言った。

「いくらって何がです？」とマラカイが言った。

「皆さん方があのピアノを移動させるのにおいくら必要なのかしら？」

「これはお金の問題じゃないんですよ，パターソンさん。一日真面目に働いて家族のもとに帰りたがっている疲れた男たちの問題なんですよ」

「わかったわ，じゃ 10 ドル」と彼女は言った。

「一人 10 ドル？」

「みんなで 10 ドルよ」

「15 ドルならやりますよ」

「15 ドルですって？」

「一人当たりね」

「まさか！　それは法外だわ！」とパターソン夫人は言った。

「いいや，パターソンさん，それが資本主義ってもんですよ」

パターソン夫人の胸が（高まる感情で）膨らんだ。「あのねえ，ちょっとあなたたち…」

マラカイが肩をすくめ，背を向けて立ち去ろうとすると，ほかの男たちも後に続いた。パターソン夫人の頬は震え，ぎゅっと眉を寄せると，胸の内で，ある声が次第に大きくなった。それはどうにか彼女の喉を通過して唇から飛び出したが，缶詰工場のサイレンよりもけたたましいものだった。「だめー！」 彼女は気を失いそうな気分だった。暑さのせいでもあり，波止場のにおいのせいでもあり，缶詰工場の男たちの抜け目なさのせいでもあった。そしてあのいまいましいピアノ！　自分では何もできない大きな赤ん坊のように波止場に鎮座しているあのいまいましいピンクのピアノのせいだ。

「わかったわ！」と彼女は叫んだ。

男たちは足を止めた。振り返ってにやりと歯を見せ，彼女の前をさっと横切ると波止場に向かい，ピアノの周りに集まった。サイズが 46 の靴を履き，木の根っこのようにがっしりした脚をした，10 人の大柄で筋骨隆々の男たちだ。マラカイが（いち，にいと）数えて，「さん」と同時にピアノは，大きな意味を持つ 1 回の動作で宙に浮いた。

解　説

問 1　正解は(イ)

▶選択肢の訳は以下のとおり。

(ア)「彼女は昼食にマグロを食べ過ぎた」

(イ)「彼女には一人で運べないものがあった」

(ウ)「彼女には男たちに支払う十分なお金が残っていなかった」
(エ)「彼女は誰に助けを求めたらいいのかわからなかった」

▶ I've bitten off rather more than I can chew. は，文字どおりには「私は噛みきれないほどの大きさのものをかじり取って口に入れた」という意味であり，イディオムとしては「私は自分の能力以上のことをしようとしている，手に余ることを企ててしまった」という意味で用いられる。このイディオムとしての意味は知らなくても，前後の文脈から，パターソン夫人が，荷降ろしされたピアノを丘の中腹にある自宅に運べず困っているという状況をつかめば解答の糸口が見えてくる。直前の文では男たちに丁寧に助けを求め，後続の文では「あれを運ばなくてはいけなくて」と述べていることから考えると，「噛みきれないほどの大きさのもの」とは荷下ろしされたばかりのピアノのことであり，「それを口に入れてしまった」とは，「それを自分だけでは運べなくて困っている状況だ」ということだろう。したがって，(イ)を選ぶ。

語句 I was wondering if you would〔could〕*do*.「～していただけないかと思いまして」は丁重な依頼表現で，波線部(A)でも用いられている。 so … as to *do*「～するほど…，とても…なので～する」 help *A* out / help out *A*「*A*（困っている人）を助ける」 bite off「かじり取る，食いちぎる」 chew「～を噛む，噛み砕く」

問2 ▶ that's capitalism「それが資本主義ってもんですよ」という発言の that が指す内容をまず考えるために，そこまでの経緯を追おう。自分では運べないピアノを運んでもらう対価としてパターソン夫人が「全員で 10 ドル」を提案したところ，それに対してマラカイは「一人につき 15 ドル」を要求し，夫人が「それは法外だわ！」とはねつけたときに，下線部の発言がマラカイの口から出るという流れだ。したがって，that は「ピアノを運ぶ手間賃〔対価，報酬〕として（夫人にとっては法外と思える）一人 15 ドルを要求すること」を指す。そして，こうした文脈から見ると，「それが資本主義というものだ」というマラカイの発言には，「(夫人一人では運べない）ピアノを運搬するという労働への手間賃として一人 15 ドルを要求することは，需要と供給のバランスで対価が決まる資本主義の原理から見て妥当なものである（嫌なら交渉が決裂するだけだ)」といった意味合いが込められていると考えられる。

問3 ▶選択肢の訳は以下のとおり。

(ア)「挨拶（すること)」 (イ)「逆提示（すること)，対案を出すこと」
(ウ)「申し出（ること)」 (エ)「はっきりさせること，明確化」
(オ)「依頼（すること)」 (カ)「拒否（すること)」

(A) 正解は(オ)

▶「皆さんのようなご親切な方々なら助けてくださるのではないかと思って」 I was wondering if you would〔could〕*do*.「〜していただけないかと思いまして」は丁重な依頼表現で，下線部(1)の手前でも，if 節中の言い回しは少し異なるものの，同パターンの表現が用いられている。したがって，(オ)を選ぶ。

(B) 正解は(エ)

▶「いくらって何がです？」は，直訳的には「何に対していくらですって？」となる。これは，直前で夫人が「わかったわ。じゃ，おいくら？」と発言したことに対するマラカイの言葉であり，彼のこの逆質問に対して夫人が「皆さん方があのピアノを移動させるのにおいくら必要なのかしら？」と具体的に言い直していることから，漠然とした質問内容を明確にするよう問いただしたことがわかる。したがって，(エ)が答えだ。

(C) 正解は(イ)

▶「15 ドルならやりますよ」 夫人が全員まとめて 10 ドルという提案をしたのに対し，一人につき 15 ドルという別の金額を対案として提示していることから，(イ)が正解となる。

(D) 正解は(カ)

▶「まさか！ それは法外だわ！」 No way. は「まさか，だめだ，お断り」といった意味合いで，相手の発言に対する強い拒否を示す口語表現。これに続く outrageous「法外な，べらぼうな，常軌を逸した」という語からも，拒否の気持ちが伝わってくる。したがって，(カ)を選ぶ。

問 4 正解は(ア)

▶選択肢の訳は以下のとおり。

(ア)「そんな大金を払うつもりはないわ」

(イ)「それは十分ではありません」

(ウ)「これが見えますか？」

(エ)「①（相手にものを差し出して）さあ，どうぞ ②（目的地に着いたことを知らせる言葉として）さあ，着きました」

▶夫人は，マラカイが逆提示した一人 15 ドルという金額を一度は拒否するも，「それが資本主義ってもんですよ」という強気の発言をマラカイに返されたことで，改めてその金額を拒否しようとした。しかし，男たちが「交渉決裂」の態度を見せて立ち去ろうとしたために，夫人は拒否の発言の続きを飲み込んだと思われる。このあと，夫人は大きな葛藤の末に男たちを絶叫で呼び戻し，彼らの言い値を飲むことになるが，こうした前後の経緯から判断しよう。(ア)が適切だ。

語句 (You) look here.「ちょっと，あのねえ，いいですか」(抗議や怒りの気持ちを表したり，相手の注意を喚起する際に用いられる口語表現)

問5 正解は(オ)

▶マラカイの一人につき 15 ドルという提示に対し，ついに夫人はそれを承諾する。男たちの人数は，最終段第2文（They turned around, …）後半の ten big muscled men から 10 人とわかる。「15 ドル×10＝150 ドル」で，(オ)が正解。

解答

問1 (イ)

問2 ピアノを運ぶ対価として一人 15 ドルを要求することは，需要と供給のバランスで金額が決まる資本主義の原理から見て妥当なものだということ。

〈別解〉夫人が自力では運べないピアノを人に運んでもらいたいのなら，一人につき 15 ドルを支払うのが，需要と供給で価格が決まる資本主義のシステムでは当然だということ。

問3 (A)―(オ) (B)―(エ) (C)―(イ) (D)―(カ)

問4 (ア)

問5 (オ)

13

2018年度〔1〕

次の文章を読んで，問1～4に答えなさい。

The researchers——Oliver M. O'Reilly, a professor of mechanical engineering, and Christine E. Gregg and Christopher A. Daily-Diamond, students who are pursuing a Ph. D. in mechanical engineering——reported that (1)<u>the force of your foot striking the ground and the motion of your leg combine to help loosen and ultimately untie the knot of your shoelaces.</u>

When running, the foot hits the ground at about seven times the force of gravity. That impact is transmitted to the knot, which stretches and relaxes in response. As the knot loosens, swinging legs apply an inertial* force on the free ends of the laces and pretty soon your laces are flopping around, looking like overcooked spaghetti.

The researchers identified "strong" knots, those commonly associated with square knots, and "weak" knots. For a quick way to know which is which, look at the loops of your shoelaces. A weak knot will typically have one loop pointing toward the toes and one toward the ankle. A stronger knot typically has the loops balanced to the right and the left sides, Mr. Daily-Diamond said. For the shoelace-challenged, there are, of course, other options, such as loafers or sneakers with nylon fasteners.

"We spent countless weekends (A) up and down the hallways and (B) at shoelaces, (C) them (D) apart," Ms. Gregg said. Initial experiments involved so-called barefoot running shoes, dress shoes, running sneakers and hiking boots. Ms. Gregg said she spent hours sitting on a table, swinging her legs to see if the movement had any effect on the knot. It didn't, and neither did merely stamping her feet.

The force of her feet hitting the floor when she was walking or running eventually caused the shoelaces to come undone. The researchers wrote in an article that the loosening of the knot was "a sudden and catastrophic phenomenon."

The researchers used a high-speed camera to record Ms. Gregg running, and an accelerometer** was attached to the knots to measure the forces on her feet.

Many variables, such as shoe and lace types as well as the tightness of the knot, were not assessed. "(2)If you do a whole bunch of other variables, it just explodes," Mr. O'Reilly said.

Coming up with the hypothesis and testing it took two years. Mr. O'Reilly added that the work was a "labor of love" that took place on nights and weekends after the researchers were done with their full-time jobs.

How does this research matter beyond the inconvenience of having to retie your laces? It has practical applications to things such as improving surgical threads, he said. Mr. O'Reilly said the project was born when he was teaching his daughter, Anna, now 14, how to tie her shoelaces when she was five. He said that for just about all of his 52 years, his laces have come undone. "I didn't want her to inherit my problems," said Mr. O'Reilly, who wears sneakers. So, after his extensive research, how have his laces been? He said with a laugh: "It's catastrophic. Every day."

注 *inertial 慣性の
**accelerometer 加速度計

問1 下線部(1)を日本語に訳しなさい。

問2 下線部(2)について，variablesの指す内容を明らかにしたうえで，日本語でわかりやすく説明しなさい。

問3 空所（ A ）～（ D ）に入る語として最も適切なものを下からそれぞれ一つ選びなさい。ただし，同じ語は一度しか使えません。

coming staring walking watching

問4 本文の内容と合致する文を下から二つ選び，記号で答えなさい。

(ア) The study was conducted by two professors and a student.

(イ) The force of gravity is larger than the force with which the foot hits the ground.

(ウ) The loosening of shoelaces was reported to be a trivial matter.

(エ) The researchers conducted the study after they finished their full-time jobs.

(オ) It was approximately nine years ago that one of the researchers hit on the idea for the study.

全 訳

■靴ひもがほどける原因

❶ 研究者たち――機械工学の教授であるオリバー=M. オライリーと，機械工学の博士号を得ようとしている学生のクリスティン=E. グレッグとクリストファー=A. デイリーダイアモンド――は，足が地面を蹴る力と脚の動きが合わさって靴ひもの結び目が緩み，最終的にはほどけてしまう一因となると報告した。

❷ 走っているとき，足は重力の約7倍の力で地面を蹴る。その衝撃が結び目に伝わり，結び目はそれに応じて伸びて緩んでくる。結び目が緩むにつれて，前後に動く脚が靴ひもの端の，結ばれずに自由に動く部分に慣性力を与え，すぐに靴ひもはゆですぎたスパゲティさながらに，跳ね回っている状態になる。

❸ 研究者たちは，一般にこま結びを連想させる「固い」結び目と，「緩い」結び目とを識別した。どちらがどちらかをすぐに見分けるには，靴ひもの輪になった部分を見るとよい。緩い結び目だとたいてい，輪の片方がつま先の方を向き，もう片方はかかとの方を向いているものだ。固いほうの結び目では，２つの輪がたいてい，左右両側に均等に分かれている，とデイリーダイアモンドは語った。もちろん，靴ひもが苦手な人向けには，ローファーやナイロンのファスナー付きのスニーカーといった他の選択肢がある，と。

❹「私たちは数えきれないほど多くの週末を費やして，歩いて廊下を行ったり来たりし，靴ひもをじっと見つめて，それがほどけていくさまを観察しました」とグレッグは語った。当初の実験は，裸足感覚で走れるいわゆるベアフット・ランニングシューズ，ドレス・シューズ，ランニング用のスニーカー，ハイキング・ブーツを使って行った。グレッグが言うには，彼女は何時間も机に腰かけて脚をゆらし，その動きが結び目に何らかの影響を与えるかどうかを調べたそうだ。それでは影響は出なかったし，足踏みするだけでも同様だった。

❺ 彼女が歩いたり走ったりしたときに足が床を蹴る力が原因となって，最終的に靴ひもがほどけたのだ。研究者たちは論文の中で，結び目がほどけるのは「突然の壊滅的な現象」だったと記している。

❻ 研究者たちは高速度カメラを使って，グレッグが走っているところを記録し，加速度計を結び目に取り付けて，彼女の足にかかる力を測定した。靴と靴ひもの種類や結び目の固さといった，多くの（可変）要因は考慮に入れなかった。「もし膨大な数の他の要因を考慮に入れるなら，実験はまさしく空中分解してしまいますよ」とオライリーは語った。

❼ 仮説を思いついて，それを検証するのに２年かかった。オライリーはさらに，

その研究は，研究者たちが正規の仕事をやり終えてからの夜間や週末に行われた「好きでする仕事」だったとも語っている。

❽ この研究には，靴ひもを締めなおさなければならないという不便さ以外に，どういう意味があるのだろうか？　それは外科手術用の糸を改良するといった事柄に実際に応用できる，と彼は語っている。オライリーは，今は14歳になる娘のアンナが5歳のときに，靴ひもの結び方を教えていてこのプロジェクトが誕生したと言う。彼は，自分の52年という人生のほぼすべての期間で，靴ひもはほどけてきたと語った。「彼女には私の抱える問題を受け継がせたくなかったのです」と語ったオライリーは，日頃スニーカーを履いている。では，自らの広範な研究を経て彼の靴ひもはどうなっているのだろうか？　彼は笑いながらこう語った。「それはもう壊滅的ですよ。毎日ね」

各段落の要旨

❶ 足が地面を蹴る力と脚の動きが組み合わさって，靴ひもが緩んでほどける一因になっていることを，ある研究チームが発表した。

❷ 走っているときには，重力の約7倍の力で足が地面を蹴る衝撃で靴ひもの結び目が緩んでくる。それにつれて，脚の前後の動きで慣性力が与えられた，結び目でない自由に動くひもの端の部分があちこちと跳ね回るようになる。

❸ 研究者たちは2種類の結び目を識別した。緩い結び目では通例，ひもの輪がつま先とかかとの方向に向き，固い結び目では通例，ひもの輪は左右の方向に均等に向く。

❹ 研究者の1人は，様々な靴を履いて廊下を行き来し，靴ひもが緩んでほどける様子を観察して幾多の週末を過ごした。座って脚をゆらしたり，単に足踏みしたりするだけでは，結び目に影響は出なかった。

❺ 歩行や走行の際に足が床を蹴る力がもとで，靴ひもはほどけた。その瞬間は，さながら「突然の壊滅的な現象」と言えるものだった。

❻ 高速度カメラで走行の様子を記録し，加速度計で足にかかる力を測定した。靴や靴ひもの種類，それに結び目の固さといった多くの要因は，それをも考慮しようとすると分析不能になるので，考慮外とした。

❼ 仮説の設定から検証までに2年かかったこの研究は，普段の仕事を終えてから夜や週末に行う「好きでする（無報酬の）仕事」だった。

❽ この研究は手術用の糸の改良にも役立ち得る。研究チームを率いる教授は，自分の娘に靴ひもの結び方を教えていてこの研究を思いついた。ただ，自分の愛用のスニーカーの靴ひもはいまだにほどけてしまうそうだが。

解　説

問1　the force of your foot striking the ground and the motion of your leg combine to help loosen and ultimately untie the knot of your shoelaces.

▶ 2箇所で用いられている and が何と何とを並列しているかが，大きなポイントとなるので，以下に図示しておこう。

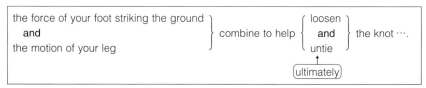

> the force of your foot striking the ground
> **and**
> the motion of your leg
> } combine to help { loosen **and** untie (↑ ultimately) } the knot ….

the force of your foot striking the ground「足が地面を蹴る力」と the motion of your leg「脚の動き」が and で並列され，その部分全体が主語のカタマリとして働いている（無生物主語構文だ）。the force of your foot striking the ground は「地面を蹴る足の力」と訳すことも可。なお，foot「足」（くるぶしから先の部分）と，leg「脚」（太ももの付け根からくるぶし，または足先までの部分）は，漢字を使い分けよう。

▶ 下線部(1)でも，あとの下線部(2)でも顔を出す you や your は，「一般に誰であれ（当該の立場の）人は〔人の〕」という意味合いで総称的に使われるもので，英語では頻繁にお目にかかるものだ。「あなた（の）」と訳すと日本語としてはいささかぎこちなくなる場合が多く，とりあえず訳出せずに答案を作ってみることが賢明だろう（文脈によっては，「人」や「自分」などと，自然な日本語になるように工夫して訳出することもある）。

▶ 述語動詞の combine「組み合わさる，結合する」のあとに to 不定詞が続き，combine to *do* で「組み合わさって～する」という意味になる（結果を表す副詞用法の不定詞だ）。安易に「～するために組み合わさる」と訳してはいけない。「力」や「動き」という「無生物」に「～してやろう」という目的意識はないので，「～するために」という目的を表す用法と解釈するのは誤りである。

▶ help (to) *do* は，「～するのを手助けする，～するのに役立つ，～するのに一役買う，～する一因となる」という意味の重要表現。to は省かれることも多く，ここでも help *do* の形で使われている。主語の「力」と「動き」が原因で，靴ひもの結び目が緩んでほどける，という内容を考えると，ここでは「～するのに一役買う」や「～する一因となる」が適訳だろう。

語句　strike「～を打つ，たたく，なぐる」（ここでは，文脈から「～を蹴る」が適訳。「打つ，打ちつける」も許容範囲） loosen「～を緩める」 ultimately「最後には，最終的に」 untie「（結んだものなど）をほどく」 knot「結び目」 shoelace「靴ひも」

問2　▶ If you do の do は，直前で使われている assess の意味で用いられていると考えてよい。「～は（実際には）assess しなかった。もし～を assess していたら…」と読むと文意が通るからだ。assess は「～を算定する，評価する」という意味の動詞だが，ここの文脈に照らせば，「～を測定して数値化し，それを分析の際に考慮の対象とする」といった意味合いで用いられていると推測される。解答に際しては，簡潔に「考慮に入れる」と訳出しておくだけで十分に文意は通る。

▶ variables とは「変数，（条件によって数値が変動する）（可変）要因〔要素〕」のこと。文脈から，ここでは「靴ひもの結び目がほどける原因となる（可変）要因〔要素〕」を表していると判断できる。そして，考慮しなかった（可変）要因の具体例は，手前の文の such as 以下に *A* as well as *B* の表現を用いて２つ，shoe and lace types「靴と靴ひもの種類」と the tightness of the knot「結び目の固さ」が挙げられている。以上のことを踏まえると，variables の指す内容は〈解答例〉のように明示できる。

▶最後に，it just explodes「それはまさに爆発してしまう」とはどういう意味かを考えよう。it は，文脈より，ここで紹介されている実験（ひいては研究）を指すと考えられる。それが「爆発する」とは「行き詰まってしまう，破綻する，分析不可能になって頓挫する」ことを意味するのは明らかだ。考慮対象とする（可変）要因をある程度絞り込まないと，複雑すぎて分析処理しきれず，収拾がつかなくなるわけだ。

語句　*A* as well as *B* は「*B* だけでなく *A* も」という意味を表し，*A* に重点が置かれるのが原則だ。しかし文脈上，「*A* および *B*，*A* も *B* も」と，両者を対等に並列していると思われる場合や，「*A* と同様に *B* も」と，むしろ *B* に重点を置いていると解される場合もときおりある。ここでは shoe and lace types と the tightness of the knot とを（どちらに重点を置くわけでもなく）単に並置していると解釈するのが自然だろう。 a whole bunch of ～「非常に多くの～，膨大な数の～」

問３　A．正解は walking

▶ spend *A doing*「～して *A* を費やす〔すごす〕，*A* を費やして～する」の *doing* の部分を問う設問。後続の up and down the hallways「廊下を行ったり来たり」という表現と意味の合うものは walking である。歩いて，行ったり来たりしたのだ。

B．正解は staring

▶空所Ｂから apart までは，先ほどの walking … hallways と and で並列されている部分なので，やはり空所も spend *A doing* の *doing* である。空所直後の at を手がかりに，stare at ～「～をじっと見つめる」を思いつけばよい。したがって，staring が正解。

C．正解は watching

▶ここは，手前の staring at shoelaces に付加された分詞構文であり，「そして，them（＝靴ひも）が“（　D　）apart”しているのを（　C　）した」という内容だ。watch なら，watch *A doing*「*A* が～しているのを観察する」という知覚動詞のパターンが使えるので，watching が正解（分詞構文なので現在分詞形）。

D．正解は coming

▶ watch *A doing* の *doing* の部分である。残った coming が入る。come apart で「ばらばらになる，ほつれる，ほどける」という意味。「～の状態になる」という意味の come を使った表現だ。あとの第5段第1文で用いられている come undone も「ほどける」の意味であり，空所Dのヒントになっている。

問4　正解は(エ)・(オ)

▶選択肢の訳は以下のとおり。

(ア)「研究は2人の教授と1人の学生によって行われた」

(イ)「重力は足が地面を蹴る力よりも大きい」

(ウ)「靴ひもが緩むことはたいした問題ではないと報告された」

(エ)「研究者たちは，自分たちの正規の1日の仕事を終えてからその研究を行った」

(オ)「研究者の1人が研究のアイデアをひらめいたのは約9年前のことだった」

▶(ア)は第1段第1文の内容と一致しない。教授は1人で学生が2人だった。(イ)は第2段第1文の内容と一致しない。足は重力の約7倍の力で地面を蹴る。(ウ)は最終段第2文（It has practical …）と不一致。教授は，この研究が外科手術用の糸の改良などに活用できると述べている。(エ)は第7段第2文（Mr. O'Reilly added …）の内容に一致。(オ)は，最終段第3文（Mr. O'Reilly said …）で，現在14歳の娘が5歳のときにこのプロジェクトが誕生したと発言しているので，一致する。

解答

問1　足が地面を蹴る力と脚の動きが合わさって靴ひもの結び目が緩み，最終的にはほどけてしまう一因となる。

問2　靴と靴ひもの種類や結び目の固さといった，靴ひもの結び目がほどける原因となる他の非常に多くの要因までをも考慮に入れて判断しようとすれば，複雑になりすぎて実験が破綻してしまうということ。

問3　A．walking　B．staring　C．watching　D．coming

問4　(エ)・(オ)

14

2018年度〔2〕

次の文章を読んで，問1～5に答えなさい。

Social psychologists have studied the bystander effect and they determined that the more people present when a person needs emergency help, (1)the less likely it is any one of them will lend a hand.

In 1970, psychologists Bibb Latane and John Darley created an experiment in which they would drop pencils or coins. Sometimes they would be in a group, sometimes with one other person. They did this six thousand times. The results ? They got help 20 percent of the time in a group, 40 percent of the time with one other person. They decided to raise the stakes, and in their next experiment they had someone fill out a questionnaire. After a few minutes, smoke would start to fill the room, coming in from a wall vent. They ran two versions of the experiment. In one, the person was alone ; in the other, two other people were also filling out the questionnaire. When alone, people took about five seconds to get up and panic. Within groups people took an average of 20 seconds to notice. When alone, the subject tended to go inspect the smoke and leave the room to tell the experimenter he or she thought something was wrong. (2)When in a group, people just sat there looking at one another until the smoke was so thick that they couldn't see the questionnaire. Only three people in eight runs of the group experiment left the room, and they took an average of six minutes to get up.

The findings suggest the fear of embarrassment plays into group dynamics. You see the smoke, but you don't want to look like a fool, so you glance over at the other person to see what they are doing. The other person is thinking the same thing. Neither of you reacts, so neither of you becomes (　A　). The third person sees two people acting like everything is OK, so that the third person is even less likely to panic. Everyone is influencing every other person's perception of reality thanks to another behavior called the illusion of transparency. You tend to think other people can tell what you are thinking and feeling just by looking at you. You think the other people can tell you are really worried about the smoke, but they can't. They think the same thing. No one panics. This leads to (3)pluralistic ignorance——a situation where everyone is thinking the same thing but believes he or she is the only person who thinks it. After the smoke-filled room experiment, all the participants reported they were panicking on the inside, but since no one else seemed (B), they assumed it must just be their own anxiety.

The researchers decided to raise the stakes once more. This time, they had people fill out a questionnaire while the experimenter, a woman, shouted in the other room about how she had injured her leg. When alone, 70 percent of people left the room to check on her. When in a group, 40 percent checked. (4)If you were to walk on a bridge and see a boy in the water screaming for help, you would feel a much greater urge to leap in and pull him to safety than you would if you were part of a crowd. When it's just you, all the responsibility to help is yours.

From *You Are Not So Smart : Why You Have Too Many Friends on Facebook, Why Your Memory Is Mostly Fiction, and 46 Other Ways You're Deluding Yourself* by David McRaney, Gotham Books

問1 下線部(1)の内容として最も適切なものを下から一つ選び，記号で答えなさい。

(ア) The chance of someone giving support is great.
(イ) The likelihood of someone raising their hands is limited.
(ウ) The possibility of someone offering help is small.
(エ) The probability of someone using their hands is high.

問2 下線部(2)を日本語に訳しなさい。

問3 空所（ A ）と空所（ B ）に共通して入るものとして，最も適切な語を下から一つ選び，記号で答えなさい。

(ア) alarmed (イ) assured (ウ) composed
(エ) experienced (オ) satisfied

問4 下線部(3)の内容として最も適切なものを下から一つ選び，記号で答えなさい。

(ア) When alone, people tend not to accept what they see and hear.
(イ) When in a group, people tend not to accept what they see and hear.
(ウ) When in the presence of others, people tend not to follow what other people do.

(エ)　When isolated, people tend not to follow what other people do.

問５　下線部(4)を日本語に訳しなさい。

全 訳

■傍観者効果とは

❶ 社会心理学者たちは従来から傍観者効果を研究しており，ある人が緊急の助けを必要としているとき，その場にいる人が多ければ多いほど，誰であれその中の1人が手を貸す可能性はそれだけいっそう低くなるという結論を過去に出している。
❷ 1970年に，心理学者のビブ=ラタネとジョン=ダーリーは鉛筆や硬貨を落とす実験を編み出した。集団の中にいるときもあれば，他の1人と一緒のときもあった。彼らはこれを6,000回行った。はたしてその結果は？　集団の中では20パーセントで助けを得たが，他の1人と一緒のときはそれが40パーセントだった。彼らは，より深刻な状況を設定することにし，次の実験では1人の人物にアンケート用紙に記入してもらった。数分後，煙が壁の排気口から入ってきて，部屋に充満し始めることになっていた。彼らはその実験を2つのバージョンで行った。片方の実験ではその人物1人だけで，もう一方では，他にも2人の人物が同様にアンケート用紙に記入していた。1人だけの場合だと，5秒ほどで立ち上がってパニック状態になった。集団の中では，異変に気づくのに平均20秒かかった。1人だと，被験者はその煙を調べに行き，部屋を出て実験者に何かおかしいと思うと伝える確率が高かった。(2)集団の中にいると，人々は，煙が非常に濃くなってアンケート用紙が見えなくなってしまうまでただその場に座って，互いに顔を見合わせているだけだった。集団での実験を8回行った中で，部屋を出たのは3人だけで，しかも立ち上がるのに平均6分かかったのだ。
❸ その研究結果は，恥をかくことを恐れる気持ちが集団力学に作用するということを示唆している。煙は見えているのだが，愚か者のように見られたくないので，もう1人の方をちらっと見て，その人がどうしているかを確かめる。相手の人物も同じことを考えている。2人のどちらも行動を起こさないので，どちらも不安を抱かない。3人目の人物は2人が何事もないかのように振る舞っているのを見て，結果的に，その3人目がパニックを起こす可能性はさらに低くなるのだ。透明性の錯覚と呼ばれるまた別の習性のせいで，全員が他のみんなの現実のとらえ方に影響を及ぼしている。人は，他の人たちが自分を見ているというだけでこちらが考えていることや感じていることをわかってくれていると思う傾向がある。自分が実は煙のことを不安に思っていることを他の人たちもわかるとこちらは思っているが，相手にはわからないのだ。相手の人たちも同じことを考えている。誰もパニックを起こさない。このことは多元的無知——誰もが同じことを考えているのに，そう考えているのは自分だけだと思い込む状況——につながる。煙が充満する部屋の実験

のあと，参加者全員が，自分は内心ではパニックを起こしていたのだが，他の誰も不安を抱いているようには見えなかったので，きっと自分が不安になっているだけだと思ったと報告した。

❹ 研究者たちは，さらに深刻な状況設定をすることにした。今回は，人々にアンケート用紙に記入してもらっている時に，実験者である1人の女性がもう一方の部屋でどれほど自分の脚を怪我したか大声で訴えた。1人だと，70パーセントの人が部屋を出て，彼女の様子を見に行った。集団でいる場合は，様子を見に行ったのは40パーセントだった。(4)仮に自分が橋の上を歩いていて，水の中で1人の男の子が助けを求めて叫んでいるのを見たとすれば，飛び込んでその子を安全な所へ引き上げたいという衝動を，群集の中の一員である場合よりもはるかに強く感じるだろう。自分しかいない場合は，救助する責任のすべてが自分にかかってくるからである。

各段落の要旨

❶ 傍観者効果の研究で，緊急の手助けが必要な人の周囲に多くの人がいればいるほど，その中の誰かが手を貸す可能性が低下するという結論が出されている。

❷ 1970年に行われた実験で，鉛筆や硬貨を落として人が手助けしてくれるかどうかを試しても，部屋に煙が入ってくると人はどうするかを試しても，状況を共にする他者がいる場合には反応がにぶかった。

❸ 集団の中にいる場合には，集団特有のいくつかの心理が働くため，事態を把握していて，心の中では何らかの行動をすべきだと思っていても，結果的には何もせずにじっとしていることになる。

❹ さらに実験をして，怪我をしたと訴える女性の声が聞こえた場合の反応も調べたが結果は同じだった。自分1人だけの場合には，助ける責任を一身に負うので，救助行動がそれだけいっそう強く促されるのだ。

解　説

問1　正解は(ウ)

▶選択肢の訳は以下のとおり。

(ア)「誰かが援助をする可能性は高い」
(イ)「誰かが手をあげる可能性は限られている」
(ウ)「誰かが援助の手を差し伸べる可能性は低い」
(エ)「誰かが手を使う可能性は高い」

▶下線部は，the＋比較級～, the＋比較級…「～すればするほど，それだけいっそう…」という構文の後半に当たり，もとの語順に戻せば it is less likely (that) any one of them will lend a hand「誰であれ彼ら（＝その場に居合わせている人々）のうちの1人が手を貸す可能性はいっそう低い」となる。この内容に合うのは(ウ)である。

語句 It is likely (that) ～「～する可能性が高い」 lend a hand「手を貸す，援助する」(raise *one's* hand「手をあげる」と混同しないこと)

問2 When in a group, people just sat there looking at one another until the smoke was so thick that they couldn't see the questionnaire.

▶ When in a group「集団の中では，集団でいるときには」は，When (they are) in a group と考えよう。they はあとの people のこと。

▶ people just sat there「人々はただそこに〔その場に〕座っているだけだった」 何をしながらかが，分詞句の looking at one another「お互い（の顔）を見ながら，互いに顔を見合わせながら」で説明されている。この *doing* は「～しながら」という意味である。前から訳しおろして，「人々はただその場に座って，互いに顔を見合わせているだけだった」としてもよい。

▶ until 節は文末まで。そして，その節内で so ～ that … 構文が用いられている。until のあとの部分だけ（the smoke was so thick that they couldn't see the questionnaire）を直訳すると「煙が非常に濃くて，彼らにはアンケート用紙が見えなかった」となるが，これに until を加えた until 節全体の和訳となると，少し言葉を調整して「煙が非常に濃くなって，アンケート用紙が見えなくなるまで」などとなるだろう。

語句 thick「(幅が) 厚い，太い，(濃度などが) 濃い」 questionnaire「①アンケート ②アンケート用紙，質問票」(ここでは②)

問3 正解は(ア)

▶選択肢の訳は以下のとおり。

(ア)「恐れて，不安を感じて」　(イ)「確信して」
(ウ)「落ち着いた，平静な」　(エ)「経験豊かな」
(オ)「満足して」

▶空所Aを含む文は，1人でいれば不安になる状況なのに，互いに相手の出方を見て「2人のどちらも行動を起こさないので，どちらも…（状態）にはならない」という内容だ。後続の文が「3人目の人物は，2人が何事もないかのように振る舞っているのを見て，結果的に，その3人目がパニックを起こす可能性はさらに低くなる」という内容であることと考え合わせると，become（　A　）で「パニックになる」に似た意味になるはずだ。したがって空所Aには(ア)の「恐れて（いる），不安を感じて（いる）」が適切。

▶空所Bの前後の内容は「自分は内心ではパニックを起こしていたのだが，他の誰も…（状態の）ようには見えなかったので，きっと自分が不安になっているだけだと思った」というものなので，空所Bにも(ア)を入れると文意が通る。

問4　正解は(イ)

▶選択肢の訳は以下のとおり。

(ア)「1人のときは，人は自分が見たり聞いたりするものを受け入れない傾向がある」

(イ)「集団の中にいるときは，人は自分が見たり聞いたりするものを受け入れない傾向がある」

(ウ)「他の人たちがその場にいると，人は他の人たちがすることに従わない傾向がある」

(エ)「1人きりになると，人は他の人たちがすることに従わない傾向がある」

▶下線部の語句は，専門用語としては「多元的無知」と訳されるもので，その意味は，直後のダッシュ以下で「誰もが同じことを考えているのに，そう考えているのは自分だけだと思い込む状況」と説明されている。具体的には，後続の第3段最終文（After the smoke-filled …）で描写されているように，煙が充満してくる様子に気づいて内心ではとても不安なのに，他の誰もそんな様子には見えないので，不安になっているのは自分だけだと思って行動に移さない状況のことである。この内容に合うのは(イ)である。

問5　If you were to walk on a bridge and see a boy in the water screaming for help, you would feel a much greater urge to leap in and pull him to safety than you would if you were part of a crowd.

▶文の基本骨格は，If you were to *do*, you would *do*.「仮に～するとすれば，…するだろう」であり，仮定法過去を用いた文である。

▶1つ目の and は walk on a bridge「橋（の上）を歩く」と see a boy in the water screaming for help「水の中で1人の男の子が助けを求めて叫んでいるのを見る」とを並列している。see *A doing*「*A* が～しているのを見る〔目にする〕」 scream for ～「～を求めて叫ぶ」

▶次は主節を見ていこう。you would feel a <u>much greater</u> urge … <u>than</u> ～「～の場合よりも，ずっと大きな〔はるかに強い〕衝動を感じるだろう」という，比較級を用いた表現が骨格となっている。

▶ an urge to *do* で「～したいという衝動」という意味。

▶ 2つ目の and は，leap in「飛び込む」と pull him to safety「その子を安全な所へ引き上げる」とを並列している。ともに手前の to と結びついて to 不定詞句を形成する。

▶ than you would (feel) if you were part of a crowd は，「(自分が) 群衆の中の一員〔一部〕である場合（に感じるであろう）よりも」という意味である。

問1 (ウ)

問2 集団の中にいると，人々は，煙が非常に濃くなってアンケート用紙が見えなくなってしまうまでただその場に座って，互いに顔を見合わせているだけだった。

問3 (ア)

問4 (イ)

問5 仮に自分が橋の上を歩いていて，水の中で1人の男の子が助けを求めて叫んでいるのを見たとすれば，飛び込んでその子を安全な所へ引き上げたいという衝動を，群衆の中の一員である場合よりもはるかに強く感じるだろう。

解答

15

2018年度〔3〕

次の文章を読んで，問1～4に答えなさい。

All of a sudden the telephone rang——abnormally loud, like an alarm clock waking me from the worst dream of my life. My surge of relief was indescribable. I tripped and nearly fell on my face in my headlong dive to grab it. I was certain it was my mother, but the caller ID stopped me cold : NYDoCFS.

New York Department of——what ? After half a beat of confusion, I snatched up the phone. "Hello ?"

"Hello there," said a voice of quiet and almost scary gentleness. "To whom am I speaking ?"

"Theodore Decker," I said, taken aback. "(A)"

"My name is Marjorie Beth Weinberg and I'm a social worker in the Department of Child and Family Services."

"What is it ? Are you calling about my mother ?"

"You're Audrey Decker's son ? Is that correct ?"

"My mother ! (B) Is she all right ?"

A long pause——a terrible pause.

"What's the matter ?" I cried. "Where is she ?"

"Is your father there ? May I speak to him ?"

"He can't come to the phone. What's wrong ?"

"I'm sorry, but it's an emergency. I'm afraid it's really very important that I speak to your father right now."

"What about my mother ?" I said, rising to my feet. "Please ! Just tell me where she is ! What happened ?"

"You're not by yourself, are you, Theodore ? (C)"

"No, they've gone out for coffee," I said, looking wildly around the living room.

"Your father, too ?"

"No, he's asleep. Where's my mother ? Is she hurt ? What's happened ?"

"I'm afraid I'll have to ask you to wake your dad up, Theodore."

"No ! I can't !"

"(D)"

"He can't come to the phone! Why can't you just tell me what's wrong?"

"Well then, if your dad's not available, maybe it's best if I just leave my contact information with you. Please tell him to get in touch with me as soon as possible. It's really very important that he returns the call."

After I got off the telephone, I sat very still. According to the clock on the stove, which I could see from where I sat, it was 2:45 in the morning. Never had I been alone and awake at such an hour. The living room——normally so airy and open, filled with my mother's presence——had shrunk to a cold, pale discomfort, (1)<u>like a vacation house in winter</u>.

I picked up the phone book; I put it down. The idea of calling the police terrified me. (2)<u>I had just convinced myself that I ought to go and look for her, when the doorbell shattered the silence and my heart leaped up for joy.</u>

Scrambling, skidding to the door, I struggled with the lock. "Mom?" I called, sliding the top bolt, throwing open the door——and then my heart dropped, a six-story drop. Standing on the doormat were two people I had never seen in my life: an Asian woman with a short and wild haircut, a Hispanic guy in shirt and tie. There was nothing at all threatening about them, but though they both had kindly expressions on their faces, I understood the instant I saw them that my life, as I knew it, was over.

From *The Goldfinch* by Donna Tartt, Little, Brown and Company

問1 空所(A)～(D)に入る最も適切なものを下からそれぞれ一つ選び，記号で答えなさい。ただし，同じ記号は一度しか使えません。

(ア) I'm afraid it's very important.

(イ) Is there an adult with you?

(ウ) Where is she?

(エ) Who is this?

問2 居間が下線部(1)のようにたとえられている理由を，30字以内の日本語で説明しなさい。ただし，句読点も1字に数えます。

問3 下線部(2)を日本語に訳しなさい。

問4　本文の内容と合致する文を下から二つ選び，記号で答えなさい。

(ア) Theodore was very happy to know that the telephone call was from NYDoCFS.

(イ) Theodore was anxious about his mother's whereabouts.

(ウ) At the time of the telephone call, Theodore's father was taking an afternoon nap at home.

(エ) After some hesitation, Theodore finally called the police.

(オ) Theodore was extremely disappointed when he opened the door and saw who was there.

全 訳

■帰らぬ母を待つ少年にかかった電話

突然，電話が鳴った――異様に大きな音で，僕を人生最悪の夢から起こす目覚まし時計のようだった。一気に広がる安堵の思いは名状し難いものだった。僕はつまずき，頭から突っ込んでうつぶせに倒れそうになりながら受話器をつかんだ。きっと母さんからだと思ったが，発信者 ID を見てたじろいだ。それは NYDoCFS となっていた。

ニューヨーク支部――何の？　一瞬，頭が混乱しそうになったが，僕は受話器をさっと取り上げた。「もしもし？」

「もしもし」 静かで，恐ろしいほど優しい声だった。「電話に出ておられるのはどなたですか？」

「シオドア=デッカーです」と，僕は面食らって答えた。「どなたですか？」

「私はマージョリー=ベス=ワインバーグと申しまして，児童・家族サービス局のソーシャルワーカーです」

「何のご用ですか？　母のことで電話してくださってるんですか？」

「あなたはオードリー=デッカーさんの息子さんですね？　それで間違いありませんか？」

「僕の母です！　母はどこにいるんですか？　無事ですか？」

長い間があった――恐ろしい間だった。

「何かあったんですか？」と僕は叫んだ。「母はどこにいるんですか？」

「お父様はそこにいらっしゃいますか？　お話しできますか？」

「父は電話に出られません。何があったんですか？」

「申し訳ありませんが，緊急事態なんです。本当に大事なことなんです，今すぐお父様とお話しすることが」

「母はどうしたんですか？」と僕は立ち上がりながら言った。「お願いです！　とにかく母がどこにいるのか教えてください！　何があったんですか？」

「あなたは１人じゃないですよね，シオドア君？　そこに誰か大人はいますか？」

「いいえ，みんなコーヒーを飲みに出かけています」と僕は慌てて居間を見回しながら言った。

「お父様もですか？」

「いいえ，父は寝ています。母はどこにいるのですか？　怪我をしているんですか？　何があったのですか？」

「すみませんが，あなたにお願いしてお父さんを起こしていただかないといけないんです，シオドア君」

「だめです！　できません！」

「申し訳ないですが，本当に重要なことなんです」

「父は電話に出られません！　何があったのか，どうして僕には教えてくれないんですか？」

「なるほど。お父さんが電話に出られないというのであれば，おそらく，あなたに私の連絡先を教えておくのが一番いいのでしょうね。どうかお父さんに，できるだけ早く連絡いただくよう伝えてくださいね。折り返しお電話くださることが本当にとても重要なんです」

電話を切ってから，僕は座り込んで身じろぎもせずにいた。座っているところから見える，コンロ台の時計では，朝の2時45分だった。そんな時間に1人で起きていたことはそれまで一度もなかった。居間は――いつもなら風通しがよく，広々として，いたるところに母の存在が感じられるのに――まるで冬場の別荘のように，小さく縮こまって，寒々しく色あせた居心地の悪い場所になり果てていた。

僕は電話帳を取り上げたが，また下に置いた。警察に電話することを思うとぞっとした。母を探しに行くべきだと確信したまさにそのとき，玄関のベルが静けさを打ち破り，僕の心はうれしさで舞い上がった。

大慌てで，足を滑らせながらドアに駆け寄り，錠をもどかしく外そうとした。「お母さん？」と僕は呼びかけ，上のスライド錠を外して，ドアをさっと開けた――が，その直後，僕の心は落ち込んだ。6階下に落ちるほどに。玄関マットに立っていたのは，それまで会ったことのない2人の人物だった。ショートでワイルドスタイルの髪型をしたアジア系の女性と，ワイシャツにネクタイをしたヒスパニック系の男性だった。2人には威嚇的なところは全くなく，どちらも優しそうな表情を顔に浮かべてはいたけれど，2人を見たとたん，それまでの自分の人生が終わったことを，僕は理解したのだった。

解　説

問1　▶選択肢の訳は以下のとおり。

(ア)「申し訳ないですが，本当に重要なことなんです」

(イ)「そこに誰か大人はいますか？」

(ウ)「彼女（＝母）はどこにいるんですか？」

(エ)「誰ですか？」

A. 正解は(エ)

▶電話がかかってきて，相手は少年の名前を尋ねる。それに答えたのが空所の手前。空所の直後では逆に相手が名乗っていることから，空所では電話をかけてきた人物に対して誰かと尋ねているはず。Who is this?「誰〔どなた〕ですか？」は，不審な電話がかかってきたときなどに使う，ややぞんざいな口調。もっと丁重な表現としては，Who's calling(, please)?「どちら〔どなた〕様ですか？」がある。

B. 正解は(ウ)

▶直前で，相手の女性が少年の母親の名前を出している。それに強く反応した，母親を待ちわびる少年の発言としてふさわしいものを選ぶ。この文脈に合うのは(ウ)だ。

C. 正解は(イ)

▶空所までずっと，相手の女性は，電話に出た少年には事情を話したがらず，父親と話がしたいようだ。空所の手前では「あなたは1人じゃないですよね，シオドア君？」と言い，空所の直後では，少年が「いいえ，みんなコーヒーを飲みに出かけています」と答えたのに対し，「お父様もですか？」と相手は尋ねている。こうした流れに合うのは(イ)しかない。大人に代わってほしいのだ。

D. 正解は(ア)

▶少年の父親が家で寝ていると知った相手は，父親を起こしてほしいと言うが，少年は拒む。そこで相手が(ア)のセリフを述べて，事の重大性を再度強調して少年を説得しようとする，というのが自然な流れである。

問2

▶下線部の like a vacation house in winter「まるで冬場の別荘のように」は，直前の had shrunk to a cold, pale discomfort「小さく縮こまって，寒々しく色あせた居心地の悪い場所になっていた」という居間の様子をたとえたもの。

▶ a vacation house は，夏期休暇に過ごすための別荘で，夏場は家族が集う明るく楽しい場所なのだが，冬場には人気のない陰鬱な場所になってしまうのだ。しかし，a vacation house in winter の意味をそこまで理解していなくても解答はできる。

▶さらに手前では，normally so airy and open, filled with my mother's presence「普段は風通しがよく，広々として，母の存在に満ちている」という，いささか難しい言い回しで，母親がいる普段の居間の明るく幸せな雰囲気を，対比的に描写している。したがって，居間が下線部のようにたとえられている理由は，今は母親がいないために，居間が寒々しく色あせた不快な場所になってしまったから，ということになる。airy and open の意味がよくわからなくても答えられるわけだ。ただ，字数制限があるので，この内容をもっと切り詰めて，〈解答例〉のようにする必要がある。

問３ I had just convinced myself that I ought to go and look for her, when the doorbell shattered the silence and my heart leaped up for joy.

▶ I had just convinced myself that …, when ～. を後ろから訳し上げると，「～したとき，僕は…だとちょうど確信したところだった」となるが，前から訳しおろして「僕が…だと確信したちょうどそのとき，～した」とするほうが，話の流れが自然になる。

▶ that 節内では，ought to *do*「～すべきである」（＝should *do*）と，go and *do*「～しに行く」（＝go to *do*）がポイント。

▶ when 節の中を見ると，and が the doorbell shattered the silence「玄関のベルが静けさを打ち破った」と，my heart leaped up for joy「僕の心はうれしさで舞い上がった」という２つの文を並列している。

語句 convince *oneself* that ～「～だと確信する，～だと自分を納得させる」 look for ～「～を探す」 doorbell「玄関のベル」 shatter「～を粉砕する，打ち砕く」 leap up「跳び上がる，舞い上がる」（＝jump up） for joy「喜びで，嬉しくて」

問４ 正解は(イ)・(オ)

▶選択肢の訳は以下のとおり。

(ア)「シオドアは電話が NYDoCFS からだとわかってとても喜んだ」

(イ)「シオドアは母親の所在について心配していた」

(ウ)「電話がかかってきたとき，シオドアの父親は家で午後の昼寝をしていた」

(エ)「少しためらったのち，シオドアはついに警察に電話した」

(オ)「ドアを開けてそこに誰がいるのかわかったとき，シオドアはとてもがっかりした」

▶(ア)は第１段と第２段第１文の内容と一致しない。電話が鳴って母親からだと思ったが，発信者 ID を見て，見知らぬところからだったのでたじろいでいる。(イ)は，電話のやり取りの中でシオドアが“Where is she？”を２度，“Just tell me where she is!”と“Where's my mother？”を１度ずつ，計４回も母親の所在を尋ねているので，一致する。(ウ)は，父親が家で寝ていることは述べられているが，それは午前２時45分という深夜のことであり，昼間の午後に寝ていたわけではないので，不一致。(エ)は，下線部(2)の直前の文の内容に一致しない。警察に連絡しようとするが，怖くてできなかったのだ。(オ)は，最終段第３文（I called, sliding …）に，母親だと思って玄関のドアを開けたとたん落胆したことが述べられ，続く第４文（Standing on the …）には，そこにいたのが「それまで会ったことのない２人の人物だった」とあるので，一致する。

解 答

問1　A—(エ)　B—(ウ)　C—(イ)　D—(ア)

問2　母がいなくて，居間が寒々しく色あせた不快な場所になったから。(30字)

問3　母を探しに行くべきだと確信したまさにそのとき，玄関のベルが静けさを打ち破り，僕の心はうれしさで舞い上がった。

問4　(イ)・(オ)

16

2017年度〔1〕

次の文章を読んで，問1～5に答えなさい。

Many American middle and high school students stumble into classrooms before the sun has fully come up. Some have forgotten their homework, many will fall asleep in class, and a few act as badly to their friends as to their parents. Most of these teens just aren't sleeping enough. A group of professionals at the National Sleep Foundation announced that middle and high school age students need eight to ten hours of sleep a night, yet nearly two-thirds of 17-year-olds report sleeping less than seven hours a night, according to a recent report by an American medical association.

(1)A growing number of psychologists have felt so strongly about the problem that they've taken the lead in efforts to push back middle and high school start times. They want teens to be able to roll out of bed closer to their natural wake-up time of 8 a.m., but this is not compatible with most school schedules. Fewer than one in five American middle and high schools begin their days at 8 : 30 or later.

"(　A　)," said Lisa J. Meltzer, PhD, a sleep researcher in the department of pediatrics* at National Jewish Health in Denver, who lobbies for later start times. "We are requiring them to wake up at a time when their brain would otherwise be asleep. I don't think we're giving adolescents the opportunity to be the best they can be."

Mary A. Carskadon, PhD, a professor of psychiatry and human behavior at Brown University, was the first to show that as kids reach middle school age, their circadian rhythms** change, making it easier for them to stay up later. In contrast with younger children, whose circadian rhythms push them to fall asleep early- to mid-evening, adolescents have sleep drives that don't kick in until later in the evening. A common misbelief is that adolescents are tired, irritable, or uncooperative because they choose to stay up too late, or are difficult to wake in the morning because they are lazy.

Some say that later start times will lead to kids simply going to bed later, but research doesn't support (2)that concern. Pushing back school start times by 75 minutes results in as much as 50 minutes more sleep for the average middle school student, according to a study of 205 students by psychologist Amy R. Wolfson, and in certain situations, it means 15 to 45 minutes extra sleep for the average high school student. In schools that start at 8 : 30 or later, 60 percent of students sleep at least eight hours on school nights, a University of Minnesota study found.

Some parents and teachers' groups have raised (3)<u>other practical concerns with these proposals</u>. Hannah Bruce says that many parents in her area schools don't want a later start time because it would cut down on the time their children have to participate in afternoon activities, clubs, and sports. Some teachers' groups have objected, too, saying that they didn't want their schedules disrupted, or worried about extended commutes in rush hour traffic.

Although school start times might not change in the near future, there is some (4)<u>good news</u> for teenagers: life is likely to get better soon. Once adolescents reach their late teens, their need for sleep declines a bit, according to the National Sleep Foundation's recommendations. Also, they start getting a little more shut-eye when their schedule becomes more flexible out of high school.

Young and sleep deprived, *Monitor on Psychology*, February 2016, Vol 47, No. 2 by Karen Weintraub, American Psychological Association

注 *department of pediatrics　小児科
**circadian rhythms　24 時間ごとの生活リズム

問 1　下線部(1)を日本語に訳しなさい。

問 2　下線部(2)の内容を具体的に 30 字以内の日本語で説明しなさい。ただし，句読点も 1 字に数えます。

問 3　空所（　A　）に入る最も適切なものを下から一つ選び，記号で答えなさい。
(あ) Adolescents are sleeping way too much
(い) The brains of adolescents aren't asleep
(う) They have opportunities to sleep more
(え) We are robbing adolescents of sleep
(お) Youngsters often wake up too late

問4　下線部(3)の内容を，“Parents”と“Teachers' groups”の観点から，それぞれ30字以内の日本語でまとめなさい。ただし，句読点も1字に数えます。

問5　下線部(4)の内容として最も適切なものを下から一つ選び，記号で答えなさい。

(あ) Adolescents close their eyes more often out of high school.
(い) New start times will soon be put in place for high schools.
(う) Recommendations for adolescent sleep needs will stop.
(え) Sleep needs decrease as adolescents get older.
(お) There would be less time for students to commute to school.

全 訳

■学校の始業時間を遅らせる提言の根拠

❶ 多くのアメリカの中高生は，太陽が完全に昇りきらないうちに，ふらつきながら教室に入ってくる。宿題を忘れてくる生徒もいれば，授業中に寝てしまう者も多く，親に対する時と同じくらい友人に対してもひどい振る舞いをする生徒も少数いる。こうした10代の若者たちの大半が，睡眠を十分とっていない。全米睡眠財団の専門家グループは，中高生の年代には一晩に8時間から10時間の睡眠が必要だと公表しているが，あるアメリカの医師会の最近の報告によると，17歳の若者の3分の2近くが，夜の睡眠時間は7時間未満だと回答している。

❷ ますます多くの心理学者がその問題をとても深刻に受けとめ，率先して中学と高校の始業時間を遅らせる努力をしてきた。彼らは10代の若者たちが，午前8時という自然に目覚める時間にもっと近い時間にベッドから起き出ることができるようにと願っているが，これはほとんどの学校の時間割とは両立しない。アメリカの中学と高校で8時30分以降に始まる学校は5分の1を下回るのだ。

❸「私たちは若者から睡眠時間を奪っているのです」と，デンバーにあるナショナル・ジューイッシュ・ヘルスの小児科の睡眠研究者で，始業時間を遅らせるよう働きかけている，リサ=J.メルツァー博士は語った。「私たちは若者に，（始業時間がもっと遅くて）起きなくてもよいなら脳がまだ眠っているような時間に，目覚めることを要求しているのです。若者に可能な限り良好な状態でいる機会を与えていないと私は思います」

❹ ブラウン大学の精神医学と人間行動学の教授である，メアリー=A.カースカドン博士は，子供が中学生の年齢になると，24時間ごとの生活リズムが変化して，夜更かししやすくなるということを初めて明らかにした人物であった。体内の24時間ごとの生活リズムが，夕刻から晩方にかけて眠りにつくよう促すもっと低年齢の子供とは対照的に，思春期の若者が持っている睡眠欲は，夜，もっと遅くなるまでは作用し始めないのである。よく誤って信じられているのは，若者はみずからの意思で夜更かしし過ぎるせいで疲れていたり，いらついていたり，非協力的だったりするのだとか，怠惰だから朝なかなか起きられないのだといった考えである。

❺ 始業時間を遅らせても子供たちの就寝時間が遅くなるだけだろうと言う人もいるが，研究では，その懸念には裏付けがない。心理学者のエイミー=R.ウルフソンがおこなった205人の生徒の調査によると，学校の始業時間を75分間遅らせると，結果的に，平均的な中学生で50分間も睡眠時間が多くなり，そうすると状況によっては，平均的な高校生で15分から45分は余計に寝られるということになる。8

時30分以降に始まる学校では，生徒の60パーセントが，学校があった日の夜に少なくとも8時間は寝ていることが，ミネソタ大学の研究で明らかになった。

❻ 親や教師集団の中には，こうした提案に対して別の現実的な懸念を挙げている人たちもいる。ハンナ=ブルースの話では，自分の校区の学校の多くの親は始業時間を遅らせることを望んでいないが，それは，そんなことをすると子供たちが放課後にさまざまな活動やクラブやスポーツに参加するための時間が少なくなるからだ。一部の教師グループも，自分のスケジュールを乱されたくないとか，交通が混雑する時間帯になって通勤時間が延びるのが心配だとか言って，反対している。

❼ 学校の始業時間は近い将来に変わるということはないかもしれないが，10代の若者たちに朗報がある。生活がすぐに改善される可能性が高いのだ。全米睡眠財団の勧告によると，若者が10代後半になると，睡眠の必要性がやや減少するのだそうだ。また，彼らは高校を出るともっと自分の予定に融通が利くようになり，睡眠時間がもう少し増加し始めるとのことである。

各段落の要旨

❶ 中高生には一晩に8時間から10時間の睡眠が必要とされるが，学校が朝早く始まるため，アメリカの中高生の多くが睡眠不足のまま登校している。

❷ 中高の始業時間を遅らせるよう働きかける専門家が増えてきた。10代の若者が自然に目覚めるのは午前8時なのだが，アメリカの中高で始業時間が8時30分以降である学校は2割もない。

❸ 始業時間を遅らせるよう働きかけている専門家の1人は，大人たちが若者から睡眠時間を奪っていると言う。

❹ 早い時間に眠りにつく低年齢の子供とは違って，中学生になると夜遅くまで眠くならず，夜更かししやすくなる。中高生の朝の心身の不調が，本人の不摂生のせいだと決めつけるのは間違いだ。

❺ ある心理学者の調査では，学校の始業時間を遅らせると中高生の睡眠時間に改善が見られた。別の研究では，始業時間が8時30分以降の学校では生徒の6割が少なくとも8時間の睡眠をとっていた。

❻ 親や教師の中には，始業時間を遅らせることに反対する人もいる。反対する親は子供の放課後の活動時間が減るのを懸念し，反対する教師は予定が乱されたり，ラッシュ時に重なって通勤時間が延びたりするのを懸念している。

❼ 学校の始業時間はすぐには変更されないかもしれないが，中高生にとって朗報なのは，高校を卒業する年齢になれば睡眠の必要性が減り，時間管理の自由ももっと利くようになるということだ。

解 説

問1 A growing number of psychologists have felt so strongly about the problem that they've taken the lead in efforts to push back middle and high school start times.

▶下線部を一読して，まず，so ～ that … 構文「とても～なので…」が用いられた文であることをつかむ。主語の a growing number of psychologists は「増大している心理学者の数」が直訳だが，「ますます多くの心理学者（が…してきた）」や，「(…する）心理学者が増えてきた」などとすると自然な日本語になる。

▶ feel strongly about ～ は「～について強く感じる」と直訳しても意味がよくわからない。文脈から，「～について〔～（のこと）を〕深刻に受けとめる，強く憂慮する」といった意味合いをつかみ取りたい。

▶ take the lead in ～ は「～において先導的な役割を担う，率先して～する」という意味。後続の efforts to *do*「～する努力」と合わせて，「率先して～する努力〔取り組み〕をする」と訳出すればよい。

▶ push back ～ は「～を押し戻す」や「～を先延ばしにする」といった意味を表す表現だが，文脈から，ここでは「(学校の始業時間）を遅らせる」という意味だろうと推測できる。

語句 middle and high school「中学校と高校（の)」 start times「始業時間，開始時刻」

問2 ▶下線部を含む文では，前半で「始業時間を遅らせても子供の就寝時間が遅れるだけだろうと言う人もいる」と述べられ，それを受けて，後半では「しかし，研究はその concern を裏付けてはいない」と書かれている。このことから，下線部の that concern は「始業時間を遅らせても子供の就寝時間が遅れるだけだろう」という手前の that 節の内容を指して，「懸念，心配」の意味で用いられていることがわかる。そこで，この that 節の内容を指定字数内にまとめて「…という懸念〔心配〕」という体言止めで答えればよい。字数制限がきついので，「子供の」という情報はなくてもわかると判断して省こう。

▶ kids simply going to bed later は動名詞句で，「子供たちが単により遅くに就寝すること」が直訳。kids は動名詞の意味上の主語である。that 節内は *A* will lead to *B*「*A* は *B* を引き起こすだろう」という無生物主語構文だが，これを「*A* しても *B* するだけだろう」と自然な日本語に変換するとよい。

語句 later start times「より遅い始業時間」→「始業時間を遅らせること」 lead to ～「～を引き起こす，～につながる」

問3　正解は(え)

▶選択肢の訳は以下のとおり。

(あ)「若者はあまりにも寝すぎている」
(い)「若者の脳は眠っていない」
(う)「彼らにはもっと眠る機会がある」
(え)「私たちは若者から睡眠を奪っている」
(お)「若者は目覚める時間が遅すぎることが多い」

▶空所につながる発言内容（We are …. I don't think ….）と整合性のあるのは(え)である。発言者のメルツァー博士も，学校の始業時間を遅らせるように働きかけている専門家の１人だ。

語句　adolescent「（思春期の）若者」 way too ～「あまりにも～すぎる」（＝much〔far〕too ～） rob *A* of *B*「*A* から *B* を奪う」 wake up「目覚める」

問4　▶下線部の「こうした提案に関する別の現実的な懸念」の具体的内容として，まず，後続の第６段第２文の because 節（because it would cut down on …）に親の懸念が述べられている。cut down on ～ は「～を減らす，削減する」という意味。their children から文末の sports までは，手前の the time を先行詞とする関係詞節で，目的格の関係代名詞（which〔that〕）が their children の前に省かれている。because 節内を直訳すれば「それ（＝始業時間を遅らせること）は，午後の活動やクラブやスポーツに参加するために自分の子供が持っている時間を減らすことになるだろう」となる。これを 30 字以内に簡潔にまとめて，「…という懸念〔心配〕」という体言止めで答える必要がある。なお，have の目的語の time が関係代名詞（which〔that〕）に置き換えられて their children の前へ出ているわけだから，have を後続の to *do* とつなげて「～しなければならない」と誤訳してはいけない。

▶次に教師集団の懸念が，第６段第３文の that 節（they didn't want …）に述べられている。直訳すれば「自分のスケジュールを乱されたくないと思っていたり，ラッシュ時の交通に巻き込まれて通勤時間が延びたりすることを心配している」となる。これをやはり 30 字以内にまとめて，「…という懸念〔心配〕」という体言止めで答える。かなりの日本語の要約力が求められる。

語句　participate in～「～に参加する」 want O *done*「O が～されてほしいと思う」 disrupt「～を混乱させる，乱す」 extended commutes「延長された通勤時間」→「通勤時間が延びること」

問5　正解は(え)

▶選択肢の訳は以下のとおり。

(あ)「若者は高校を出ると，いっそう頻繁に目を閉じる」
(い)「新たな始業時間が，間もなく高校に導入されるだろう」
(う)「若者の睡眠の必要性に関する勧告は止むだろう」
(え)「睡眠の必要性は，若者が年齢を重ねるにつれて減少する」
(お)「生徒の通学時間は短くなるだろう」

▶(あ)は，最終段最終文の内容と一致しない。shut-eye は「(ひと) 眠り，眠ること」(＝sleep) を意味し，目を閉じる動作を表すわけではない。(い)は，最終段第 1 文の although 節の「学校の始業時間は近い将来に変わるということはないかもしれない」という内容と一致しない。(う)は，最終段第 2 文 (Once adolescents reach …) に財団からの勧告については述べられているが，勧告がなくなるとは書かれていないので，不一致。(え)は，同じ第 2 文の「10 代後半になると，睡眠の必要性がやや減少する」という内容に一致する。(お)は，生徒の通学時間についての記述はないので，不一致。

解 答

問 1　ますます多くの心理学者がその問題をとても深刻に受けとめ，率先して中学と高校の始業時間を遅らせる努力をしてきた。
問 2　始業時間を遅らせても，就寝時間が遅くなるだけだという懸念。(29 字)
問 3　(え)
問 4　Parents：子供の放課後の活動，クラブ，スポーツの時間が減るという懸念。(30 字)
Teachers' groups：予定が乱れたり，混雑時で通勤時間が延びたりするという懸念。(29 字)
問 5　(え)

17

2017年度〔2〕

次の文章を読んで，問1～4に答えなさい。

Scientific research usually begins with a question about a group of individuals. For example, a researcher may be interested in how the number of younger brothers and sisters affects the academic performance of first-born children. Or a researcher may want to examine different body shapes of men and women. In the first example, the researcher is interested in the group of children who were the first ones born in their families. In the second example, the researcher wants to compare the group of all men with the group of all women. (A)——it could be a group of elephants in Africa, convenience stores in major cities, cars produced in a factory, or anything else a researcher wants to study. In science, we call the entire group of individuals that we wish to study a population*.

As you can imagine, a population can be quite large——for example, every woman on the planet Earth. (B), limiting the population to women who are between the ages of 20 and 40 and live in India. This is still a very large number. In contrast, perhaps the researcher would like to study the population of people who speak five or more languages. This would be much smaller. Populations can vary in size from extremely large to very small, depending on how researchers define them. In practice, populations are typically very large, such as the population of fourth-grade children in Australia or the population of small businesses in Spain.

Because (C), it usually is impossible for a researcher to study every single individual in the population of interest. Therefore, they usually select a smaller group from the population and then only study the individuals in the selected group. In science, a set of individuals selected from a population is called a sample**. For example, a researcher may be interested in the population of second-grade students in Canada but only select four classes in the second grade at one Canadian elementary school to be the sample. There are two important issues a researcher must consider when selecting a sample——the size of the sample and how well it represents the population.

Just as we saw with populations, samples can have very different sizes. Imagine that you want to use a poll to learn about political opinions of people living in a large city of 5 million people just before they vote for a new mayor. You are going to ask people if they believe the current mayor is doing a good job. Since the poll will be conducted by telephone, you define your population as people who live in the city and have telephones. (1)Because it would take more time than you can spend to call everyone in the city that owns a telephone, you call 100 people. If you have more time, (D)——1,000 people, for example. Although it would be best to study every individual in a population that you have defined, it is not necessary.

When selecting a sample, the researcher usually tries to choose individuals that are similar in important ways to the members of the population. In other words, a sample should be representative of its population. If the members of the sample have characteristics that are typical of the members of the population, the results from studying your sample will likely be very close to results that would come from studying the whole population. Getting a representative sample is not easy, but there are several special procedures for selecting members that a researcher can follow.

Essentials of Statistics for the Behavioral Science 6 edition by Frederick J Gravetter and Larry B. Wallnau, Cengage Learning

注 *population 母集団
  **sample 標本

問1 空所（ A ）～（ D ）に入る最も適切なものを下からそれぞれ一つ選び，記号で答えなさい。ただし，同じ記号は一度しか使えません。なお，文頭に来る場合も小文字で始めています。

(あ) a researcher might be more restrictive
(い) populations are typically very large
(う) the group need not consist of people
(え) you could use a larger sample

問2 下線部(1)を日本語に訳しなさい。

問 3　本文の内容と合致する文を下から二つ選び，記号で答えなさい。

(あ) A population is usually defined as a group of people in a city.
(い) A population is usually selected from one part of a sample.
(う) A sample is usually smaller in size than a population.
(え) Researchers do not conduct studies about a single person.
(お) Samples should be selected without any special method.
(か) The size of a population depends on how it is defined.

問 4　本文の次に来るべき段落の内容として最も適切なものを下から一つ選び，記号で答えなさい。

(あ) definitions of populations and samples used by researchers
(い) description of different sample-selecting techniques
(う) explanation for why samples are not helpful for research
(え) how first-born Canadian children perform on school tests
(お) several examples of the different sizes of populations

全 訳

■科学研究における母集団と標本の抽出について

❶ 科学研究は通常，ある一群の個体に関する何らかの疑問から始まる。たとえば，ある研究者は弟や妹の数が第1子の学業成績にどのような影響を及ぼすかに興味を抱くかもしれない。あるいは，男女のさまざまな体型について調べたいと思う研究者もいるかもしれない。最初の例では，研究者は家族で最初に生まれた子供の集団に興味がある。2つ目の例では，研究者は全男性の集団と全女性の集団とを比較したいと思う。集団を構成するのは人でなくてもよい――アフリカのゾウの集団でも，大都市のコンビニでも，ある工場で生産される車でもよく，研究者が研究したいものであれば他の何でもよいのだ。科学では，研究したい個体の集団全体を母集団と呼んでいる。

❷ 想像できるように，母集団は――たとえば，地球上のすべての女性というように――非常に大きい場合もある。ある研究者は，もっと絞り込んで，母集団をインドに住む20歳から40歳の女性に限定するかもしれない。これでもまだ非常に数が多い。その一方で，ひょっとすると研究者は，5カ国語以上を話す人の母集団を研究したいと思うかもしれない。これだと，人数ははるかに小さくなるだろう。母集団は，研究者がそれをどう定義するかによって，きわめて大きなものから非常に小さなものまで，大きさはさまざまである。実際には，たとえばオーストラリアの4年生の子供たちの母集団や，スペインの零細企業の母集団というように，母集団は概して非常に大きいものになる。

❸ 母集団は概して非常に大きいので，一人の研究者が，興味のある母集団の一つひとつの個体を調べるのは通常不可能だ。したがって，彼らはたいてい，母集団からもっと小さな集団を選び，その選ばれた集団の中の個体を研究するだけである。科学では，ある母集団から選び出された個体群は標本と呼ばれる。たとえば，ある研究者は，カナダの2年生の母集団に興味があるのだが，カナダの小学校1校の2年生の4クラスだけを選んで標本とするかもしれない。研究者が標本を選ぶ際に考慮しなければならない重要なポイントが2つあるが，それは標本の規模と，それが母集団をどの程度代表するものとなっているかという点である。

❹ 母集団について見てきたのと全く同じように，標本も非常に異なった規模のものになりうる。人口500万の大都市に住む人々が新たな市長に投票する直前に，彼らの政治的見解について知るために世論調査を利用したいと思っている場合を想像してみよう。あなたは人々に，現市長はしっかり仕事をしていると思うかどうかを尋ねようとする。世論調査は電話で行われるものなので，母集団を，その都市の住

民で電話がある人々と定める。その都市に住む電話を所有している人全員に電話をするとしたら，実際には費やせないほど多くの時間がかかってしまうだろうから，100人に電話をかけることにする。もっと時間があるなら，もっと多くの標本——たとえば1,000人——を利用することもできるだろう。対象として定めた母集団のすべての個体を調べるのが一番いいだろうが，その必要はないのだ。

❺ 標本を選ぶ際には，研究者は通例，その母集団の構成要素とさまざまな重要な点で類似している個体を選ぼうとする。言い換えれば，標本というものは，その母集団を代表するものであるべきなのだ。もし，標本の構成要素が母集団の構成要素を代表する数々の特徴を持っているなら，自分が選んだ標本の研究から得られる結果は，母集団全体の研究から得られるであろう結果に極めて近いものとなる可能性が高くなるだろう。母集団の典型となる標本を得るのはたやすいことではないが，研究者が従うことのできる，構成要素を選ぶための特別な手順がいくつかある。

各段落の要旨

❶ 科学研究は，ある一群の個体についての疑問から始まる。その集団は研究者が研究したいものなら何でもよい。研究したい個体の集団全体を母集団と呼ぶ。

❷ 母集団は大規模な場合も小規模な場合もあるが，概して非常に大きいものになる。

❸ 研究者は通例，非常に大きな母集団から小さな集団を抽出し，その集団内の個体を研究する。この選ばれた個体群を標本と呼ぶ。標本選びで重要なのは，その規模と，母集団をどの程度代表しているかという点である。

❹ 母集団にさまざまに異なる規模があるのと同様に，標本にも大小さまざまな規模がありうる。標本の規模は現実的な制約の範囲内で決定されるものであり，母集団の構成要素をすべて調査する必要はない。

❺ 標本は，母集団の特徴を典型的に表しているものを選ぶ必要がある。そうした標本を得るのは容易ではないが，選択の際に使える特別な手順がある。

解　説

問1　▶選択肢の訳は以下のとおり。

(あ)「ある研究者はもっと絞り込むかもしれない」

(い)「母集団は概して非常に大きい」

(う)「集団を構成するのは人でなくてもよい」

(え)「もっと多くの標本を利用することもできるだろう」

A．正解は(う)

▶空所の手前では，母集団が人間である例を挙げているのに対して，空所の後では母集団が人間以外の例になっている。その橋渡しとなるのは(う)である。(う)を直訳すると「その集団は人間で構成されている必要はない」となる。consist of～「～で構成されている」

B．正解は(あ)

▶空所の直前の文では，地球上の女性全体という，母集団が非常に大きな例を出しているのに対して，空所に後続する分詞構文では母集団を狭い範囲に限定する内容になっている。この文意に合うのは(あ)だ。restrictive「限定的な，制約を加える」

C．正解は(い)

▶直後の主節で「母集団の各個体すべてを調べることはできない」と述べられており，空所にはその理由となるものが入るので，(い)が適切。typically「概して，一般的に」

D．正解は(え)

▶調査対象者を100人としている直前の内容に対して，空所の後ではその数が1,000人に増えていることから，(え)と判断できる。

問2 Because it would take more time than you can spend to call everyone in the city that owns a telephone, you call 100 people.

▶ because 節は owns a telephone までで，その後の you call 100 people が主節である。コンマで区切られているのがこの telephone の直後だけなので，文全体の基本構造はつかみやすいはずだ。

▶ because 節内で用いられている it takes＋時間＋to *do*「…するのに～〔時間〕かかる」という表現は必須構文である。ここでは，「時間」の部分に more time than you can spend「自分が使えるよりももっと多くの時間」つまり「自分が使えないほど（多く）の時間」という表現が使われている。

▶ that owns a telephone「電話を持っている」は everyone を先行詞とする関係代名詞節。それを含む不定詞句全体（to call everyone in the city that owns a telephone）を直訳すれば「その都市に住む電話を持っている人全員に電話をかけるのに」となる。would take という仮定法過去に注目して，この不定詞句に「もし～すれば」という仮定の意味が含まれていることを理解したい。そこで，because 節内全体は「（もし）その都市に住む電話を持っている人全員に電話をかけようとすれば，（自分には）使えない〔費やせない〕ほど（多く）の時間がかかってしまうだろう」という意味になる。

▶主節の you call 100 people は，直訳すると「（あなた〔調査者〕は）100人に電話をかける」となるが，調査対象の標本の規模をどのように設定するのか，その例を示している文脈であることを考慮すると「100人に電話をかけることにする〔なる〕」といった訳出が適切だろう。なお，下線部に2度用いられている you は「一般に誰であれ（当該の立場の）人は」という意味合いの総称用法。「あなた」と訳しても間違いではないが，まずは訳出しなくて済む工夫をしてみたい。

問３　正解は(う)・(か)

▶選択肢の訳は以下のとおり。

(あ)「母集団は通例，１つの都市に住む人々の１集団と定義される」
(い)「母集団は通例，標本の一部から選ばれる」
(う)「標本は通例，母集団より規模が小さい」
(え)「研究者は１人の個人についての研究は行わない」
(お)「標本は特別な手法を使わずに選ばれるべきである」
(か)「母集団の規模は，それをどう定義するかによる」

▶(あ)は第１段の内容と一致しない。(い)は第３段第３文の内容と不一致。母集団の一部が標本なのだ。(う)は第３段第３文の内容に一致する。「標本」の定義から，標本は母集団よりも個体数が少ないことは明白。(え)は本文に記述されていないので不一致。(お)は最終段最終文の内容と不一致。(か)は第２段第６文の内容と一致する。定義次第で母集団の大きさはさまざまに変わるのだ。

問４　正解は(い)

▶選択肢の訳は以下のとおり。

(あ)「研究者に用いられる母集団と標本の定義」
(い)「標本を選ぶ際のさまざまな手法についての記述」
(う)「標本が研究に役立たない理由の説明」
(え)「カナダの第１子が学校のテストでどのような成績をおさめているか」
(お)「異なる規模の母集団のいくつかの事例」

▶最終段が「研究者が従うことのできる，構成要素（＝標本を構成する個体）を選ぶための特別な手順がいくつかある」という内容で終わっているので，次の段落では，その「特別な手順」がどのようなものなのかを具体的に説明するはずだ。よって(い)が正解。

解答

問１　A―(う)　B―(あ)　C―(い)　D―(え)
問２　その都市に住む電話を所有している人全員に電話をするとしたら，実際には費やせないほど多くの時間がかかってしまうだろうから，100 人に電話をかけることにする。
問３　(う)・(か)
問４　(い)

18

2017年度〔3〕

次の文章を読んで，問1～4に答えなさい。

One of the unusual things a visitor might experience during a trip to England comes when riding the London Underground. These days, there are few trains running on the Circle Line. They used to come along every few minutes, but now, generally you wait for a very long time to see one. On one particular morning, a great many of us had been standing on a platform at Gloucester Road station for about twenty-five minutes without any sign of a train. I noticed a man standing beside me who appeared to be a tourist and looked very confused.

Thinking that a joke would be a good start to a conversation, I called out to him, "I remember when trains used to go by here. Now, I just come to enjoy the scenery."

"(　A　)?"　he asked in a worried voice.

He was an American and was clearly new to London and possibly to British humor.

"I was just joking," I said gently. Pointing to the many people standing on the platform with us, I continued, (1)"We wouldn't all be standing here if there weren't really any trains."

He replied a little too seriously, "(　B　)."

I promised, "One will come. Just hold on a while longer," and smiled again. I couldn't think of anything else to say, so I just looked forward instead, concluding that I had made a mistake trying to start a friendly conversation with such a serious person.

After a few more minutes, I couldn't help myself and peaked over to see how my new American friend was handling the continued delays. He was now studying a fully unfolded Underground map and seemed to have given up on the Circle Line.

"(　C　)?"　he asked after catching my glance.

"Oh, Piccadilly Line trains aren't stopping here these days," I informed him.

He looked at me suspiciously, wondering if this was another of my British jokes.

"They're doing repairs to the tracks, so Piccadilly Line trains aren't stopping at this station for the next six months," I continued.

"(D)?" he said in wonder.

"Well, there are two of them," I answered with a laugh. Again, it became immediately clear that the joke had gone over his head.

I watched him studying his map. "You may also want to know that the Circle Line doesn't go in a circle," I added helpfully. He looked up with real interest.

"The trains used to go around in endless circles, but now they all stop at Edgware Road and everybody has to get off one train and get on another."

"(E)?" he asked.

"No one knows," I answered.

"(F)," he said.

"Yes, it is," I agreed happily. Just then a train pulled in and everyone moved forward to board.

"Well, I hope you have a good trip," I said to my new friend.

He got on, but didn't say thanks or goodbye or anything. I hoped that maybe by the time he finished his trip he had figured out how to use the Underground, and perhaps more importantly, how to enjoy the challenges of travel a little more.

The Road to Little Dribbling: Adventures of an American in Britain by Bill Bryson, Doubleday

問1　下線部(1)を日本語に訳しなさい。

問2　空所（ A ）～（ F ）に入る最も適切なものを下からそれぞれ一つ選び，記号で答えなさい。ただし，同じ記号は一度しか使えません。

(あ) But I feel like I've been standing here forever
(い) Don't the trains go by here
(う) It's taking them six months to repair the tracks
(え) This sure is a weird country
(お) Where do I go to get the Piccadilly Line
(か) Why do they stop

問 3　著者がアメリカ人の旅行者に旅を終えるまでに身につけてほしいと思っていることを二つ，それぞれ 20 字以内の日本語で説明しなさい。ただし，句読点も 1 字に数えます。

問 4　本文の内容と合致する文を下から三つ選び，記号で答えなさい。

(あ) Both the author and the American were waiting for a train.
(い) The American could not find the Circle Line on his Underground map.
(う) The American laughed at many of the author's British jokes.
(え) The author felt the American did not appreciate his help.
(お) The author told a joke in order to begin a friendly conversation.
(か) The Piccadilly Line trains were repaired in six weeks.
(き) The trains on the Circle Line still come around every few minutes.

全　訳

■英国風ユーモアの通じない米人旅行者との出会い

イングランドを訪れる旅行者が旅先で経験するかもしれない変わったことの一つは，ロンドンの地下鉄に乗るときに生じる。近頃は，サークル線を走る電車はごくわずかだ。以前は数分ごとに来ていたのが，今では，通常，一本の電車を目にするのにかなり長時間待つことになる。ある朝のこと，私を含む非常に多くの人たちが，グロスター・ロード駅のプラットホームに立って25分ほど待っていたが，電車が来る気配はまったくなかった。一人の男性が私のそばに立っているのに気づいたが，彼は旅行者らしく，ひどく困惑している様子だった。

冗談の一つも言えば会話のよいきっかけになるだろうと思って，私は彼に声をかけた。「以前ここを電車が通っていた頃のことを覚えていますよ。今じゃ景色を楽しみに来ているだけですが」

「ここは電車が通ってないんですか？」と，彼は不安げな声で尋ねた。

彼はアメリカ人で，明らかにロンドンは初めてで，そしてたぶん，英国流ユーモアに触れるのも初めてだったのだろう。

「冗談を言っただけですよ」と，私は穏やかに言った。私は，一緒にプラットホームに立っている大勢の人たちを指さしながら続けた。「もし本当に電車が全然来ないなら，私たちはみんなここに立ってなんかいないでしょうからね」

彼は少し真面目すぎる様子で答えた。「でも，私はほんとに長いことここに立ってる気がするんです」

私はこう請け合った。「電車は来ますよ。とにかくもうしばらく待つことですね」そして再びほほ笑んだ。他に言うことが思い浮かばなかったので，私は何も言わずにただ前方に目をやり，こんな生真面目な人を相手に親しげに会話を始めようとしたのが間違いだったと結論づけた。

さらに数分後，私はどうにも我慢できなくなって，背伸びして私の新しいアメリカの友人が継続中の遅れにどう対処しているかを見てみた。彼はそのとき，広げきった地下鉄の路線図を入念に調べているところで，どうやらサークル線に乗るのは断念したようだった。

「ピカデリー線に乗るにはどこへ行けばいいんでしょうか？」と，彼は私の視線に気づいて尋ねた。

「ああ，ピカデリー線の電車は，近頃ここには止まらないんです」と，私は彼に伝えた。

彼は，これもまた私が英国流ジョークを言っているのではないかと勘ぐって，疑わしげに私を見た。
「線路を修理してるんです。それで，ピカデリー線の電車はこの先6カ月間，この駅には止まらないんですよ」と，私は続けた。
「線路を修理するのに6カ月もかかるですって？」と彼は驚いて言った。
「まあ，線路は2本ありますからね」と，私は笑いながら答えた。またしても，そのジョークが彼の頭を素通りしたのはすぐにはっきりした。
私は彼が地図を調べているのを眺めた。「サークル線が，実は環状(環状)に循環して走っているわけではないということも，お知りになりたいかも」と，役に立てばと私は言い足した。彼は興味津々で顔をあげた。
「電車は，以前は際限なくグルグル回っていたのですが，今ではエッジウェア・ロードですべて止まってしまうので，みんな電車を降りて，別の電車に乗り換えなければならないんです」
「なぜ止まってしまうんですか？」と，彼は尋ねた。
「誰も知らないんですよ」と，私は答えた。
「ここはほんとに変わった国ですね」と，彼は言った。
「ええ，まったくです」と，私はうれしくなって同意した。ちょうどそのとき電車が駅に到着して，みんなが乗車しようと前方に進んだ。
「では，どうかいい旅を」と，私は新たな友人に言った。
彼は乗り込んだが，ありがとうもさようならも，何も言わなかった。おそらく旅を終えるまでには，彼がロンドンの地下鉄の利用の仕方と，そして，それ以上に重要なことだが，旅先で生じる厄介事をもう少し楽しむ方法を理解しているであろうことを，私は願った。

解説

問1 We wouldn't all be standing here if there weren't really any trains.

▶「もし～なら，…だろう」という，仮定法過去を用いた文であることを，まず理解しよう。主語の We と all は同格の関係であり，「私たちはみんな」という意味を表す。したがって，主節は「私たちはみんなここに立っていないだろう」という意味になる。〈解答例〉では，文末を会話文らしく少しアレンジしてある。

▶ if 節中の there weren't any trains を直訳すると「電車がまったくない」となるが，「電車がまったく〔全然，少しも，1台も〕来ない」と，動作的に訳すと状況に合った日本語になる。否定文中の any ～「少しの～も…ない」にも注意。また，really「本当に，実際に」の訳出も忘れないこと。

問2　▶選択肢の訳は以下のとおり。

(あ)「でも，私はほんとに長いことここに立ってる気がするんです」

(い)「ここは電車が通ってないんですか」

(う)「線路を修理するのに6カ月もかかるですって」

(え)「ここはほんとに変わった国ですね」

(お)「ピカデリー線に乗るにはどこへ行けばいいんでしょうか」

(か)「(電車は) なぜ止まってしまうんですか」

A．正解は(い)

▶直前の「昔はこの駅にも電車は来ていたが，今は来ない。自分がここに来るのは，景色を楽しむためだけだ」という趣旨の筆者の発言（これぞ，よそ者には理解しにくい「英国風ジョーク」！）に，心配になって尋ねる内容としては(い)が適切。go by「通り過ぎる」(ここでは「やって来てまた出て行く」という電車の発着動作を表している）in a worried voice「不安げな声で」

B．正解は(あ)

▶直後の「もう少し待てば来ますよ」という趣旨の筆者の発言を引き出す発言としては，(あ)がふさわしい。One will come. の one は a train のこと。feel like ～「～のような気がする」 forever「とても長い間」(ここでは「永遠に」ではなく，一種の誇張表現） hold on「待つ」 a while longer「もう少し長く，あとしばらく」

C．正解は(お)

▶直前の「どうやらサークル線に乗るのは断念したようだった」という記述と，空所の問いに対する筆者の「ピカデリー線はここには止まらない」という趣旨の返答から，(お)が入ると判断できる。

D．正解は(う)

▶直前の「線路修理のため，ピカデリー線の電車はこの先6カ月間この駅には止まらない」という筆者の発言を聞いたアメリカ人が，驚いて尋ねる内容としては(う)が適切だ。(う)の発言を受けて筆者が放つ「線路は2本あるので，修理の期間も2倍かかる」という趣旨の英国風ジョーク（これもアメリカ人には通じない！）もヒントになる。

▶ It's taking them six months to repair the tracks を直訳すると「彼らが線路を修理するのに6カ月かかる予定である」となる。「彼ら」とは関係者を漠然と指す用法で，実際には訳出しない。また，確定的な予定を表す現在進行形の用法にも注意。

▶この空所の文のように，平叙文に疑問符をつけて尻上がりに尋ねると，「…なのですか？」「…ですって？」といった，疑問文として機能する表現になる。会話でよく用いられるものだ。

E．正解は(か)

▶「サークル線」とは，日本語風に言えば「環状線」のこと。従来は，終着駅のない，グルグルと環状に回る路線だったのだが，今ではそういう走り方をせず，エッジウェア・ロードが終点で，そこで乗り換える方式になったようだ（これはジョークではなくて本当の話)。そうした事情を筆者が述べた直後の，アメリカ人の質問としては(か)が適切。直後の「誰も知らないんですよ」という筆者の返答にも整合する。Why do they stop？の they は the trains のこと。

F．正解は(え)

▶なかなか来ない電車をみんなが悠然と待っていたり，線路修理に長期間かかったり（しかも，線路が2本だからとわけのわからない理由を告げられ)，ついには，名前は環状線なのに環状に走らないと聞かされて，とうとうアメリカ人が発するセリフとしては(え)がふさわしい。直後の Yes, it is.「そうですね」の it は(え)の主語である This「ここ，この国」を指している。こうした，文法面での整合性にも注意すること。sure は，ここでは「まったく，本当に」という意味の副詞。weird「変な，奇妙な」

問3 ▶最終段最終文の how to use the Underground と，how to enjoy the challenges of travel a little more を，それぞれ制限字数内でまとめる。前者は「ロンドンの地下鉄を利用する方法」という直訳でもよいが，旅行者には利用しにくい状況が描かれていたので，「ロンドンの地下鉄を支障なく利用する〔うまく乗りこなす〕方法」とするのも一案だ。

語句 the Underground「ロンドンの地下鉄」 challenge（名)「(難しいが取り組みがいのある）難題，課題」(この文脈では「問題，厄介事，困難」といった訳語が適切だろう） a little more「もう少し」(enjoy を修飾)

問4 正解は(あ)・(え)・(お)

▶選択肢の訳は以下のとおり。

(あ)「筆者とそのアメリカ人は2人とも電車を待っていた」

(い)「そのアメリカ人は，自分が持っている地下鉄路線図でサークル線を見つけられなかった」

(う)「そのアメリカ人は，筆者の英国風ジョークの多くに笑った」

(え)「筆者は，自分がした手助けをそのアメリカ人がありがたくは思っていないと感じた」

(お)「筆者は友好的な会話を始めるためにジョークを言った」

(か)「ピカデリー線の電車は6週間で修理された」

(き)「サークル線の電車は，今もまだ数分ごとにやって来る」

▶第1段第4文（On one particular …）で，筆者が他の人たちと共に電車を待っていることがわかり，続く第5文（I noticed a man …）の内容から，やがてアメリカ人の旅行者だと判明するこの男性も筆者の傍らで電車を待っていることがわかるので，(あ)は一致する。(い)は，空所Cまでの内容から，待ってもなかなか来ないサークル線に乗るのをアメリカ人が断念してピカデリー線に乗ろうとしていることがわかる。地図でサークル線を見つけられなかったわけではないので，不一致。(う)は，筆者のジョークが通じたことはないので，不一致。(え)は，最終段第1文（He got on, …）の「彼は乗り込んだが，ありがとうもさようならも，何も言わなかった」という記述から，アメリカ人はありがたく思っていないと筆者が感じたことがうかがえるので，一致。(お)は，第2段第1文（Thinking that …）の内容に合うので，一致。(か)は，空所Dの前後の内容と不一致。電車が「6週間で修理された」という過去の事実ではなくて，線路が「今後6カ月かけて修理される」ことになっているのだ。(き)は，第1段第2・3文（These days, there …）で，以前は数分おきに来ていたサークル線の電車が，今ではごくわずかしか走っていない現状が述べられているので，不一致。

解答

問1　もし本当に電車が全然来ないなら，私たちはみんなここに立ってなんかいないでしょうからね。
問2　A―(い)　B―(あ)　C―(お)　D―(う)　E―(か)　F―(え)
問3　ロンドンの地下鉄を支障なく利用する方法。(20字)
旅先で生じる厄介事をもう少し楽しむ方法。(20字)
問4　(あ)・(え)・(お)

19

2016年度〔1〕

次の文章を読んで，問1～4に答えなさい。

Any muscle in your body can be made stronger through exercise——whether you're building your muscle by lifting barbells, or training your thumbs by text messaging. If self-control is a muscle (even a metaphorical muscle), it should be possible to train it, too. As with physical exercise, using your self-control muscle may be tiring, but over time, the workout should make it stronger.

Researchers have put (1)this idea to the test with willpower-training programs. We're not talking about any kind of military boot camp. These interventions take a simpler approach: Challenge the self-control muscle by asking people to control one small thing that they aren't used to controlling. For example, one willpower-training program asked participants to create and meet self-imposed deadlines. You could do this for any task you've been putting off, such as cleaning your closet. The schedule might be: Week 1 (A), Week 2 (B), Week 3 (C), Week 4 (D). When the willpower trainees set this kind of schedule for themselves for two months, not only did closets get cleaned and projects completed, but they also improved their diets, exercised more, and cut back on cigarettes, alcohol, and caffeine. It was as if they had strengthened their self-control muscle.

Studies have found that committing to any small, consistent act of self-control, such as improving your posture, cutting back on sweets, and keeping track of your spending, can increase overall willpower. And while these small self-control exercises may seem inconsequential, they appear to improve the willpower challenges we care about most, including focusing at work, taking good care of our health, resisting temptation, and feeling more in control of our emotions. One study, led by a team of psychologists, even tested whether two weeks of willpower training could reduce violence. They randomly assigned forty adults to one of three training groups. One group was asked to use their nondominant hand for eating, brushing their teeth, and opening doors. The second group was told to avoid swearing and to say "yes" instead of "yeah."

The third group received no special instructions. After two weeks, participants in both self-control groups were less likely to respond to typical emotional triggering events with violence. The third group, in contrast, showed no change. Even if you don't struggle with violence, we all know what it's like to lose our temper and do something out of anger that we later regret.

The important "muscle" action being trained in all these studies isn't the specific willpower challenge of meeting deadlines, using your left hand to open doors, or keeping swear words to yourself. It's the habit of noticing what you are about to do, and choosing to do the more difficult thing instead of the easiest. Through each of these willpower exercises, the brain gets used to pausing before acting. The triviality of the assignments may even help this process. The tasks are challenging, but they're not overwhelming. And while the self-restraints require careful attention, they're unlikely to trigger strong feelings of being deprived. ("What do you mean I'm not allowed to say, 'yeah' !?! That's the only way I can survive!") (2)<u>The relative unimportance of the willpower challenges allowed participants to exercise the muscle of self-control without the internal stress that makes attempts to change difficult.</u>

The Willpower Instinct : How Self-Control Works, Why It Matters, and What You Can Do to Get More of It by Kelly McGonigal, Avery

問1　下線部(1)の内容を35字以内の日本語で説明しなさい。ただし，句読点も1字に数えます。

問2　空所（　A　）～（　D　）に入る最も適切なものを下からそれぞれ一つ選び，記号で答えなさい。ただし，同じ記号は一度しか使えません。

(あ)　open the door and stare at the mess
(い)　set aside stuff that you haven't used in over five years
(う)　take out everything from the closet
(え)　throw it away

問3　本文の内容と合致する文を下から二つ選び，記号で答えなさい。

(ア)　A period of two months is required to strengthen willpower.
(イ)　Difficult tasks are very appropriate as willpower exercises.
(ウ)　Feelings of regret help to strengthen the willpower muscle.
(エ)　Not all of the groups in the experiment are given self-control exercises.

(オ) Participants in the third group in the experiment are less likely to lose their temper.

(カ) Saying "yes" instead of "yeah" does not affect your emotional control.

(キ) Willpower training invites people to pay attention to their words and behaviors.

問4 下線部(2)を日本語に訳しなさい。

全 訳

■自制心を鍛える方法

❶ 人の身体のどの筋肉でも，運動によって――バーベルを持ち上げて筋肉をつけているのであれ，携帯電話でメールを打って親指を鍛えているのであれ――強化することができる。もし自制心が筋肉のようなものだとすれば（たとえそれが比喩的な意味での筋肉だとしても），それを鍛えることも可能なはずである。身体を動かす場合と同様，自制心の筋肉も使うと疲れるかもしれないが，時間をかければ，トレーニングで強化できるはずなのだ。

❷ 研究者はこの考え方を，意志力訓練プログラムで検証している。軍隊の新兵訓練キャンプのようなことを言っているのではない。こうした意志力への働きかけにはもっと単純なやり方が必要だ。人々に自分がコントロールすることに慣れていないささいなことをコントロールするよう求めることで，自制心の筋肉を試すのである。たとえば，ある意志力訓練プログラムでは，参加者は自ら課した締め切りを設定してそれを守るよう求められた。これは，たとえばクローゼットの片付けのように，自分が先延ばしにしてきたどんな作業に対しておこなってもよかった。スケジュールとしては，１週目「扉を開けて，ちらかっている物をしっかり見る」，２週目「クローゼットから物をすべて取り出す」，３週目「５年以上使っていない物を別にする」，４週目「それを捨てる」といったものでもよいだろう。訓練を受けている人が自分でこの種のスケジュールを２カ月間設定（して実行）すると，クローゼットが片付いて計画が完了するだけでなく，その人の食生活も改善され，身体をもっと動かすようになり，煙草やお酒やカフェインの量も減ったのである。それはまるでその人が自制心の筋肉を強化したようなものであった。

❸ 研究によって，姿勢を良くするとか，甘いものを控えるとか，支出の記録をつけるといった，何であれちょっとした継続的な自制心を使う行為をおこなうことで，全体としての意志力を高めることができるということがわかっている。しかも，こうしたちょっとした自制心の訓練は，さほどたいしたことではないように思われるかもしれないが，仕事に集中したり，健康に留意したり，誘惑に負けなかったり，自分の感情を以前よりもうまく自制できている気がするというようなことも含め，自分が最も気にかけている意志力の課題への対処力が向上するように思われるのだ。心理学者のチームがおこなったある研究では，２週間の意志力の訓練で暴力を減らすことができるかということまで調べた。彼らは，40 人の大人を無作為に３つの訓練グループに割り振った。１つ目のグループは，食事と歯磨きとドアを開けるのに，利き手でない方の手を使うよう求められた。２つ目のグループは，悪態をつく

のを避け，「うん」ではなく「はい」と言うように言われた。3つ目のグループは，これといった指示は受けなかった。2週間後，自制心を働かせたグループ両方の参加者たちは感情的になる典型的な出来事に暴力で反応することが少なくなった。それとは対照的に，3つ目のグループには何の変化も見られなかった。たとえ暴力をふるわないよう努めなくても，私たちは誰しも，カッとなってあとで後悔することを怒りにまかせてしでかしてしまうということがどういうものかはわかっている。

❹ こうした研究のすべてにおいて鍛えられている，重要な「筋肉」の活動は，締め切りに間に合わせたり，ドアを開けるのに左手を使ったり，悪態をつかないようにするといった，何か特定の意志力を使う課題に挑むことではない。それは，自分がまさにやろうとしていることを自覚し，最もたやすいことを選ぶ代わりに，より困難なことをするほうを選択するという習慣である。こうした意志力の訓練の一つひとつを通して，脳は行動を起こす前に立ち止まることに慣れていく。それぞれの課題がささいなものであることが，かえってこの習慣形成を促してくれるのかもしれない。課題は困難を伴うものではあるが，圧倒されるほどのものではない。そして，自制するには細心の注意が必要だが，何かを奪われているという激しい感情を引き起こす可能性は低い（「『うん』と言うことが許されないなんてどういうことだ!?!　私にはそれしか生き残るすべがないのに！」というような）。意志力を鍛える課題が比較的ささいなものであったおかげで，参加者は，変わろうとする努力を難しくさせる精神的ストレスを感じずに，自制心という筋肉を鍛えることができたのだ。

各段落の要旨

❶ 自制心は，筋肉と同様，訓練で鍛えることができるはずだ。

❷ 自制心の鍛錬には，自制することに慣れていない1つの簡単なことを自制するといった軽い取り組みがよい。たとえば，先延ばしにしていたクローゼットの掃除を自分の立案通りにおこなうことを継続すると，他の面にも効果が現れる。

❸ 1つのささいなことで自制心を鍛え続けると，自制する力が全体的に強化されることもあり，凶暴な感情を抑えるといった，自制心が最も必要な局面においても改善が見られることが調査でも明らかになっている。

❹ 難しすぎない課題を設定し，自分が行動を起こす前にいったん立ち止まり，最も安易にできることをせずに難しいほうを選ぶ。これを習慣化することで，大きなストレスを感じることなく自制心を鍛えることができるのだ。

解　説

問1　▶下線部の「この考え」とは，第1段最終文の「身体を動かす場合と同様，自制心の筋肉も使うと疲れるかもしれないが，時間をかければ，トレーニングで強化できるはずなのだ」という考えを指している。その直前の第２文で自制心を筋肉にたとえていることも踏まえて，「自制心も（筋肉みたいなものだから），筋肉と同様，時間をかけて鍛えれば強化できるはず」というポイントをはずさないようにして，制限字数内にまとめよう。〈解答例〉の「自制心も，筋肉と同様」の部分は，「自制心は筋肉のようなもので」としてもよい。

語句　self-control「自制（心），自己制御（力）」 over time「時間が経てば，やがて」

問２　▶選択肢の訳は以下のとおり。

(あ)「扉を開けて，ちらかっている物をしっかり見る」
(い)「５年以上使っていない物を別にする」
(う)「クローゼットから物をすべて取り出す」　(え)「それを捨てる」

Ａ．正解は(あ)

▶クローゼットの片付けの手順を述べていることを考えれば，順番は容易にわかる。作業はまず，クローゼットの扉を開けて中の物を見ることから始まるだろう。

Ｂ．正解は(う)

▶次は中の物をいったん全部出す。

Ｃ．正解は(い)

▶それから，使っていない不要物を取りわける。

Ｄ．正解は(え)

▶最後に，その不要物を捨てればよい。

問３　正解は(エ)・(キ)

▶選択肢の訳は以下のとおり。

(ア)「意志力を強化するには，２カ月という期間が必要である」
(イ)「意志力の訓練としては，難しい課題が非常に適切である」
(ウ)「後悔の念は，意志力の筋肉を強化するのに役立つ」
(エ)「実験に参加したグループのすべてに自制心を鍛える訓練が課されるわけではない」
(オ)「実験の３つ目のグループの参加者のほうが，カッとなる可能性は低い」
(カ)「『うん』の代わりに『はい』と言うことは，感情の制御には影響しない」
(キ)「意志力の訓練で，人は自分の言葉遣いや振る舞いに気をつけるようになる」

▶(ア)は，空所Ａ～Ｄを含む文に後続する文には確かに「２カ月」という訓練期間が書かれているが，第３段では２週間で効果が出た実験例を紹介しているので一致しない。(イ)は，第２段第１～４文の内容，第３段第１文の内容，および最終段第４文以降の内容と一致しない。(ウ)は，本文にそのような記述はないので不一致。(エ)は，第

3段第7文（The third group received …）の「3つ目のグループは，これといった指示は受けなかった」という内容に一致。(オ)は，第3段第9文（The third group, in contrast, …）の内容と一致しない。このグループには変化がなかったのだ。(カ)は，第3段第6文（The second group was …）と第8文（After two weeks, …）の内容と不一致。感情的な反応に変化が生じている。(キ)は，最終段第3文（Through each of …）の内容に一致。

問4 The relative unimportance of the willpower challenges allowed participants to exercise the muscle of self-control without the internal stress that makes attempts to change difficult.

▶ The relative unimportance of the willpower challenges「意志力（を鍛えるための）課題が比較的重要でないこと」 これがこの無生物主語構文の主語である。

▶ allowed participants to exercise the muscle of self-control を直訳すると，「(実験の）参加者が自制心という筋肉を鍛えることを可能にさせた」となるが，これを上で見た主語の部分と共に意訳すれば，〈解答例〉のように，「意志力を鍛える課題が比較的ささいなものであったおかげで，参加者は，自制心という筋肉を鍛えることができた」と，自然な日本語で訳出できる。participant「参加者」は，ここでは実験の被験者のこと。

▶ without the internal stress「精神的なストレスなしに」は exercise にかかる。

▶ that makes attempts to change difficult「変わろうとする努力を難しくさせる」この部分は直前の the internal stress を先行詞とする関係代名詞節。make O C「OをCにさせる」 attempts to change「変わろうとする努力」がOであり，difficult がCであることを見抜こう。

語句 challenge「(困難だがやりがいのある）課題」 allow ～ to *do*「～が…するのを可能にさせる」 exercise「～を訓練する，鍛える」 internal「内面の，精神的な」

解答

問1 自制心も，筋肉と同様，時間をかけて鍛えれば強化できるはずだという考え。(35字)

問2 A―(あ) B―(う) C―(い) D―(え)

問3 (エ)・(キ)

問4 意志力を鍛える課題が比較的ささいなものであったおかげで，参加者は，変わろうとする努力を難しくさせる精神的ストレスを感じずに，自制心という筋肉を鍛えることができたのだ。

20

2016年度〔2〕

次の文章を読んで，問 1 ～ 4 に答えなさい。

Natural selection occurs because of the reproductive advantages of some individuals. This view of the world implies that all individuals are in competition with each other and will behave to (1)further their own interests. From a philosophical viewpoint, the idea that the world is full of selfish individuals clashes with many of the values we hold for human societies, such as cooperation, community spirit, and selflesseness. Does the variety of behaviors that we observe in animals, even the (2)apparently cooperative ones, really arise from the interactions of selfish individuals? Can traits evolve that favor the larger interests of a group or society? Does evolution lead only to selfishness? These are key questions that interest social scientists, philosophers, and biologists. (a)Biologists do not think that individuals ever act for the good of the species, but there are many situations in which what appear to be selfish individual behaviors actually benefit a group.

It is easy to imagine that populations of selfish individuals might overexploit the available resources and become extinct, whereas populations that have evolved social behaviors preventing overexploitation of resources might have better long-term survival prospects. Natural selection for traits that favor groups rather than individuals is termed group selection. The idea that groups of animals could evolve self-regulating mechanisms that prevent overexploitation of their food resources was first argued in detail in 1962 by (b)V. C. Wynne Edwards, an ecologist in Scotland. Despite its intuitive appeal, group selection is not considered very important in producing changes in species traits. Group selection operates much more slowly than individual selection, making it a much weaker selective force in most circumstances.

Imagine, for example, a species of bird, such as the puffin that lives in large colonies and lays only a single egg. Could laying a single egg have evolved in puffins by group selection to limit population growth and maintain an adequate food supply for the long-term good of the puffin colony? The answer is no. Any genetic change that increased the number of eggs laid would be favored only if individuals laying two eggs leave more copies of their genes to the next generation, compared with birds laying a single egg. But ecologically speaking, costs would increase as well as benefits. A puffin with two eggs would have to collect more calcium to lay two eggs and would have to fly more to feed two young. There are ecological costs to increasing (3)the clutch size in puffins. Consequently, genes for laying two eggs would not spread through the population unless the benefits would exceed (c)the costs. Individual selection favors the small clutch size in puffins. Short-term advantages to selfish individuals will develop much more quickly than long-term advantages to the group, so it is difficult to see how traits favored by group selection can be maintained in a population unless they are also favored by individual selection.

But this does not mean that all behavior must be selfish and that (4)altruism does not exist. To understand apparently cooperative behaviors that benefit the group or society, we need to look for the benefits to individuals. Individual selection can produce behaviors that are a benefit for the group.

From *The Ecological World View* by Charles J. Krebs, CSIRO Publishing

問1 下線部(1)～(4)の語（句）の本文中での意味に最も近い表現を，下からそれぞれ一つ選び，記号で答えなさい。

(1) further
- (あ) control
- (い) promote
- (う) separate
- (え) throw away

(2) apparently
- (あ) certainly
- (い) clearly
- (う) oddly
- (え) seemingly

(3) the clutch size
- (あ) the amount of available food resources
- (い) the distance of flight required to obtain food
- (う) the quantity of eggs laid in a single nest
- (え) the size of a colony in one area

(4)　altruism
(あ)　egoism
(い)　helplessness
(う)　individualism
(え)　selflessness

問2　下線部(a)を日本語に訳しなさい。

問3　下線部(b)の V. C. Wynne Edwards の考えはどういうものか，50 字以内の日本語で説明しなさい。ただし，句読点も 1 字に数えます。

問4　下線部(c)の具体例を 50 字以内の日本語で書きなさい。ただし，句読点も 1 字に数えます。

全 訳

■個体の利己的行動と集団の利益

❶ 自然淘汰は，一部の個体に繁殖上の利点があるために生じる。この世界観は，すべての個体が互いに競い合い，自らの利益を増すような行動をとるものだということを示唆している。哲学的な観点からすると，世界が利己的な個体で充満しているという考え方は，たとえば協力とか共同体意識とか無私無欲といった，私たちが人間社会のために保持している価値の多くと相容れない。動物に見られるさまざまな行動は，一見協力的に見えるものでも，実際には利己的な個体の相互作用から生じているのだろうか。集団や社会のより大きな利益にとって都合のよい形質が進化することはあり得るのだろうか。進化は利己的性質しか生み出さないのだろうか。これらは，社会科学者，哲学者，生物学者の関心を引く重要な問題である。生物学者は，個体が自らの種の利益となるように行動することなど決してないと考えているが，一見個体の利己的な行動に見えるものが，実際には集団の利益となっている状況が数多く存在するのだ。

❷ 利己的な個体の集団は，利用可能な資源を過剰に使ってしまい絶滅するおそれがあるが，一方，資源の乱獲を避けるような社会的行動を進化させた集団は，生存の可能性が長期的に見て高くなるかもしれないということは容易に推測できる。個体よりむしろ集団に有利に働く形質を生み出すのを促す自然淘汰は，群淘汰と呼ばれている。動物の集団は，自分たちの食料資源の乱獲を防止する自己調節の仕組みを進化させることがあり得るという考えは，スコットランドの生態学者，V.C.ウィン=エドワーズによって1962年に初めて詳細に論じられたものだ。直観に訴えるものはあるものの，群淘汰は種の形質に変化を生じさせるという点ではあまり重要とはみなされていない。群淘汰は，個体淘汰よりはるかに緩慢に作用するので，ほとんどの状況で淘汰力としてはずっと弱いものになるからだ。

❸ たとえば，大きなコロニーで暮らし，たった1個しか卵を産まないツノメドリのような鳥の種を思い浮かべてみよう。ツノメドリのコロニーの長期的利益となるように，個体数の増加を制限し，十分な食料調達を維持するための群淘汰によって，卵を1個だけ産むという形質がツノメドリにおいて進化してきたということはあり得るだろうか？　答えは否である。1個だけ卵を産む鳥に比べて，2個の卵を産む個体の方が次の世代に自分の遺伝子の複製をより多く残す場合にのみ，産卵数を増やした遺伝子変化が，有利なものとして選択されるだろう。しかし，生態学的に言うと，利点だけでなく代償も増えることだろう。2個の卵を持つツノメドリは，卵を2個産むためにより多くのカルシウムを集める必要があるだろうし，2羽のひな

に餌をやるためにもっと距離を飛ばなければならないだろう。ツノメドリにおいては1回に産む卵の数を増やすことには生態学的に代償が伴うのだ。その結果，2個の卵を産むための遺伝子は，利点のほうが代償を上回らない限り，個体群全体の中で広まらないだろう。個体淘汰はツノメドリにおいては1回に抱く卵の数が少ない方に有利に働く。利己的な個体にとっての短期的な利点は，集団にとっての長期的な利点よりはるかに速く発現するものなので，群淘汰によって有利とされる形質が個体淘汰によっても有利に働くものでない限り，ある個体群でどのように維持され得るのかを知ることは難しい。

❹ しかし，だからと言ってすべての行動が利己的なものに違いないというわけでもなく，利他主義など存在しないというわけでもない。社会や集団にとって利益となる一見協力的な振る舞いを理解するには，私たちは個体に対する利益を探す必要がある。個体淘汰が集団にとって利益となる行動を生むことがあり得るからだ。

各段落の要旨

❶ 自然淘汰は個体が自己の利益になる行動をとることで生じるとされるが，では，進化は個体の利己的性質のみを生むのか，それとも集団を利する行動を生み出すのか，こうした問題に科学者たちは関心を寄せている。

❷ 個体よりも集団に有利な形質が選択されることを群淘汰というが，それは個体に働く自然淘汰よりもはるかに緩慢に作用するものなので，種の形質変化を生み出す力は弱い。

❸ たとえば，卵を1個しか産まないツノメドリでは，群淘汰ほど時間がかからずに作用する個体淘汰が，卵の数を少なくさせたと考えられる。群淘汰の作用は，個体淘汰でも有利に働く形質でない限り，説明しがたいのだ。

❹ 個体の行動がすべて利己的であるというわけではない。個体淘汰が集団に有利に働く行動を生み出すこともあり，集団や社会を利するように思われる行動を理解するには，そこに個体にとっての利点を探る必要がある。

解　説

問1　(1)　正解は(い)

▶動詞の further は「～を促進する」という意味。

(あ)「～を制御する」　(い)「～を促進する」
(う)「～を分離する」　(え)「～を捨てる」

(2)　正解は(え)

▶ apparently は「一見したところ（～のようだ），見かけは」という意味。

(あ)「確かに」　(い)「明らかに」
(う)「奇妙なことに」　(え)「一見したところ（～のようだ）」

(3) 正解は(う)

▶ clutch は「1回に孵化する卵〔ひな〕」の意味だが難語なので，the clutch size の意味を文脈から推測しよう。下線部を含むこの第3段では，卵を1個しか産まない鳥のことが述べられており，2個の卵を産んだ場合の不利な点が紹介されたあとに下線部を含む文が続き，「ツノメドリにおいては the clutch size を増やすことには生態学的に代償が伴うのだ」と述べられているので，the clutch size とは「1回に産む卵の数」だろうと見当がつく。第3段第4文（Any genetic change …）の the number of eggs laid「産み落とす卵の数」という表現も大きなヒントとなる。

(あ)「手に入る食料資源の量」　(い)「食料を得るために必要な飛行距離」
(う)「1つの巣で産み落とされる卵の量」　(え)「一地域におけるコロニーの規模」

(4) 正解は(え)

▶この設問も文脈から考える。下線部を含む文には2つの that 節があり，それぞれ，「すべての行動が利己的なものに違いないということ」と「altruism は存在しないということ」という意味である。それが and で並列されていることから，altruism は「利己的でないもの」といった意味合いだろうと推測できるので(え)を選ぶ。altruism「利他主義，利他的行為」

(あ)「利己主義」　(い)「無力さ」　(う)「個人主義」　(え)「無私無欲」

問2　Biologists do not think that individuals ever act for the good of the species, but there are many situations in which what appear to be selfish individual behaviors actually benefit a group.

▶ Biologists do not think that individuals ever act for the good of the species「生物学者は個体が種のために行動することは決してないと考えている」 ever は at any time「いつであれ」の意味であり，任意の時を示す。それを否定文で用いると，「いついかなる時であれ…ない」つまり「決して…ない」という強い否定の気持ちが表現される。また，do not think that … は，直訳すれば「…だとは考えていない」だが，「…ではないと考えている」と訳すこともできる。したがってこの部分全体としては，上記のような訳し方ができ，それが日本語としても自然であろう。individual を，「個人」という訳語だけで覚えないこと。

▶ but there are many situations in which …「しかし，…する多くの状況が存在する」 in which ～ は直前の situations を先行詞とする関係代名詞節。文前半の「個体は種を利する行動などしない」という見解に対して，but で切り返したこの後半では，それとは逆の話になりそうだ。which 節の内部を見てみよう。

▶ what appear to be selfish individual behaviors actually benefit a group「一見個体の利己的な行動に見えるものが，実際には集団の利益になっている」 what から

behaviors までがS，benefit がV，a group がOである。やはり予測通りの内容だ。

語句 for the good of ～「～のために」 species「(生物の) 種」 appear to be ～「一見～であるように見える」 benefit「～の利益〔ため〕になる，～を利する」

問3 ▶下線部の人物の考えは，下線部を含む文の冒頭の The idea that 以下に書かれているので，それを制限字数内でまとめる。

▶ groups of animals could evolve self-regulating mechanisms「動物の集団は自己調節の仕組みを進化させることもありうる」 could は控えめに可能性を表現する。self-regulating「自己調節 (式) の」は，自律的に自らを調整する機能を持っていることを表す。mechanism は「仕組み，体系」ということ。

▶ that prevent overexploitation of their food resources「自分たちの食料資源の乱獲を防止する」 この部分は直前の self-regulating mechanisms を先行詞とする関係代名詞節。exploit が「～を利用する，搾取する」という意味の動詞であることは覚えておきたい。その名詞形が exploitation であり，そこに over が加えられているので，「過度な利用，使いすぎること，乱獲」のことだろうと推測する。prevent は「～を防ぐ」の意。

問4 ▶ここでの the costs とは，ツノメドリが卵を2個産んだときに被る「代償」のことで，the が付いているため，すでに言及済みの代償のはずである。さかのぼって具体例を確認すれば，第3段第5文 (But ecologically speaking, …) で「代償も増える」と述べたあと，第6文 (A puffin with two eggs …) で，その代償の具体例が2つ紹介されていることがわかる。したがって，この第6文の内容を制限字数内でまとめればよい。cost を，「費用」という訳語だけで覚えないこと。

語句 calcium「カルシウム」 feed「～に餌をやる」 young「(集合的に) 動物の子供たち」はここでは「ひな鳥」のこと。

解答

問1 (1)—(い) (2)—(え) (3)—(う) (4)—(え)

問2 生物学者は，個体が自らの種の利益となるように行動することなど決してないと考えているが，一見個体の利己的な行動に見えるものが，実際には集団の利益となっている状況が数多く存在するのだ。

問3 動物の集団は，自分たちの食料資源の乱獲を防ぐ自己調節の仕組みを進化させることがあり得るという考え。(49字)

問4 卵を2個産むにはより多くのカルシウムが，2羽のひなに餌をやるにはより多く飛ぶことが必要になること。(49字)

21

2016年度〔3〕

次の文章は，語り手（the narrator）が家族とともに訪れた，親戚の家での感謝祭（Thanksgiving）の食事会の場面を描いています。この文章を読んで，問1～5に答えなさい。

The living room is full of people and the din of many conversations. Aunt Kitty is wading into the crush of bodies, making room for us in her wake. "Come on, make way, you little monsters. You can't eat if (1)<u>the cook</u> can't make it to the kitchen!"

"Mommom? Mommom?" Aunt Kitty stops and bends at the waist to listen to a cousin's child. "Can I please have a piece of candy?"

"No, not now. (A) Give me your hand. We'll find you something." She turns to me. "What about your kids? Are they hungry?" (2)<u>Veronica</u> turns in my arms and reaches for her. Surprised and pleased, (a)<u>she</u> takes (b)<u>her</u> from me. "Oh, you want to come with old Mommom, do you? What about you there, Robert? Come on in the kitchen if you're hungry."

"Hey, Dick!"

I turn, but it's my father who's being addressed. I find myself standing with my cousins' husbands, in a semicircle in front of the television. They're watching football games. Henry, my cousin Margaret's husband, has the remote control in his hand, and he's switching back and forth. Bobby, my cousin Mary Ann's husband, greets me with a pat on the shoulder. "You look like a guy who needs a beer or something!"

"Coke. But actually, I'm fine."

"So when did you get here?"

"Last night."

"Hmmmm. Lots of traffic?"

"Terrible."

"Hmmmm. (B)"

"Let's see. Nine. A little over nine hours."

"That's crazy. Nine hours?"

"Yeah."

"Now wait. It couldn't take you that long. What time did you leave ?"

"Excuse me. (　C　)" I step back against one of the tables that have been set end to end the whole length of the room, and my cousin Elizabeth walks between us.

"Hey, Henry ! (3)Dickie's trying to tell me it took him nine hours to get down here from Boston !" Bobby shouts across the room.

Henry calls back, "(　D　)" There's a roar from the fans on the television.

The doorbell rings. More people are pressing into the room. I don't know them, but it turns out they are Elizabeth's grown sons and daughters and their girlfriends and boyfriends. Veronica is tugging at my pants, and I bend to her.

"I got an apple, Daddy," she says.

Soon we're seated on both sides of the long continuous table that extends from just inside the front door through the living room and well into the middle room. My father is seated at the head and my aunt's chair is at the foot, nearest to the kitchen. The children have their own table in the kitchen. One of the older girls has been persuaded to preside there.

It's quiet at the table. I figure someone is going to say grace*. Aunt Kitty walks in from the kitchen.

"Well, what are you waiting for ?"

"We're waiting for you !"

"No, no !　Don't wait for me !　I'm still fussing in the kitchen. (　E　)"

Then everyone's talking again and dishes are moving from hand to hand, back and forth across the table, turkey, squash, potatoes, cranberry sauce, bread, carrots, corn, stuffing, butter, gravy, green beans, and ham for those who don't like turkey.

"A ham !?" my father says. "Hey, Kitty, what the hell," he calls out to her. "You're getting your holidays all mixed up !　What's gonna be for dessert, chocolate bunnies ?"

"You should taste it, Uncle (4)Richard," says my cousin Margaret. "That's Aunt Dolly's recipe."

"Well, pass (c)it down here then !"

We all laugh together.

注　grace　食前の感謝の祈り

問1 下線の人物(1) the cook, (2) Veronica, (3) Dickie, (4) Richard は，それぞれ語り手から見てどのような関係にあるか。最も適切なものを下からそれぞれ一つ選び，記号で答えなさい。

(あ) おじ　(い) おば　(う) 父　(え) 母
(お) 息子　(か) 娘　(き) いとこ　(く) 本人

問2 空所（ A ）～（ E ）に入る最も適切な文を下からそれぞれ一つ選び，記号で答えなさい。ただし，同じ記号は一度しか使えません。

(ア) Coming through.
(イ) Eat!
(ウ) Glad you made it!
(エ) How long did it take you?
(オ) You'll spoil your supper.

問3 下線部(a) she, (b) her, (c) it が指しているものは何か。それぞれ文中の2語以内の語（句）で答えなさい。

問4 本文の内容と合致する文を下から二つ選び，記号で答えなさい。

(1) Bobby doubts the narrator's statement of how long it took to arrive from Boston.
(2) Henry passes the remote control around the TV.
(3) One of the older girls volunteers to watch over the children's table.
(4) Richard suggests that ham is inappropriate for the occasion.
(5) The meal starts when Aunt Kitty sits down at the table.

問5 食卓に着いた時の部屋の状況に最も近い図を下から一つ選び，記号で答えなさい。

(A)

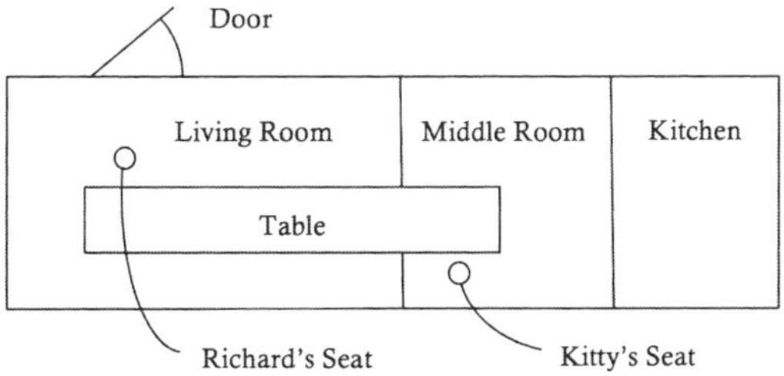

(B)

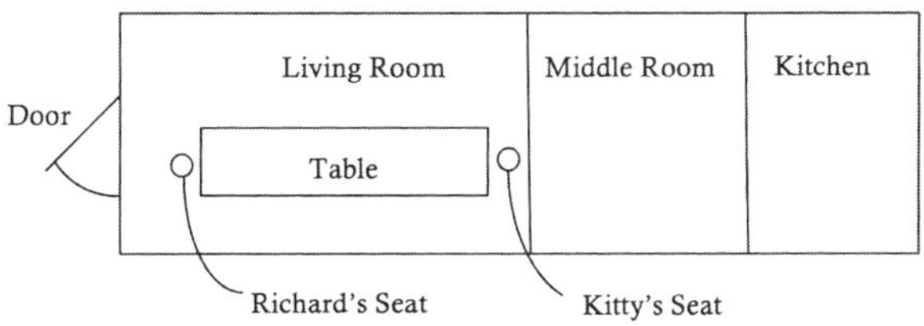

(C)

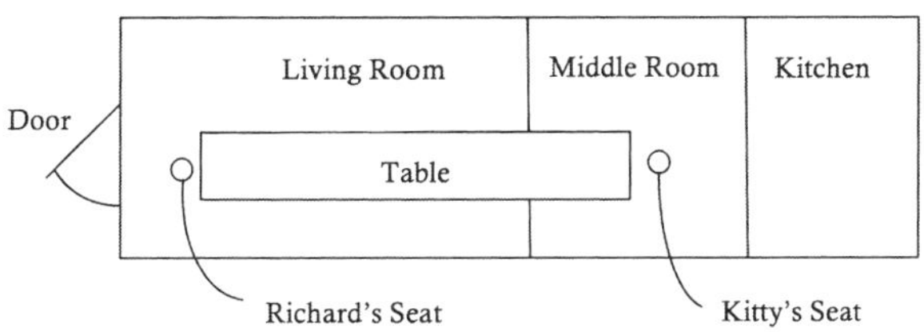

(D)

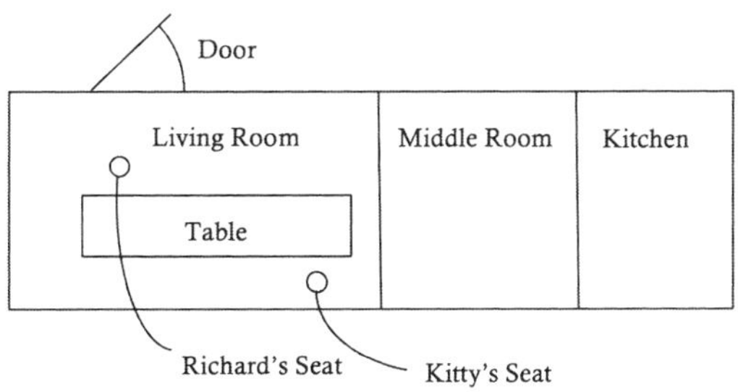

全 訳

■感謝祭の食事会に集まった親戚たち

居間は人と多くの会話のざわめきでいっぱいだ。キティおばさんは人がひしめく中を苦労して進んでいき，彼女が通ったあとに僕たちが通るスペースができている。「ほらほら，通してちょうだい，ちっちゃな怪獣さんたち。コックさんが台所までたどり着けないと，あなたたちも食事にありつけないわよ！」

「ママ？　ママ？」 キティおばさんは立ち止まり，腰を曲げて，いとこの子供に耳を傾ける。「お菓子をひとつ食べてもいい？」

「だめよ，今はだめ。せっかくの晩ご飯がおいしくなくなるわ。手を貸してちょうだい。いいものを見つけてあげるから」 彼女は僕のほうを向く。「あなたの子供たちはどう？　おなか空かせてない？」 ベロニカが僕の腕の中で向きを変え，彼女に手を伸ばす。おばさんはうれしそうに驚いて，彼女を僕から受け取る。「まあ，あなたは年とったママと一緒に来たいのね？　そこのロバートはどう？　おなかが空いてるなら台所にいらっしゃい」

「やあ，ディック！」

僕は振り返るが，声をかけられているのは父のほうだ。気づけば僕はテレビの前にできた半円の輪の中で，いとこの夫連中と一緒につっ立っている。みんなはフットボールの試合を観ている。いとこのマーガレットの夫ヘンリーが，手にリモコンを持っていて，チャンネルをあちこちに変えている。いとこのメアリー=アンの夫ボビーが僕の肩をポンと叩いて挨拶をする。「ビールか何かをほしがってる奴に見えるぞ！」

「コーラだな。でも別に，僕は大丈夫だよ」

「で，いつここに着いたんだ？」

「きのうの夜」

「ふーん。車は渋滞？」

「ひどいもんさ」

「ほう。時間はどれくらいかかった？」

「えーと。9時間。いや9時間ちょいってとこ」

「そんなばかな。9時間だって？」

「ああ」

「待てよ。そんなにかかるわけないだろ。何時に出たんだ？」

「ちょっと失礼。通るわよ」 僕が，部屋の端から端まで届く長さで置かれていたテーブルの1つからあとずさると，いとこのエリザベスが僕たちの間に割って入る。

「おーい，ヘンリー！　ディッキーがさ，ボストンからここまで来るのに９時間かかったって話をしようとしてるんだ！」 ボビーが部屋の反対側に向けて叫ぶ。

ヘンリーが「君が間に合ってうれしいよ！」と返す。テレビ好きの連中からどよめきが上がる。

玄関のベルが鳴る。さらに多くの人が部屋になだれ込んでくる。僕の知らない人たちだが，あとで，エリザベスの大きくなった息子や娘たちと，そのガールフレンドやボーイフレンドだとわかる。ベロニカが僕のズボンを引っ張っていて，僕は彼女のほうにかがみ込む。

「リンゴをもらったの，パパ」と彼女が言う。

間もなく僕たちは，玄関のドアのすぐ内側から居間をつっきって（台所との）間にある部屋のかなり入ったところまで長くつながったテーブルの両側に座る。父は上座に座り，おばさんの椅子は下座の，台所に一番近いところにある。子供たちには台所に専用のテーブルがある。年長の女の子たちの１人が，その場を仕切るように言い含められている。

食卓が静かになる。僕は誰かが食前の感謝の祈りをしてくれるのだろうと考える。キティおばさんが台所から入ってくる。

「あら，みんな何を待ってるの？」

「おばさんを待ってるんじゃない！」

「だめ，だめ！　私を待たないで！　まだ台所でてんてこ舞いなんだから。どうぞ召し上がれ！」

それでみんなはおしゃべりを再開し，皿に盛られた料理が手から手へ，テーブルのあちこちに回る。七面鳥，カボチャ，ポテト，クランベリーのソース，パン，ニンジン，トウモロコシ，詰め物，バター，グレービーソース，サヤインゲン，それに七面鳥が苦手な人用のハム。

「ハムだって⁉」と父が言う。「おい，キティ，こりゃ一体何だ」と彼女に向かって大声で叫ぶ。「おまえは，祝日をぜんぶごちゃ混ぜにしてるぞ！　デザートには何が出てくるんだ，ウサギの形のチョコレートか？」

「ちょっとは食べてみるべきよ，リチャードおじさん」といとこのマーガレットが言う。「それ，ドリーおばさんのレシピなのよ」

「それなら，そいつをこっちに回してくれ！」

みんな一斉に笑う。

解 説

問1 (1) 正解は(い)

▶下線部を含む発言がAunt Kitty「キティおばさん」の発言であることをまずつかもう。大勢の人たちでいっぱいの部屋の中を縫うようにして台所へと進みながら，彼女は子供たちに声をかけているのだ。「ほらほら，通してちょうだい，ちっちゃな怪獣さんたち。コックさんが台所までたどり着けないと，あなたたちも食事にありつけないわよ」と。したがって，このthe cook「料理人」とはキティおばさん自身のことである。話の後半の，皆が食卓に着席して食事が始まるときに，彼女が台所から出てきて，自分はまだ台所で大忙しだから自分を待たずに召し上がれと言うシーンからも，彼女が料理を担当していることが確認できる。wade into ～「～を苦労して進む」 make room for ～「～のために場所を空ける」 in *one's* wake「～の通ったあとに」 make way「道を空ける」 make it to ～「～へたどり着く」

(2) 正解は(か)

▶下線部の直前で，キティおばさんが語り手に「あなたの子供たちはどう？ おなか空かせてない？」と尋ねると，下線部の直後でベロニカが「僕の腕の中で向きを変え」て手を伸ばし，おばさんが「彼女」を語り手から受け取ることから，ベロニカは語り手の娘だとわかる。話の後半の，ベロニカが語り手のズボンを引っ張って“I got an apple, Daddy”「リンゴをもらったの，パパ」というシーンからも，語り手がベロニカの父親であることが確認できる。

(3) 正解は(く)

▶下線部を含むボビーの発言に至るまでに，彼と語り手の間で，語り手がこの家に来るのに9時間余りもかかったという話をしていることがポイント。ボビーはその話が信じられないので，「ディッキーがさ，ボストンからここまで来るのに9時間かかったって話をしようとしてるんだ！」と言っているのだから，ディッキーとは語り手のことだとわかる。ちなみに，ディッキーとはディックの愛称であり，すでに話の前半で，“Hey, Dick !” という呼び声に語り手が振り返ったものの，呼ばれたのは自分の父親だと気づくシーンがあって，そこで，語り手もその父親も共にディックという名前であることが明らかにされている。

(4) 正解は(う)

▶下線部を含む発言は語り手のいとこのマーガレットのものであり，ハムについて直前の発言者と会話しているところ。その発言者は，“A ham !?” my father says. という文からわかるように語り手の父親である。マーガレットからすればおじさんにあたるので，「リチャードおじさん」と呼びかけているわけだ。したがって，リチャードは語り手の父親を指す。ちなみに，語り手の父親は先に見たようにディックとも呼ばれていたが，実は，ディックという呼び名はリチャードの愛称なのである。

問２　▶選択肢の訳は以下のとおり。

(ア)「通るわよ」
(イ)「どうぞ召し上がれ！」
(ウ)「君が間に合ってうれしいよ！」
(エ)「時間はどれくらいかかった？」
(オ)「せっかくの晩ご飯がおいしくなくなるわ」

A．正解は(オ)

▶いとこの子供に「お菓子をひとつ食べてもいい？」と聞かれてキティおばさんが「だめよ，今はだめ」と言っている場面なので，その理由になる(オ)が適切。

B．正解は(エ)

▶ボビーが語り手に交通量を尋ね，空所の直後では語り手が９時間余りかかったと発言していることから，かかった時間を尋ねたと判断。

C．正解は(ア)

▶いとこのエリザベスが，Excuse me.「ちょっと失礼」という言葉のあとに続ける言葉を選ぶ。空所の直後の I step back「僕はあとずさる」という語り手の行為からも，通るからちょっと道を空けてほしいというセリフが入ると考えられる。

D．正解は(ウ)

▶ボビーの「ディッキーがさ，ボストンからここまで来るのに９時間かかったって話をしようとしてるんだ！」を受けて，ヘンリーが返答するのにふさわしいものを選ぶ。

E．正解は(イ)

▶皆が食卓に着いて，キティおばさんが台所から出てくるのを待っている場面。おばさんを待っているんだという声に，キティおばさんが「私を待たないで！　まだ台所でてんてこ舞いなんだから」のあとに言うセリフは，皆に食事を始めるように促すものだろう。

問３　ⓐ　正解は Aunt Kitty

▶(a)と(b)は同時に判明する。この場面には，キティおばさんと，語り手と，その娘のベロニカがいて，語り手の腕に抱かれているベロニカがキティおばさんへ手を伸ばし，キティおばさんがにこやかに，語り手からベロニカを受け取る様子が描かれている。したがって，(a)は Aunt Kitty。

(b) 正解は Veronica

▶上述のことから，(b)は Veronica だ。

(c) 正解は a ham

▶語り手の父親リチャードが，感謝祭にハムはいかがなものかとケチをつけるのに対して，いとこのマーガレットは “You should taste it” とハムを食べることを勧める。it がハムを指していることをここでつかんでおこう。ドリーおばさんのレシピだからと聞いて，リチャードは「それなら，そいつをこっちに回してくれ」と言うことから，a ham が正解。2語以内の語（句）で答えればよいので，ham だけでもかまわない。

問4 正解は(1)・(4)

▶選択肢の訳は以下のとおり。

(1)「ボビーは，ボストンから到着するのにどれほど時間がかかったかについての語り手の発言を疑っている」

(2)「ヘンリーはテレビの向こう側にリモコンを手渡す」

(3)「年長の女の子の1人が，子供たち用のテーブルの世話を自ら買って出る」

(4)「リチャードは，ハムはその場にはふさわしくないと示唆している」

(5)「食事はキティおばさんが食卓に着くと始まる」

▶(1)は，語り手が到着に9時間余りかかったと述べたときに，ボビーは “That's crazy.”「そんなばかな」とか “It couldn't take you that long.”「そんなにかかるわけないだろ」などと発言しているので，一致する。(2)は，ヘンリーがリモコンを誰かに手渡す場面はないので，一致しない。Henry, …, has the remote control in his hand, and … の一文には，ヘンリーがリモコンを手に持って，チャンネルを変える様子が描かれているだけだ。(3)は，The children have their own table in the kitchen. One of the older girls has been persuaded to preside there.「子供たちには台所に専用のテーブルがある。年長の女の子の1人が，その場を仕切るように言い含められている」という内容と一致しない。自主的に申し出たのではなく，子供たち専用のテーブルを仕切るように説得されたのだ。preside「～を仕切る」は難語だが，persuade「～を説得する」だけで判断できる。volunteer to *do*「自主的に～すると申し出る，～することを買って出る」(4)は，ハムは感謝祭には場違いだという思いを，リチャードが “You're getting your holidays all mixed up!”「おまえは，祝日をぜんぶごちゃ混ぜにしてるぞ！」という発言で示唆しているので，一致。(5)は，問2のEですでに見たとおり，キティおばさんが自分を待たずに食べるように皆を促すことで食事が始まったので，一致しない。

問5　正解は(C)

▶まず，Soon we're seated on both sides of the long continuous table that extends from just inside the front door through the living room and well into the middle room.「間もなく僕たちは，玄関のドアのすぐ内側から居間をつっきって（台所との）間にある部屋のかなり入ったところまで長くつながったテーブルの両側に座る」という一文から，(A)か(C)に絞られる。このときに，父親とおば以外は全員，食卓の両側に座っていることにも注意しておくとよい。次に，それに続く文（My father is seated at …）から，父親が at the head「上座に」，つまり台所とは正反対の正面に座り，そしておばの椅子が at the foot, nearest to the kitchen「下座の，台所に一番近いところにある」，つまり父親と相対する位置にあることがわかるので，(C)が正解となる。

解答

問1　(1)―(い)　(2)―(か)　(3)―(く)　(4)―(う)
問2　A―(オ)　B―(エ)　C―(ア)　D―(ウ)　E―(イ)
問3　(a) Aunt Kitty　(b) Veronica　(c) a ham
問4　(1)・(4)
問5　(C)

22

2015年度〔1〕

次の文章を読んで，問1～問4に答えなさい。

We are in the midst of a crisis of massive proportions and grave global significance. No, I do not mean the global economic crisis that began in 2008. At least then everyone knew that a crisis was at hand, and many world leaders worked quickly and desperately to find solutions. Indeed, consequences for governments were grave if they did not find solutions, and (1)<u>many were replaced in consequence</u>. No, I mean a crisis that goes largely unnoticed, like a cancer ; a crisis that is likely to be, in the long run, far more damaging to the future of democratic self-government : a worldwide crisis in education.

Radical changes are occurring in what democratic societies teach the young, and these changes have not been well thought through. (2)<u>Thirsty for national profit, nations, and their systems of education, are heedlessly discarding skills that are needed to keep democracies alive.</u> If this trend continues, nations all over the world will soon be producing generations of useful machines, rather than complete citizens who can think for themselves, criticize tradition, and understand the significance of another person's sufferings and achievements. The future of the world's democracies hangs in the balance.

What are these radical changes ?　The humanities and the arts are being cut away, in both primary/secondary and college/university education, in virtually every nation of the world. Seen by policy-makers as (　A　), at a time when nations must cut away all useless things in order to stay competitive in the global market, they are rapidly losing their place in curricula, and also in the minds and hearts of parents and children. Indeed, what we might call the humanistic aspects of science and social science——the imaginative, creative aspect, and the aspect of rigorous critical thought——are also losing ground as nations prefer to pursue short-term profit by the cultivation of (　B　) suited to profit-making.

(3)<u>This crisis is facing us, but we have not yet faced it.</u> We go on as if everything were business as usual, when in reality great changes of emphasis are evident all over. We haven't really deliberated about these changes, we have not really chosen them, and yet they increasingly limit our future.

We are pursuing the possessions that protect, please, and comfort us——what Tagore* called our material "covering." But we seem to be forgetting about the soul, about what it is for thought to open out of the soul and connect person to world in a rich, subtle, and complicated manner ; about what it is to approach another person as a soul, rather than as (C) or an obstacle to one's own plans ; about what it is to talk as someone who has a soul to someone else whom one sees as similarly deep and complex.

The word "soul" has religious connotations for many people, and I neither insist on these nor reject them. Each person may hear them or ignore them. What I do insist on, however, is what both Tagore and Alcott* meant by this word : the faculties of thought and imagination that make us human and make our relationships rich human relationships, rather than relationships of (D) and manipulation. When we meet in society, if we have not learned to see both self and other in that way, imagining in one another inner faculties of thought and emotion, democracy is bound to fail, (4)because democracy is built upon respect and concern, and these in turn are built upon the ability to see other people as human beings, not simply as objects.

From *Not for Profit : Why Democracy Needs the Humanities* by Martha C. Nussbaum, Princeton University Press

注　Tagore　タゴール（1861-1941）。インドの詩人，哲学者。
　　Alcott　オールコット（1799-1888）。米国の教育家，社会改革家。

問１　下線部(1)の意味する内容を 35 字以内の日本語で説明しなさい。ただし，句読点も１字に数えます。

問２　空所（ A ）～（ D ）に入る最も適切な語句を下から選び，記号で答えなさい。ただし，それぞれの語句は一度しか使えません。

(ア) useless frills
(イ) mere use
(ウ) a mere useful instrument
(エ) the useful and highly applied skills

問3 下線部(3)の意味と最も近い文を下から一つ選び，記号で答えなさい。

(あ) We are aware of the critical consequences of the changes in education which we have chosen, and we have already taken actions.

(い) We are fully aware that great changes in education are going on all over the world, so we have carefully thought about them.

(う) We are doing business as usual because the serious changes in business have not yet occurred.

(え) Despite critical changes in education, we have not fully considered their serious consequences.

問4 下線部(2)，(4)を日本語に訳しなさい。

全 訳

■民主国家の危機を招く教育内容の変化

❶ 私たちは非常に大きな規模で，深刻かつ世界的に重要な意味をもつ危機の真っただ中にいる。なにも，私は2008年に始まった世界的経済危機のことを言っているのではない。少なくとも当時，危機が目前に迫っていることは誰もが知っており，世界の指導者の多くが素早く，必死に解決策を見つけようとした。実際，もし解決策を見つけられなければ，各国の政権にとって影響は甚大で，結果的にその多くが取って代わられた。そういう危機ではなくて，私が言っているのは，まるでガンのように，ほとんど気づかれないまま進行する危機のことである。長い目で見れば民主的自治の未来にとってはるかに有害なものとなる可能性の高い危機，すなわち世界的な教育の危機のことである。

❷ 民主主義社会が若者に教える内容に激変が生じており，しかもこうした変化は十分検討された上でのものではない。(2)国益を強く求めるあまり，国家とその教育制度は，民主国家を存続させるために必要とされる技能を，よく考えもせず切り捨てつつある。もしこの傾向が続くなら，世界中の国々がやがて，自分の頭で考え，伝統を批判し，他者の苦しみや功績の重要性を理解できる非の打ちどころのない国民ではなく，便利な機械（のような人間）を何世代にもわたって生み出すようになるだろう。世界の民主国家の未来が瀬戸際に立たされているのだ。

❸ この激変とは何か？　人文科学系と芸術系の科目が，世界のほぼすべての国で，初等・中等教育と大学教育の双方で切り捨てられているのである。国が世界市場で競争力を維持するために役に立たないものはすべて切り捨てなければならない時代に，人文科学と芸術は，政策立案者からは無用の長物とみなされ，カリキュラムの中にも親や子供たちの心の中にも急速に居場所をなくしつつある。それどころか，自然科学や社会科学の人間的側面とでも呼べる面――想像力豊かで創造性に富む側面や，綿密な批判的思考という側面――もまた，国々が営利目的にかなう有用で応用度の高い技能を育成することで短期的な利益を追求するほうに舵を切る中，人気を失いつつある。

❹ この危機は私たちの目の前にあるのに，私たちはいまだにそれに対峙していない。まるですべていつも通りであるかのようにやりすごしている。実際には，いたるところで重点の置き場所が大きく変化しているのがはっきりとわかるというのに。私たちはこういう変化についてあまりよく考えたことがなく，その変化を実際には意図して選んだわけでもないが，それでも変化はますます私たちの未来の幅を狭めようとしている。

❺ 私たちは自分を守り，喜ばせ，快適にしてくれる財産――タゴールが物質的な「覆い」と呼んだもの――を追い求めている。しかし，私たちは魂のことを――思考が魂から外へ開かれ，人を豊かに繊細かつ複雑に世界に結びつけるとはどういうことかを，忘れつつあるようだ。自分自身の計画にとって単に役に立つ道具として，あるいは邪魔なものとしてではなく1つの魂として他者に近づくということはどういうことかを――魂をもつ者として，自分と同様に深くて複雑な存在だと自分が見なす他の誰かに話しかけるということはどういうことかを，忘れつつあるようだ。

❻「魂」という言葉には，多くの人々にとってさまざまな宗教的な意味合いがあり，私はこういう意味合いにこだわってはいないし，拒否してもいない。それに耳を傾けたり無視したり，それは人によりさまざまだろう。しかし，私が本当にこだわっているのは，タゴールとオールコットの二人がこの言葉で言わんとしたことである。つまりそれは，私たちを人間たらしめ，その関係を，単に利用し操るというだけの関係ではなく，豊かな人間らしい関係にしている，思考し想像する能力のことなのだ。私たちが社会で出会うとき，もし自分と他者の双方をそのように，思考や感情という内なる能力を互いの中に想像しながら見られるようになっていなければ，民主主義は必ずや破綻する。(4)なぜなら，民主主義は敬意と配慮の上に成り立つものであり，この2つはまた，他者を単にモノとしてではなく，人間としてとらえる能力の上に成り立つものだからである。

各段落の要旨

❶ 今日我々は教育の危機に直面しており，それは世界規模で進行し，民主的な自治の未来に悪影響を及ぼす可能性が高い。

❷ 民主国家が目先の国益だけを希求する結果，教育内容が偏り，このままでは国民は便利な機械のような存在と化し，民主国家の存続に不可欠な，批判精神や他者を尊重する心をもつ自立した人材が育たなくなるだろう。

❸ 世界市場での競争力を堅持するという国家の短期的かつ実利的な目的に役立たないという理由から，世界のほとんどの国で，人間性を育むのに必要な人文科学と芸術の分野が，学校教育から切り捨てられている。

❹ こうした教育の危機に直面しているにもかかわらず，我々はそれを直視しようとせず，自分たちの未来の幅を狭めようとしている。

❺ 現代人は物質的な面ばかりを追い求め，魂の大切さ，他者との人間的な結びつきや触れ合いの大切さを忘れつつある。

❻ 魂とは，人間を人間たらしめ，敬意と配慮の心をもって，モノとしてではなく人間として他者をとらえることのできる思考力と想像力のことなのであり，それなくして民主主義は存続し得ない。

解　説

問1　▶下線部を直訳すると「その結果，多くは取って代わられた」となる。直前に「もし解決策が見つけられなければ，政権にとって影響は甚大で（consequences for governments were grave if they did not find solutions）」とあるので，「その結果（in consequence）」とは「解決策が見つけられなかった場合の結果」という意味であり，「多く」とは「多くの政権（many governments）」のことだとわかる。では「解決策（solutions）」とは何の解決策なのかと文章をさかのぼって確認すると，第1段第2文に「2008年に始まった世界的経済危機（the global economic crisis that began in 2008）」とあり，この経済危機の解決策だと判明。こうした文脈から，「取って代わられた（were replaced）」とは「政権交代を余儀なくされた」，つまり「政権が交代した」ことを意味していることをつかむ。以上の内容を，指定の字数内でまとめればよい。

問2　▶選択肢の訳は以下のとおり。

(ア)「役に立たない余分なもの」　(イ)「単なる使用，単に利用すること」
(ウ)「単に役立つだけの道具」　(エ)「有用で応用度の高い技能」

A．正解は(ア)

▶空所を含む文の骨組みだけを示せば，Seen by policy-makers as (　A　), they are rapidly losing their place「政策立案者にAだと見なされて，それらは急速に居場所をなくしつつある」となる。Seen by … は受動態の分詞構文。they は，前文の主語である the humanities and the arts「人文科学系と芸術系（の科目）」を指しており，こうした分野の人気が失墜している理由は，空所の直後に挿入されている at a time when … を読めばわかる。世界市場での競争力を維持するために国が役に立たないもの（useless things）を切り捨てているからだ。したがって，空所に useless things と同意の表現を入れると文意が通る。useless がキーワードであり，frills「余分なもの，装飾的なもの」の意味が万一わからなくても解答は可能。

B．正解は(エ)

▶空所の前後の内容である「国々が，営利目的にかなうBを育成することで短期的な利益を追求する」という文脈から判断する。経済的な利益をあげるには，高度な実利的技能をもった人材の育成を教育の目的にするはずだ。したがって，(エ)の the useful and highly applied skills「有用で応用度の高い技能」が適切。suited to ～「～に適した」は空所を修飾する形容詞句として働いている。cultivation「育成」

C．正解は(ウ)

▶ *A* rather than *B*「*B*というよりむしろ*A*，*B*ではなくて*A*」と，or による並列関係という，2つの対比がポイント。まず，空所の手前の「魂をもつ者として」という，他者を人間として扱う姿勢との対比で，rather than 以下には，単なるモノとして他者を扱う態度が述べられるはず。次に空所の前後が「自分自身の計画にとってCとして，あるいは邪魔なものとして」と，or で並列された形になっていることに注目。an obstacle「邪魔なもの，障害物」と内容面でも文法面でも対になれる，モノを表す語句を探せばよい。そこで，「不定冠詞＋可算名詞の単数形」の(ウ) a mere useful instrument「単に役立つだけの道具」が正解とわかる。

D．正解は(イ)

▶上のCと解き方は同じ。rather than の手前の rich human relationships「豊かな人間らしい関係」との対比と，and のあとの manipulation「操作」という，機械などを操る意味の不可算名詞から，空所には manipulation と並列するのにふさわしい，人間をまるで機械のように扱う意味の不可算名詞が入るはず。したがって，(イ)の mere use「単なる使用，単に利用すること」を選ぶ。

問3　正解は(え)

▶選択肢の訳は以下のとおり。

(あ)「私たちは，自分たちが選択してすでに対策を講じている，教育における変化の重大な結果に気づいている」

(い)「私たちは，教育における大きな変化が世界中で生じていることを十分認識しているので，その変化については思慮深く考えてきている」

(う)「ビジネスの世界での深刻な変化はまだ起こっていないので，私たちは普段どおりに業務をおこなっている」

(え)「教育において重大な変化が生じているにもかかわらず，私たちはその深刻な結果を十分に考慮してはいない」

▶ This crisis「この危機」とは前段落で述べられている教育における危機のこと。初めの face は，困難や危機などが人の身に迫ることを意味し，あとの face は，問題などを人が正面から受け止め，向き合って，それにしっかりと対峙し，対処することを意味する。「教育の危機は迫っているのに，私たちはその危機にまだしっかり対応しようとしていない」という内容に合致するのは(え)である。

問4 (2) Thirsty for national profit, nations, and their systems of education, are heedlessly discarding skills that are needed to keep democracies alive.

▶ Thirsty for national profit「国の利益を渇望して」は文頭にBeingが省略された分詞構文。

▶ nations, and their systems of education「国家，それにその国の教育制度」が主語の部分。nationsのあとに，コンマを用いてandからeducationまでを追加的に挿入した形になっているが，〈解答例〉のようにコンマを無視した和訳で十分だろう。

▶ are heedlessly discarding skillsは「技能をよく考えもせず捨て去ろうとしている」となる。heedlessly「不注意にも，無頓着にも」は難語だが，下線部の直前のhave not been well thought through「十分検討された上でのものではない」という表現を手がかりにすると，ある程度推測できるだろう。

▶ that are needed to keep democracies alive「民主国家を存続させるために必要な」は，skillsを先行詞とする関係代名詞節。democraciesは複数形なので，「民主主義」(この意味では不可算名詞）ではなくて，可算名詞の「民主（主義）国家，民主主義体制」の意味。

語句 think through ～「(どんな結果になるかなど）を慎重に考え抜く」 thirsty for ～「～を渇望して，～を追い求めるあまり」 discard「～を捨て去る」 keep ～ alive「～を存続させる，生かしておく」

(4) because democracy is built upon respect and concern, and these in turn are built upon the ability to see other people as human beings, not simply as objects.

▶ because democracy is built upon respect and concern「なぜなら，民主主義は敬意と配慮の上に成り立っていて」 because節は文末までで，ここはその節内の前半である。ここのdemocracyは不可算名詞なので「民主主義」の意味。concernには「関心」や「懸念」の意味もあるが，respect「(他者を）敬う気持ち」と並列されていることと後半の内容から，ここでは「(他者への）気遣い，配慮」の意味だと判断する。

▶ and these in turn are built upon the ability「そして，それら（＝敬意と配慮）はまた，能力の上に成り立っている（からである)」 theseがrespect and concernを指すことと，in turnが「また同様に，今度は」の意味のイディオムであることがポイント。「*A*の基盤は*B*だが，次にその*B*に目を向けると，今度は*B*の基盤は*C*だ」という，「*A*→*B*」の関係性と同様の関係性が「*B*→*C*」にもあることを，このin turnが示してくれている。

▶ to see other people as human beings, not simply as objects「他者を単にモノとしてではなく，人間としてとらえる」 この不定詞句は直前のabilityを修飾する。as human beings, not simply as objectsの部分は，*A* not *B*「*B*ではなくて*A*」を用い

ており，as human beings が A で，simply as objects が B に該当する。

語句 be built upon〔on〕～「～の上に築かれる，～の上に成り立つ」 see A as B 「A を B だとみなす」

解答

問1 経済危機の解決策が見つからず，多くの政権が交代する結果となったこと。（34字）

問2 A―(ア) B―(エ) C―(ウ) D―(イ)

問3 (え)

問4 (2) 国益を強く求めるあまり，国家とその教育制度は，民主国家を存続させるために必要とされる技能を，よく考えもせず切り捨てつつある。

(4) なぜなら，民主主義は敬意と配慮の上に成り立つものであり，この2つはまた，他者を単にモノとしてではなく，人間としてとらえる能力の上に成り立つものだからである。

23

2015年度〔2〕

次の文章を読んで，問1～3に答えなさい。

In the animal kingdom, specific traits distinguish one group of animals from another. The beaks and feathers of birds, for example, set them apart from mammals and amphibians*. Furthermore, variations in those traits differentiate one kind of bird from another. For instance, ducks have long, wide and flat beaks, and geese have shorter, thinner and taller beaks. Nonetheless, birds also share many features——eyes, feet, legs, a tail and so on——with many mammals and amphibians. (1)<u>What allows some traits to vary so greatly, while other features remain relatively similar across a wide range of animals?</u>

Some might say that a shared evolutionary history creates similarities, and adaptive responses to selective forces trigger differences. This answer provides some insight, but it does not explain all of nature's variation. Similar traits can arise independently in different animal lineages. For example, many biologists point to the development of human and octopus eyes. Both eyes have an eyelid, iris, lens, pupil* and retina*, but they are formed by completely different mechanisms. The human eye is an extension of the brain, whereas an inward-pocketing of the skin creates the octopus eye. Functionally, these eyes differ as well. The focal length of the octopus lens is fixed; the octopus focuses by moving the entire lens. In humans, changing the shape of the lens focuses the eye on objects at varying distances.

Although many evolutionary modifications could arise, not all outcomes are equally feasible. For instance, some traits are not possible in specific animals because of their developmental toolkit. Developmental toolkits can be compared to Lego building blocks, because both dictate what can be built. (2)<u>A standard set of rectangular blocks, for example, can serve as building material for many unique structures, but nothing with truly rounded edges.</u> In the same way, an organism relies on limited developmental processes, pathways and interactions.

Every living animal fits one of 35 distinct shapes, or body plans, all of which originated in the Cambrian period around 500 million years ago. Because these new animal shapes appeared relatively rapidly, the event is referred to as the

Cambrian explosion. In this case, "rapid" is based on an evolutionary timescale ; the explosion occurred over a period of at least 5 to 10 million years.

Even after many millions of years——10 times as long as the Cambrian explosion itself——no new body plans have evolved, despite major changes, including the movement from living in water to living on land. Consequently, developmental processes might constrain the possibilities.

For one thing, structural constraints impede some forms. Consider the fictional King Kong, a scaled-up version of a gorilla. All of his proportions are the same as a normal gorilla, but his overall size is much larger. In real animals, the structural properties of bone limit the size and proportions of the creatures, especially ones that live on land. Here's a simplified mathematical explanation of Kong's impossibility based only on the thigh bone.

Let's say that King Kong is five times taller than a normal-sized gorilla. A bone's strength depends on its cross-sectional area*, which is a function of the square of its radius*. King Kong's thigh bone is five times bigger in all dimensions, including its radius, so its strength will be increased by 5^2, or 25. King Kong's volume, on the other hand, varies according to length and cross-sectional area, which means that it increases by 5×25, or 125. With this giant gorilla's weight increasing five times more than his strength, his legs would be crushed. Such a discrepancy between strength and weight would apply to the rest of Kong's body as well. So apes could increase in size, but structural constraints impose limits.

From Development Influences Evolution, *American Scientist Volume 98, Issue 3. May/Jun 2010* by Katherine E. Willmore, Sigma Xi, The Scientific Research Honor Society

注 amphibians　両生動物
pupil　瞳孔（どうこう）
retina　網膜
cross-sectional area　断面積
radius　半径

問1　下線部(1)，(2)を日本語に訳しなさい。

問2　キング・コングの背の高さが普通のゴリラの5倍だとして，それが現実にはあり得ないと言える構造上の理由を60字以内の日本語で説明しなさい。ただし，句読点も1字に数えます。

問3　本文の内容と合致するものを下から二つ選び，記号で答えなさい。

(ア) The beaks and feathers of birds are one way to differentiate mammals from amphibians.

(イ) Human eyes and octopus eyes have no common characteristics.

(ウ) Many evolutionary modifications could occur, but not all outcomes are equally possible.

(エ) All the body plans of the animals alive today appeared in the Cambrian period.

(オ) Many new body plans of animals appeared after the Cambrian explosion to adapt to the shift from living in water to living on land.

全 訳

■動物の進化の過程でかかる制約

❶ 動物界では，特定の特徴によって，あるグループの動物と別のグループの動物との区別がつく。たとえば，鳥はそのくちばしと羽毛で，哺乳動物や両生動物との区別がつく。さらに，そうした特徴の差異によって，ある種類の鳥と別の種類の鳥との区別がつく。たとえば，アヒルのくちばしは長く，幅が広くて平べったいが，ガチョウのくちばしはもっと短く，薄くて，縦に長い。それでも，鳥は多くの特徴——目，足，脚，尾など——を多くの哺乳動物や両生動物と共有してもいる。(1)とても大きく異なる特徴がある一方で，広範囲に及ぶ動物において比較的似通ったままの特徴もあるのはなぜなのか？

❷ 進化の歴史を共有することで類似性が生まれ，選択圧に対する適応反応によって違いが生じるからだと言う人もいるかもしれない。この答えはある程度の洞察を与えてくれはするが，自然界にある変化のすべてを説明することにはならない。同じような特徴が，異なる系統の動物で無関係に生じることもあるからだ。たとえば，多くの生物学者はヒトとタコの目の発達を指摘する。どちらの目にもまぶた，虹彩，レンズ，瞳孔，網膜があるが，両者はまったく異なるメカニズムによって形成されている。ヒトの目は脳が拡張してできたものであるのに対し，皮膚が内側にポケット状にへこんでできるのがタコの目である。また，機能的にも，ヒトとタコの目は異なる。タコの目のレンズの焦点距離は一定である。タコはレンズ全体を動かすことで焦点を合わせるのだ。ヒトの場合はレンズの形を変えることで，さまざまな距離にある物体に目の焦点を合わせるのである。

❸ 進化の過程で多くの修正が生じる可能性はあるだろうが，どのような結果も等しく生じ得るわけではない。たとえば，特定の動物では，その発達のための道具が原因で，生じ得ない特徴もある。発達のための道具はレゴのブロックにたとえることができるが，それはどちらも作れるものがそれで決まるからである。(2)たとえば，標準的な長方形の一組のブロックは，多くの独特な構造物を作る材料にはなり得るが，縁が完全な丸みを帯びている構造物の材料にはなり得ない。同様に，有機体は，限られた発達過程，経路，相互作用に基づいて作られているのだ。

❹ 現存する動物はどれも35の明確に異なる形態，言い換えると身体設計図のどれか1つに当てはまるが，そのすべてはおよそ5億年前のカンブリア紀に起源を持つ。これらの新たな動物の形態は比較的急速に現れたので，その出来事はカンブリア爆発と呼ばれている。この場合，「急速な」というのは，進化の時間の尺度に基づいてのことだ。(一般の尺度で言うと）その爆発は少なくとも5百万年から1千万年

という期間で生じた。

❺ カンブリア爆発そのものの期間の10倍にあたる，何百万，何千万年という年月の後でさえ，水中での生息から陸上での生息への移行を含む大きな変化があったにもかかわらず，新たな身体設計図は1つも進化して生じてはいない。したがって，発達過程が進化の可能性を制約しているのかもしれない。

❻ ひとつには，構造上の制約は，ある種の形状の発現を妨げる。ゴリラを大きくした，架空の生き物のキング・コングを考えてみよう。彼の身体の各部の比率は普通のゴリラと同じだが，全身の大きさははるかに大きい。実在の動物だと，骨の構造上の特性が，その生き物の身体の大きさや各部の比率に制約をかけるが，陸に生息する生き物だと特にそうだ。大腿骨だけに基づいて，キング・コングが存在し得ないことを簡潔に数学的に説明してみよう。

❼ キング・コングが通常の大きさのゴリラの5倍の身長だとしよう。骨の強度は断面積に基づくが，それは半径の二乗の関数だ。キング・コングの大腿骨は，半径を含め，どの寸法においても5倍だから，その強度は5の二乗，すなわち25倍となるだろう。一方，キング・コングの体積は背丈と断面積に応じて変化する，つまり，5かける25で125倍となる。この巨大なゴリラの体重は，骨の強度の5倍になるので，彼の脚の骨は粉々に砕けてしまうだろう。このように強度と体重に食い違いが生じるというのは，キング・コングの身体の他の部位にも当てはまるだろう。したがって，類人猿はサイズが大きくなることはあっても，構造上の制約から制限がかかるのだ。

各段落の要旨

❶ 動物が種ごとに異なる固有の特性をもつ一方で，比較的類似した特性が種の垣根を越えて見いだされもするが，それはなぜなのだろう。

❷ 特性の類似性は進化の過程が共有されていることから生まれるという説もあるが，人間の目とタコの目の場合のように，一見類似しているように思える形質が，それぞれ独自の発生過程から形成されることもある。

❸ 進化による変異形成には動物ごとに制約があり，可能性としてはあり得ても，実際には発現しない変異もある。

❹ 現存するすべての動物は35種類ある形態のどれかに該当しており，それらはすべて約5億年前のカンブリア紀に集中して出現したので，カンブリア爆発と呼ばれている。

❺ それ以降，進化の結果として新たな身体構造が生まれた例は1つもないので，形態発現の経緯が進化の可能性を制約するのかもしれない。

❻ ひとつには，構造上の制約のために特定の形状が排除されるということがある。たとえば，架空の動物であるキング・コングは，ゴリラの身体をその比率を保ったまま巨大にしたものだが，現実には存在し得ない。

❼ 大腿骨だけを見ても，キング・コングの背丈がゴリラの5倍だとすると，骨の強度

は25倍になるが体積は125倍になり，身体を支えきれなくなる。類人猿の身体の巨大化には，こうした構造面の制約から限界があるのだ。

解 説

問1 (1) What allows some traits to vary so greatly, while other features remain relatively similar across a wide range of animals?

▶ What allows some traits to vary so greatly「一部の特徴がとても大きく異なることを許すのは何か」が直訳で，「一部の特徴がとても大きく異なるのはなぜなのか」などと意訳できる。この some traits「一部の特徴」は，後半の other features「他の（一部の）特徴」と相関的に用いられているので，全体を訳出する際には，「～な特徴がある一方で，…な特徴もある」といった意訳が，こなれていておすすめだ。

▶ while other features remain relatively similar「他の（一部の）特徴は比較的似通ったままなのに」が直訳。while は「対比，対照」を表す接続詞。下線部全体を和訳する際には，前から訳し下ろして，〈解答例〉のように，「…がある一方で，比較的似通ったままの特徴もある（のはなぜなのか）」とするほうが，この段落の論旨展開の流れにも沿う，よい答案になる。

▶ across a wide range of animals「広範囲の動物の中で〔にわたって〕」が直訳。直前の other features remain relatively similar を修飾する副詞句である。

語句 allow ～ to *do*「～が…するのを許す」 vary「異なる」 remain similar「類似したままである」

(2) A standard set of rectangular blocks, for example, can serve as building material for many unique structures, but nothing with truly rounded edges.

▶ a standard set of rectangular blocks, for example, can serve as building material for many unique structures「たとえば，標準的な長方形の一組のブロックは，多くの独特な構造物を作る材料にはなり得る」 ここは語彙力だけが問われている。building material は「建材」だが，ここでは，レゴブロックで何かを組み立てる際の，その材料となるブロックのことを指すので，「材料」と訳出しておけばよいだろう。

▶ but nothing with truly rounded edges「しかし，真に丸い〔全く角のない曲線的な〕縁を持つゼロのもの」が直訳。but のあとに，can serve as building material for を補って考えると，「縁が完全な丸みを帯びている構造物の材料にはなり得ない」ということを述べていることがつかめるだろう。

語句 standard「標準的な」 rectangular「長方形の」 serve as ～「～として機能する，役立つ，使える」 unique「唯一無二の，他に類のない，独特の」 structures「構造物」

問2 ▶最終段の第1～5文の内容を手短にまとめる。身長が5倍になると骨の半径も5倍となり，骨の強度は骨の半径の平方倍，つまり5の二乗で25倍になるが，体積はそれに背丈の5倍がかけ合わされて5×25，つまり125倍になり，脚はその重さを支えられないことを指定字数以内で書けばよい。難しい語句も登場するが，5×25といった数字を追うだけでも，おおまかな内容は推測できるのではないか。

語句 function「関数」 square「平方，二乗」 thigh bone「大腿骨」（thigh は脚の「もも」のこと） crush「～を押しつぶす」

問3 正解は(ウ)・(エ)

▶選択肢の訳は以下のとおり。

(ア)「鳥のくちばしや羽毛は哺乳動物と両生動物とを区別する1つの方法だ」

(イ)「人間の目とタコの目には共通の特徴はない」

(ウ)「多くの進化上の変異〔修正〕が起こり得るが，すべての結果が等しく可能というわけではない〔そのすべてが等しく発現するわけではない〕」

(エ)「現存の動物の身体設計図のすべてがカンブリア紀に現れた」

(オ)「動物の多くの新たな身体設計図が，カンブリア爆発のあとで，水中生活から陸上生活への移行に適応するために現れた」

▶(ア)は第1段第2文の内容と一致しない。(イ)は第2段第5文の内容と一致しない。(ウ)は第3段第1文の内容と一致。arise「生じる」は occur で，feasible「実現可能な」は possible で言い換えられている。(エ)は第4段第1文の内容と一致。(オ)は第5段第1文の内容と一致しない。

解答

問1 (1) とても大きく異なる特徴がある一方で，広範囲に及ぶ動物において比較的似通ったままの特徴もあるのはなぜなのか？

(2) たとえば，標準的な長方形の一組のブロックは，多くの独特な構造物を作る材料にはなり得るが，縁が完全な丸みを帯びている構造物の材料にはなり得ない。

問2 身長が5倍になると骨の強度は25倍になるが，体重は125倍になって，脚の骨がキング・コングの体重を支えきれなくなるから。(60字)

問3 (ウ)・(エ)

24

2015年度〔3〕

次の文章を読んで，問1～4に答えなさい。

On Eleanor Black's 71st birthday a flock of birds flew into her kitchen through a window that she had opened every morning for 40 years. They flew in all at once, without warning or reason, from the tree at the corner, where birds had sat every day since President Roosevelt's time. They were huge and dirty and black, the size of cats practically, much larger than she had ever imagined birds. Birds were so small in the sky. (1)In the air, even in the clipped tree 10 yards from the window, they were nothing more than faint dots of color. Now they were in her kitchen, batting against the ceiling and the yellow walls she had just washed a couple of months ago, and their stink and their cries and their frantic knocking wings made it hard for her to breathe.

She sat down and took a water pill. They were screaming like wounded animals, flapping in tight circles around the light fixture so that she got dizzy looking at them. She reached for the phone and pushed the button that automatically dialed her son, who was a doctor.

"Bernard," she said, "there's a flock of crows in the flat."

"It's 5 in the morning, Mom."

"It is? Excuse me, because it's 7 a.m. out here. (A) But the crows are flying in my kitchen."

"Mother?"

"Yes?"

"Have you been taking all your medicines?"

"Yes, I have."

"Has Dr. Gluck put you on any new ones?"

"No."

"What did you say was the matter?"

"There's a whole flock of crows in the flat."

Bernard didn't say anything.

"I know what you're thinking," she said.

"I'm just making the point that sometimes new medicines can change people's perceptions."

"Do you want to hear them ?"

"Yes," he said, "that would be fine. (　B　)"

She held the receiver up toward the ceiling. The cries were so loud she knew he would pick them up, even long distance.

"Okay ?" she said.

"I'll be damned."

"What am I supposed to do ?"

"How many are there ?"

"I don't know."

"What do you mean, you don't know ?"

"They're flying like crazy around the room. (　C　)"

"Are they attacking you ?"

"No, but I want them out anyway."

"How can I get them out from Denver ?"

She thought for a second. "I'm not the one who went to Denver."

He breathed out on the phone, loud, like a child. He was chief of the department at Denver General Hospital. "I'm just making the point," he said, "that I can't grab a broom in Colorado and get the birds out of your place in New York."

"(2)Whose fault is that ?"

"Mom," he said.

"Yes ?"

"Call the SPCA.* (　D　) They have a department that's for things like this. They'll come out and get rid of them."

"They're big."

"I know," he said. "Just call the SPCA. Okay ?"

"Okay," she said.

He paused. "You can call back later to let us know what happened."

"Okay."

"Okay ?"

"Okay." She waited a moment. "Do you want to say anything else ?"

"No," he said.

From *Birds in the Hand : Fiction and Poetry About Birds* by Dylan Nelson and Kent Nelson, North Point Press

注 SPCA Society for the Prevention of Cruelty to Animals（動物虐待防止協会）

問1 下線部(1)を日本語に訳しなさい。

問2 空所（ A ）～（ D ）に入る最も適切な文を下から選び，記号で答えなさい。ただし，それぞれの文は一度しか使えません。

(ア) How can I count them ?
(イ) I forgot.
(ウ) Tell them what happened.
(エ) Let me hear them.

問3 下線部(2)について，エレノアが伝えたかった意味として最も適切なものを下から一つ選び，記号で答えなさい。

(a) Life changes, and we have to accept this.
(b) You should not come here and help me.
(c) You should not have moved to Denver.
(d) I should have moved to Denver with you.
(e) I should have tried to use a broom.

問4 本文の内容と合致するものを下から三つ選び，記号で答えなさい。

(あ) Eleanor lives in an apartment in New York.
(い) Eleanor's son is a doctor working in Denver, Colorado.
(う) Eleanor's doctor has given her new medicines.
(え) At first, Bernard doubts that there are crows in Eleanor's apartment.
(お) Bernard has decided to come to New York and help his mother with the crows.
(か) Bernard has promised to call back Eleanor later.

全 訳

■母親のアパートに乱入したカラスの大群

エレノア=ブラックの71歳の誕生日に，鳥が大挙して，彼女が40年間毎朝開けていた窓から台所に飛び込んだ。鳥たちは，ルーズベルト大統領の時代から毎日とまっていた，角のところにある木から，何の前触れも理由もなく，いっせいに飛び込んできたのだった。鳥たちは大きく，薄汚れていて真っ黒で，ほとんど猫ほどの大きさがあり，彼女が鳥に対して思い描いていたよりずっと大きかった。鳥は空にいるときはとても小さい。飛んでいるときには，さらには窓から 10 ヤードのところにある短く刈り込まれた木にとまっているときでさえ，鳥たちは，かすかな色の点にすぎなかった。今や，鳥たちは彼女の台所にいて，天井や，彼女がほんの 2，3 カ月前に洗ったばかりの黄色い壁にぶつかっており，その悪臭や鳴き声や，狂ったように翼をバタつかせているせいで，彼女はまともに息ができないほどだった。

彼女は座って利尿剤を飲んだ。鳥たちは傷ついた動物のように鋭い鳴き声をあげ，照明器具のまわりを隙間のない円を描いて飛び回ったので，彼女は見ていて目まいがしてきた。彼女は電話に手を伸ばし，医者をしている息子に自動的に電話がかかるボタンを押した。

「バーナード」と彼女は言った。「アパートにカラスの群れがいるの」
「朝の 5 時だよ，母さん」
「そうなの？　ごめんなさいね，こちらは午前 7 時なものだから。忘れていたわ。でも，カラスがうちの台所を飛び回っているの」
「お母さん？」
「なあに？」
「薬は全部，ちゃんと飲んでる？」
「ええ，飲んでるわよ」
「グラック先生から何か新しい薬をもらった？」
「いいえ」
「どうしたって話だっけ？」
「アパートにカラスの群れがまるごといるの」
バーナードは何も答えなかった。
「お前がどう思っているか，わかるわよ」と彼女は言った。
「僕は，新しい薬を飲むと，人の知覚に変調をきたすこともあるって言ってるだけだよ」
「鳥たちの音を聞きたい？」
「ああ」と彼は言った。「それがいいだろうね。聞かせてよ」
彼女は受話器を天井に向けた。鳴き声はとても大きかったので，かなり離れていても彼には聞こえるとわかっていた。
「わかる？」と彼女は言った。
「まいったな」
「どうしたらいいかしら？」

「何羽いるんだ？」
「わからないわ」
「わからないって，どういうことさ？」
「部屋中をすごい勢いで飛び回っているんだもの。一体，どうやって数えたらいいわけ？」
「襲ってきてるのか？」
「いいえ，でもどうにかして出ていってほしいの」
「僕がデンバーからどうやってそっちの鳥を追い出せるっていうんだ？」
彼女は一瞬考えた。「デンバーに行ったのは私じゃないわ」
彼は電話口で，子供のように大きな音を出して息を吐いた。彼はデンバー総合病院の医局長だった。「僕は，コロラドでほうきをつかんで，ニューヨークの母さんの家から鳥を追い出すことなんてできないって言ってるだけだよ」と彼は言った。
「誰のせいかしら？」
「母さん」と彼は言った。
「はい？」
「動物虐待防止協会に電話しなよ。何があったか伝えるんだ。あそこにはこういうことに対処する部署がある。来てくれて，鳥を追い払ってくれるさ」
「鳥は大きいのよ」
「わかってる」と彼は言った。「とにかく動物虐待防止協会に電話するんだ。わかった？」
「わかったわ」と彼女は言った。
彼は一瞬だまり込んだ。「あとでまた電話して，どうなったかこっちに教えてくれるかな」
「わかったわ」
「わかったね？」
「わかったわよ」 彼女は一瞬待った。「ほかに何か言いたいことはないの？」
「べつに」と彼は言った。

解 説

問1 In the air, even in the clipped tree 10 yards from the window, they were nothing more than faint dots of color.

▶ In the air, even in the clipped tree 10 yards from the window「空中では〔空を飛んでいるときには〕，さらには窓から10ヤードのところにある短く刈り込まれた木にとまっているときでさえ」 even in the tree「木の中にいるときでさえ」とは，「木の枝にとまっているときでさえ」ということ。10 yards from the window「窓から10ヤードのところにある」は，直前の the clipped tree を修飾している。

▶ they were nothing more than faint dots of color「彼ら〔鳥たち〕は色の付いたかすかな点にすぎなかった」 nothing more than ～「～にすぎないもの」

語句 clipped「短く〔きれいに〕刈り込まれた」 faint dots of color「色の付いたかすかな点，かすかな色の点」

問2 ▶選択肢の訳は以下のとおり。

(ア)「一体（鳥の数を）どうやって数えたらいいわけ？」

(イ)「忘れていたわ」

(ウ)「（先方に）何があったか伝えるんだ」

(エ)「（僕に鳥たちが立てる音を）聞かせてよ」

A．正解は(イ)

▶空所の手前で，息子の住んでいるところとエレノアが住んでいるところでは，2時間の時差があり，息子を早朝に起こしてしまったことを詫びていることから，時差のことを忘れていたと述べていると判断。

B．正解は(エ)

▶空所を含む息子の発言の手前で，エレノアが「鳥たちの音を聞きたい？」と尋ねていることから，容易に正答できる。

C．正解は(ア)

▶息子になぜ鳥の数がわからないのかと問われて，エレノアが空所の直前で「部屋中をすごい勢いで飛び回っているんだもの」と答えていることから，(ア)が文脈に合う。How can I count them? は修辞疑問であり，その心は I can't count them. だ。

D．正解は(ウ)

▶息子がエレノアに，動物虐待防止協会に電話するよう助言をしている文脈なので，(ウ)が適切。them は協会の関係者を指す。

問3 正解は(c)

▶選択肢の訳は以下のとおり。

(a)「生活は変わっていくのだし，私たちはこのことを受け入れないといけない」

(b)「お前はこちらへ来て私を助けないほうがいい」

(c)「お前はデンバーへ引っ越すべきではなかった」

(d)「お前と一緒にデンバーへ引っ越すべきだった」

(e)「ほうきを使ってみるべきだった」

▶下線部は「それは誰のせいなの？」という意味。「コロラド（デンバーのある州）でほうきをつかんで，ニューヨークの母さんの家から鳥を追い出すことなんてできない」という息子の発言に対する非難の言葉である。冒頭でエレノアは40年間ずっとニューヨークに住み続けていることがわかり，「息子のお前のほうがデンバーに引っ越してしまったからこんな目にあっているのだ，悪いのはお前じゃないか」という母親の気持ちをくみ取ろう。

問4　正解は㈠・㈡・㈣

▶選択肢の訳は以下のとおり。
(あ)「エレノアはニューヨークのアパートに住んでいる」
(い)「エレノアの息子はコロラド州デンバーで働いている医者である」
(う)「エレノアの（かかりつけの）医者は彼女に新しい薬を出した」
(え)「初め，バーナードはエレノアのアパートにカラスはいないと思っている」
(お)「バーナードはニューヨークに来て，カラスのことで母親を助けることにした」
(か)「バーナードはエレノアにあとでまた電話をかけ直すことを約束した」

▶(あ)はエレノアの第1発言の内容と，下線部(2)の直前のバーナードの発言内容から，正しいとわかる。flat「アパート」 (い)は下線部(2)の直前の息子の発言の手前の文（He was chief of the department at Denver General Hospital.）に一致。(う)は，息子の4番目の発言（Has Dr. Gluck put you on any new ones ?）に対するエレノアの“No”という返事と一致しない。put *A* on *B*「（医者が）*A*（人）に*B*（治療法など）を施す」 new ones は new medicines のこと。(え)は息子の6番目の発言（I'm just making …）と，空所Bでの，鳥の声を聞かせてくれという発言，それに鳥の鳴き声を聞いたときの“I'll be damned.”「まいったな，これは驚いた」という発言から，正しいとわかる。(お)は問題文の内容と一致しない。息子は「SPCA に電話しろ」とか「またあとで電話をくれ」などと言うばかりで，ニューヨークに来て母親を助けるつもりはない。(か)は，息子の最後から3番目の発言（You can call back …）の内容と一致しない。母親にかけさせようとしている。

解答

問1　飛んでいるときには，さらには窓から10ヤードのところにある短く刈り込まれた木にとまっているときでさえ，鳥たちは，かすかな色の点にすぎなかった。
問2　A―(イ)　B―(エ)　C―(ア)　D―(ウ)
問3　(c)
問4　(あ)・(い)・(え)

25

2014年度〔1〕

Read the text and answer the following questions.

In many countries around the world, it is common for the state to ask its citizens if they will volunteer to be organ donors. Now, organ donation is one of those issues that bring out strong feelings from many people. On the one hand, it's an opportunity to turn one person's loss into another person's salvation. But on the other hand, it's more than a little perplexing to be making plans for your organs that don't involve you. It's not surprising, therefore, that different people make different decisions, nor is it surprising that rates of organ donation vary considerably from country to country. It might surprise you to learn, however, how much cross-national variation there is. In a study conducted a few years ago, two psychologists, Eric Johnson and Dan Goldstein, found that ((X)) at which citizens consented to donate their organs varied across different European countries, from as low as 4.25 percent to as high as 99.98 percent. (1)What was even more striking about these differences is that they weren't scattered all over the spectrum, but rather were clustered into two distinct groups——one group that had organ-donation rates in the single digits and teens, and one group that had rates in the high nineties——with almost nothing in between.

What could explain such a huge difference? That's the question I put to a classroom of bright college undergraduates not long after the study was published. Actually, what I asked them to consider was two anonymous countries, A and B. In country A, roughly 12 percent of citizens agree to be organ donors, while in country B, 99.9 percent do. So what did they think was different about these two countries that could account for the choices of their citizens? Being smart and creative students, they came up with lots of possibilities. Perhaps one country was secular while the other was highly religious. Perhaps one had more advanced medical care, and better success rates at organ transplants, than the other. (2)Perhaps the rate of accidental death was higher in one than another, resulting in more available organs. Or perhaps one had a highly socialist culture, emphasizing the importance of community, while the other prized the rights of individuals.

All were good explanations. But then came the curveball. Country A was in fact Germany, and country B was ... Austria. My poor students were puzzled ——what on earth could be so ((Y)) about Germany and Austria ? But they weren't giving up yet. Maybe there was some difference in the legal or education systems that they didn't know about ? Or perhaps there had been some important event or media campaign in Austria that had encouraged support for organ donation. Was it something to do with World War II ? Or maybe Austrians and Germans are more different than they seem. My students didn't know what the reason for the difference was, but they were sure it was *something* ((ア))——you don't see extreme differences like that by accident. Well, no——but you can get differences like that for reasons that you'd never expect. And for all their creativity, my students never guessed (3)the real reason, which is actually absurdly ((イ)) : In Austria, the default choice is to be an organ donor, whereas in Germany the default is not to be. The difference in policies seems ((ウ))——it's just the difference between having to mail in a simple form and not having to——but it's enough to push the donor rate from 12 percent to 99.9 percent. And what was true for Austria and Germany was true across all of Europe——all the countries with very high rates of organ donation had opt-out policies, while the countries with low rates were all opt-in.

From *Everything Is Obvious : Once You Know the Answer* by Duncan J. Watts, Crown Publishers, Inc.

1 Fill in the blanks ((X)) and ((Y)) with the most suitable word you can find in the first paragraph for ((X)) and the third paragraph for ((Y)).

2 Choose the most suitable word below to fill in the blanks ((ア)) to ((ウ)). Write the letters (A) to (D) that correspond to your answer.

(ア)	(A) big	(B) simple	(C) trivial	(D) nonsensical
(イ)	(A) important	(B) advanced	(C) simple	(D) meaningless
(ウ)	(A) big	(B) advanced	(C) trivial	(D) nonsensical

3 Explain the underlined part marked (1) in Japanese, using around 70 characters. Punctuation should be counted as one character.

4 Translate the underlined sentence marked (2) into Japanese.

5 Explain "the real reason" in the underlined part marked (3) in Japanese, using around 60 characters. Punctuation should be counted as one character.

全 訳

■ヨーロッパ各国における臓器提供の同意率の違い

❶ 世界中の多くの国では，国家が国民に臓器提供者となる意思があるかを尋ねるのが一般的である。現在，臓器提供は多くの人々から強い感情を引き出す問題の1つとなっている。それは一方で，誰かの死を他の誰かの救済に変える機会である。しかしその一方で，自分の臓器のことで本人抜きに計画が立てられているというのは，相当な困惑を覚えるものだ。したがって，人によって下す決断が異なるのも驚くにはあたらないし，国によって臓器提供率にかなりの差があるのも当然である。しかしながら，国家間でいかに大きな差があるかを知れば，ひょっとすると驚くかもしれない。数年前に行われたある研究で，エリック=ジョンソンとダン=ゴールドスタインという2人の心理学者が，ヨーロッパのさまざまな国で，国民が自分の臓器を提供することに同意する率は，4.25％という低いものから99.98％という高いものまで，国によって異なることを突きとめた。この違いに関してさらに一層目立っていたのは，そうしたさまざまな率がその範囲内にまんべんなく分布していたのではなく，2つのはっきりしたグループ――かたや臓器提供（の同意）率が1けたから10％台であるグループと，かたやその率が90％台後半のグループ――に集中しており，その中間はほぼ皆無だったという点である。

❷ そのような大きな差があることを，一体どのように説明することができるだろうか？　これは，その研究が発表されて間もなく，私が優秀な大学生たちのクラスに投げかけた質問である。実際に，私が彼らに考えてみるよう求めたのは，AとBという，国名を伏せた2つの国についてだった。A国では，臓器提供者になることに同意する国民は約12％なのに対し，B国では99.9％の国民が同意している。では彼らは，この2つの国に関して，何がそれぞれの国の国民の行った選択を説明しうると考えたのだろうか？　彼らは頭がよく，創造性豊かな学生たちだったので，多くの可能性を思いついた。ひょっとすると，一方の国は宗教色がなく，もう一方は非常に宗教色の濃い国なのかもしれない。ひょっとすると，一方の国は先進的な医療ができ，臓器移植が成功する率が，もう一方の国より高いのかもしれない。ひょっとすると，一方の国ではもう一方の国より事故による死亡率が高く，結果として移植に用いることのできる臓器がより多いのかもしれない。あるいは，ひょっとして，一方の国は非常に社会主義的な文化をもち，共同体の大切さを重視しているのに対し，もう一方の国は個人の権利を尊重しているということなのかもしれない。

❸ どれも立派な説明だった。しかし，その後，思いがけない展開となった。A国というのは実はドイツで，B国とは…オーストリアだったのだ。かわいそうに，私

の学生たちは困惑した――ドイツとオーストリアでいったい何がそんなに違うというのだろう？　しかし，彼らはまだ降参しようとしてはいなかった。もしかすると，法律や教育の制度に，自分たちの知らない何らかの違いがあるのではないか？あるいは，ひょっとして，オーストリアでは，臓器提供を支援する気運を高めた何か重大な出来事やメディアによるキャンペーンがあったのかもしれない。第二次世界大戦と何らかの関係があるのだろうか？　あるいは，もしかして，オーストリア人とドイツ人は，見かけ以上に大きく違っているのかもしれない。私の学生たちは，その違いの理由が何なのかわからなかったが，きっと何か重大なことに違いないと思っていた――そうした極端な違いが偶然に生じるわけがないと。そう，そんなわけはない――そうではなくて，思いもしないような理由でそのような違いが出ることがあるのだ。そして，その創造性をもってしても私の学生たちはついに本当の理由を推測することができなかったが，それは，実はばかばかしいほど単純なものである。オーストリアでは，（変更の申請をしない場合の）あらかじめ設定されている標準的な選択は臓器提供者になるということであるのに対し，ドイツでの（初期設定の）標準選択は臓器提供者にならないということなのだ。方式の違いはささいなこと――簡単な書式で郵送する必要があるかないかという違いだけ――に思われるのに，それだけで臓器提供に同意する率を12％から99.9％まで押し上げるに足るものなのである。さらに，オーストリアとドイツについて言えることは，ヨーロッパ全土についても言えることだった――つまり，臓器提供率の非常に高い国はオプトアウト方式を採用しており，一方，その率の低い国はみな，オプトイン方式を採用していたのである。

各段落の要旨

❶ 多くの国が臓器提供に対する同意・不同意の意思表示を国民に求める制度を採っているが，ヨーロッパの国々でその同意率を調査したところ，率が非常に高い国と極めて低い国の両極端に二分されることが判明した。

❷ 筆者が優秀な大学生たちに，同意率が両極にある２つの国を，その国名を伏せて提示し，率に大きな差異が生じた理由を考えさせたところ，学生たちは数々の可能性を思いついた。

❸ 意外なことに，本当の理由は，意思表示をしない限り同意したことになる国では同意率が非常に高くなり，方式が逆の国では非常に低くなるという単純なもので，これはヨーロッパ中で共通の現象であった。

解　説

1．設問の趣旨：「空所(X)と(Y)に，それぞれ第１段と第３段から，最も適切な単語を抜き出して入れなさい」

(X) 正解は rates

▶第1段第5文（It's not surprising, …）の後半で，「国によって臓器提供率（rates of organ donation）にかなりの差があるのも当然」としながらも，第6文（It might surprise …）では，「国家間での（その率の）差が相当大きいことには驚くだろう」と述べられており，国家間での rates「率，割合」の差のひらきが論点となっていることをつかむ。そして，続く第7文（In a study …）からは，その内容が具体化されていく。

▶こうした論旨の展開と，第7文の「2人の心理学者が，ヨーロッパのさまざまな国で，国民が自分の臓器を提供することに同意する（ (X) ）は，4.25％という低いものから99.98％という高いものまで，国によって異なることを突きとめた」という空所の前後の文脈から判断すれば，空所には rates が入るとわかるはず。

語句 rates at which S V「SがVする率〔割合〕」 consent to *do*「～することに同意する」 donate *one's* organs「自分の臓器を提供する」 vary「異なる，さまざまである」

(Y) 正解は different

▶空所を含む文は，国家としてさほど違いがないように思われるドイツとオーストリアの臓器提供同意率が大きく異なるという事実に，大学生たちが困惑して抱く疑問を表している。手前の第2段では，彼らが，国名を知らされないまま両国で差が生じる理由をあれこれと推測していた様子が述べられているので，国名を明かされて，「ドイツとオーストリアでいったい何がそんなに違うというのだろう」と思ったと考えれば文意が通る。be 動詞の補語となり，副詞の so で修飾できる語は，名詞の difference ではなくて，（第3段第9文にある）形容詞の different であることに注意しよう。

2．設問の趣旨：「空所(ア)～(ウ)に入る最も適切な語を，それぞれ(A)～(D)から選んで記号で答えなさい」

(ア) 正解は(A)

▶「私の学生たちは，その違いの理由が何なのかわからなかったが，きっと何か（ (ア) ）ことに違いないと思っていた――そうした極端な違いが偶然に生じるわけがないと」という文脈に合うのは，「思いもよらない，単なる偶然なんかではない，重大な」といった意味の形容詞だろうと考える。選択肢の訳は以下のとおり。

(A)「重大な」 (B)「単純な」
(C)「ささいな」 (D)「無意味な，ばかげた」

(イ) 正解は(C)

▶学生は何か重大な理由があるはずだと思っていたが，本当の理由は，実は，ばかばかしいほど（ (イ) ）なものだったという文脈と，空所のあとの，真相は単なる意思表示の方式の違いにすぎなかった，という内容から，「単純な」が適切だとわかる。選択肢の訳は以下のとおり。

(A)「重要な」　(B)「進んだ，高度な」

(C)「単純な」　(D)「無意味な」

(ウ) 正解は(C)

▶方式の違いは（ (ウ) ）ことに思われるのに，それがとても大きな差を生んでいる，という文脈には，「ささいな，単純な」といった意味の形容詞がふさわしい。選択肢の訳は以下のとおり。

(A)「重大な」　(B)「進んだ，高度な」

(C)「ささいな」　(D)「無意味な，ばかげた」

3．設問の趣旨：「下線部(1)の内容を70字程度の日本語で説明しなさい。ただし，句読点も1字に数えます」

▶「この違いに関してさらに一層目立っていたこと」の具体的内容は，この下線部を主語とする第1段第8文の，補語として働く that 節内に書かれているので，その内容をまとめる。字数に制限があるので，not … but 〜 構文の but 以下に中心をすえ，ヨーロッパの国々で，臓器提供同意率が the single digits「(パーセンテージが）1桁台」および teens「10（%）台」の国と，the high nineties「90（%）台後半」の国の2グループに分かれ，「その中間はほぼ皆無の状態で（with almost nothing in between)」あったことを盛り込めばよい。

4．設問の趣旨：「下線部(2)を和訳しなさい」

Perhaps the rate of accidental death was higher in one than another, resulting in more available organs.

▶文頭の perhaps は，確信度の高い probably「たぶん，十中八九」とは違って確信度の低い語なので，「ひょっとすると（〜かもしれない)」といった訳出が望ましい。また，perhaps が文末までの内容全体を修飾していることにも注意しよう。

▶ the rate of accidental death「事故死の割合，事故による死亡率」

▶ one (country) と another (country) の対比に注目。2つの国の比較なので，one は「ある国」ではなく「一方の国」とし，another は「別の〔他の〕国」ではなく「もう一方の国」や「他方（の国)」と訳出したい。

▶ resulting in more available organs は，文末に加えられた分詞構文。「そしてそのこ

とが，より多くの利用可能な臓器という結果になった（のかもしれない）」が直訳。これでは日本語にならないので，「そのため〔結果として〕，移植に使える臓器がより多かった（のかもしれない）」などと意訳する。

▶〈全訳〉では，そのときに学生たちが抱いた考えを表している文は，下線部(2)の部分も含めてすべて現在形で訳しており，このほうが日本語としては自然になるが，答案としては文字通りに過去形で訳しておいてもよい。

語句 result in ～「結果として～を生じさせる，～に終わる」 available「利用できる，入手可能な」

5．設問の趣旨：「下線部(3)の内容を 60 字程度の日本語で説明しなさい。ただし，句読点も 1 字に数えます」

▶下線部を含む文の空所(イ)の直後のコロンに注目。このあとに「本当の理由」の内容が具体化されている。「オーストリアでは the default choice が臓器提供者になることであるのに対し，ドイツではその逆」という内容と，続く文の「簡単な書式で郵送する必要があるかないかという，方式のちょっとした違いが大きな差を生んでいる」という内容である。よって，こうした内容をまとめればよい。

▶あとは the default choice の意味の推測である。第 2 段第 4 文と第 3 段第 3 文の内容から，臓器提供同意率はオーストリアが 99.9％で，ドイツが約 12％であることがわかっている。ここから，オーストリアでは選択の変更申請をしない限り同意したことになっている（オプトアウト方式）が，ドイツではその逆（オプトイン方式）になっていると考えられる。わざわざ郵送で選択変更の手続きをするのを面倒がるのが人間の心理だからだ。こうした文脈から，the default choice は，変更申請しない場合の「あらかじめ設定されている標準選択」「初期設定として自動的に決まっている選択」といった意味であろうと判断できる。

解答

1．(X) rates (Y) different

2．(ア)―(A) (イ)―(C) (ウ)―(C)

3．ヨーロッパの国々では，国民が臓器提供に同意する率が，2 割に満たない国と 9 割台後半の国にはっきりと二極化し，その中間はほぼ皆無だったこと。(68 字)

4．ひょっとすると，一方の国ではもう一方の国より事故による死亡率が高く，結果として移植に用いることのできる臓器がより多いのかもしれない。

5．変更申請をしない限り，オーストリアでは臓器提供に同意したことになり，ドイツでは同意していないことになる方式が採られていること。(63 字)

26

2014年度〔2〕

Read the text and answer the following questions.

Take a look at the following list of numbers: 4, 8, 5, 3, 9, 7, 6. Read them aloud. Now look away and spend twenty seconds memorizing that sequence before saying them out aloud again.

If you speak English, you have about a 50 percent chance of remembering that sequence perfectly. If you're Chinese, though, you're almost certain to get it right every time. Why is that? Because as human beings we store digits in a memory loop that runs for about two seconds. We most easily memorize whatever we can say or read within that two-second span. And Chinese speakers get that list of numbers——4, 8, 5, 3, 9, 7, 6——right almost every time because, unlike English, their language allows them to fit all those seven numbers into two seconds.

That example comes from Stanislas Dehaene's book *The Number Sense*. As Dehaene explains:

> Chinese number words are remarkably ((あ)). Most of them can be uttered in less than one-quarter of a second (for instance, 4 is "si" and 7 "qi"). Their English equivalents——"four," "seven"——are longer: pronouncing them takes about ((い)) of a second. The memory gap between English and Chinese apparently is entirely due to this difference in length. (1)<u>In languages as diverse as Arabic, Chinese, English and Hebrew, there is a correlation between the time required to pronounce numbers in a given language and the memory span of its speakers.</u> In this domain, the prize for the efficacy goes to the Cantonese dialect of Chinese, whose brevity grants residents of Hong Kong an excellent memory span of 10 digits.

It turns out that there is also a big difference in how number-naming systems in Western and Asian languages are constructed. In English, we say fourteen, sixteen, seventeen, eighteen, and nineteen, so one might expect that we would also say oneteen, twoteen, threeteen, and fiveteen. But we don't. We use a different form : eleven, twelve, thirteen, and fifteen. Similarly, we have forty and sixty, which sound like the words they are related to (four and six). But we also say fifty and thirty and twenty, which sort of sound five and three and two, but not really. And, for that matter, for numbers above twenty, we put the "decade" first and the unit number second (twenty-one, twenty-two), whereas for the teens, we do it the other way around (fourteen, seventeen, eighteen). The number system in English is highly ((う)). Not so in China, Japan, and Korea. They have a logical counting system. Eleven is ten-one. Twelve is ten-two. Twenty-four is two-tens-four and so on.

That difference means that Asian children learn to count much ((え)) than American children. Four-year-old Chinese children can count, on average, to forty. American children at that age can count only to fifteen, and most don't reach forty until they're five. By the age of five, in other words, American children are already a year ((お)) their Asian counterparts in the most fundamental of math skills.

The regularity of their number system also means that (2)Asian children can perform basic functions, such as addition, far more easily. Ask an English-speaking seven-year-old to add thirty-seven plus twenty-two in her head, and she has to ((か)) the words to numbers (37 + 22). Only then can she do the math : 2 plus 7 is 9 and 30 and 20 is 50, which makes 59. Ask and Asian child to add three-tens-seven and two-tens-two, and then the necessary equation is right there, embedded in the sentence. No number translation is necessary : It's five-tens-nine.

From *Outliers* by Malcolm Gladwell, Little, Brown and Company

1 Choose the most suitable word below to fill in the blanks ((あ)) to ((か)). Write the letters (A) to (D) that correspond to your answer.

(あ)	(A) fast	(B) quick	(C) long	(D) brief
(い)	(A) one-third	(B) one-quarter	(C) one-fifth	(D) one-sixth
(う)	(A) standardized	(B) irregular	(C) developed	(D) countable
(え)	(A) later	(B) faster	(C) shorter	(D) slower
(お)	(A) behind	(B) late	(C) advanced	(D) ahead
(か)	(A) assign	(B) compare	(C) stick	(D) convert

2 Translate the underlined sentence marked (1) into Japanese.

3 Explain why such is the case with Asian children in the underlined part marked (2) in Japanese.

4 Write ○ for true statements and × for false statements.

(1) According to the author, if the counting system were logical, "oneteen" would be theoretically more appropriate than "eleven" in English.

(2) American children have to wait until the age of five before they can learn to count faster than their Chinese counterparts.

(3) Chinese speakers can remember more digits than English speakers because they have a longer memory loop.

(4) Unlike in English, in Chinese "decade" units precede number units in both the teens and the twenties.

(5) It is highly probable that Chinese speakers in Hong Kong have a slightly shorter memory span than those in other areas of China.

全 訳

■数の体系の違いと記憶力や計算能力との関係

❶ 次に列挙する数字を見てほしい。4，8，5，3，9，7，6。それを声に出して読んでみよう。次に目を離し，20秒間そのひと続きの数字を暗記してから，それを（目を離したまま）復唱してみよう。
❷ 英語を話す人なら，その一連の数字を完全に想起できる可能性は約50％である。しかし，中国人なら，毎回ほぼ確実に，ちゃんとやりこなせる。それはどうしてだろうか？　人間である私たちは，約2秒間機能する記憶回路に数字を保持しておくからである。私たちはその2秒という時間内に言ったり読んだりできることなら何でも，実にたやすく記憶にとどめる。そして中国語を話す人がその一連の数字――4，8，5，3，9，7，6――をほぼ毎回正しく言えるのは，英語と違って，彼らの言語のおかげでその7つの数字のすべてを2秒以内にぴったり収めることができるからである。
❸ この例はスタニスラス=ドゥアンヌの著書 *The Number Sense*（邦題『数覚とは何か？』）から引いたものだ。ドゥアンヌは次のように説明している。

中国語の数を表す単語は非常に簡潔である。そのほとんどが1秒の4分の1足らずの時間で発音することができる（例えば，4は「スー」で7は「チー」だ)。英語でそれに相当する語――four，seven――はもっと長い。それを発音するには1秒のおよそ3分の1の時間がかかるのだ。英語と中国語で記憶に差がでるのは，もっぱらこの長さの違いによるものであるようだ。アラビア語，中国語，英語，ヘブライ語といった多様な言語では，ある特定の言語で数字を発音するのに必要な時間と，その言語を話す人の（一度に覚えられる）数字の記憶容量との間には相関関係がある。この領域では，その有効性に関して中国語の広東方言に軍配があがるのだが，その（音声の）簡潔さのおかげで，香港の住民は10桁という素晴らしい記憶容量を持っているのである。

❹ 西洋の言語とアジアの言語では，数の呼び方の構成法にも大きな違いがあることがわかっている。英語では，私たちは fourteen，sixteen，seventeen，eighteen，nineteen と言うので，同様に oneteen，twoteen，threeteen，fiveteen とも言うだろうと思われるかもしれない。でもそうは言わないのだ。私たちは eleven，twelve，thirteen，fifteen という異なる形を使う。同様に，forty，sixty という言い方があり，それは関連する語（four と six）に音が似ている。しかし私たちは

fifty, thirty, twenty とも言い, こちらは five, three, two にいくぶん似た響きはあるが, 実はさほど似てはいない。そして, さらに言うと, 20 より上の数については, 私たちは (twenty-one, twenty-two のように)「10」の位を先に言い, 1 の位の数字を 2 番目に言うが, それに対し 13 から 19 までの場合は, (fourteen, seventeen, eighteen のように) 逆の順序で言う。英語における数の (呼称) 体系は非常に不規則なのである。中国, 日本, 韓国ではそうではない。こうした国では論理的な数え方をしている。eleven は (便宜上漢数字で表記すれば) 十一。twelve は十二。twenty-four は二十四といった具合なのだ。

❺ そういう違いがあるということは, アジアの子どもたちはアメリカの子どもたちより数を数えられるようになるのがずっと速いということだ。中国の 4 歳の子どもたちは, 平均して 40 まで数えられる。その年齢のアメリカの子どもだと 15 までしか数えられないし, たいていの子どもは 5 歳になってようやく 40 まで数えられるようになる。言い換えれば, 5 歳になるまでに, アメリカの子どもたちはアジアの同年齢の子どもたちより, 数学的技能の最も基本的なところで, すでに 1 年遅れているというわけである。

❻ 数字の体系が規則的であるということはまた, アジアの子どもたちのほうが, 足し算のような基本的な計算をはるかに容易に行えるということでもある。英語を話す 7 歳児に thirty-seven 足す twenty-two を暗算するように言うと, その子は単語を数字 (37 + 22) に置き換えなければならない。そこではじめて計算ができるのだ。つまり, 2 足す 7 は 9 で, 30 足す 20 は 50, よって 59 であると。アジアの子どもに (便宜上漢数字で表記すれば) 三十七と二十二を足すように言った場合は, 必要な等式はまさに, その文の中に埋め込まれている。数字に置き換える必要は全くない。五十九とそのまま表されるのである。

各段落の要旨

❶ ランダムに並ぶ一連の 7 つの数字を音読してから目を離し, 20 秒間でそれを覚えたあとで, それをそらんじられるかやってみよう。

❷ 英語を話す人ではその成功率は 50％だが, 中国語話者ならほぼ完璧にできる。人の記憶回路は 2 秒以内のものなら保持でき, 英語と違って中国語では, 7 つの数字全部をその時間内に言い切れるからである。

❸ ドゥアンヌの著書によれば, 多くの言語で, 数を発音するのに要する時間と, 当該言語話者の (数字の) 記憶容量には相関関係があり, 数字の発音が最も短い広東語を話す人は 10 桁もの数字を記憶できる。

❹ 西洋の言語とアジアの言語では, 数を表す語の構成法にも違いがあり, 数の呼称が変則的な英語に対して, 中国・日本・韓国の言語では, 数の呼称体系は論理的である。

❺ そのため，アジアの子どもはアメリカの子どもよりも数の数え方を覚えるのがはるかに速く，この面では，アメリカの子どもは5歳の時点ですでにアジアの子どもより1年遅れている。

❻ 数を表す語の体系が規則的であるため，アジアの子どもは足し算などの基本的な演算もはるかに容易にできる。英語圏の子どもとは違って，頭の中で数字に変換する必要がないのだ。

解 説

1．設問の趣旨：「空所(あ)～(か)に入る最も適切な語を，それぞれ(A)～(D)から選んで記号で答えなさい」

(あ) 正解は(D)

▶後続の文の，短時間で発音できるという内容から，(D)の「短い，簡潔な」を選ぶ。(A)と(B)に惑わされないように。言葉そのものが何か素早い動きをするわけではない。

(A)「(動きが) 速い」　(B)「(動きが) 素早い」
(C)「長い」　(D)「短い，簡潔な」

(い) 正解は(A)

▶中国語の数を表す語のほとんどが4分の1秒足らずで発音できるという前文の内容と，英語の場合はそれよりも時間がかかるという空所手前の内容から，4分の1より大きな数を選べばよい。

(A)「3分の1」　(B)「4分の1」　(C)「5分の1」　(D)「6分の1」

(う) 正解は(B)

▶英語の数の呼称には一貫した規則性がないことを述べている手前までの内容と，逆に中国・日本・韓国では数の呼称が論理的であることを示す後続の内容から，(B)の「不規則な」が入ると判断する。

(A)「標準化された」　(B)「不規則な」
(C)「発達した」　(D)「数えられる」

(え) 正解は(B)

▶前段の内容から，アジアの子どもたちのほうが数の数え方が学びやすく，習得も早いだろうと推測できる。空所を含む文に後続する具体的事例からもそのことが裏付けられるので，(B)の「より素早く」が適切。

(A)「よりあとで」　(B)「より素早く」
(C)「より短い」　(D)「よりゆっくりと」

(お) 正解は(A)

▶第5段第2・3文（Four-year-old Chinese …）の記述から，「中国の子どもは4歳で40まで数えられるようになるが，アメリカの子どもは，たいてい5歳にならないと40まで数えられない」ことがわかる。空所を含む文では，それをアメリカの子どもを主語にして言い換えているので，「アジアの子どもたちよりも1年遅れている」という内容になるはずだ。空所の直後の名詞（their Asian counterparts）と結びついて「～より遅れて」という形容詞句が作れるのは，副詞や形容詞の late ではなく，前置詞の behind である。

(A)「～より遅れて」　(B)「遅い，遅く」
(C)「発達した，進んだ」　(D)「先に，前に」

語句　counterpart「相当〔対応〕するもの」（ここでの counterparts は「同年齢の子どもたち」の意味）

(か)　正解は(D)

▶英語では，数を表す言葉を数字に変換する必要がある，という内容にすれば文意が通る。最終段最終文の，アジアの子どもたちの場合には No number translation is necessary「数字に置き換える必要がない」という対照的な内容も手がかりとなる。

(A)「～を割り当てる」　(B)「～を比べる」
(C)「～を突き刺す」　(D)「～を変換する」

2．設問の趣旨：「下線部(1)を和訳しなさい」

In languages as diverse as Arabic, Chinese, English and Hebrew, there is a correlation between the time required to pronounce numbers in a given language and the memory span of its speakers.

▶ In languages から Hebrew までは，文頭に置かれた副詞句。as diverse as ～「～ほどに異なる〔～といった多様な〕」が直前の languages を後ろから修飾し，副詞句全体としては「アラビア語，中国語，英語，ヘブライ語ほどに異なる〔といった多様な〕言語では」となる。

▶ There is a correlation between *A* and *B*.「*A* と *B* との間には相関関係がある」が文の骨組み。*A* の部分（the time から a given language まで）では，required から language までの過去分詞句が，手前の the time を修飾していることをつかもう。*A* 全体では，「ある特定の言語で数字を発音するのに必要な時間」という意味になる。*B* の部分（the memory span of its speakers）の the memory span とは「一度に覚えられる記憶容量」のことで，ここでは「数字の記憶容量」の意味で用いられている。

語句　diverse「多様な，異なる」 correlation「相関関係」 required to *do*「～するのに必要とされる〔必要な〕」 pronounce「～を発音する」 given「ある特定の」

3．設問の趣旨：「下線部(2)で，アジアの子どもたちに関してこのように言える理由を日本語で説明しなさい」(be the case with ～「～に関して事実である」)

▶アジアの子どものほうが足し算のような基本的な計算を（英語圏の子どもよりも）はるかに容易に行える理由を，下線部以降の具体例からつかみ取る。英語では数を表す言葉に規則性がないため，暗算の際に言葉を数字に変換して計算する必要があるが，一方，アジアの子どもたちは，数を表す言葉に規則性があるおかげで，複数桁にわたる数でも数字に変換せずにそのまま計算できるという内容を要約すればよい。

語句 equation「等式，方程式」 embedded in ～「～に埋め込まれて」

4．設問の趣旨：「本文の内容に合致するものには○，合致しないものには×を書きなさい」

(1) 正解は○

▶「著者によれば，もし数を数える方式が論理的であるならば，英語では eleven より oneteen のほうが理屈の上ではいっそう適切だということになるだろう」

第4段第2文（In English, we say …）以下に一致する。

(2) 正解は×

▶「アメリカの子どもたちが，同年齢の中国の子どもたちより数を数えることを習得する速度が速くなるには，5歳になるのを待たねばならない」

第5段第2・3文（Four-year-old Chinese children …）に一致しない。5歳でも，まだ1歳分遅れている状態であり，5歳以降に習得速度が上がるという記述もない。

(3) 正解は×

▶「中国語を話す人が英語を話す人よりも多くの桁数の数まで覚えられるのは，より長い記憶回路を持っているからだ」

第2段第4文（Because as human beings …）に一致しない。記憶回路が働く時間は約2秒間で，どの人間も同じである。また，第2段最終文（And Chinese speakers …）および第3段の引用部分（Chinese number words …）から，中国語話者が数字の記憶に長(た)けている理由は中国語の数詞の簡潔さにあることもわかる。

digit「桁，数字」 loop「回路」

(4) 正解は○

▶「英語とは異なり，中国語では13から19までの数でも20台の数でも，「10〔2桁目〕」の位の数は1の位の前に来る」

第4段第7文（And, for that matter, …）以下の内容に一致する。precede「～に先行する」 for that matter「（それに関して）さらに言えば」 the other way around「逆に，あべこべに」

(5) 正解は×

▶「香港の中国語話者は，中国の他の地域の人たちより記憶容量がやや少ない可能性がかなり高い」

第3段引用部分の最終文（In this domain, …）に一致しない。広東方言の数詞が最も簡潔であり，そのおかげで香港の住民は10桁という優れた記憶容量を誇っているのだ。domain「分野，領域」 efficacy「有効性」 dialect「方言」 brevity「簡潔さ」 grant「～を与える」

1．(あ)―(D) (い)―(A) (う)―(B) (え)―(B) (お)―(A) (か)―(D)

2．アラビア語，中国語，英語，ヘブライ語といった多様な言語では，ある特定の言語で数字を発音するのに必要な時間と，その言語を話す人の（一度に覚えられる）数字の記憶容量との間には相関関係がある。

3．英語とは違って，アジアの諸言語には数を表す言葉に規則性があり，そのおかげでアジアの子どもは，暗算をする際に，複数桁の数でも言葉を数字に変換しなくてもよいから。

4．(1)―○ (2)―× (3)―× (4)―○ (5)―×

解答

27

2014年度〔3〕

Read the text and answer the following questions.

I walked for half an hour without sighting a habitation. Then, just off the road, I saw a small frame cottage with a porch and a window lighted by a lamp. I tiptoed* onto the porch and looked in the window ; an elderly woman with soft white hair and a round pleasant face was sitting by a fireside reading a book. There was a cat curled in her lap, and several others slumbering* at her feet.

[1]

I knocked at the door, and when she opened it I said, with chattering teeth : "I'm sorry to disturb you, but I've had a sort of accident ; I wonder if I could use your phone to call a taxi."

[2]

"Oh, dear," she said, smiling. "I'm afraid I don't have a phone. Too poor. But please, come in." And as I stepped through the door into the cozy* room, she said : "My goodness, boy. You're freezing. Can I make coffee ? A cup of tea ? I have a little whiskey my husband left——he died six years ago."

[3]

While she fetched it I warmed my hands at the fire and glanced around the room. It was a cheerful place occupied by six or seven cats of varying alley-cat colors. I looked at the title of the book Mrs. Kelly——for that was her name, as I later learned——had been reading : it was *Emma* by Jane Austen, a favorite writer of mine.

[4]

When Mrs. Kelly returned with a glass of ice and a dusty quarter-bottle of bourbon, she said : "Sit down, sit down. (1)It's not often I have company. Of course, I have my cats. Anyway, you'll spend the night ? I have a nice little guest room that's been waiting such a long time for a guest. In the morning you can walk to the highway and catch a ride into town, where you'll find a garage to fix your car. It's about five miles away."

[5]

When I explained the truth of the matter, she responded indignantly : "You did exactly the right thing. I wouldn't set foot in a car with a man who had sniffed a glass of wine. That's how I lost my husband. Married forty years, forty happy years, and I lost him because (X). If it wasn't for my cats ..." She stroked an orange tabby* purring* in her lap.

[6]

We talked by the fire until my eyes grew heavy. At last : "Forgive my babbling on. You have no idea how much pleasure it gives me. But it's way past your bedtime. (2)<u>I know it is mine.</u>"

She escorted me upstairs, and after I was comfortably arranged in a double bed under a blissful load of pretty scrap-quilts*, she returned to wish me goodnight, sweet dreams. I lay awake thinking about it. (3)<u>What an exceptional experience</u>──to be an old woman living alone here in the wilderness and have a stranger knock on your door in the middle of the night and not only open it but warmly welcome him inside and offer him shelter. (4)<u>If our situations had been reversed, I doubt that I would have had the courage, to say nothing of the generosity.</u>

Music for Chameleons by Truman Capote, Random House

(Notes) tiptoe : to walk silently and stealthily
slumbering : sleeping
cozy : comfortable
tabby : a kind of cat
purr : to make a quiet and continuous sound
scrap-quilt : a decorative cover for a bed, made with leftover scraps of many different materials and patterns

1 Where do the following passages go? Choose the number [1] to [6] in the text.

[あ] I said a little whiskey would be very welcome.

[い] I wondered aloud how she could live so isolatedly, without transportation or a telephone; she told me her good friend, the mailman, took care of all her shopping needs. "Albert. He's really so dear and faithful. But he's due to retire next year. After that I don't know what I'll do. But something will turn up. Perhaps a kindly new mailman. Tell me, just what sort of accident did you have?"

2 Choose the most appropriate sentence from (A) to (D) for the blank (X).

(A) he drank himself to death
(B) a drunken man beat him to death in a bar
(C) he was too drunk to notice a fire on the stove
(D) a drunken driver ran him down

3 Which of the following expressions is closest in meaning to the underlined expressions marked (1) and (2). Write the letters (ア) to (エ) that correspond to your answer.

(1) It's not often I have company.
 (ア) I often need someone to help me.
 (イ) Utility meter has not been checked for long.
 (ウ) It is rare I have a visitor here.
 (エ) I am neglecting my business these days.

(2) I know it is mine.
 (ア) I've got to go to bed by now.
 (イ) It is my pleasure to have conversation with you.
 (ウ) It is still early for me to go to bed.
 (エ) This is how I spend my time in bed.

4 In the underlined part marked (3), in what way did the narrator think Mrs. Kelly's experience to be exceptional? Explain in Japanese.

5 Translate the underlined sentence marked (4) into Japanese.

全 訳

■親切な一人暮らしの老婦人との出会い

私は一軒の住まいも目にすることなく半時間歩いた。すると，道路からちょっと外れたところに，ポーチと，ランプに照らされた窓のある，小さな木造家屋が目に入った。私は音をたてないようそっと歩いてそのポーチに上がり，窓をのぞき込んだ。やわらかな白髪の，丸顔で感じのよい顔つきの老婦人が炉端に座って本を読んでいた。１匹の猫が彼女の膝の上で丸くなり，他にも数匹の猫が彼女の足元で眠っていた。

私がドアをノックすると，彼女はドアを開けてくれた。そこで私は，(寒さで)歯をガチガチいわせながら，「お邪魔してすみませんが，ちょっとした事故に遭ってしまいまして。タクシーを呼ぶのに電話をお借りできないでしょうか」と言った。

「あらまあ」と彼女は微笑んで言った。「あいにく，うちには電話はないのよ。ほんとにお気の毒に。でも，どうかお入りになって」 そこで私がドアから居心地のよさそうな部屋に入ると，彼女は言った。「あらあら，あなた。凍えてるじゃないの。コーヒーでも入れましょうか？　それとも紅茶を１杯いかが？　夫が遺してくれたウィスキーも少しあるわ――６年前に亡くなったの」

私はウィスキーを少しいただけると大変ありがたいと答えた。

彼女がそれを取りに行っているあいだ，私は炉火で手を暖め，部屋をさっと見回した。そこは気持ちのよい場所で，さまざまな野良猫風の色をした６，７匹の猫に占領されていた。私はケリー夫人――そう呼ぶのも，それが彼女の名前だと後でわかったからだ――が読んでいた本のタイトルに目をやった。それは，私の大好きな作家の一人であるジェーン＝オースティンの『エマ』だった。

ケリー夫人は氷を入れたグラスと，ほこりをかぶったバーボンのクォーター・ボトルを持って戻ってきて言った。「お座りになって，さあ。うちに来客があるなんて，めったにないことなの。もちろん，猫ならいますけれどね。それはともかく，一晩お泊りになれば？　感じのいい小さな客間があって，ほんとに長いことお客様がいらっしゃるのを待っているわ。朝になれば本道まで歩いていって，町まで車に乗せてもらえばいいし。そこならあなたの車を直してくれる修理工場が見つかるでしょう。５マイルほど先よ」

私は，こんなに人里離れたところで，交通手段や電話もなく，どうやってこの人は暮らせているのだろう，と不思議に思う気持ちを口にした。彼女は私に，自分には親しいお友だちの郵便屋さんがいて，必要な買い物は代わりに全部して持ってきてくれるのだと言った。「アルバートよ。彼はほんとに大切な，信頼できる人。でも来年，退職することになっているの。その後は私もどうしたらいいかわからないわ。でもまあ何とかなるでしょう。ひょっとしたら，次の郵便屋さんも親切な人かも知れないし。ね，教えてくださる，いったいどんな事故だったの？」

私がことの真相を説明すると，彼女は憤然としてこう答えた。「あなたはまったく当然のことをしたまでよ。私ならワインを1杯でもひっかけてきたような人の車に乗せてもらったりしないわ。私はそれで夫を亡くしたんだもの。結婚して40年，幸せな40年だったのに，酔っ払った運転手が彼を車でひいて，彼を亡くしたの。もし猫たちがいなかったら…」 彼女は膝でゴロゴロと喉を鳴らしているオレンジ色のトラ猫をなでた。

炉端で話し込んでいるうちに，私のまぶたが重くなってきた。とうとう彼女がこう言った。「とりとめもない話を長々話してごめんなさいね。私にはそれがどんなに楽しいことか，あなたにはおわかりにならないでしょうけれど。でもあなたが寝る時間はとうに過ぎているわ。私ももう寝る時間よね」

彼女は私を2階に案内してくれた。至福の安らぎを与えてくれる，きれいなはぎれのキルトのベッドカバーをかけたダブルベッドに私が心地よく収まった後，彼女はまた戻ってきて，おやすみなさい，いい夢を見てね，と言った。私は横になったまま，まだ眠りにつかない頭で思いを巡らせた。なんという珍しい経験だろう――人里離れたこんなところで一人暮らしをしている老婦人の身で，真夜中に見知らぬ人にドアをノックされ，それを開けただけでなく，その人物を家の中へ温かく迎え入れ，宿まで提供するなんて。もし私たちの立場が逆であったなら，私にはそんな勇気はなかっただろうし，ましてそれほど広い心の持ち主にもなれなかっただろうと思う。

解 説

1．設問の趣旨：「[あ]と[い]の段落が，本文の空所[１]から[６]のうちのどの部分に入るか，番号で答えなさい」

[あ] 正解は[3]

▶空所[３]の前段最終部分で婦人が飲み物を勧めており，ウィスキーもあると述べているので，[あ]は，これを受けた返事だと判断できる。また，[３]に後続する段落の冒頭の，When she fetched it「彼女がそれを取りに行っているときに」ともうまくつながる。

語句 welcome「ありがたい」

[い] 正解は[5]

▶[い]の最終文（「ね，教えてくださる，いったいどんな事故だったの？」）が大きな手がかりだ。空所[5]に続く段落では，主人公の「私」が the truth of the matter「ことの真相」を説明し，婦人が自動車事故で自分の夫を亡くしたことを語っているので，空所[5]に[い]を入れると話がうまくつながる。

語句 be due to *do*「～することになっている」 turn up「（不意に）起こる，生じる」 indignantly「憤然として，立腹して」 sniff「～をかぐ，吸い込む，ひと飲みする」

2．設問の趣旨：「空所Xに入る最も適切な文を，下の(A)～(D)から選びなさい」

正解は(D)

▶選択肢の訳は以下のとおり。

(A)「彼はお酒を飲み過ぎて亡くなったの」

(B)「酔っ払った男が酒場で彼を殴って死なせたの」

(C)「彼は泥酔していて，コンロの火に気づかなかったの」

(D)「酔っ払った運転手が彼を車でひいたの」

▶空所を含む文の前の2文で，婦人が，「ワインを飲んだ人の車には乗らない。それで夫は亡くなったのだ（から）」と言っていることから，選択肢の中で自動車と飲酒に関連するものを選ぶ。

3．設問の趣旨：「下線部(1)と(2)の意味に最も近いものを，それぞれ，下の(ア)～(エ)から選び，記号で答えなさい」

(1)　**正解は(ウ)**

▶選択肢の訳は以下のとおり。

(ア)「私はよく，自分を手助けしてくれる人を必要としています」

(イ)「需給メーターは長い間チェックされていません」

(ウ)「ここに来客があることはまれです」

(エ)「近頃私は自分の仕事をおろそかにしています」

▶下線部(1)の It's not often I have company.「来客があるなんて，めったにないことなの」は強調構文で，I の前に that が省略されている。company は「来客」の意味。したがって，選択肢(ウ)と同じ意味になる。

(2)　**正解は(ア)**

▶選択肢の訳は以下のとおり。

(ア)「私ももう寝ないといけないわ」

(イ)「あなたとお話するのは楽しいわ」

(ウ)「私が寝るにはまだ早いわ」

(エ)「私はこうやってベッドで過ごしているの」

▶下線部(2)の I know it is mine. は，直前の it's way past your bedtime「あなたが寝る時間はとうに過ぎているわ」を受けて，「自分が寝る時間になっていることはわかっている」(＝I know (that) it is my bedtime.)，つまり「私ももう寝る時間よね」と言っているのである。

4．設問の趣旨：「下線部(3)で語り手は，どういう点でケリー夫人の経験は珍しいと思ったのか，日本語で説明しなさい」

▶ What an exceptional experience (it is) to be …「…するとは，なんて珍しい経験だろう」という感嘆文の，名詞的用法の不定詞句の部分だけを切り離して，ダッシュの後ろに回した形になっている。したがって，その不定詞句の内容を説明すればよいが，to に後続する部分は以下に示すように大きく分けて3つあるので，それをもらさず盛り込む必要がある。

▶まずは，(to) be an old woman living alone here in the wilderness「こんな人里離れたところで一人暮らしをしている老婦人である（こと）」という内容。living から wilderness までは an old woman を修飾している。

▶次に，(to) have a stranger knock on your door in the middle of the night「真夜中に（自分の家の）ドアを見知らぬ人にノックされる（こと）」の部分。have *A do*「*A* に～される」は重要表現。

▶そして最後に，not only (to) open it but warmly welcome him inside and offer him shelter「ドアを開けるだけでなく，その人物を家の中へ温かく迎え入れて宿泊させてあげることまでする（こと）」である。not only *A* but (also) *B*「*A* だけでなく *B* も」の構文と，offer *A* shelter「*A* に宿を提供する，*A* を宿泊させてあげる」がポイントだ。

5．設問の趣旨：「下線部(4)を和訳しなさい」

If our situations had been reversed, I doubt that I would have had the courage, to say nothing of the generosity.

▶ If our situations had been reversed「私たち（二人）の〔私と彼女の〕立場が逆であったなら」は，仮定法過去完了の条件節。ここでの situation は「立場」であって「状況」ではない。reverse「～を逆にする」

▶ I doubt that ～ は「～ではないと思う」(＝I don't think that ～) の意味であり，doubt whether〔if〕～「～かどうか疑わしい」よりも確信的な強い疑念を表す。

▶ I would have had the courage「その勇気を持ち合わせていただろう」は，後続の to say nothing of the generosity「その寛大さ〔心の広さ〕は言うまでもなく」の部分と合わせて，doubt の目的語として働く that 節の中身であり，仮定法過去完了の帰結節となっている。上述の I doubt that と合わせて訳出すると，「その寛大さ〔心の広さ〕は言うまでもなく，その勇気さえ持ち合わせていなかっただろうと思う」となる。「そんな（ことをする）勇気はなかっただろうし，まして，そこまで寛大にはなれなかっただろうと思う」などと，訳しおろしてもよい。

▶ the courage とは，ひとけのないところで一人暮らしをしている老人が真夜中に見知らぬ人にドアをノックされたときに，ドアを開けて応対した勇気であり，the generosity とは，その人物を家の中へ温かく迎え入れ，さらには一晩の宿まで提供した寛大さ〔心の広さ〕のことである。

語句　to say nothing of ～「～は言うまでもなく」

解答

1．[あ]－[3]　[い]－[5]

2－(D)

3．(1)－(ウ)　(2)－(ア)

4．人里離れた場所で一人暮らしをしている老婦人が，真夜中に見知らぬ人にドアをノックされて，ドアを開けてあげただけでなく，その人を家の中へ温かく迎え入れ，宿泊までさせてあげたという点。

5．もし私たちの立場が逆であったなら，私にはそんな勇気はなかっただろうし，ましてそれほど広い心の持ち主にもなれなかっただろうと思う。

28

2013年度〔2〕

次の文章を読んで，問1～4に答えなさい。

While people can operate successfully within the physical world, they often do so without a genuine understanding of the physical principles that support it. Scientific learning is often a challenge to everyday understanding of cause and effect.

There are many difficulties involved in learning scientific concepts and making them into ways of thinking about the world. One of the difficulties in learning science is in making distinctions that would not ordinarily be made in everyday life, such as the distinction between temperature and heat. (1)Although the temperature of two ice cubes is the same, even if one ice cube is twice the size of the other, the effect that they have in cooling a drink is different. Many students think that the larger ice cube is actually colder than the smaller one, perhaps as a consequence of the fact that they have different effects in cooling a drink. ((A)), the temperature of boiling water is the same regardless of the amount of water but different amounts of water will transfer different amounts of heat to the surroundings, and will cool at different rates. Perhaps as a result of this experience, pupils tend to think that if there is more boiling water, the temperature of the water will be higher. [X]

A second difficulty in learning scientific concepts is that they often require reasoning about non-perceptible aspects of the physical world, and this may be another source of difficulty for students. It has been argued by Andrea diSessa that children's first ideas about the physical world are based on what they perceive in their everyday experiences with physical objects. The difficulties caused by this reliance on ((B)) perceptual experience are most easily exemplified by the studies on pupils' ideas about the particulate* nature of matter. (2)People deal in everyday life with a world that is continuous, in which objects are solid and undivided. Yet, to understand many of the changes they observe in the world, it is necessary to develop a way of thinking that describes solid objects as bundles of 'particles,' 'molecules,' or 'atoms'——that is, discontinuous elements that are somehow kept together.

Jean Piaget and Bärbel Inhelder were pioneers in the investigation of children's understanding of the particulate nature of matter. They set out a pattern of investigation by pointing out that it is when children have to understand change that they come to 'invent' an atomic theory about the world. Piaget and Inhelder asked children to explain what happened to sugar when it was put into water and then stirred. ((C)) the younger children seemed to believe that the sugar somehow disappeared, those at the ages of 11-13 were aware of the fact that if the taste of sugar remained in the water, then the sugar itself must still be present in some form. This permanence of a property of sugar ——its taste——contradicted the apparent disappearance of sugar from the viewpoint of the older children. In order to eliminate (3)the contradiction, the older children 'invented' an atomic theory about physical quantities.

From *Cognitive and Language Development in Children* by John Oates and Andrew Grayson, Wiley-Blackwell

注 particulate 微粒子の

問1 下線部(1), (2)を日本語に訳しなさい。

問2 空所 ((A)), ((B)), ((C)) に入れるのに最も適切な語（句）を，それぞれ(ア)〜(エ)の中から一つ選び，記号で答えなさい。

(A) (ア) For example
(イ) Instead
(ウ) On the contrary
(エ) Similarly

(B) (ア) another
(イ) difficult
(ウ) immediate
(エ) intentional

(C) (ア) As if
(イ) Because
(ウ) Just as
(エ) Whereas

問3 空欄［ X ］に入れるのに最も適切な文を下から一つ選び，記号で答えなさい。

(a) In this way, they come to distinguish between heat and temperature, and understand scientific principles behind it.

(b) Therefore, it is difficult for young children to observe phenomena in everyday life as they are.

(c) However, it goes without saying that experience in everyday life is more important than understanding scientific conceptions.

(d) Thus they do not distinguish between heat and temperature, even though this distinction is important in physics.

問4 下線部(3) the contradiction が表す内容を，第4段落の内容に即して，35字以内の日本語で説明しなさい。ただし，句読点も1字に数えます。

全 訳

■科学の概念を理解する難しさ

❶ 人は物理的世界でうまく活動できているが，その世界を成り立たせている物理の諸原理を本当に理解することのないまま，そうしていることが多い。科学を学ぶことは，原因と結果に関して日常レベルで理解していることにとって，往々にして難題となる。

❷ 科学のさまざまな概念を学び，それを，世界について考える際の方法・道具として用いることには多くの困難が伴う。科学を学ぶ際の難しさの一つは，日常生活

では普通しないであろう区別，たとえば温度と熱との区別などをすることにある。(1)角氷が2つあるとして，片方の角氷がもう一方より2倍大きい場合でも，両者の温度は同じであるが，飲み物を冷やす（際に及ぼす）効果は異なる。多くの生徒は，2つの角氷が飲み物を冷やす際の効果が異なるという事実をふまえてか，大きい角氷の方が，小さい方よりも実際に温度が低いと考える。同様に，沸騰しているお湯の温度は水の量に関わりなく同じだが，水の量が異なると周囲に伝わる熱の量も違ってくるし，冷める速度も違ってくる。おそらくこうした経験の結果，もし沸騰するお湯の量が多ければ，水温も高いだろうと生徒たちは考えがちだ。このように，生徒は熱と温度を区別しないが，実はこの区別が物理学では重要なのである。

❸ 科学の諸概念を学ぶ際の二つ目の難しさは，そうした概念が，物理的世界の知覚できない面に関しては推論することを要求する場合が多いという点であり，これも生徒たちにとっての難しさの原因になっているのかもしれない。アンドレア=ディセッサの論によれば，子どもが物理的世界について最初に抱くイメージは，対象となる物体に触れる日々の体験の中で知覚することに基づいている。このようにじかに知覚できる経験に依存していることから生じる（科学学習の）難しさは，物質が持つ微粒子としての性質について生徒が抱くイメージに関する研究が，実にわかりやすく例証している。(2)日常生活においては，人は連続性のある世界と関わっており，その世界では物体は隙間なくつながり，分割されてはいない。にもかかわらず，人がこの世で観察する変化の多くを理解するには，隙間なく中身が詰まって見える物体を「粒子」や「分子」や「原子」――つまり，何らかの作用でまとまっている不連続な要素――のかたまりとして捉える考え方を身につける必要がある。

❹ ジャン=ピアジェとベルベル=インヘルダーは，物質が持つ微粒子としての性質についての子どもの理解を研究する分野の草分けであった。二人は，世界に関する原子論を子どもが「考えつく」ようになるのは，彼らが変化というものを理解しなければならなくなった時点であるということを指摘することで，研究の一つの手法を確立した。ピアジェとインヘルダーは子どもたちに，砂糖を水に入れてかき混ぜたらどうなるかを説明するよう求めた。幼い子どもたちは砂糖がどういうわけか消えてなくなったと思っているようであったが，一方，11～13歳の年齢の子どもたちは，もし水に砂糖の味が残っていれば，砂糖そのものは何らかの形でそこにまだ存在するに違いないという事実に気づいていた。砂糖の特性――つまりその味――がこうして変わらずに残っているということは，年長の子どもたちの考え方からすると，砂糖が見た目には消えたように見えることと矛盾していた。その矛盾を解消するために，年長の子どもたちは物理的な量に関する一つの原子論を「考えついた」のである。

各段落の要旨

❶ 人はたいてい物理界の原理を理解しないまま過ごしており，因果関係の理解も日常レベルに留まるので，科学の学習に困難を覚えることが多い。
❷ 科学の学習では，世界を認識する道具として科学の概念を学ぶのだが，その際の難しさの一つは，温度と熱の区別のように，日常生活では行わない区別をすることにある。
❸ 科学の概念を学ぶ難しさは，物理界の知覚不可能な面に関しては推論を行う必要があるという点にもある。日常レベルでの認識とは異なり，科学では物質を不連続な微粒子の集まりとしてとらえ直す必要があるのだ。
❹ 物質の変化を理解しなければならなくなったときに，子どもは一種の原子論に考えが至ることを，ピアジェとインヘルダーは，物質の微粒子性に対する年齢に応じた理解を観察する砂糖水の実験で明らかにした。

解　説

問1 (1)　Although the temperature of two ice cubes is the same, even if one ice cube is twice the size of the other, the effect that they have in cooling a drink is different.

▶まず，前半の Although 節から見ていこう。the temperature of two ice cubes is the same「2つの角氷の温度は同じである」と，そのあとの even if one ice cube is twice the size of the other「たとえ一方の角氷がもう1つの氷の2倍のサイズだとしても」は内容的につながっているので，even if 節は Although 節の内部に組み込まれた部分だとわかる。ただ，この Although 節を和訳する際に，単に「たとえ一方の角氷がもう1つの氷の2倍のサイズだとしても，2つの角氷の温度は同じであるが」と機械的に訳し上げるだけだと日本語としてはいささか唐突な感じなので，「角氷が2つあるとして」や「2つの角氷のうち」などと，two ice cubes の部分を，冒頭で説明的に提示しておく必要があるだろう。

▶後半の主節では，主語の the effect that they have in cooling a drink の訳出がポイント。目的格の関係代名詞 that が導く関係詞節が，先行詞の the effect「効果」を修飾している。have an effect「効果を及ぼす，影響を与える」という表現をベースにしており，the effect that they have (in *doing*) で「(〜する際に) それらが及ぼす効果」という意味になる。they は2つの角氷を指す（〈解答例〉では訳出不要と判断)。

(2)　People deal in everyday life with a world that is continuous, in which objects are solid and undivided.

▶前半では，People deal with a world that is continuous「人々は連続的な世界と関わっている〔人々は世界を連続性のあるものとしてとらえている〕」の deal と with の間に in everyday life「日常生活では」が挿入されている。原子レベルで見れば隙間だらけの不連続な物質の世界を，日常レベルでは，切れ目なくつながったものとして認識しながら日々過ごしているというわけだ。deal with ～ は「～を扱う，～に対処する」と直訳のままでもよいだろうが，上述のように意訳するといっそうわかりやすい。

▶後半は，a world を先行詞とする非制限用法の関係代名詞節である。…, and in the〔that〕world objects are ～ と読み換えて，「…，(そして) その世界〔そこ〕では物体は～」と訳しおろしておけばよい。solid and undivided は，ここでは continuous「連続的な」との意味のつながりを考慮すれば，「固体で割れない」は不適切で，「隙間なくつながっていて，分割されていない」などとしておきたいところだ。

問 2 (A)　正解は(エ)

▶科学では区別するが，日常レベルではそうしていない例を二つ挙げている文脈であることをまずつかもう。空所の手前の 2 文が一つ目の例で，空所の直後から二つ目の例が始まる。したがって，空所には，(エ)の「同様に」がふさわしい。

(ア)「たとえば」　(イ)「その代わりに」
(ウ)「それどころか」　(エ)「同様に」

(B)　正解は(ウ)

▶空所を含む文の前文に，「物理的世界に対して子どもが最初に抱く認識〔イメージ〕は，対象となる物体に触れる日々の体験の中で知覚することに基づいている」とあり，それを指して「この（　(B)　）知覚的経験への依存」と言い換えているので，空所には「じかに物に触れることで得られる」といった意味あいの形容詞が入るはず。

(ア)「もう一つ別の」　(イ)「難しい」
(ウ)「直接的な，じかの」　(エ)「意図的な」

(C)　正解は(エ)

▶空所で始まる副詞節では，年少の子どもたちの考え方が示されているのに対して，あとの主節では，11～13 歳の子どもたちの 1 段階レベルアップした考え方が示されているので，「譲歩・対比」の接続詞を選ぶ。

(ア)「まるで～かのように」　(イ)「～なので」
(ウ)「ちょうど～と同様に」　(エ)「～だが一方」

問 3　正解は(d)

▶選択肢の訳は以下のとおり。

(a)「このようにして，生徒は熱と温度を区別し，その背後にある科学の原理を理解するようになる」

(b)「したがって，日常生活のさまざまな現象をありのままに観察することは幼い子どもには難しい」

(c)「しかし，日常生活における経験が，科学の諸概念を理解することよりも大切であることは言うまでもない」

(d)「このように，生徒は熱と温度を区別しない。ただし〔しかし実は〕，この区別が物理学では重要なのだ（が）」

▶科学を学ぶ難しさは日常では区別しないものを区別する点にある，というのがこの段落の主旨であり，その具体例として，子どもたちが（科学では区別する）熱と温度を区別しないことが空所までに述べられているので，(d)を入れると文意が通る。

▶(b)の as they are「ありのままに」(they＝phenomena in everyday life）とは，「日常生活のさまざまな現象を，普段子どもが知覚している形のままに（観察する)」という意味であり，それは日頃子どもが普通に行っていることである。

問 4 ▶ contradiction「矛盾」の中身は前文に書かれている。「砂糖の特性――つまりその味――がこうして変わらずに残っているということは，年長の子どもたちの考え方からすると，砂糖が見た目には消えたように見えることと矛盾していた」，つまり，見た目には砂糖が消えてなくなってしまったように見えるのに，味は残っているという矛盾である。

▶砂糖を水に溶かしてかき混ぜたらどうなるかを子どもたちに説明させる実験での話なので，解答としては，「砂糖を水に溶かすと」という場面設定から始めるほうが読み手にわかりやすい日本語になる。ただ，35 字という厳しい制約が設けられているので，要点だけをうまく抽出しよう。

語句 permanence「永続性，ずっと残っていること」 property「特性，性質」 from the viewpoint of ～「～の観点からすると，～の考え方では」

解答

問 1 (1) 角氷が 2 つあるとして，片方の角氷がもう一方より 2 倍大きい場合でも，両者の温度は同じであるが，飲み物を冷やす（際に及ぼす）効果は異なる。
(2) 日常生活においては，人は連続性のある世界と関わっており，その世界では物体は隙間なくつながり，分割されてはいない。

問 2 (A)―(エ) (B)―(ウ) (C)―(エ)

問 3 (d)

問 4 砂糖を水に溶かすと，消えたように見えるのに味は残っているという矛盾。(34 字)

29

2013年度〔3〕

次の文章を読んで，問1～3に答えなさい。

Today she told me that it was her ambition to walk the Appalachian Trail,* from Maine to Georgia. I asked how far it was. She said, "Some two thousand miles."

"No, no," I replied, "you must mean two hundred, not two thousand."

"I mean two thousand," she said, "more or less, two thousand miles long. I've done some reading too, about people who've completed the journey. It's amazing."

"Well, you've read the wrong stuff," I said. "(1)You should've read about the ones that didn't make it. Those stories are more important. Why they gave up is probably why you shouldn't be going."

"I don't care about that, I'm going," she said with a determined look. "(　(A)　)."

"Listen," I said, reaching for words to crush her dream. "Figure it out, figure out the time. How long will it take to walk two thousand miles ?" I leapt up to get a pen and paper. Her eyes followed me, like a cat that was ready to pounce.

"Here now," I said, pen working, setting numbers deep into the paper. "(2)Let's say you walk, on average, some twenty miles a day. That's twenty into two thousand, right ? It goes one hundred times. And so, one hundred equals exactly one hundred years. It'll take you one hundred years !"

"(　(B)　)," she said. "One hundred days, not years."

"Oh, yeah, okay, days," I mumbled. I was never good at math. I felt as if someone had suddenly twisted an elastic band around my forehead. I crumpled the paper, turned to her and said, "So if it's one hundred days, what is that ? How many months ?"

"A little over three." She calculated so fast that I agreed without thinking. "(　(C)　)," I said, "because there's bound to be some delay : weather, shopping for supplies, maybe first-aid treatments. You never know, you have to make allowances."

"All right, I make allowances, four months."

What have I done? It sounds as if all of (3)this nonsense is still in full swing. *Say more about the time.* "Okay," I said, "so where do we get the time to go? What about my job? What about my responsibilities, your responsibilities too? What about——?"

"What about I send you a postcard when I finish the trip?" she said, leaving the room.

I sat there mouthing my pen. I heard her going down the basement steps. Pouting* now, I thought. She knew she was wrong about this one.

"Seen my backpack?" she called from below. God, she's really going to do it. "((D))," I said. "On the shelf beside the freezer."

I was angry with myself. She had had her way, won without even trying. "((E))," I blurted out. "You can't expect to walk the Appalachian Trail all alone." I stared at my feet. "Sorry," I said to them both, "I'm really sorry about all of this."

注 the Appalachian Trail アパラチア山道（アメリカ東部にある世界最長のハイキング道）；
pout(ing) すねて口をとがらせる

問1 空所（ (A) ）～（ (E) ）に入る最も適切な表現を下から選び，記号で答えなさい。ただし，それぞれの表現は一度しか使えません。

(ア) Next to mine
(イ) Don't be stupid
(ウ) Take mine down too
(エ) My mind is made up
(オ) Fine, but call it four months

問2 下線部(1)，(2)を日本語に訳しなさい。

問3 下線部(3)が表す内容として最も適切なものを下から一つ選び，記号で答えなさい。

(a) her ambition to walk the Appalachian Trail, from Maine to Georgia
(b) my miscalculation in terms of how long the journey was likely to take
(c) her reluctance to make allowances for some delay
(d) what I have done

全訳

■ 2,000マイルの徒歩旅行をめぐる会話

今日，彼女は私に，アパラチア山道をメイン州側からジョージア州の方へ踏破するのが自分の念願なのだと言った。距離はどれくらいなのかと私は尋ねた。彼女は「約 2,000 マイルね」と答えた。

「いやいや」と私は応じた。「君が言いたいのはきっと 200 ってことだよね，2,000 じゃなくて」

「2,000って言ってるの」と彼女は言った。「だいたいだけど，2,000 マイルよ。その距離を踏破した人たちの話もいくらか読んだわ。ほんと，すごいのよ」

「あのね，君は読むものを間違ったんじゃないかな」と私は言った。「(1)歩き通せなかった人たちの話を読むべきだったんだよ。そういう話の方が大切なんだ。その人たちがどうして断念したかってことがおそらく，君がなぜ行かないほうがいいかってことになるからね」

「そんなことは気にしてないわ。私は行くつもりよ」と彼女は決然とした顔つきで言った。「もう決めたの」

「いいかい」と私は彼女の野望をくじく言葉を探しながら言った。「計算してごらんよ，かかる時間をはじき出してごらん。2,000 マイル歩くにはどれくらい時間がかかるだろう？」 私は急いで席を立ち，ペンと紙をとってきた。彼女は，今にも飛びかかりそうなネコのように，目で私を追った。

「あのさ」と私は言って，ペンを走らせ，その紙に数字をきつく書き込んだ。「(2)仮に，君が平均して一日に約 20 マイル歩くとしよう。それって 2,000 割る 20 ってことだよね？　それは 100 になる。だから，100ってことはちょうど 100 年。100 年かかるってことだよ！」

「馬鹿なこと言わないで」と彼女は言った。「100 日よ，100 年じゃなくて」

「ああ，そうだね，その通り，日（にち）だ」と私は口ごもった。数学はずっと苦手だった。私はまるで誰かに突然，額にグルっとゴムバンドを巻かれたような感じがした。私は紙をくしゃくしゃに丸めると，彼女の方に向き直って言った。「で，もし 100 日なら，どうなる？　何カ月になるんだい？」

「3 カ月ちょっとよ」と彼女はさっと計算したので私は考えるまでもなく同意した。「その通りだけど，それを言うなら 4 カ月だね」と私は言った。「だってきっと何かで遅れが出るからね，天気とか，食糧の買い出しや，ひょっとすると怪我の応急処置とかさ。何があるかわからないから，そういうのを考慮に入れとかないと」

「わかった，それを見込んで 4 カ月ね」

私はなんてことをしたんだろう？　まるでこの馬鹿げた話が全部，まだどんどん進んでるみたいじゃないか。もっと*時間の話をするんだ*。「わかった」と私は言った。「じゃ，僕らは出かける時間をどこからひねり出してるのかな？　僕の仕事はどうする？　僕だってやるべきことがある。君だってそうだろ？　それに――」

「旅行を終えたら，あなたに絵はがきを送るってことでどうかしら？」と言って，彼女は部屋を出ていった。

私はペンをくわえたままそこに座っていた。彼女が地下室の階段を降りていく音がした。今頃，すねて口をとがらせてるぞ，と私は思った。これはよくないと，あいつだってわかってるのさ。

「私のリュック見なかった？」と，下から彼女の声がした。なんてこった，彼女は本気でやる気だ。「僕のリュックの横だよ」と私は言った。「冷凍庫のとなりの棚の上」

私は自分に腹を立てていた。彼女は自分の思いを通して，労せずして勝利をおさめたのだ。「僕のも降ろしといて」と私は思わず口走った。「アパラチア山道をたった一人で歩けるなんて思っちゃだめだ」　私は自分の脚(あし)を見つめた。「すまないね」と私は両脚に言った。「こんなことになっちゃってほんと，申し訳ない」

解　説

問1　▶選択肢の訳は以下のとおり。「私」という語り手の性別や相手の女性との関係は不明だが，便宜上，〈全訳〉では「私」を彼女と同居している男性と見なしている。この選択肢の和訳は女性言葉で統一しておいたので，必要に応じて男言葉に変えて考えていただきたい。

(ア)「私ののとなりに」
(イ)「馬鹿なこと言わないで」
(ウ)「私のも降ろしてね」
(エ)「決心はもうついているの」
(オ)「その通りだけど，でもそれを言うなら4カ月だわね〔4カ月と言うべきね〕」

(A)　正解は(エ)

▶空所の直前の I'm going や with a determined look という表現と，後続の行くのを思い止まらせようとする「私」の発言から考えて，「彼女」は自分の決意が固いことをここで表明したと思われる。My mind is made up. は make up *one's* mind「決心する」がもとになっている。

(B) 正解は(イ)

▶直前で，どうやら計算が苦手な「私」が単純な計算でミスをしたのに対して，「彼女」がそれを訂正する場面。その文脈にふさわしいのは「馬鹿なこと言わないで」である。

(C) 正解は(オ)

▶手前では，「彼女」が「3カ月ちょっとよ」と即答したのに対して，I agreed「私は同意した」とある。また，空所のあとでは，「私」がいろいろな理由を挙げて「遅れが出るからね」と言うと「彼女」も「わかった，それを見込んで4カ月ね」と言っている。したがって，始めに同意を示しつつも4カ月に修正すべきだという(オ)が正解。be bound to *do*「きっと～するはずだ」 make allowances「(いろいろと) 考慮に入れる」

(D) 正解は(ア)

▶「私のリュック見なかった？」→「冷凍庫のとなりの棚の上だ」という流れから考えると，(ア)の「僕ののとなり〔横〕に（あるよ)」が適切だとわかる。mine＝my backpack

(E) 正解は(ウ)

▶空所のあとから最終文までの「私」の言動から，自分も同行することにしてしまったことがわかるので，残った(ウ)で正解。

問2 (1) You should've read about the ones that didn't make it.

▶下線部(1)が，第3段第2文の people who've completed the journey「その旅を成し遂げた〔2,000マイルという距離を踏破した〕人々」の話もいくらか読んだという「彼女」の発言に対して，「私」が「読むものを間違ったんじゃないかな」に続いて述べたセリフだということを念頭に置こう。下線部に後続する発言内容からも，その山歩きの旅に失敗した人の話を読むべきだったと言っているはず。should have *done*「～すべきだったのに，～したらよかったのに」 the ones＝the people make it「成功する，うまくいく」は重要な口語表現。

(2) Let's say you walk, on average, some twenty miles a day.

▶ Let's say ～は「仮に～するとしてみよう」という慣用句だが，この意味を文脈から推測させる問題だ。決して「～と言ってみよう」としないこと。say のあとには that の省略。you から文末までが that 節の中身だ。挿入されている on average「平均して」を省いてみると，you walk some twenty miles a day「一日に約20マイル歩く」となる。about「約，およそ」の意味の some と，a day「一日に（つき)」に注意。

問3 正解は(a)

▶選択肢の訳は以下のとおり。

(a)「アパラチア山道をメイン州からジョージア州にかけて踏破するという彼女の念願」

(b)「その旅をするのにどのくらいの期間が必要かという点に関する私の計算ミス」

(c)「ある程度の遅れが出ることを，彼女が考慮に入れたがらなかったこと」

(d)「私のしたこと」

▶下線部(3)を含む文まで（そして，この段落の終わりまでそれは続くのだが），メイン州側からジョージア州の方へアパラチア山道を歩いて踏破するという「彼女」の計画を，時間がかかるという観点から「私」があきらめさせようとしている対話が続いており，何を言っても「彼女」は意志を曲げそうもない。こうした文脈を踏まえれば，「私」がいまいましく思っている this nonsense「この馬鹿げたこと」が，山歩きの旅をするという「彼女」の念願を指すことは容易にわかるだろう。下線部直後の be in full swing は「どんどん進んで，本調子で，たけなわで」という意味のイディオムだが，わからなくても解答はできるだろう。

解答

問1 (A)—(エ) (B)—(イ) (C)—(オ) (D)—(ア) (E)—(ウ)

問2 (1) 歩き通せなかった人たちの話を読むべきだったんだよ。

(2) 仮に，君が平均して一日に約 20 マイル歩くとしよう。

問3 (a)

30

2012年度〔1〕

次の文章を読んで，問1～4に答えなさい。

The late nineteenth century was a rough time for frogs, worms, and a number of other creatures. As the study of physiology blossomed in Europe and America, scientists went wild dividing, dismembering*, and relocating these unfortunate subjects. (1)According to scientific legend, they also slowly heated some of the animals in order to test the extent to which they could adapt to changes in their environments.

The most famous example of this kind of research is the apocryphal* story of the frog in boiling water. Supposedly, if you place a frog in a pot of very hot water, it will ((A)). However, if you put one in a pot of room-temperature water, the little guy will ((B)). Now, if you slowly increase the temperature, the frog will ((C)). And if you continue to turn up the heat, the frog will ((D)). In short, organisms can stand small changes in their environment given time to adjust.

To get a better view of the wonders of adaptation, let's consider the way that our visual system functions. If you've ever gone to a matinee* and walked from the dark movie theater to the sunny parking lot, the first moment outside is one of stunning brightness, but then your eyes adjust relatively ((あ)). Moving from a dark theater into bright sunshine demonstrates two aspects of adaptation. First, we can function well in a large spectrum of light intensities, ranging from broad daylight to sunset. Even with the light of the stars, we can function to some degree. Second, it takes a little bit of time for our eyes to adjust. When we first move from darkness to light, we are unable to open our eyes fully, but after a few minutes we get used to the new environment and can function in it perfectly. In fact, we adapt so readily that after a while we ((い)) notice the intensity of the light around us.

Our ability to adapt to light is just one example of our general adaptive skills. The same process takes place when we first encounter a new smell, texture, temperature, or background noise. ((う)), we are very aware of these sensations. But as time passes, we pay less and less attention to them until, at some point, we adapt and they become almost unnoticeable.

The bottom line is that we have only a limited amount of attention with which to observe and learn about the world around us——and adaptation is a very important novelty filter that helps us focus our limited attention on things that are changing and might therefore pose either opportunities or danger. (2)Adaptation allows us to attend to the important changes among the millions that occur around us all the time and ignore the unimportant ones. If the air smells the same as it has for the past five hours, you (①) it. But if you start smelling gas as you read on the couch, you (②) it, get out of the house and call the gas company. ((え)), the human body is a master at adaptation on many levels.

注 dismembering 手足を切り取る；
apocryphal 出所の疑わしい；
matinee（映画などの）昼興行

問1 下線部(1), (2)を日本語に訳しなさい。

問2 空所（ (A) ）～（ (D) ）に入る最も適切な語句を下から選び，記号で答えなさい。ただし，それぞれの語句は一度しか使えません。

(ア) stay there contentedly
(イ) eventually boil to death
(ウ) scramble around and quickly leap out
(エ) try to pretend it is dead
(オ) stay put as it adapts to the rising change in temperature

問3 空所（ (あ) ）～（ (え) ）に入る最も適切な語を下から選び，記号で答えなさい。ただし，文頭の大文字は小文字に改めてあります。また，それぞれの語は一度しか使えません。

(a) conversely
(b) thankfully
(c) barely

(d) quickly
(e) initially
(f) unexpectedly

問4　空所（ ① ），（ ② ）に，それぞれ適切な語句を補い，英文を完成させなさい。ただし，どちらの語句も，動詞として notice を用い，2語または3語にすること。短縮形を使用してもかまいません。

全　訳

■環境への適応能力

❶ 19世紀後半は，カエルや虫や他の多くの生き物にとって受難の時代だった。ヨーロッパやアメリカで生理学の研究が盛んになると，科学者たちは，こうした不運にも実験台となった生き物を切り分けたり，手足を切り取ったり，生息場所でないところへ移動させたりというようなことに血道をあげた。(1)科学界では伝説となっている話によると，科学者たちは，動物が環境の変化にどの程度まで適応できるかを調べるために，それらの動物の一部をゆっくり熱するということもやったそうだ。
❷ この類の研究でもっとも有名な例は，出所は疑わしいものの，沸騰しているお湯にカエルを入れる話である。一般に信じられているところでは，もしカエルを非常に熱いお湯の入った容器に入れると，カエルは大慌てで湯から出ようともがき，すぐに跳び出すだろう。しかし，もしカエルを常温の水の入った容器に入れると，その小さなやつは満足げにじっとそこにいるだろう。次に温度をゆっくり上げていくと，温度が上昇する変化に適応してカエルはそのままじっとしているだろう。さらにその温度を上げ続けると，カエルはついには茹だって死んでしまうだろう。要

するに，生物は，適応する時間を与えられれば，環境のちょっとした変化には耐えられるのである。

❸ 適応というものの不思議さをもっとよく見てみるために，私たちの視覚系の機能の仕方について考察してみよう。もしあなたが昼間に映画を見に行って，暗い映画館から日の照っている駐車場へ歩いて行ったことがあれば，外に出たときは最初，一瞬，目がくらむほどの明るさだろうが，やがて目は比較的すぐに適応する。暗い映画館から明るい日光の中に移動することによって，適応というものがもつ２つの側面が明らかになる。第一に，私たちは，真っ昼間から日没にいたるまで，光の強さの広い増減幅の中でうまく機能を働かせることができる。星明かりだけでもある程度目はきくのだ。第二に，私たちの目は適応するのに少し時間がかかる。暗闇から明るいところへ出ると，最初は目を十分に開けていることもできないが，数分後にはその新しい環境に慣れて，その中で完璧に目の機能を働かせることができる。実際，私たちはすぐに適応してしまうので，しばらくするとまわりの光の強さがほとんど気にならなくなるほどである。

❹ 私たちの光に適応する能力は，一般的な適応能力のほんの一例にすぎない。同じようなプロセスは，私たちがこれまで経験したことのないにおい，質感，温度，あるいは背景の雑音に初めて遭遇したときにも生じる。最初，私たちはこういう初めての感覚をはっきり意識する。しかし時が経つにつれ，それらにだんだんと注意を払わなくなり，ついには，ある時点で適応し，ほとんど気にならなくなる。

❺ 重要な点は，私たちが自分たちの身の回りの世界について，よく観察したり学んだりするのに払う注意力はごく限られたものだということ――そして適応とは，その限られた注意力を，刻一刻と変化し，それゆえに好機にも危険にもなるかもしれないものに集中させるのに役立つ，新奇なものに対する非常に重要なフィルターだということである。(2)適応性があるおかげで，私たちは自分たちの周りで絶えず生じる幾多の変化の中で重要なものに注意を向け，重要ではないものは無視することができるのだ。もし空気がその前の５時間と同じにおいなら，気にも留めないだろう。しかし，カウチで本を読んでいるときにガスのにおいがし始めたら，あなたはすぐにそれに気がつき，家から飛び出して，ガス会社に電話するだろう。ありがたいことに，人の身体は多様なレベルで見事に適応するようにできているのである。

❶ 19世紀後半，欧米では，生理学の発達とともにさまざまな動物実験が盛んに行われるようになり，その中には，動物をゆっくり熱してその耐性を調べるという伝説的に語られている実験もあった。

❷ カエルは熱湯に入れるとすぐ跳び出すが，水につけて徐々に熱していくと茹だって死ぬまで平気でいるという，出所の怪しい有名な実験は，適応時間が十分あれば，生物は環境の多少の変化に耐え得ることを示している。

各段落の要旨

❸ 適応作用の不思議さを視覚面で考えてみると，我々の目は，幅広いさまざまな強さの光に対応し，しかも，急な光量変化にも，多少の時間はかかるがすぐに適応して慣れてしまうという特性を持つ。

❹ 光に対する適応の仕方と同様に，我々は他のどんな感覚認識においても，ある刺激を初めは明確に認識するが，時が経つにつれてそれに適応し，ついにはほとんど気にならなくなる。

❺ 我々が周囲の世界に払う注意力はごく限られており，その注意力を，好機にも危険なものにもなり得る自分にとって重要な変化にのみ向けて，重要でないものを無視することができるのは，この適応性のおかげなのだ。

解　説

問１ (1) According to scientific legend, they also slowly heated some of the animals in order to test the extent to which they could adapt to changes in their environments.

▶ According to scientific legend は「科学的伝説によると」という直訳ではいささかわかりにくいので，「科学の世界で伝説的に語り継がれている話によれば」などといった説明的な訳出が望まれる。

▶ they also slowly heated some of the animals の they は前文の scientists を指す。あとで別のものを指す they も登場するので，「彼ら」とせずに「科学者たち」と訳出したい。

▶ in order to test ～「～を調べるために」のあとの the extent to which S V は頻出する表現であり，「S が V する程度」が直訳だが，「どの程度まで S が V するか」と意訳すると自然な日本語になる。関係代名詞節内の they は some of the animals を指す。

語句 adapt to ～「～に適応する」

(2) Adaptation allows us to attend to the important changes among the millions that occur around us all the time and ignore the unimportant ones.

▶ Adaptation allows us to *do* は，直訳すると「適応性が，私たちが～するのを許す」となるが，それでは日本語として不自然なので，「適応性の〔がある〕おかげで，私たちは～できる」とするべきだろう。さて，構造上の最大のポイントは，このあとの and の並列関係である。attend to … all the time と ignore the unimportant ones が and で並列されて，ともに allows us to につながっている。attend to ～「～に注意を向ける」と ignore「～を無視する」との対比と，the important changes「重要な変化」と the unimportant ones (=changes)「重要でない変化」との対比が鮮やかだ。

▶ among the millions は among the millions of changes のことで，「何百万もの〔幾多の〕変化の中で」という意味。この the millions を先行詞として，that occur around us all the time「絶えず私たちの身の回りで起こっている」という内容の関係代名詞節がかかってくる。

問2 ▶選択肢の訳は以下のとおり。

(ア)「満足げにそこでじっとしている」
(イ)「ついには茹だって死んでしまう」
(ウ)「(湯から出ようと) もがき，すぐに跳び出す」
(エ)「死んだふりをしようとする」
(オ)「温度の上昇する変化に適応して，そのままじっとしている」

(A) 正解は(ウ)

▶カエルを熱湯の入った容器に入れると，当然，「(湯から出ようと) もがき，すぐに跳び出す」という行動に出るだろう。scramble around「あたふたと動き回りよじ登る」 leap out「跳び出す」

(B) 正解は(ア)

▶今度は逆に，常温の水にカエルを入れると，「満足げにそこでじっとしている」だろう。room-temperature「室温，常温」

(C) 正解は(オ)

▶その後，徐々に水温を上げていくとどうなるか。ここからは，この段落の最終文「要するに，生物は，適応する時間を与えられれば，環境のちょっとした変化には耐えられるのである」がヒントになる。おそらくじっとしているはずだ。したがって(オ)が正解。stay put「動かずにじっとしている」 rising change「上昇する変化」 as は接続詞で「～して，～しながら」の意味。

(D) 正解は(イ)

▶こうして水温を徐々に上げ続けると最後にはどうなるか。もちろん熱湯の中でカエルは茹でられて死んでしまうのだ。だから(イ)が正解。eventually「ついには，最後には」 boil to death「茹だって死ぬ」

問3 ▶選択肢の訳は以下のとおり。

(a)「反対に，逆に」
(b)「ありがたいことに」
(c)「かろうじて～する，ほとんど～ない」
(d)「すぐに」

(e)「最初は」
(f)「思いがけなく，不意に」

(あ) 正解は(d)

▶(d)を入れて「比較的すぐに適応する」という内容にすると文意が通る。

(い) 正解は(c)

▶すぐに適応してしまい，周囲の強い光も気にならなくなる〔気づかなくなる〕と考えられるので，「ほとんど～ない」を入れる。

(う) 正解は(e)

▶後続の文がBut as time passes「しかし時が経つにつれ」で始まることとの対比で考えれば，「最初は～する」と考えられるので，(e)が正解。

(え) 正解は(b)

▶直前では，人間に効率のよい適応力があるがゆえに，ガス漏れに気づいて大事に至らないという具体例が書かれ，空所のあとには，「人の身体は見事に適応するようにできている」という結びの内容が続く。この文脈には「ありがたいことに」がふさわしい。

問4 ① ▶5時間も同じにおいだと，当然気にならなく〔気づかなく〕なるだろうから，noticeを否定形で用いる。「もし～なら」という条件節のあとなので，「～しないだろう」という意味のwill not〔won't〕noticeがまず思い浮かぶが，普段からそうだと断定するなら現在形でdo not〔don't〕noticeでもかまわない。

② ▶逆にここは，カウチで読書中にガスのにおいがし始めた時の反応だから，すぐに気づくはず。だからwill（quickly）noticeや，現在形のquickly notice（あるいは，doで動詞を強調したdo notice）などを使おう。

解答

問1 (1) 科学界では伝説となっている話によると，科学者たちは，動物が環境の変化にどの程度まで適応できるかを調べるために，それらの動物の一部をゆっくり熱するということもやったそうだ。

(2) 適応性があるおかげで，私たちは自分たちの周りで絶えず生じる幾多の変化の中で重要なものに注意を向け，重要ではないものは無視することができるのだ。

問2 (A)―(ウ) (B)―(ア) (C)―(オ) (D)―(イ)

問3 (あ)―(d) (い)―(c) (う)―(e) (え)―(b)

問4 ① will not notice〔won't notice / do not notice / don't notice〕

② will notice〔will quickly notice / quickly notice / do notice〕

31

2012年度〔2〕

次の文章を読んで，問1～5に答えなさい。

Religion is ubiquitous but it is not universal. That is a mystery for people trying to explain it. (1)Religious types, noting the ubiquity (though not everyone is religious, all human societies have religions), argue that this proves religion is a real reflection of the underlying nature of things. Skeptics wonder why, if that is the case, it comes in such a variety of flavors, from the Holy Catholic to the cargo cults* of Papua New Guinea.

To bring a little scientific order to the matter, researchers taking part in a multinational project called Explaining Religion have spent three years gathering data on various aspects of religious practice and on the sorts of moral behavior that religions often claim to govern. The data-collection phase was wrapped up at the end of 2010, and the results are starting to be published.

At the moment, most students of the field would agree that they are still in the "stamp collecting" phase that begins many a new science——in which facts are accumulated without it being clear where any of them fit in. But some intriguing patterns are already beginning to emerge. (　(A)　), the project's researchers have studied the ideas of just deserts, of divine disapproval and of the nature of religious ritual.

One theory of the origin of religion is that it underpins the extraordinary capacity for collaboration that led to the rise of Homo sapiens. A feature of many religions is the idea that evil is divinely punished and virtue is rewarded. Cheats or the greedy, in other words, (2)get their just deserts. The selflessness which that belief encourages might help explain religion's evolution. But is the idea of universal just deserts truly instinctive, as this interpretation suggests it should be ?

(　(B)　) Nicolas Baumard used a computer to check people's reactions to a modern morality tale. Baumard's volunteers read about a beggar asking for alms*, and a passer-by who did not give them. In some cases the pedestrian was not only mean, but hurled abuse at the poor man. In others, he had little money and was apologetic. (　(C)　), he went on to experience some nasty event (anything from tripping over a shoelace, via being tripped up deliberately by the beggar, to being run over by a car).

The question asked of each volunteer was whether the second event was caused by the passer-by's behavior towards the beggar. (3)Most answered "no", the assumption being it was the shoelace, or the man's foot, or the car. But Baumard also measured how long each volunteer thought about the answer——and he found that when the passer-by had behaved badly to the beggar and then suffered an unrelated bad incident, volunteers spent significantly longer thinking about their answers than when the passer-by had behaved well, or the beggar had tripped him up deliberately.

Baumard's interpretation, though he cannot prove it, is that (4)the volunteers were indeed making a mental connection, during this extra thinking time, between the passer-by's actions and his subsequent fate. ((D)), they were considering the idea that he was getting his just deserts.

The good god guide, *The Economist* on April 20, 2011

注　cargo cults カーゴ・カルト（メラネシアにおける宗教的・社会的運動）；
alms ほどこし

問１　下線部(1)と反対の意味の語を，第１段落から１語で抜き出しなさい。

問２　空所（ (A) ）～（ (D) ）に入る最も適切な語句を下から選び，記号で答えなさい。ただし，文頭の大文字は小文字に改めてあります。また，それぞれの語句は，一度しか使えません。

(ア) either way
(イ) in other words
(ウ) to test that
(エ) in particular

問３　下線部(2)の言い換えとして，最も適切な表現を下から選び，記号で答えなさい。

(あ) are left alone in a hot, dry place
(い) are abandoned without help
(う) are given what they deserve
(え) are rewarded only with sweet things

問4　下線部(3)を，it が指す内容を明らかにしながら，日本語に訳しなさい。

問5　下線部(4)を，日本語に訳しなさい。

全 訳

■宗教の普遍性に関する科学的調査

❶ 宗教はどこにでもあるが，世界共通のものではない。それは，宗教を説明しようとする人たちにとって不可解なことだ。信仰心の篤いタイプの人は，その遍在性（誰もが信心深いわけではないが，すべての人間社会に宗教はある）に着目して，このことは，宗教がものごとの根底にある本質を現実に反映している証拠であると主張する。懐疑的な人たちは，もしそれが事実なら，なぜ宗教には，ホーリー・カトリックからパプアニューギニアのカーゴ・カルトにいたるまで，それほど多様な特色をもつものがあるのだろうといぶかしく思う。
❷ その問題を少しばかり科学的に秩序立てる目的で，「宗教解説」という名の多国間プロジェクトに参加している研究者たちは，宗教上のしきたりのさまざまな側面や，宗教が規定するとされる場合が多い道徳的な行いにはどのような種類があるかについて，3年がかりでデータを集めた。データ収集の段階は2010年末には完了し，その結果が公表され始めている。
❸ 今のところ，この分野の大部分の研究者は，自分たちはまだ，多くの新たな科学の発端となる「切手収集」の段階――つまり，事実が積み上げられてはいるが，その事実のどれがどこに当てはまるのかはっきりしないままという段階にあるという点で，意見の一致をみるだろう。しかし，興味をそそるパターンがいくつか，すでに現れ始めている。特に，このプロジェクトの研究者たちは，因果応報や神の不承認といった考え方や，宗教上の儀式の本質に関する考え方を研究してきた。
❹ 宗教の起源に関するある理論によると，宗教はホモ・サピエンスの台頭につな

がった極めて高い協調性を裏打ちするものだという。多くの宗教の特徴のひとつに，悪は神に罰せられ，善は報われるという考え方がある。言い換えると，不正なことをする人や強欲な人は，当然その報いを受けるというわけである。そういう考え方が奨励する無私無欲さは，宗教の進化を説明するのに役立つかもしれない。しかし，どの宗教にも存在する因果応報という考え方は，この解釈が示唆しているように，本当に本能的なものなのだろうか？

❺ それを検証する目的で，ニコラ=ボーマールはコンピュータを使って現代風の寓話に対する人々の反応を調べた。ボーマールに協力してくれた人たちは，ほどこしを求める物乞いと，ほどこしを与えない通行人の話を読んだ。通行人がけちであっただけでなく，その貧しい男に暴言まで吐く場合もあれば，通行人がほとんどお金を持っておらず，申し訳なさそうな態度を示す場合もあった。しかしいずれの場合も，通行人はその後で，何か嫌な出来事（靴ひもにつまずくというものから，物乞いに故意に足を引っかけられるとか，さらには車にひかれるというものまで）を経験するのだった。

❻ 実験に協力した一人ひとりに尋ねられた質問は，その2つ目の出来事が物乞いに対する通行人のふるまいが原因となって起きたのかどうかというものだった。(3)大部分の人は，そのあとの嫌な出来事は，靴ひもや物乞いの男の足や車のせいだと考えて，「いいえ」と答えた。しかし，ボーマールは同時に，実験に協力した人がそれぞれ，その答えを考えるのにどのくらい時間をかけたかも測定していた――そして，通行人が物乞いに対してひどいふるまいをしたのち，それとは無関係の嫌な目にあった場合，実験に協力した人たちは，通行人がまっとうなふるまいをしたり物乞いが故意に通行人をつまずかせたりした場合よりも，かなり長い時間をかけて答えを考えるということをつきとめた。

❼ 証明することはボーマールにはできないものの，彼の解釈によると，(4)実験に協力した人たちは，実は，この余分に時間をかけて考えている間に，通行人の行動とそのあとに続く彼の運命とを，頭の中で結びつけていたのだ。言い換えれば，その人たちは，通行人は当然の報いを受けているという考え方をしていたというわけである。

❶ 宗教はすべての人間社会に存在しているが，皆が同じ宗教を信じているわけではない。この，遍在するが普遍性はないという点が宗教の謎であり，宗教の信奉者と懐疑論者の主張の，それぞれの論拠ともなっている。

❷ この問題を科学的に研究するプロジェクトに参加した研究者たちが3年がかりでデータを集め，その結果が公表され始めている。

❸ まだ事実を収集・集積している段階と言えるが，いくつかの宗教的概念の研究は進められている。

各段落の要旨

❹ 因果応報という考えが，人類の隆盛を生んだ協調性を支えているという説もあるが，因果応報の概念は本当に本能的なものなのだろうか。

❺ それを検証するために，物乞いにほどこしをしなかった通行人に不幸な出来事が起こる話を読んだ人の反応を調べる実験が行われ，話の内容には，通行人が物乞いに横柄な態度を取る場合と謙虚に接する場合とがあった。

❻ 通行人に不幸な出来事が起きたのは物乞いに対する態度のせいだと思うかと問われて，大半の被験者は否と答えたが，ただ，通行人がひどい態度を取っていた場合には被験者が返答するまでに時間がかかった。

❼ 返答までに時間をかけたことが，被験者が因果応報の考え方をしていた証ではないかと，研究者は考えている。

解 説

問1 ▶下線部(1)を主語とする文と後続の文とが，内容的にきれいな対比・対照をなしていることから，Religious types「信仰心の篤いタイプ（の人々）」と正反対の人々とは，後続の文の主語である Skeptics「懐疑論者たち」だとわかる。

問2 ▶選択肢の訳は以下のとおり。

(ア)「どちらの場合でも」

(イ)「言い換えると」

(ウ)「それを検証するために」

(エ)「とりわけ，特に」

(A) 正解は(エ)

▶空所の手前では，「興味をそそるパターンがいくつか，すでに現れ始めている」と漠然とした言い方をしているが，空所のあとには，具体的な 3 つの事柄の研究が進められていることが述べられているので，(エ)の「特に」が適切。

(B) 正解は(ウ)

▶空所の手前の第 4 段最終文の問いかけに対して，空所から始まる第 5 段で，「ボーマールがコンピュータを利用して現代風の寓話に対する人々の反応を調べた」という内容が続いているのは，その問いに対する答えを探るためだと考えられるので，(ウ)の「それを検証するために」が入る。

(C) 正解は(ア)

▶空所の前で，2 通りの場合が述べられているので，(ア)の「どちらの場合でも」を入れると文意が通る。

(D) 正解は(イ)

▶直前の下線部(4)の，「通行人の行動とその後に続く彼の運命とを，頭の中で結びつけていた」という内容は，要するに「因果応報」の考え方をしていたということであり，空所のあとの内容もそれと同じことを述べているので，(イ)の「言い換えると」が正解。

問3　正解は(う)

▶選択肢の訳は以下のとおり。

(あ)「暑い乾燥した場所に一人放置される」

(い)「助けの手を差し伸べられずに見捨てられる」

(う)「彼らが受けるに値するものが与えられる」

(え)「褒美として甘いものだけが与えられる」

▶ get *one's* (just) deserts は「相応の賞罰を受ける，当然の報いを受ける」という意味だが，deserts に「相応の報い」の意味があることを知っている受験生は多くはないだろう。ここでは，文脈から推測することが求められている。手がかりは，直前の文の evil is divinely punished and virtue is rewarded「悪は神に罰せられ，善は報われる」という表現だ。これに続いて，「言い換えると，不正をする者や強欲な者は…」と述べて下線部につながるのだから，「当然の報いを受ける，相応の罰を受ける」といった内容だろうと，容易に見当がつく。(あ)や(い)も確かに罰の一種かもしれないが，彼らにふさわしい報いかどうかは判断できない。

問4　Most answered “no”, the assumption being it was the shoelace, or the man’s foot, or the car.

▶ Most answered “no”「大部分の人は『いいえ〔そうではない〕』と答えた」の most は most of the volunteers のこと。

▶さて，このあとが難物だ。the assumption から文末までは分詞構文であり，the assumption は being の意味上の主語となって働いている。主語が残った分詞構文（いわゆる独立分詞構文）だ。being のあとには接続詞の that が省略されている。The assumption was (that) it was the shoelace, or the man’s foot, or the car.「（いいえと答えた被験者のその時の）考えは，it は靴ひもや物乞いの男の足や車であるということだった」の初めの was を being にして分詞構文に変形したと考えるとよい。「考えは，it は靴ひもや物乞いの男の足や車であるというものであり」という直訳調を，「it は靴ひもや物乞いの男の足や車であると考えて」くらいに，自然な意訳にできればしめたものだ。また，訳しおろして，「大部分の人は『いいえ』と答えたが，それは，it が…と考えてのことだった」としてもよい。

▶次に，it が何を指すかを考えよう。「it は靴ひもや物乞いの男の足や車である」という直訳からわかるように，この it は，「（通行人があとで被る）何か嫌な２つ目の出来事（the second event＝some nasty event）の原因」「何か嫌な２つ目の出来事を引き起こしたもの」を指すと考えるのが最もわかりやすい解釈だろう。訳出の仕方としては，「it が指す内容を明らかにしながら」という指示を踏まえて，「通行人があとで被った嫌な２つ目の出来事を引き起こした（も）の〔通行人があとでひどい目にあった原因〕は…だ」などとしておくのが適切だろう（〈全訳〉では，「そのあとの嫌な出来事は，…のせいだ」と意訳してある）。

▶細かい話になるが，the man's foot は，「その男の足」と直訳すると通行人を指すとも受け取られるので，「物乞いの男の足」と訳しておきたい。

問５ the volunteers were indeed making a mental connection, during this extra thinking time, between the passer-by's actions and his subsequent fate.

▶ the volunteers were indeed making a mental connection「実験に協力した人たちは，実は，頭の中で結びつけていたのだった」の，volunteers を「ボランティア（の人々）」と訳すのは不適切だろう。ここでは，「実験に協力〔参加〕した人々，被験者」のことだ。a mental connection「頭の中での結びつけ」の後ろから，文末の between ～ and … が修飾しており，まとめて直訳をすると，「～と…との頭の中での結びつけ」となる。最終的には〈解答例〉のように意訳して，落ち着いた日本語にするわけだ。

▶ during this extra thinking time の部分は挿入句であり，「この余分の思考時間の間に」というのは，直前の第６段第３文（But Baumard also …）の後半に書かれている，「通行人が物乞いの男にひどいふるまいをしたのちに嫌な目にあった場合には，そうでない時よりもかなり長い時間をかけて答えを考えた」という内容を踏まえているので，「この余分に時間をかけて考えている間に」などと，少し言葉を足したいところだ。

語句 passer-by「通行人」 subsequent「その後の，そのあとに続く」 fate「運命」

解答

問１ Skeptics

問２ (A)―(エ) (B)―(ウ) (C)―(ア) (D)―(イ)

問３ (う)

問４ 大部分の人は「いいえ」と答えたが，それは，通行人がそのあとひどい目にあった原因は靴ひもや物乞いの男の足や車であると考えてのことだった。

問５ 実験に協力した人たちは，実は，この余分に時間をかけて考えている間に，通行人の行動とそのあとに続く彼の運命とを，頭の中で結びつけていたのだ。

32

2012年度〔3〕

次の文章は，主人公（語り手）が海辺で知り合った女性（Savannah）と二人で食事をする場面である。これを読んで問1～4に答えなさい。

The waitress arrived with the bucket of shrimp and a couple of plastic containers of cocktail sauce, set them on the table, and refilled our tea with the efficiency of someone who'd been doing it for way too long. She turned on her heels without asking whether we needed anything else.

"(1)This place is legendary for its hospitality."

"She's just busy," Savannah said, reaching for a shrimp.

She cracked the shrimp and peeled it, then dipped it in the sauce before taking a bite. I reached in the bucket and set a couple on my plate.

"What else do you want to know ?" she asked.

"I don't know. (　(A)　) What's the best thing about being in college ?"

She thought about it as she filled her plate. "Good teachers," she finally said. "In college, you can sometimes pick your professors, as long as you're flexible with your schedule. That's what I like. Before I started, that was (2)the advice my dad gave me. He said to pick classes based on the teacher whenever you can, not the subject. I mean, he knew that you had to take certain subjects to get a degree, but his point was that good teachers are priceless. They inspire you, they entertain you, and you end up learning a ton even when you don't know it."

"Because they're passionate about their subjects," I said.

She winked. "(　(B)　) And he was right. (3)I've taken classes in subjects I never thought I'd be interested in and as far away from my major as you can imagine. But you know what ? I still remember those classes as if I were still taking them."

"(　(C)　) I thought you'd say something like going to the basketball games was the best part about being in college. (4)It's like a religion at Chapel Hill*."

"I enjoy those, too. Just like I enjoy the friends I'm making and living away from Mom and Dad and all that. I've learned a lot since I left home. I mean, I had a wonderful life there, and my parents are great, but I was... sheltered. I've had a few eye-opening experiences."

"(　(D)　)"

"Lots of things. Like feeling the pressure to drink or hook up* with a guy every time I went out. My first year, I hated UNC*. (5)I didn't feel like I fitted in, and I didn't. I begged my parents to let me come home or transfer, but they wouldn't agree. I think they knew that in the long run I'd regret it, and they were probably right. It wasn't until some time during my sophomore year that I met some girls who felt the same way I did about those types of things, and it's been a lot better ever since."

From *Dear John* by Nicholas Sparks, Grand Central Publishing

注　Chapel Hill　North Carolina 州の北部にある町，University of North Carolina の所在地；
hook up つきあう；
UNC　University of North Carolina

問1　下線部(1)，(4)，(5)の説明として，最も適切なものを，それぞれ(ア)〜(エ)から選び，記号で答えなさい。

(1) This place is legendary for its hospitality.
(ア) The restaurant is best known for its shrimp dish.
(イ) The way the waitress behaved is not satisfactory to him.
(ウ) The author really appreciated the waitress's attitude.
(エ) The waitress acted more like a nurse.

(4) It's like a religion at Chapel Hill.
(ア) Basketball is a very popular sport there.
(イ) University students there are very religious.
(ウ) Students there are not so interested in their studies.
(エ) Chapel Hill is a good place to enjoy both religious and sports activities.

(5) I didn't feel like I fitted in, and I didn't.
(ア) She didn't like the college life at UNC, so she quit.
(イ) She was uncomfortable with the college life at UNC.
(ウ) She didn't feel any pressure from the way her friends behaved at UNC.
(エ) She tried to believe she didn't like the life at UNC, and it worked.

問2　空所（ (A) ）〜（ (D) ）に入る最も適切な表現を下から選び，記号で答えなさい。ただし，それぞれの表現は一度しか使えません。

(あ) Like what?

(い) I'm impressed.

(う) Exactly.

(え) Anything.

問3　下線部(2)のアドバイスの内容と，それを父親が与えた理由を60字以内の日本語で書きなさい。ただし，句読点も1字に数えます。

問4　下線部(3)を日本語に訳しなさい。

全 訳

■大学生活についての会話

ウェイトレスはバケツ型の容器に盛ったエビと，カクテルソースの入ったプラスチック容器を２つ運んできて，テーブルに置くと，あまりに長い間ずっとこの仕事をやってきた人の慣れた手つきで私たちに紅茶を注ぎ足した。彼女は他に何かご注文は，と尋ねることもなく，きびすを返して行ってしまった。

「この店は接客のよさで有名なんだ」

「彼女は忙しいだけよ」と，サバンナはエビに手を伸ばしながら言った。

彼女はそのエビの殻を割ってむき，ソースをつけてから一口かじった。私は容器に手を伸ばし，２つ自分の皿にのせた。

「ほかに何が知りたいの？」と，彼女は尋ねた。

「わからないよ。何でもいいけど。じゃあ，大学生になって一番良かったこととか？」

彼女は自分の皿にエビを取り分けながら考え込んだ。「いい先生ね」と，彼女はようやく言った。「大学では，自分の時間割を柔軟に組めるんだったら，教授を選べることがあるでしょ。そこが気に入ってるの。入学する前に，パパが私にしてくれたアドバイスなの。パパは，できる限り科目じゃなくて先生によって授業を選ぶように言ったわ。つまり，学位を取るために特定の科目は取らなくちゃいけないのは承知の上で，パパが言いたかったのは，いい先生はとても貴重だということだったの。そういう先生は刺激を与えてやる気にさせてくれるし，楽しませてくれるし，最終的には，知らず知らずのうちにとても多くのことを学んでいることになるってわけ」

「そういう先生は，自分の科目に熱意を持っているからだよね」と，私は言った。

彼女はウィンクして見せた。「その通りよ。それにパパは正しかったわ。私は自分が興味を持てるなんて思いもしなかったような，想像もつかないほど私の専攻からかけ離れた科目の授業を受けたことがあるの。でも，それがなんとね。そういう授業のことは，まだそれを受けているみたいに今も覚えているのよ」

「感心するよ。僕はてっきりバスケットボールの試合を見に行くとか，何かそういうことが大学生活の醍醐味だとでも言うかと思ったよ。チャペルヒルじゃ，バスケの試合が何より人気だからね」

「そういうのも楽しいわよ。友だちになれそうな人たちとのつきあいや，ママやパパから離れて暮らすことや，そういうこと全部が楽しいのと同じね。家を離れてから多くのことを学んだわ。そりゃ，家でもすばらしい生活を送っていたし，両親はとても素敵な人たちだし，でも，私って…守られてたのよね。目を見張るような体験もいくつかあったのよ」

「例えばどんな？」

「いろんなこと。出かけるたびに，お酒を飲んだり，男の子とつきあったりすることにプレッシャーを感じるとか，ね。1年目は，ノースカロライナ大学が大嫌いだった。うまくなじめている気がしなかったし，実際なじめなかったの。両親に家に帰らせてとか，転校させてって頼んだけど，どうしても認めてくれなかった。2人は，長い目で見れば私がそれを後悔するってことがわかっていたんだと思うし，たぶん2人は正しかったのね。2年生のいつの頃だったか，ようやく，そういうことについて私と同じように感じていた女の子たち何人かに出会って，それ以来ずいぶん気持ちが前向きになったわ」

解　説

問1 (1)　正解は(イ)

▶選択肢の訳は以下のとおり。

(ア)「このレストランはエビ料理で一番よく知られている」

(イ)「ウェイトレスの振る舞い方は，彼には満足のいくものではない」

(ウ)「筆者はウェイトレスの態度を実に高く評価していた」

(エ)「ウェイトレスはむしろ看護師のような振る舞いをした」

▶下線部(1)は文字通りには「この店は接客のよさで伝説に残るほど有名なんだ」という意味だが，ウェイトレスが直前に見せたぞんざいな接客態度と，直後のサバンナの「彼女は忙しいだけよ」というセリフから考えると，主人公の「私」は，ウェイトレスの接客態度の悪さを皮肉っていると考えられるので，(イ)が正解。

(4)　正解は(ア)

▶選択肢の訳は以下のとおり。

(ア)「バスケットボールはそこ（＝チャペルヒル）じゃ非常に人気のあるスポーツだ」

(イ)「そこ（＝チャペルヒル）の大学生は非常に信仰心が篤い」

(ウ)「そこ（＝チャペルヒル）の学生は勉強にはあまり興味がない」

(エ)「チャペルヒルは宗教活動とスポーツ活動の両方を楽しめるいいところだ」

▶直前の文で主人公は，「僕はてっきり，バスケットボールの試合を見に行くといったようなことが大学生活の醍醐味だとでも言うかと思ったよ」と言っているので，ここでの religion は，「宗教」という文字通りの意味ではなく，「みんなが熱狂している一大関心事」のような意味合いだろうと判断。よって(ア)が正解。

(5) **正解は(イ)**

▶選択肢の訳は以下のとおり。

(ア)「彼女はノースカロライナ大学での大学生活がいやだったので退学した」

(イ)「彼女はノースカロライナ大学での学生生活になじめなかった」

(ウ)「彼女はノースカロライナ大学での友人たちの振る舞い方から，プレッシャーは少しも感じなかった」

(エ)「彼女はノースカロライナ大学での生活は好きじゃないと思い込もうとし，それはうまくいった」

▶下線部(5)の feel like S V は「S が V するような気がする」，fit in は「なじむ，適応する」。文末の I didn't のあとには fit in が省かれている。前後の文脈から考えても，「大学になじめていなかった」という意味であることは明らか。

問2 ▶選択肢の訳は以下のとおり。

(あ)「例えばどんな？」　(い)「感心するよ」

(う)「（まさに）その通り」　(え)「どんなことでも（いい）」

(A) **正解は(え)**

▶サバンナに「ほかに何が知りたいの？」と尋ねられて，主人公は空所の直前で「わからないよ」と言う。これに続く言葉としては(え)が適切。

(B) **正解は(う)**

▶直前で，サバンナの父親の意見に沿う発言をする主人公に対して，サバンナは賛同のジェスチャーであるウィンクをし，しかも，空所の直後では「それにパパは正しかったわ」とも言っていることから，(う)が適切。

(C) **正解は(い)**

▶直後で「僕はてっきり，バスケットボールの試合を見に行くといったようなことが大学生活の醍醐味だとでも言うかと思ったよ」と，意外だという気持ちを述べており，受講した授業内容をはっきりと覚えているというサバンナの発言に感銘を受けたと思われるので，(い)が適切。

(D) **正解は(あ)**

▶直前でサバンナは「目を見張るような体験もいくつかあった」と言い，空所の直後では，その具体例を述べていることから，(あ)が適切。Like what?「例えばどんな？」はよく使われる口語表現なので覚えておきたい。

問3 ▶まず，父親のアドバイスの内容は，後続の文（He said to …「できる限り科目じゃなくて先生によって授業を選ぶように彼は言った」）に明確に書かれているので，ここをまとめる。

▶次に，その理由だが，同じ段落の最後のほうまで読み進めると，… good teachers are priceless. They inspire you, they entertain you, and you end up learning a ton even when you don't know it.「…いい先生はとても貴重だ。そうした先生は刺激を与えてやる気にさせてくれるし，楽しませてくれるし，最終的には，気づかないうちにとても多くのことを学んでいることになる」とあり，これが内容的に見て，「科目ではなくて先生によって授業を選べ」というアドバイスに対する実質的な理由となっていることがわかるだろう。ただし，かなり切り詰めてまとめないと字数制限に引っかかってしまうので，最も重要だと思うところだけを抽出しよう。

問4 **I've taken classes in subjects I never thought I'd be interested in and as far away from my major as you can imagine.**

▶ I've taken classes in subjects …「…科目の授業を（いくつか）受けたことがある」

▶次に，後ろからこの subjects を修飾するカタマリが2つあり，それが and で並列されていることを見抜こう。その1つ目は，(which) I never thought I'd be interested in「自分が興味を持つだろうとはまったく思いもしなかった」という関係代名詞節である。I never thought (that) I'd be interested in the subjects.「(先行詞の) その科目に自分が興味を持つだろうとはまったく思いもしなかった」という文をもとにして，先行詞を指している下線部を which に換えて文頭に出せば，問題文の形になる。

▶ subjects を修飾するもう一つのカタマリは as 以下だが，とりあえず as … as you can imagine の部分を取り外して骨組みだけにすると，far away from my major「私の専攻科目から遠くかけ離れた」という修飾語句であることがわかる。そこに as … as you can imagine「想像でき得る限り…な」が加わっているのだ。この as … as you can ～ は，文字通りには～し得る上限ぎりぎりを表現しているわけだが，訳出の際には，逆に否定的に，「(それ以上) ～できないほど…な」とするとすっきりした日本語になる。

解答

問1 (1)—(イ)　(4)—(ア)　(5)—(イ)

問2 (A)—(え)　(B)—(う)　(C)—(い)　(D)—(あ)

問3 授業は可能な限り科目ではなく教師で選べという内容で，理由は優れた教師は学生を刺激し，楽しませ，多くを学ばせてくれるから。(60字)

問4 私は自分が興味を持てるなんて思いもしなかったような，想像もつかないほど私の専攻からかけ離れた科目の授業を受けたことがあるの。

33

2011年度〔1〕

次の文章を読んで，問1～3に答えなさい。

Small mammals——mice, beavers, and their relatives——have long hidden in the wild shadows of large beasts. But recently, the world's little creatures stepped quietly into the biology spotlight. They were called onto the stage by biologist Jessica Blois and her team, who reported a new discovery in the journal *Nature*, connecting the loss of small mammals to a past period of climatic warming.

(1)Given the current global warming trend, the new research likely provides insight into the future of small mammals and that of all the creatures with which they coexist, including humans. The study definitively shows that drop-offs in species diversity among small mammals in North America coincided with the warming shift from the icy Last Glacial Maximum* (LGM) some 21,500 years ago to the comparatively toasty interglacial period of the Holocene*, which began about 11,700 years ago.

The work, led by Blois, focused on small mammal fossils excavated from the Samwell Cave Popcorn Dome in northern California. The Samwell Cave area has a high degree of species diversity and shares climatic features with each of the different surrounding ecosystems. Hence, as Blois put it, "(2)We figured that this region should be particularly good for recording climatic and wildlife change through time."

In comparing fossils from different depths in the Samwell Cave area, the researchers found that populations of certain small-mammal species decreased, whereas others increased. Among the species that experienced declines were the Mazama pocket gopher* and the mountain beaver, both of which migrated to cooler areas as soon as temperatures began heating up following the LGM. Populations of ground squirrels and various chipmunks also decreased. But while these species declined, generalists such as deer mice*, which are relatively nonspecific in their habitat requirements, expanded.

Minor shifts in populations of small mammals, such as the moving out of the Mazama pocket gopher, can cause significant changes in ecosystems. "Small mammals are crucial members of local food webs, and they play many important roles within ecosystems," Blois explained. "For example, they mix up the soil and recycle nutrients, and disperse seeds, and they are also an important food source for larger animals, like hawks, owls, foxes, and wolves."

(3)The team's work now enables biologists to study questions about the response of small mammals to recent climate change in the context of past climate events. Since it is known that ecosystems can be destabilized following the loss of species, scientists already have some useful hypotheses to work with. "The small mammal community serves as a useful, measurable indicator——if these changes are happening in the small mammals, comparable changes are likely happening in many other communities as well," Blois said.

Losses in small mammal diversity can also potentially impact the so-called ecosystem services*, such as nutrient cycling and biomass production, that benefit human communities. Regardless of the unknowns concerning the individual contributions of small mammals to ecosystem services, it can be said that altered species distribution and the ensuing shifts in ecological function could change how human societies interact with their local environments.

Small Mammal Diversity and Climate Change, Encyclopaedia Britannica by Kara Rogers

注 Last Glacial Maximum 最終氷期最盛期；
Holocene 完新世；
Mazama pocket gopher マザマホリネズミ；
deer mouse シロアシネズミ；
ecosystem services 生態系の公益的機能（生物・生態系に由来し，人類の利益になる機能）

問1 シロアシネズミが減少しなかった理由を第4段落からまとめ，「シロアシネズミは」に続けて，15字以内の日本語で説明しなさい。ただし，句読点も1字に数えます。

(解答欄：シロアシネズミは□□□□□□□□□□□□□□□から。)

問2 次の(a)～(h)のうち，本文の内容と合致しないものを二つ選び，記号で答えなさい。

(a) A decrease in the number of small-mammal species may well indicate a comparable change in other animals.

(b) A decrease in small-mammal diversity can influence biomass production.

(c) A decrease in the number of small mammals affects the food chain.

(d) Small mammals decrease plant diversity by eating plant seeds.

(e) Small mammals improve the quality of the soil in their habitats.

(f) The LGM occurred prior to the Holocene.

(g) The LGM saw the least diversity in small mammals in North America.

(h) The LGM was colder than the Holocene.

問3 下線部(1)～(3)を日本語に訳しなさい。

全 訳

■小型哺乳類の個体数と気候変動の関係

❶ 小型哺乳類――ネズミやビーバー，およびその同族種の動物たち――は，長きにわたって，自然界では大型の動物の陰に隠れた存在だった。しかし，最近になって，世界の小動物が，生物学の面から静かに脚光を浴びるようになった。彼らを舞台に引き出したのは，生物学者のジェシカ=ブロワと彼女の研究チームであり，このチームは，『ネイチャー』誌に，小型哺乳類の減少と過去のある期間の気候温暖化とを関連付ける新たな発見を発表した。

❷ (1)現在の地球規模の温暖化傾向を考慮に入れると，その新たな研究によって，小型哺乳類の未来と，小型哺乳類と共存する，人間も含めたすべての生き物の未来とが見通せるようになるだろう。その研究は，北アメリカにおける小型哺乳類の中の種の多様性の減少が，約21,500年前の凍てつく最終氷期最盛期から，約11,700年前に始まった完新世という比較的暖かな間氷期にいたる温暖化の流れと同時に起きたことを明確に示している。

❸ ブロワの主導になるその研究は，カリフォルニア州北部のサムウェル洞窟内のポップコーン・ドームから出土した小型哺乳類の化石に焦点を当てた。サムウェル洞窟がある地域は種が非常に多様で，周辺のさまざまな生態系のそれぞれと気候上の特徴を共有している。このために，ブロワの言葉を借りれば，「(2)この地域が時の経過とともに気候と野生生物がどう変化したかを記録するのにとりわけ適しているはずだと我々は判断した」のである。

❹ サムウェル洞窟地帯の異なる深さの層から出土した化石を比較してみると，研究者たちはある小型哺乳類種の個体数が減少している一方で，増加している種もあることがわかった。減少した種の中にはマザマホリネズミとヤマビーバーがいるが，そのどちらも最終氷期最盛期の後に気温が上昇し始めるとすぐ，もっと寒冷な地域へと移動したのだった。ジリスやさまざまなシマリスの個体数も減少した。しかし，これらの種は減少したのに，シロアシネズミのような万能型のタイプは，生息地の必要条件が比較的限定されていないので増加した。

❺ マザマホリネズミの移動のような，小型哺乳類の個体数のわずかな変化が生態系に大きな変化を引き起こすことがある。「小型哺乳類は，生息地の食物網には欠かせない動物であり，生態系の中で多くの重要な役割を担っている」とブロワは説明している。「小型哺乳類は，例えば，土壌を混ぜ合わせて栄養物を再循環させたり，種子を分散させたりしている。そしてまた，タカ，フクロウ，キツネ，オオカミといったより大型の動物にとって，重要な食糧源ともなる」

❻ (3)そのチームの研究のおかげで，現在，生物学者たちは，小型哺乳類が最近の気候変動にどう反応するかという点に関する問題を，過去に気候上生じた事象に照らして研究することができる。生態系は種の減少の後に不安定になる場合があるということがわかっているので，科学者たちは，研究対象とすべき有益な仮説をすでにいくつか立てている。「小型哺乳類の集団は，役に立つ測定可能な指標となる。というのも，もしこのような変化が小型哺乳類で生じているとすれば，それに相当する変化が他の多くの集団でもおそらく生じているからである」とブロワは述べている。

❼ 小型哺乳類の多様性が失われると，栄養物の循環とバイオマスの生産のような，人間社会に恩恵をもたらすいわゆる生態系の公益的機能に影響を及ぼすことにもなりかねない。小型哺乳類が生態系の公益的機能に個々にどのように寄与しているかという点に関しては未知の部分があるにせよ，種の分布の変化と，それに続く生態学的機能の変化が，ことによると人間社会とその地域環境との相互作用の仕方を変えてしまうこともあり得ると言えよう。

各段落の要旨

❶ 小型哺乳類はこれまで目立たぬ存在だったが，最近，その個体数の減少と気候温暖化には関連があるという研究結果が発表された。

❷ 北アメリカの古い時代に起こった温暖化の時期と小型哺乳類の種の減少の時期が一致していることを解明したこの研究は，小型哺乳類だけでなくそれと共生関係にある生き物すべての未来を見通すのに寄与するだろう。

❸ 研究対象の小型哺乳類の化石はカリフォルニア州の洞窟地帯で出土したものだが，この地域は種が多様で，周囲の生態系と気候上の特徴を共有していることから，気候と生物の時間的変遷の研究に適していた。

❹ この地域のさまざまな層から出土した化石を比較した結果，小型哺乳類の中には，気温の上昇とともによそへ移動して個体数を減らした種がいる一方で，あまり気候に左右されない種は逆に個体数を増やしていた。

❺ 小型哺乳類は生息地の生態系の中で重要な役割を担っているため，その個体数のわずかな変化が生態系に大きな影響を与えることがある。

❻ この研究のおかげで，最近の気候変動に対する小型哺乳類の反応の仕方を過去の気候上の事象に照らして研究することが可能となり，小型哺乳類は，他の生物種の個体数変化を推定するための有益な指標にもなっている。

❼ 未解明の点も多いが，小型哺乳類は生態系の公益的機能にも影響を与える可能性があり，種の分布の変化が，ひいては人間社会とその地域環境との相互作用の仕方を変えることもあり得るのだ。

解 説

問1 ▶理由は第4段最終文に挿入されたwhich節（which are relatively nonspecific in their habitat requirements）に示されているので，この内容をまとめればよいが，「彼ら（＝シロアシネズミ）は，自分たちが生息地として必要とする条件の点で比較的非限定的なので」という内容を制限字数内で簡潔に表現する必要がある。同段第2文（Among the species …）に述べられている，気候条件が変わるとたちまち生存が困難になる種との対比からも，シロアシネズミの生息条件は比較的厳しくないということだろうと推測したい。

語句 relatively「比較的」 nonspecific「非特異性の，非限定的な」 habitat「生息地」 requirement「必要条件」

問2 正解は(d)・(g)

▶(a)「小型哺乳類種の数の減少は，他の動物における同様の変化をたぶん示すだろう」
第6段最終文（"The small mammal …）に一致。may well *do*「たぶん〜するだろう」 comparable「匹敵する，同様の」

▶(b)「小型哺乳類の多様性の減少はバイオマスの生産に影響を与える可能性がある」
最終段第1文（Losses in small …）に一致。biomass「バイオマス（エネルギー源として活用できる生物資源）」

▶(c)「小型哺乳類の数の減少は食物連鎖に影響を与える」
第5段第2文（"Small mammals are …），および同段最終文（"For example, …）の内容に一致。crucial「非常に重要な，決定的な」 food web「食物網」（food chain「食物連鎖」の概念を，その複雑な網目状の相互関係性を重視して表現し直した用語）

▶(d)「小型哺乳類は，植物の種を食べることで植物の多様性を減少させる」
第5段最終文（"For example, …）に不一致。「小型哺乳類は植物の種子を分散させる」という内容は，植物の種子をまき散らすことでその植物の多様な地域での成育を促すことに寄与するということを意味し，多様性を減少させるということではない。disperse「〜をあちこちに散らす」

▶(e)「小型哺乳類は生息地の土壌の質を改善する」
第5段最終文（"For example, …）に一致。mix up 〜「〜を混ぜ合わせる」 nutrient「栄養物」

▶(f)「最終氷期最盛期は完新世より前に起きた」
第2段第2文（The study definitively …）に一致。prior to 〜「〜に先立って，〜

より前に」

▶(g)「最終氷期最盛期に，北アメリカでは小型哺乳類の多様性が最も減少した」
第２段第２文（The study definitively …）に不一致。寒冷な最終氷期最盛期から完新世へと気候が温暖化した時期に，小型哺乳類の多様性は減少したのである。
drop-off「減少」 coincide with 〜「〜と同時に起こる」

▶(h)「最終氷期最盛期は完新世よりも寒かった」
第２段第２文（The study definitively …）に一致。

問３ (1) Given the current global warming trend, the new research likely provides insight into the future of small mammals and that of all the creatures with which they coexist, including humans.

▶ Given the current global warming trend「現在の地球規模の温暖化傾向を考慮に入れると」では，given「〜を考慮に入れると」がポイント。

▶ the new research likely provides insight into … は「その新しい研究は…への洞察を与えてくれるだろう」が直訳。「その新たな研究によって…への洞察〔見通し〕が得られるだろう」と意訳できる。

▶ into の後ろでは，まずは and の並列関係に注意しよう。the future of small mammals と that of all the creatures … humans とを and で並列し，the future から文末までがひとかたまりとなって into とつながっている。that が the future を指すことを和訳で明示することも大切。

▶そして最後のポイントは，all the creatures 以下の構造と意味の把握である。with which they（＝small mammals）coexist という関係詞節が先行詞の creatures を修飾し，その生き物の中に人間も入っていることを including humans で表している。「彼ら（＝小型哺乳類）が共存する，人間も含むすべての生き物」が直訳。〈解答例〉では，all the creatures の視点から「小型哺乳類と共存する…」と意訳して，いっそう読みやすい訳文にしてあるが，答案としては直訳で OK。

語句 likely「たぶん，おそらく」 coexist with 〜「〜と共存する」 including「〜を含めた〔含めて〕」

(2) We figured that this region should be particularly good for recording climatic and wildlife change through time.

▶ figure that 〜 は「〜と考える，判断する」という意味。figure は，名詞の場合も含め，多義語なので注意しよう。that 節中の should は文脈から「〜のはずだ」の意味だと判断する。

▶ be particularly good for 〜「〜にとりわけ適している」の for のあとには，recording climatic and wildlife change through time「気候上の，および野生動物の，時を

通しての〔長期にわたる〕変化を記録すること」という意味の動名詞句が続いている。and で並列された climatic と wildlife が，ともにあとの change を修飾していることに注意。〈解答例〉では，この recording 以下がこなれた日本語になるよう工夫している。

(3) The team's work now enables biologists to study questions about the response of small mammals to recent climate change in the context of past climate events.

▶ The team's work now enables biologists to study … を直訳すれば「そのチームの研究は今，生物学者が…を研究することを可能にさせている」となるが，これを，目的語の「生物学者」を主語にして〈解答例〉のような意訳に変換すると自然な日本語になる。enable を使った構文ではよく用いる訳出法だ。

▶ questions about the response of ～ to …「～の…への反応に関する問題〔疑問〕」の部分も，「～が…にどのように反応するかということに関する問題〔疑問〕」と意訳するほうがわかりやすい。response と to の結びつきを理解することがポイントとなる。

▶ in the context of ～ は「～との関連の中で，～に照らして」という意味の慣用句で，study を修飾している。

語句　event「出来事，事象」

解答

問1　（シロアシネズミは）生息地の条件が比較的ゆるやかだ（から。）（15字）
問2　(d)・(g)
問3　(1) 現在の地球規模の温暖化傾向を考慮に入れると，その新たな研究によって，小型哺乳類の未来と，小型哺乳類と共存する，人間も含めたすべての生き物の未来とが見通せるようになるだろう。
(2) この地域が時の経過とともに気候と野生生物がどう変化したかを記録するのにとりわけ適しているはずだと我々は判断した。
(3) そのチームの研究のおかげで，現在，生物学者たちは，小型哺乳類が最近の気候変動にどう反応するかという点に関する問題を，過去に気候上生じた事象に照らして研究することができる。

34

2011年度〔2〕

次の文章を読んで，問1～3に答えなさい。

(1)Since parents control who sleeps where, it is their everyday beliefs that decide sleeping arrangements. In those cultures in which the prime parental goal is to integrate children into the family, the household, and society, babies are held close at hand, even during the night. It is primarily in those societies (mostly in the industrialized West, especially in the United States) where a premium is placed on independence and self-reliance that babies and children sleep alone. Underlying this unconscious societal goal is an even more fundamental assumption made by Americans and some other groups——how we treat children from day one has a major effect on how they turn out as adults. This philosophy is not shared by all cultures. The Mayans*, for example, see mother and infant as one unit that cannot be separated, and believe offspring are not ready for guidance until they can speak and reason, when they are older children. Newborns in their culture are not capable of being trained, and, they feel, should just be cared for.

Sleep, in other words, can take on a moral nuance. And the basis for that morality is, of course, culturally constructed. American parents believe it is morally "correct" for infants to sleep alone and thus learn ((A)). They view child-parent co-sleeping as strange, psychologically unhealthy, and even sinful. (2)Those in co-sleeping cultures see the Western practice of placing an infant alone as wrong and a form of child neglect or parental irresponsibility. Parents in both kinds of cultures are convinced that their moral structure is "correct".

The difference in attitude also reflects the way different cultures view sleep in general. Mayans treat sleep as a social activity and think sleeping alone is a hardship, whereas Americans treat sleep as a time of ((B)); sharing a bed is considered a sacrifice. Americans make a clear distinction between daytime and nighttime and the kinds of activities that can take place during each time of day, while the San* think nothing of waking up in the middle of the night and spending a few hours around the campfire talking. There is no insomnia* in their culture because no one is expected to sleep through the night. In fact, cross-cultural sleep research has shown that night waking is actually much less frequent in Western cultures than in others. And yet Western parents view those comparatively few periods of (　(C)　) during the night as much more problematic than parents in societies where babies' sleep is much lighter.

But it is not just (　(D)　), or modernity, that has fostered nights of uninterrupted solitary sleep. Japanese children sleep with their parents until they are teens. Even when other rooms and other beds are available, Japanese babies and young children are placed on futons in the parents' room. The Japanese see the child as a separate biological organism that needs to be drawn into an interdependent relationship with parents and society, especially with the mother. Japanese prefer not to sleep alone ; they do not expect, and probably cannot imagine being interested in, sleeping alone. For the Japanese the concept of family includes sharing the night, and the model of the family tends to orient toward mother and children, with the father on the outside, rather than the American version of the ideal nuclear family with mother and father first and foremost as partners, and children subordinate to that primary relationship.

Our babies, ourselves : how biology and culture shape the way we parent by Meredith F. Small, Doubleday

注　Mayan マヤ人（中央アメリカに住む民族）；
San サン人（アフリカ南部のカラハリ砂漠に住む狩猟採集民族）；
insomnia 不眠症

問1　本文によると，以下の(a)〜(f)の考え方はどの人たちのものですか。American, Japanese, Mayan, San の中からそれぞれ一つ選び，答えを英語で書きなさい。なお，同じ選択肢が2回以上使われることもあります。

(a) A mother and her baby are so close that it is as if they were one.

(b) Babies are individuals but they need to be shown how to live in relationships with others.

(c) Babies should be taught to be independent as early as possible.

(d) The notion of "family" emphasizes the relationship between a mother and her child more than that between a wife and her husband.

(e) There is no point training a child until he or she has sufficient ability to talk and think.

(f) Waking in the middle of the night is not considered a problem at all.

問2 空所（ (A) ）～（ (D) ）に入る最も適切な語を下から選び，答えを英語で書きなさい。ただし，それぞれの語は一度しか使えません。

alertness　independence　industrialization　privacy

問3 下線部(1)，(2)を日本語に訳しなさい。

全 訳

■子供の寝かしつけ方における文化の違い

❶ (1)親は誰がどこで寝るかの決定権を握っているので，就寝の仕方を決めているのは，親が日頃抱いている信条である。親としての一番の目標が，子供を，家族，すべての同居人，そして社会に溶け込ませることであるような文化圏では，赤ちゃんは夜の間でも，すぐ近くに置いておく。赤ちゃんや子供が一人で寝るのは，主として独立心や自立することに重きが置かれているような社会（主に西洋の先進工業国，特に米国）においてである。無意識のうちに社会が目指しているこの目標の根底にあるのは，アメリカ人や他の一部の集団が抱くいっそう根本的な考えであるが，それは，生まれた日から子供をどう扱うかが，その子がどのような大人になるかに大きな影響を及ぼす，という考えである。この考え方はあらゆる文化で共有されているものではない。例えば，マヤ人は母親と幼子は切り離すことのできない一つの

単位と見なしており，子供は，もう少し大きくなって，話ができ，論理的に考えることができるようになるまでは，まだ親が指導できる状態ではないと考えている。彼らの文化では，生まれたばかりの子供は，しつけることはできず，ただ世話をしてやるべき存在だとマヤの人々は感じるのだ。

❷ 言い換えると，寝ることが道徳的な意味合いを帯びることもあるということだ。そして，その道徳性の基盤は，当然，文化的に形成されるものである。アメリカ人の親は，子供は一人で寝て，そうすることで自立心を身につけるのが道徳的に「正しい」と考えている。彼らは子供と親が一緒に寝るなんておかしいし，心理学的に見ても不健全であり，罪深いことだとさえ思うのだ。(2)親と子供が一緒に寝る文化圏の人たちは，幼い子を一人にしておくという西洋の習慣は間違っており，ある種の育児放棄，あるいは親の無責任の一形態だと考える。どちらの文化圏の親も，自分たちの道徳体系が「正しい」と確信しているのだ。

❸ その考え方の違いは，異なる文化で，寝ることが一般にどうとらえられているかということも反映している。マヤ人は，寝るのは社会的活動のひとつであり，一人で寝るのはつらいことだと考えるのに対し，アメリカ人は寝るというのはプライベートな時間ととらえており，寝床を共にするのは犠牲を払う行為だと考えている。アメリカ人は昼間と夜間，さらに，一日のうち，それぞれの時間に行う活動の種類を明確に区別しているが，一方，サン人は真夜中に起きだして，たき火を囲んで数時間，おしゃべりをして過ごすことを何とも思わない。彼らの文化に不眠症など存在しないのは，一晩中寝ると思われている人など一人もいないからである。実のところ，異文化間の睡眠の研究によると，夜に目を覚ましているのは，実は，西洋の文化では他の文化よりずっと頻度が少ないことだということが明らかになっている。それにもかかわらず，西洋の親は，そうした比較的数少ない夜間の覚せいを，赤ちゃんの眠りがもっと浅い社会の親よりはるかに問題視している。

❹ しかし，夜は邪魔されず一人で寝るものという習慣を助長してきたのは，単に工業化，すなわち近代性というものだけではない。日本の子供は10代になるまで親と一緒に寝る。他の部屋や他のベッドが使える場合でも，日本の赤ちゃんや幼い子供は両親がいる部屋の布団に寝かされる。日本人は子供を，親や社会，特に母親と相互に依存しあう関係に引きこむ必要のある，一つの生き物と見なしている。日本人は一人で寝ないほうを好む。彼らは一人で寝ることは想定していないし，おそらくそうすることに興味を持つことなど想像もできないだろう。何よりも夫婦としての母親と父親がまずあって，その核となる関係に子供は従属するものというアメリカ版の理念的な核家族像とは異なり，日本人にとって，家族という概念には夜を共に過ごすということが含まれており，家族のモデルは母親と子供に照準を合わせたもので，父親は外側に置かれる傾向がある。

各段落の要旨

❶ 我が子を家庭や社会に溶け込ませることを重視する文化や，幼児は母親と一体化していると考える文化では，親は幼児と一緒に寝るが，自主独立を重んじる文化（西洋，特に米国）では，赤ん坊の時から独り寝をさせる。

❷ これには道徳的価値観も反映しており，独り寝をさせる文化圏の人々も，親子が一緒に寝る文化圏の人々も，自分たちの道徳体系が正しく，相手側のやり方は間違っていると信じている。

❸ この考え方の違いは，睡眠の捉え方が文化によって異なることをも映し出す。例えば，米国人は睡眠を私的な時間と見なし，夜には睡眠のみを行うべきだと考えるが，前者はマヤ人，後者はサン人と異なる考え方である。

❹ 必ずしも工業化が子供の独り寝を促すわけではなく，現に日本では，子供は10代になるまで親と一緒に寝る。日本の理想の家族像は母子が一緒で父親が外側にいる姿であり，夫婦関係を優先する米国の理想像とは異なる。

解 説

問1 (a) 正解は Mayan

▶「母親と赤ん坊は極めて密接な関係なので，まるで一体であるかのようだ」
第1段第6文（The Mayans, …）の内容と一致するので，マヤ人の考え方だとわかる。

(b) 正解は Japanese

▶「赤ん坊は一個人だが，他者との関係の中でどう生きればよいかを示してもらう必要がある」
最終段第4文（The Japanese see …）の内容と一致するので，日本人の考え方だとわかる。

(c) 正解は American

▶「できるだけ早い時期から赤ん坊には自立するよう教えるべきだ」
第1段第3文（It is primarily …）の内容と一致するので，アメリカ人の考え方だとわかる。

(d) 正解は Japanese

▶「『家族』という概念は，夫婦の関係よりも母親と子供の関係のほうを重視している」
最終段最終文（For the Japanese …）の内容と一致するので，日本人の考え方だとわかる。

(e) 正解は Mayan

▶「子供が話したりものを考えたりするのに十分な能力を身につけるまでは，子供をしつけても無駄である」

第１段第６文（The Mayans, …）の内容と一致するので，マヤ人の考え方だとわかる。

(f) 正解は San

▶「真夜中に立ち歩くことはまったく問題視されていない」
第３段第３文（Americans make a …）の内容と一致するので，サン人の考え方だとわかる。

問２ (A) 正解は independence

▶独り寝をすることで学べるものは何かと考えて，「自立」を入れる。

(B) 正解は privacy

▶空所の手前で「対比・対照」を表す接続詞 whereas を使って，睡眠を社会的活動ととらえて独り寝をつらいことと考えているマヤ人と，アメリカ人の睡眠観が対比されていることと，空所のあとの，寝床を共にするのは犠牲を払う行為だと考えているという記述から，アメリカ人は睡眠の時間を一人だけの私的な時間だとみなしていることがわかる。したがって「プライバシー」が入る。

(C) 正解は alertness

▶ those comparatively few periods of（ (C) ）during the night が指している時間というのは，直前までの内容から「夜に目覚めている時間」とわかる。「覚醒している状態」を表す語としては，「意識がはっきりして機敏な様子」を表す alertness が最適。この語の形容詞形である alert「機敏な，抜け目のない」は必須単語だ。

(D) 正解は industrialization

▶空所のあとの or modernity に着眼し，「近代性」で言い換えられる語としては，残された選択肢である「工業化」でよいと判断できるが，この最終段第１文の内容は，実は，第１段第３文（It is primarily …）の mostly in the industrialized West, especially in the United States という箇所と連動している。幼児の独り寝をよしとするのは，大部分がアメリカに代表される西洋の工業化した国々だとそこでは言ったけれども，必ずしも工業化（＝近代性）だけが独り寝を推奨する原動力になってきたわけではないと，この最終段冒頭で述べるのだ。そしてこのあと，工業化し近代化したのにアメリカとは対照的な価値観を持っている国として日本を挙げるわけである。論旨の展開をこのように大きくとらえてみれば，空所(D)には industrialization がふさわしいことがいっそう確信できるはず。

問３ (1) Since parents control who sleeps where, it is their everyday beliefs that decide sleeping arrangements.

▶接続詞の Since がコンマまでをくくりあげ，理由を表す副詞節を作り，その節の内部では，who sleeps where「誰がどこに寝るか（ということ）」という名詞節が，control の目的語として働いている。

▶後半の主節では，it is ～ that … の強調構文を見抜くことが最大のポイントだ。sleeping arrangements が訳しづらいが，文章全体の内容からも，「(誰がどこに寝るか，子供が一人で寝るか，それとも親と一緒に寝るか，といった) 寝る際の取り決め，就寝時の配置，就寝の仕方」といった意味だろうと見当をつけたい。

語句 control「～を支配〔管理〕する，～の決定権を持つ」 everyday beliefs「日頃の信条，日頃から抱いている考え」

(2) Those in co-sleeping cultures see the Western practice of placing an infant alone as wrong and a form of child neglect or parental irresponsibility.

▶ those には「人々」の意味がある。Those in co-sleeping cultures で「一緒に寝る文化圏の人々」という意味になり，文の主語になっている。このあとの述語動詞 see が，さらにあとの as と連動して，see *A* as *B*「*A* を *B* だとみなす」(= regard *A* as *B*) という構文になっていることを見抜こう。

▶ *A* の部分は，the Western practice of placing an infant alone「幼児を一人で寝かせておく（という）西洋の習慣〔慣習〕」である。of は「同格の of」だ。

▶ *B* の部分の並列関係には十分気をつけたい。以下に図示してみよう。

```
      ┌ wrong
as ┤   and
      └ a form of ┌ child neglect
                  ┤   or
                  └ parental irresponsibility
```

語句 a form of ～「一種の～，～の一形態」 child neglect「育児放棄」 parental irresponsibility「親の無責任，親の責任放棄」

解答

問1 (a) Mayan (b) Japanese (c) American (d) Japanese (e) Mayan (f) San

問2 (A) independence (B) privacy (C) alertness (D) industrialization

問3 (1) 親は誰がどこで寝るかの決定権を握っているので，就寝の仕方を決めているのは，親が日頃抱いている信条である。

(2) 親と子供が一緒に寝る文化圏の人たちは，幼い子を一人にしておくという西洋の習慣は間違っており，ある種の育児放棄，あるいは親の無責任の一形態だと考える。

35

2011 年度〔3〕

次の文章を読んで，問 1 ～ 4 に答えなさい。

"I keep worrying about Martha," my mother said as we sat in the hospital corridor, waiting for my father to be examined by the doctor. "We left her playing in the yard and didn't tell her where we were going. I hope she's not sitting somewhere crying."

I wiped away tears that were streaming down my cheeks. "But I'm Martha. I'm right here with you," I tried to reassure her.

"No, not you," my mother answered. "My little Martha."

Fears of abandonment, past and present, enveloped us as we tried to adjust to (1)my father's sudden incapacity.

The call had come the night before. My father had fallen and broken his hip. An operation to replace the hip joint was scheduled for the next morning. A friend was staying with my mother for the night. "I'll come as soon as I can—on the early morning plane," I promised.

My mother and father, married for fifty-eight years, had never had a serious emergency before, although my mother had become increasingly confused in the last several months. "And is your mother still alive ?" she had asked me on my last visit, with a sociable interest in the young woman she had never seen before. Now, with the daily routine disrupted and the nearly constant companionship of my father removed, her disorientation was more severe.

"But I'm worried about Martha," my mother said again when we had returned home and sat down for lunch. "I'm going out to look for (2)her."

"But I'm Martha," I tried again. "Little Martha grew up and turned into me."

"That's ridiculous," my mother said. She opened the front door, went out to the street, and stood tensely, looking up and down for the little girl she was sure (3)she had seen just that morning. No one in sight. Then to the back of the house and through the back lot to the other street. "I'm going to ask those people over there if they've seen her." My mother, becoming increasingly frantic, was ready to plunge into traffic and cross the busy street. "Let's go home," I pleaded.

On the way back to the house, my mother said, "It's not like Martha to go away like that without telling me. If only she had left a note."

A note! Seeing a way to relieve my mother's worry, I scribbled a note as soon as we were in the house, and left it where it could be discovered a minute later. "Mama," it said, "I have gone to stay with Mary Ann for a few days. Please don't worry. I'm okay. Martha."

"Look," I said, "here's a note. What does it say?" My mother read it aloud slowly and immediately began to calm down.

"Thank gooodness," she said. "She's all right. She's with Mary Ann." With the tension gone, we sat down to finish lunch and spend a peaceful afternoon at home.

That evening in the hospital, my mother told my father that Martha had gone to stay with Mary Ann for a few days but that (4)<u>she</u> was still worried about (5)<u>her</u>. My father said, "Don't go looking for another Martha. We already have one, and that's enough."

The next day, Martha's absence was still very much on my mother's mind. "What can she be doing?" she wondered. "(6)<u>She never goes off like that without arranging it with me.</u> Besides, I want her to go to the hospital to see Daddy."

I assured my mother that her daughter would come home soon. "Besides," I said, "Martha is a clever little girl. She can take care of (7)<u>herself</u>."

"She needs a clean dress for church on Sunday," my mother said.

"It's only Thursday," I replied. "Plenty of time."

"Where did you learn to take over a kitchen like this?" my mother asked as I fixed dinner that night. "It's nice of you to come and stay with me. Do you have a family?" Having been accepted as a companion, if not a daughter, I settled into a friendly routine with my mother.

It wasn't until my brother came on Saturday that I was recognized as part of the family. "Bob will take this bed, and you can sleep in your old room," my mother said that night. It felt good to be legitimate again.

"You see," my father said the next day, "Martha is here. She has been here all the time. There was no need to worry."

"But there was a note!" my mother shouted.

"I wrote the note," I explained. "I wrote it to calm you when you were so anxious," and comprehension flickered for a moment in my mother's gradually dimming eyes.

問1　下線部(1)の内容を具体的に表す文を本文の中から探し，解答欄に英語で書きなさい。

問2　下線部(6)と同じ内容を表す文を本文の中から探し，解答欄に英語で書きなさい。

問3　下線部(2)，(3)，(4)，(5)，(7)が指す人物を，下の(a)～(d)からそれぞれ一つ選び，記号で答えなさい。同じ記号を2回以上使ってもかまいません。

(a) Martha as a child
(b) Martha as an adult
(c) Martha's friend
(d) Martha's mother

問4　次の(ア)～(カ)のうち，本文の内容に合致するものには○，合致しないものには×を解答欄に記入しなさい。

(ア) Both of Martha's parents were hospitalized.
(イ) It wasn't until Sunday that Martha revealed who wrote the note.
(ウ) Martha tricked her mother by writing a note.
(エ) Martha went to stay with Mary Ann while her father was in hospital.
(オ) Mother finally recognized Martha on Saturday.
(カ) While Mother was waiting in the hospital corridor, Martha was in the yard playing.

全 訳

■認知症の母

「マーサのことがずっと心配なの」と母は，父が医者の診察を受けるのを私たちが病院の廊下で座って待っていたときに言った。「私たち，あの子を庭で遊ばせておいたまま，私たちがどこに出掛けるか，あの子に言わなかったもの。どこかに座って泣いてなきゃいいけど」

私は頬を伝っていた涙をぬぐった。「でも，私がマーサよ。ここに一緒にいるじゃない」 私は彼女を安心させようとした。

「いいえ，あなたじゃなくて」と母は答えた。「私のマーサちゃんよ」

父が突然不自由な状態に陥ったことに，私たちは何とか対応しようとしていたが，そのとき私たちは，過去と現在の，見捨てられる恐怖にかられていた。

電話はその前の晩にかかってきた。父が転んで腰の骨を折ってしまったのだ。股関節を元の位置に戻す手術は翌朝行われることになっていた。その晩は友人が母に付き添ってくれていた。「できるだけ早く行くわ――朝早くの飛行機でね」と私は約束した。

結婚して58年になる母と父は，それまで深刻な非常事態に遭遇したことがなかった。もっとも，母はここ数カ月，ますます頭が混乱するようになってはいた。「それで，あなたのお母様はまだ御存命なの？」と母はこの前私が訪れたとき，（母からすれば）初対面の若い女性に愛想よく関心を寄せて，私にそう尋ねたのだった。今では，日常やっていたこともできなくなり，ほとんどいつもそばにいてくれた父がいなくなって，彼女の見当識障害はますますひどくなっていた。

「でも，私はマーサのことが心配なの」と，私たちが家に戻って昼食をとろうと席に着いたときに，母はまた言った。「あの子を探しに行ってくるわ」

「でも，私がマーサよ」と，私はもう一度言ってみた。「小さかったマーサが大きくなって，私になったの」

「そんな馬鹿なこと言って」と母は言った。彼女は玄関のドアを開け，通りに出て，緊張した様子で立ち，まさにその日の朝自分が見たと確信している少女を探してあちこち見まわした。誰も見当たらなかった。それから家の裏手にまわり，裏の敷地を通って，反対側の通りに出た。「あそこにいる人たちに，あの子を見なかったか尋ねてみるわ」 母は，ますます取り乱して，今にも往来に飛び出して，交通量の多い通りを渡りそうだった。「家に帰りましょうよ」と私は懇願した。

帰宅途中，母は「私に断りもなく，あんなふうに出ていっちゃうなんて，マーサらしくないわ。メモでも残していってくれさえしたらよかったのに」と言った。

メモだわ！ 母の不安を解消する方法が見つかって，私は家に入るやいなや，メモを走り書きして，すぐにも見つかるようなところにそれを置いておいた。それにはこう書いてあった。「ママ，私は数日間，メアリー=アンの家に泊まりに行ってきます。心配しないでね。私は大丈夫よ。マーサ」

「ほら」と私は言った。「ここにメモがあるわ。なんて書いてある？」 母はそれをゆっくり声に出して読むと，すぐに落ち着いてきた。

「まあ，よかった」と彼女は言った。「あの子は大丈夫ね。メアリー=アンのところにいるんだもの」 緊張がほぐれて，私たちは座って昼食をすませ，自宅で平穏な午後をすごした。

その夜，病院で母は父に，マーサは数日間メアリー=アンの家に泊まりに行っているけれど，それでもまだあの子のことが心配だと言った。父は言った。「もう一人のマーサを探しに行っちゃだめだ。わしたちには一人はもういるんだから，それで十分だよ」

翌日，マーサがいないことが，まだ母にはひどく気がかりだった。「いったい，あの子はどうしているのかしら」と母はいぶかった。「あの子が私とちゃんと話をつけずにそんなふうに出ていくことなんてないもの。それに，私はあの子に，病院へパパのお見舞いに行ってもらいたいし」

私は母に，彼女の娘はすぐに帰ってくるからと請け合った。「それにね」と私は言った。「マーサはおりこうさんだもの。自分のことは自分でできるわ」

「あの子は日曜に教会に行くのに，小ぎれいな服が必要よ」と母は言った。

「まだ木曜じゃない」と私は答えた。「時間はたっぷりあるわ」

「あなたはどこでこんなふうに台所が使えるようになったの？」と母は，私がその夜，夕食の用意をしていたときに尋ねた。「私のところに泊まりに来て下さってどうもありがとう。あなたはご家族はいらっしゃるの？」 娘ではないにしても，話し相手としては受け入れてもらえて，私は母と和やかに日常生活が送れるようになった。

土曜日に弟がやってきてようやく，私は家族の一員だと認めてもらえた。「ボブはこのベッドで寝るから，あなたはあなたの元の部屋で寝るといいわ」と母はその夜，言った。また実の娘だと認めてもらえたのはうれしかった。

「ほらね」と父は翌日言った。「マーサはここにいるよ。ずっとここにいたんだ。心配する必要なんてなかったんだよ」

「でもメモがあったわ！」と母は叫んだ。

「私がそのメモを書いたの」と私は説明した。「ママがあんまり心配するものだから，落ち着かせようとして書いたの」 すると，だんだんぼうっとしてゆく母の目に，一瞬，呑み込めたという表情が浮かんだ。

解 説

問1 正解は My father had fallen and broken his hip.

▶下線部(1)は「私の父が突然身体の自由がきかなくなったこと」という意味なので，父親の身に降りかかった災難を探せば，下線部の2文あとに具体的内容が見つかる。incapacity「(病気や怪我による) 日常生活不能の状態」

問2 正解は It's not like Martha to go away like that without telling me.

▶「マーサは母親である自分に何も言わずに出かけることなどない」という趣旨のことは，下線部(6)を含む段から5段前 (On the way …) の母親の発言に見つかる。

問3 (2) 正解は(a)

▶記憶が混濁したマーサの母親は，大人になった「今のマーサ」が他人に思え，まだ「幼いマーサ」がいると信じている。母親がこの箇所で探しに行こうとしているのは，今は実在しない「幼いマーサ」である。

(3) 正解は(d)

▶ she was sure she had seen just that morning「まさにその朝自分が見たと確信している」は，手前の the little girl (=幼いマーサ) を修飾する関係詞節 (whom の省略) であり，「自分」とは母親のこと。

(4) 正解は(d)

▶幼いマーサはメアリー=アンのところだと言われても，まだマーサのことが気がかりなのは母親である。

(5) 正解は(a)

▶母親が心配しているのは「幼いマーサ」である。

(7) 正解は(a)

▶「今のマーサ」が「幼いマーサ」はしっかり者だから大丈夫だと母親を安心させる場面。したがって筆者である「今のマーサ」が「彼女は自分のことは自分でできるわ」と言うときの「自分」とは「幼いマーサ」のことである。

問4 (ア) 正解は×

▶「マーサの両親は二人とも入院していた」

筆者のマーサが母親と二人で，入院中の父親を見舞っている冒頭の内容と一致しない。

(イ) 正解は○

▶「日曜日になってようやくマーサは，誰がそのメモを書いたか打ち明けた」
最後から4つ目の段（It wasn't until …）に，土曜日に弟が来たことが書かれ，次の段以降は，その翌日（つまり日曜日）の場面だ。筆者が「メモを書いたのは自分だ」と説明するのはこの日（つまり日曜日）であり，その内容と一致する。

(ウ) 正解は○

▶「マーサはメモを書いて母親をだました」
下線部(4)・(5)を含む段から3段前（A note! …）の内容に一致。

(エ) 正解は×

▶「マーサは父親が入院している間，メアリー=アンのところに泊まりに行った」
マーサがメアリー=アンのところに泊まりに行ったという話は，マーサが母親を落ち着かせるために書いた嘘のメモの内容であり，本文の内容と一致しない。

(オ) 正解は○

▶「母親は土曜日にようやくマーサを認識した」
最後から4つ目の段の第1文（It wasn't until …）の内容に一致。

(カ) 正解は×

▶「母親が病院の廊下で待っている間，マーサは庭で遊んでいた」
冒頭の内容と一致しない。

解答

問1　My father had fallen and broken his hip.
問2　It's not like Martha to go away like that without telling me.
問3　(2)—(a)　(3)—(d)　(4)—(d)　(5)—(a)　(7)—(a)
問4　(ア)—×　(イ)—○　(ウ)—○　(エ)—×　(オ)—○　(カ)—×

36

2010年度〔1〕

次の文章を読んで，問1～3に答えなさい。

Anybody who does much reading of today's fiction will know that quite a surprisingly high proportion of it is about children; and, as often as not, such unhappy children too. To be quite fair, they are not (as were the children in Victorian* novels) treated with any great brutality; they are not very often beaten by their parents, or shut up in coal cellars, or told that if they are naughty they will burn perpetually in hell-fire. The adults in the modern novel about children seem hardly robust* enough for this kind of cruelty. They make their children miserable because they are miserable themselves; they are busy quarreling with one another, or worrying about money, or politics, or they are being unhappy in one or other of the subtle ways that modern psychology has discovered for us. That is to say, their distress seems to make them unimaginative and intolerant of the demands that their children make upon them. As a result they fail to act as shock-absorbers between the big, bad world and the children in their care. The children see and hear far more than the Victorian novelists would have permitted, and they suffer accordingly. It is the old story of innocence arriving most painfully at experience——and never before in literature, surely, has innocence been so defenseless, the blows of fate so heavy, so incomprehensible.

This hasn't always been the case. When children first appeared in fiction, they were very well protected indeed. They were being educated. It was Rousseau*, of course, who reminded the modern world that children were rather special creatures. They were not adults in miniature. They had problems and qualities of their own. As it turned out, people who tried to bring up their children in accordance with Rousseau's theories of education frequently found that, in practice (1)<u>they didn't work</u>. Boys allowed to run wild and learn from the teachings of nature sometimes became so strong-willed when they grew up that they had to be whipped, or sent to the colonies, or to sea. But his influence was all to the good. For the first time it became respectable to try and understand what the world looked like from the child's point of view. This, it was agreed, was a basic understanding necessary for all would-be educationalists.

I think I am right in saying that, so far as English literature is concerned, the first living and breathing child since Shakespeare made her appearance right at the end of the eighteenth century, in the didactic* tales of Maria Edgeworth*. Her name was Rosamond and we find her walking down the street with her mother and stopping in front of a toyshop. "O mother," she says, "how happy I should be if I had all those pretty things !" "What, all ?" exclaims her mother. "Do you wish for them all, Rosamond ?" "Yes, Mamma," says Rosamond. "All."

There is freshness about Rosamond. But she is something more than a mere child. She is a spiritual traveler, and we see her on her journey, visibly moving from innocence to experience, from ignorance to wisdom. (2)Rosamond's mother soon finds means to show her that it is wrong to want everything in the toyshop window, that it is much more sensible to wish for something useful : a pair of shoes, for example. And Rosamond has to agree. "I am sure," she says. "No, not *quite* sure——I *hope* I shall be wiser another time."

She is not only a child but she is conscious of being a child ; she realizes that childhood is only one stage in her development. And for that reason her sufferings do not seem quite so terrible.

Sixty steps to precis : A new approach to summary-writing for overseas students by L. G. Alexander, Longman

注　Victorian（19 世紀イギリスの）ヴィクトリア女王時代の；
robust たくましい；　Rousseau ルソー（フランスの思想家）；
didactic 教訓的な；
Maria Edgeworth マライア・エッジワース（イギリスの小説家）

問1　下線部(1)を，they が表す内容を明らかにしながら，日本語に訳しなさい。

問2　下線部(2)を日本語に訳しなさい。

問3　次の(a)～(f)の文のそれぞれについて，本文の内容に合致するものには○，合致しないものには×を解答欄に記入しなさい。

(a) Very few of today's novels are written about children.

(b) In Victorian novels, children are rarely treated with brutality.

(c) The adults in the modern novel about children are miserable because their children make a lot of intolerable demands on them.

(d) According to Rousseau, children and adults basically share the same problems and qualities.

(e) Rosamond in Maria Edgeworth's didactic tales is the first living and breathing child since Shakespeare in the history of English literature.

(f) The author believes that Rosamond's sufferings are not permanent.

全訳

■小説における子供の描き方の変遷

❶ 今日の小説をよく読む人なら誰でも，そのうちの驚くほどの割合が子供を，しかもたいていの場合，とても不幸な子供を題材にしていることはご承知のことだろう。公平を期するために言えば，その子供たちは（ヴィクトリア女王時代の小説に登場する子供たちのように）ひどく手荒な扱いを受けているわけではない。親にたたかれることもあまりないし，地下の石炭貯蔵庫に閉じ込められることも，もし言うことを聞かなければ，永久に地獄の業火に焼かれるぞと脅されることもあまりない。子供を題材にした現代小説に出てくる大人は，こういう手ひどい仕打ちができるほどたくましくはまずなさそうだ。彼らが子供たちを惨めな状態にしているのは，自分たち自身が惨めだからである。暇さえあれば互いにいがみあったり，お金や政治の心配をしていたり，現代心理学が私たちのためにわざわざ見つけてくれたごく些細な点のあれやこれやで不幸な状態にあるのだ。つまり，自分が不幸であるがために，子供たちが彼らに対して何を求めているのかを想像できなかったり，その要求を受け入れる寛容さがないように思われる。結果的に，大人は大きくて邪悪な世界と，自分たちが世話している子供たちとの間の緩衝材としての役目を果たすことができないのである。今の子供たちは，ヴィクトリア女王時代の小説家たちが容認したであろう許容範囲をはるかに超える多くのものごとを見聞きしており，それに応じて苦しんでいるのだ。それは，純真さが大きな苦しみをへて経験に至るという，お決まりの話であるが，文学史上，いまだかつて，純真さがこれほど無防備な状態にあったことも，運命が与える痛手がこれほど強烈で，これほど不可解なものであったこともないのは確かだ。

❷ 昔からずっとこうであったわけではない。子供が初めて小説に登場したころは，彼らは実に大切に守られていた。子供はずっと教えを受けていたのである。子供はかなり特別な存在だということを現代の世界にあらためて教えてくれたのは，もちろん，ルソーだった。子供は大人を小さくした存在ではなかった。子供は彼らなりの問題や資質を持っていたのだ。が，結局のところ，ルソーの教育理論に従って子供を育てようとした人たちは，実際には(1)その理論がうまくいかないことにしばしば気付いた。勝手気ままにふるまい，自然の教えから学ぶことを許された男の子たちは，大人になると，時にはとても意志の強固な人間になったので，鞭で打ったり，植民地送りにしたり，水夫や水兵にでもしなければならなかった。それでも，彼（ルソー）の影響はとても有意義なものだった。世の中が子供の立場からはどのように見えているのかを理解しようとすることが，初めてまっとうなこととされるよ

うになったのだ。これは，教育者を志すすべての者に必要な基本的了解事項であると認められたのである。

❸ 英文学に関する限りでは，シェークスピアの時代以来，生き生きとして息吹(いぶき)の感じられる子供が初めて登場したのは，ちょうど18世紀末の，マライア=エッジワースの教訓的な物語においてだった，と言っても間違いではないと思う。その子の名前はロザモンドで，物語の中で彼女は母親と通りを歩いていて，おもちゃ屋の前で立ち止まる。「わあ，お母さん」と彼女は言う。「あのすてきなものが全部私のものならどんなにうれしいことでしょう！」「まあ，全部ですって？」と母親は叫ぶ。「あれを全部欲しいと思うの，ロザモンド？」「ええ，ママ」とロザモンドは答える。「全部よ」

❹ ロザモンドには新鮮味がある。しかし，彼女はただの子供ではない。彼女は心の旅人であり，私たちが見ている彼女は旅の途上にあり，純真さから経験へ，無知から英知へと向かっていくのがはっきり見てとれるのだ。(2)<u>ロザモンドの母親は，おもちゃ屋のショーウィンドーにあるものすべてを欲しがるのは良くないことで，何か実用的なもの，たとえば靴を一足欲しいと思う方がはるかに分別のあることなのだとロザモンドに教える方法をすぐに見つけ出す。</u>そしてロザモンドも同意せざるを得ない。「きっと…」と，彼女は言う。「いいえ，きっとそうなってるかはわからないけど，私もこの次にはもっとお利口さんになってるといいなって思うわ」

❺ 彼女は子供であるだけでなく，子供であることを自覚している。つまり，子供時代は自分の成長の一つの段階に過ぎないことがわかっているのだ。そして，だからこそ，彼女の苦しみはそれほどひどいものとは思われないのである。

各段落の要旨

❶ 現代の小説では，文学史上かつてないほど理不尽で痛ましい，不幸な境遇にある子供を扱ったものが非常に多いが，それは親自身が不幸なために，子供の思いを受け止めるだけの理解力や寛容性に欠けているからである。

❷ かつて，子供が小説に初めて登場したころには，子供は大切に扱われており，ルソーの教育理論は，実用的ではなかったにせよ，子供を独自の存在としてとらえ，子供の視点でものを見る大切さを世に知らしめたという点で有意義であった。

❸ 英文学史上，シェークスピア以降で初めて生気あふれる子供が登場した作品はマライア=エッジワースの物語だったと言ってよく，その子はロザモンドという少女であった。

❹ ロザモンドは，単なる子供なのではなく，無垢(むく)・無知な状態から経験知へ至る，心の旅人として描かれている。

❺ 彼女は，自分が子供であり，成長の一過程にいることを自覚しており，それゆえに，彼女の苦しみは，それほど過酷なものではないと思われるのだ。

解説

問1　they didn't work

▶文脈から，they が手前の Rousseau's theories of education「ルソーの教育理論」を指すことは容易にわかる。解答欄が2行分あるので，その理論の内容を具体的に書く必要がある。第2段第4～6文（It was Rousseau, …）で述べられている内容をうまく盛り込もう。（第4文）子供は特別な存在である。（第5文）子供は大人を小さくしたものではない。（第6文）子供は子供なりの問題や資質を持っている。第5・6文は第4文の具体的な説明になっていることに注意したい。didn't work「うまくいかなかった，功を奏さなかった」

問2　Rosamond's mother soon finds means to show her that it is wrong to want everything in the toyshop window, that it is much more sensible to wish for something useful : a pair of shoes, for example.

▶ find means to show her that ～, that …. 「～であり，…だということを彼女に示す〔教える〕手段を見いだす」 2つの that 節がコンマ（,）だけで同格的に並列されていることに注意しよう。どちらの that 節も show の目的語として働いている。means to *do*「～するための手段」の不定詞は，means を修飾する形容詞用法である。

▶ it is wrong to want ～「～を欲しがることは間違っている〔良くない〕」の it は形式主語である。the toyshop window「おもちゃ屋のショーウィンドー〔陳列窓〕」

▶ it is much more sensible to wish for ～「～を欲しがるほうがずっと賢明である」の it も，先ほどと同じ形式主語である。sensible「賢明な」を sensitive「敏感な」と混同しないようにしよう。また，比較級を強める much「はるかに～，ずっと～」の訳出を忘れないように。

▶ something useful「何か役に立つもの〔実用的なもの〕」に続くコロン（：）の後には，具体例として a pair of shoes「靴一足」が挙げられている。

問3 (a)　正解は×

▶「今日の小説で，子供たちについて書かれているものはほとんどない」
第1段第1文（Anybody who does …）に一致しない。

(b)　正解は×

▶「ヴィクトリア女王時代の小説では，子供たちが手ひどい扱いを受けていることはめったにない」
第1段第2文（To be quite …）に一致しない。カッコの中の as 節の記述から，ヴィクトリア女王時代の小説では，子供が相当ひどい扱いを受けていたことがわかる。

(c) 正解は×

▶「子供を題材にした現代小説に登場する大人が惨めなのは，子供が自分たちに多くの目に余るような要求をするからである」

第1段第4文（They make their …）に一致しない。大人自身が不幸であり，そのために子供も不幸にさせているのである。

(d) 正解は×

▶「ルソーによると，子供と大人は基本的に同じ問題や資質を共有している」

第2段第4～6文（It was Rousseau, …）に一致しない。子供は大人とは別の，独自の存在である。

(e) 正解は○

▶「マライア=エッジワースの教訓的な物語に登場するロザモンドは，英文学の歴史では，シェークスピア以来初めて，生き生きとして息吹の感じられる子供である」

第3段第1文（I think I …）に一致する。

(f) 正解は○

▶「筆者はロザモンドの苦しみは永遠に続くものではないと信じている」

最終段（She is not …）に一致する。彼女の苦しみは，自分が今，発達の一段階である子供時代にいるからこその悩みなのであり，大人になれば，それは解消されるのだということを彼女自身が自覚しているからこそ，苦しみもそれほど大変なものではない，と筆者は言うのである。

解 答

問1 子供は小さな大人ではなく，子供なりの問題や資質を持つ特別な存在だとするルソーの教育理論は，実際の子育てにおいては役に立たなかった。

問2 ロザモンドの母親は，おもちゃ屋のショーウィンドーにあるものすべてを欲しがるのは良くないことで，何か実用的なもの，たとえば靴を一足欲しいと思う方がはるかに分別のあることなのだとロザモンドに教える方法をすぐに見つけ出す。

問3 (a)—× (b)—× (c)—× (d)—× (e)—○ (f)—○

37

2010年度〔2〕

次の文章を読んで，問1～3に答えなさい。

For many years, people believed that the brain, like the body, rested during sleep. After all, we are rendered unconscious by sleep. Perhaps, it was thought, the brain just needs to stop thinking for a few hours every day. Wrong. During sleep, our brain——the organ that directs us to sleep——is itself extraordinarily active. And much of that activity helps the brain to learn, to remember and to make connections.

It wasn't so long ago that the sad joke in research circles was that everyone knew sleep had something to do with memory——except for the people who study sleep and the people who study memory. Then, in 1994, Israeli researchers reported that the average performance for a group of people on a memory test improved when the test was repeated after a break of many hours——during which some subjects slept and others did not. In 2000, a Harvard team demonstrated that this improvement occurred only during sleep.

There are several different types of memory and researchers have designed ways to test each of them. In almost every case, whether the test involves remembering pairs of words or tapping numbered keys in a certain order, "sleeping on it" after first learning the task improves performance. It's as if our brains find some extra practice time while we're asleep.

(1)This isn't to say that we can't form memories when we're awake. If someone tells you his name, you don't need to fall asleep to remember it. But sleep will make it more likely that you do. Sleep-deprivation experiments have shown that a tired brain has a difficult time capturing memories of all sorts. (2)Interestingly, sleep deprivation is more likely to cause us to forget information associated with positive emotion than information linked to negative emotion. This could explain, at least in part, why sleep deprivation can trigger depression in some people : memories tainted with negative emotions are more likely than positive ones to "stick" in the sleep-deprived brain.

Sleep also seems to be the time when the brain's two memory systems——the hippocampus* and the neocortex*——"talk" with one other. Experiences that become memories are laid down first in the hippocampus, obliterating whatever is underneath. If a memory is to be retained, it must be shipped from the hippocampus to a place where it will ((A))——the neocortex, the wrinkled outer layer of the brain where higher thinking takes place. Unlike the hippocampus, the neocortex is a master at weaving the old with the new. And partly because it rejects incoming information, sleep is the best time for the hippocampus to shuttle memories to the neocortex, and for the neocortex to ((B)) them to related memories.

How sleep helps us consolidate memories is still largely a mystery. A recent study from the University of Lübeck, in Germany, offers one clue. Subjects were given a list of 46 word pairs to ((C)), just before sleep. Shortly after they fell asleep, as they reached the deepest stage of sleep, electrical currents were sent through electrodes* on their heads to induce very slow brainwaves. Such slow waves were induced at random in the brains of one group of subjects, but not another. The next morning, the slow-wave group had better recall of the words. Other types of memory were not improved, and inducing the slow waves later in the night did not have the same effect. Why and how the slow waves improved memory is not yet ((D)), but they are thought to alter the strengths of chemical connections, or synapses*, between specific pairs of nerve cells in the brain. Memories are "stored" in these synapses : changing the strength of the synapses ((E)) the strength of the memories they store.

From Health for Life : The Link Between Sleep and Memory, *Newsweek* on April 17, 2009
by Robert Stickgold and Peter Wehrwein

注 hippocampus 海馬（大脳の部位）； neocortex（大脳の）新皮質；
electrode(s) 電極； synapse(s) シナプス（神経細胞接合部）

問1 第2パラグラフの内容に基づき，イスラエルとハーヴァードの両研究チームの実験が明らかにしたことを，それぞれ35字以内で書きなさい。ただし，句読点も1字に数えます。

問2 下線部(1)，(2)を日本語に訳しなさい。

問3 空所（ (A) ）～（ (E) ）に入る最も適切な動詞を下から選び，必要があれば適切な形にして記入しなさい。ただし，それぞれの語は一度しか使えません。

endure　increase　link　memorize　understand

全　訳

■睡眠と記憶の関係

❶ 長年にわたって，脳は，肉体と同様，睡眠中は休んでいると考えられていた。なにしろ，私たちは睡眠によって意識のない状態になるからである。おそらく脳は，毎日数時間は思考を停止する必要があるだろうと考えられていた。だが，それは間違いである。睡眠中も，私たちの脳──私たちを睡眠へと導く器官──それ自体は，非常に活発に活動しているのだ。しかも，その活動の多くは，脳が学習し，記憶し，さまざまな関連づけを行うのに役立っている。

❷ 睡眠と記憶には何らかの関連があることぐらい誰でも知っているが，睡眠の研究者と，記憶の研究者だけは例外だ，というのが研究者の仲間内の悲しいジョークとなっていたのはそう昔のことではない。その後，1994年に，イスラエルの研究者たちが，一群の人たちを対象に行った記憶力テストの平均成績は，何時間もの休憩──その間に，睡眠を取った被験者もいたし，取らなかった被験者もいた──の後に再テストを行うと向上する，ということを発表した。2000年には，ハーヴァードの研究チームが，このような記憶力の向上は眠っている間にしか起こらないということを明らかにした。

❸ 記憶力にはいくつか異なるタイプがあって，研究者たちはそのそれぞれを測定する方法を考案してきた。テストの中身が何組かの単語を記憶するものであれ，番号のついたキーをある特定の順番で押すというようなものであれ，ほぼすべての場合に，課題を初めて学んでから「それについて一晩寝て考える」と，成績が向上する。それはまるで，私たちの脳が，睡眠中に余分の練習時間を見つけているかのようである。

❹ (1)だからといって，目覚めているときには記憶を定着させることができないと言っているわけではない。誰かから名前を告げられた場合，それを覚えるためにあなたは寝る必要はない。しかし，眠れば，それを覚えていられる可能性は高まるだろう。睡眠を取らせない実験によって，疲れた脳はあらゆる種類の記憶を定着させるのに苦労することがわかっている。(2)興味深いことに，睡眠不足になると，私たちは否定的な感情と結びついた情報よりも，肯定的な感情と結びついた情報の方を忘れやすくなる。このことで，睡眠不足になると，どうして一部の人たちにうつ病を誘発する場合があるのか，少なくともある程度は説明がつくだろう。肯定的な感情よりも，否定的な感情に染まった記憶の方が，睡眠不足の脳に「しっかりとどまる」可能性が高いのだ。

❺ 睡眠はまた，脳の2つの記憶を司(つかさど)る部位である海馬と大脳新皮質が，互いに

「語り合う」時間でもあるようだ。記憶にとどまる経験は，まず海馬に保存され，下層にあるものをすべて消去する。もしある記憶を保持したければ，その記憶は海馬から，記憶が保持される部位である大脳新皮質――さらに高度な思考が行われる，しわの刻まれた脳の表面の層――へと移されなければならない。海馬と違って，大脳新皮質は古いものに新しいものを非常に巧みに紡ぎ合わせることができる。そして，入ってくる情報を拒絶する働きがあることも一因となって，睡眠は，海馬が大脳新皮質に記憶を転送させ，大脳新皮質がそれを関連する記憶と結びつけるのに最適な時間なのである。

❻ 睡眠がどのようにして私たちが記憶を統合・定着させるのに役立っているのかは，今もその大部分が謎である。ドイツのリューベック大学の最近の研究は，1つの手掛かりを与えてくれている。被験者たちは，寝る直前に，暗記すべき46組の単語のリストを渡された。彼らが寝込んだすぐ後の，最も眠りの深い段階になったとき，非常に低速の脳波（注：「徐波（じょは）」と呼ばれる）を誘発するように，頭に付けた電極を通して電流が流された。そのような徐波は，ある被験者グループの脳内で無作為に誘発されたが，別のグループにはそれをしなかった。翌朝，徐波が流れたグループは，よりスムーズに単語を思い出すことができた。別種の記憶は改善されなかったし，その夜遅くに徐波を誘発しても，同じような効果は得られなかった。徐波が記憶力を向上させたのかは，まだわかっていないが，そうした脳波は，脳内で対（つい）を成す特定の神経細胞間の化学的な結びつき，つまりシナプスの強さを変えるものと考えられている。記憶はこれらのシナプスに「保存されて」いる。つまり，シナプスの強さを変えることで，そこに保存されている記憶がさらに強化されるのである。

各段落の要旨

❶ 長年，脳は，睡眠中には肉体と同様，休んでいると思われていたが，実は睡眠中も活発に活動しており，その活動が，脳の学習や記憶の働きに役立っている。

❷ 睡眠と記憶との関連性に関する科学研究は長らく進んでいなかったが，近年の実験で，数時間眠った後で記憶力が向上することが実証された。

❸ 記憶にはいくつかの種類があり，それに応じて検査方法も工夫されてきたが，いずれの場合でも，課題を覚えたあとで「寝て考える」ほうが成績は上がる。

❹ 睡眠不足で脳が疲労すると，単に記憶力が低下するだけでなく，肯定的な感情と結びついた情報が失われやすい。

❺ 記憶すべき情報は，まず海馬に一時的に貯め置かれ，それを長く保持する大脳新皮質へと送られて古い記憶と統合される必要があるが，睡眠中こそ，それを行うのに最適なときなのである。

❻ 睡眠が記憶を定着させるメカニズムはまだほとんど未解明だが，最近の実験で，睡眠中に徐波が発生するとシナプスの働きが強化され，ある種の記憶力が高まることが確認された。

解説

問1 ▶まず，イスラエルの研究チームの実験で明らかになったことは，第2段第2文（Then, in 1994, …）に述べられている。that 節の内容を35字以内にまとめよう。睡眠の有無とは関係なく，とにかく休憩を取った者の成績が向上することを書けばよいので，ダッシュ（——）以下については触れる必要はない。

▶ハーヴァードの研究チームの実験のほうは，第2段最終文（In 2000, a …）に述べられており，やはり that 節の内容をまとめる。this improvement occurred only during sleep「成績の向上が，睡眠中にのみ起きた」というのは，前文のイスラエルの研究チームの実験内容と照らし合わせると，休憩中に眠った被験者だけに成績の向上が見られたということである。

語句 average performance「平均成績」 improve「向上する」 after a break of many hours「何時間もの休憩の後で」

問2 (1) **This isn't to say that we can't form memories when we're awake.**

▶ This isn't to say that 〜「これは，〜と言うことではない」→「だからといって，〜と言っているわけではない」という訳出の仕方に慣れておこう。This は直前の第3段最終2文に述べられている，「記憶力テストの成績は，睡眠を取った場合に向上する」という事実を指すが，それを明示せよという指示はないので，This の具体的内容は書く必要はない。

語句 form memories「記憶を形成する〔定着させる〕，ものを記憶する」 be awake「目覚めている，起きている」

(2) **Interestingly, sleep deprivation is more likely to cause us to forget information associated with positive emotion than information linked to negative emotion.**

▶ sleep deprivation「睡眠を奪われること，睡眠不足」を主語とした無生物主語構文である（deprivation は deprive の名詞形だ）。直訳的に訳出してもかまわないが，〈解答例〉のように「睡眠不足になる」などと意訳すると，いっそうこなれた日本語になる。

▶ associated with 〜 と linked to 〜 は同じ意味で，いずれも，それぞれ直前の information を修飾し，「〜と結びついた情報」という意味を表している。

語句 interestingly「興味深いことに」 be likely to *do*「〜する可能性が高い」 cause *A* to *do*「*A* に〜させる」 positive〔negative〕emotion「肯定的な〔否定的な〕感情」

問3 (A) 正解は endure

▶「記憶を保持するためには，記憶が海馬から（ (A) ）することになる場所，つまり大脳新皮質へと記憶が移されなければならない」という文脈から，endure「持ちこたえる，残り続ける」を選ぶ。ここでの endure は「我慢する」ではない。しかし，訳語が変わるだけで，英語としては「耐える」という一つのイメージで説明がつく。

(B) 正解は link

▶大脳新皮質の機能を説明している部分。link *A* to *B*「*A* を *B* と結びつける」の形を見抜こう。

(C) 正解は memorize

▶記憶力テストで 46 組の語を与える目的は，当然暗記させることだから，46 word pairs to memorize「記憶するための 46 組の語」と考えるのが妥当。

(D) 正解は understood

▶ be not yet understood で「まだ理解されていない」という意味になり，文脈に合う。受動態なので過去分詞形にする必要がある。

(E) 正解は increases

▶「シナプスの強度を変えることが，シナプスが蓄える記憶の強度〔記憶力〕を増す」という内容にすると，文意が通る。三単現の s を忘れないこと！

解答

問1 イスラエル：記憶力テストの成績は，何時間かの休憩後，再度実施すると向上すること。(34 字)
ハーヴァード：記憶力テストの休憩中に睡眠を取った場合のみ，再試の成績が向上すること。(35 字)

問2 (1) だからといって，目覚めているときには記憶を定着させることができないと言っているわけではない。
(2) 興味深いことに，睡眠不足になると，私たちは否定的な感情と結びついた情報よりも，肯定的な感情と結びついた情報の方を忘れやすくなる。

問3 (A) endure (B) link (C) memorize (D) understood (E) increases

38

2010年度〔3〕

次の文章を読んで，問1～3に答えなさい。

They stopped at a grocery store designed to look like a log cabin. Nancy pulled out a shopping cart.

"Do we need a cart ?" Mary said.

"(　　(A)　　)," Nancy said. "The wine alone would break your arm."

In the far corner of the cart, Mary saw something brown. Square. A wallet. She gave it to Nancy, who quickly examined it. "Henry Sam Stewart," she read. "Blue eyes, overweight. Lives on the Nevada side of Lake Tahoe*." She looked at Mary. "You know what that means ?"

"He's a gambler."

"No," Nancy said. "It means you'll get a big reward."

"Because he's a gambler."

"(　　(B)　　). Because, Mary, he lives far away. He'll be really grateful if we made (1)<u>the effort</u>."

Nancy bought a map along with the groceries, and they climbed back into the van and set out to find Henry Sam Stewart. The wallet sat between them in the cup-holder.

"How much do you think we'll get ?"

"*You*'ll get it. You found the wallet," Nancy said. "And I would say fifty dollars would be a fair reward."

"Fifty !" Mary didn't know what she'd spend it on. Maybe a present for Nancy.

It took over an hour to get to the house of Henry Sam Stewart.

"(　　(C)　　)," Nancy said as they turned off onto his street. "Hand me my lipstick."

Nancy could apply lipstick to her wide, thin lips without looking. Mary tucked her hair behind her ears.

"Hmm," Nancy said, as they pulled up to the house.

"What ?" said Mary, but she saw what Nancy was seeing. The house was falling apart. They got out of the car. The wooden stairs leading up to the front door creaked* like they might collapse beneath their feet.

Henry Sam Stewart answered the door. He looked remarkably like the picture on his driver's license. He was wearing shiny blue jogging shorts and a white turtleneck. "What can I do for you ?" he said.

"Hi," Nancy said. "We have found out your wallet."

She held out her hand toward Mary. Mary placed the wallet in Nancy's hand, and she put it in Henry's.

"Jeez. Where'd you find this ?" he said. "((D))."

"At the grocery store," Nancy said.

"On the other side of the lake," Mary added.

"Well, thank you, ladies," he said. He tipped* an imaginary hat toward them.

"((E))?" Nancy said.

"You want to come in ?" he said.

"No, thank you. I'm just wondering where this young woman's reward money is."

"Reward ?"

"Yes, that's customary when someone returns a wallet."

"I don't like beggars," Henry Sam Stewart said. "((F))."

"The reward's not for me. It's for Mary here. An eleven-year-old girl who's too honest to take the money from your cheap wallet."

"Well, thank you, Mary," he said to Mary. "Sometimes kindness is its own reward. Maybe your mother hasn't learned that yet ?"

Mary looked at Nancy.

"Do you know what kind of lesson you're teaching this child ?" Nancy said. "(2)<u>I can't stand people who think they don't owe people anything.</u> What kind of world is that ? I'm going to write down our address here and when you become a decent person, I want you to send her the reward money."

Nancy took a piece of paper from her purse.

Henry Sam Stewart shut the door on them.

Nancy clenched her fists, tilted her head to the sky and mimed screaming. Then, composing herself, she wrote down her address and pushed the paper under the door.

"Stupid !" she yelled.

From *The Book of Other People* by Zadie Smith, Penguin Books

注 Lake Tahoe タホ湖（ネバダ州とカリフォルニア州の境にある湖）；

creak(ed) きしむ；
tip(ped)（敬意を表すために帽子を軽く上げて）あいさつする

問1 空所（ (A) ）～（ (F) ）に入る最も適切な表現を下から選び，記号で答えなさい。ただし，それぞれの表現は一度しか使えません。

(ア) I didn't know it was gone
(イ) I might have given you a reward if you hadn't been so pushy
(ウ) No, stop with that
(エ) That's it
(オ) We're buying for the whole weekend
(カ) We're getting close

問2 下線部(1)の the effort の内容を 20 字以内の日本語で説明しなさい。ただし，句読点も 1 字に数えます。

問3 下線部(2)を日本語に訳しなさい。

全 訳

■拾った財布を届けた母娘と落とし主

二人は丸太小屋風に見えるよう設計された食料品店に立ち寄った。ナンシーはショッピングカートを引っ張り出した。

「カートがいるの？」とメアリーが聞いた。

「週末の分を買うんだからね」とナンシーは言った。「ワインだけでも，あなたの腕が折れるほどでしょうよ」

メアリーは，カート前部の隅っこに，何か茶色のものを見つけた。四角いもの。財布だった。彼女がそれをナンシーに渡すと，ナンシーはさっと中身を調べた。「ヘンリー=サム=スチュワート」と彼女は読み上げた。「青い目で，太りすぎ。タホ湖のネバダ側に住んでる」 彼女はメアリーを見た。「それってどういうことかわかる？」

「その人はギャンブラーね」

「違うわ」とナンシーは言った。「あなたが高額の謝礼をもらえるってことよ」

「その人がギャンブラーだからでしょ」

「違うってば，やめなさい，その話。それはね，メアリー，この人が遠くに住んでいるからよ。もし私たちがそれだけの尽力をしたら，とっても感謝するでしょう」

ナンシーは食料雑貨品と一緒に地図を買って，バンに乗り込み，ヘンリー=サム=スチュワートを探しに出かけた。その財布は二人の間のカップ・ホルダーに置かれていた。

「私たち，いくらもらえると思う？」

「もらうのはあなたよ。あなたが財布を見つけたんだもの」とナンシーは言った。「50ドルぐらいが妥当な謝礼だろうと思うわ」

「50ドルですって！」 メアリーはその使い道がわからなかった。ナンシーにプレゼントを買うなんていいかもしれない。

ヘンリー=サム=スチュワートの家にたどり着くには1時間以上かかった。

「そろそろ近いわね」とナンシーは，彼の住む通りへ曲がりながら言った。「口紅を渡して」

ナンシーは鏡で見なくても，大きくて薄い唇に口紅をつけることができた。メアリーは髪を耳の後ろにかけた。

「うーん」とナンシーはその家の所に車を止めながら言った。

「何なの？」とメアリーは言ったが，彼女もナンシーが見ているものが目に入った。その家は今にも壊れそうだったのだ。二人は車から降りた。玄関のドアに続く木製の階段は，二人の足元で崩れ落ちそうなきしみ音をたてた。

ヘンリー=サム=スチュワートが玄関に出てきた。彼は運転免許証の写真とそっくりだった。彼は光沢のある，青のジョギング用の短パンと白のタートルネックを着ていた。「何の用かね？」と彼は言った。

「こんにちは」とナンシーは言った。「あなたの財布を見つけたものだから」

彼女はメアリーの方に手を差し出した。メアリーは財布をナンシーの手に置き，ナンシーはそれをヘンリーの手に置いた。

「何とまあ。これをどこで見つけたんだい？」と彼は言った。「なくなってるのに気づかなかったよ」

「食料品店よ」とナンシーが言った。

「湖の向こう側のね」とメアリーが付け足した。

「そりゃ，どうもありがとう，お二人さん」と彼は言った。彼は二人に向かって，ありもしない帽子を軽く上げる仕草であいさつをした。

「それだけ？」とナンシーは言った。

「中に入るかい？」と彼は言った。

「いえ，結構よ。この若い女性がもらえる謝礼はどこにあるのかしらと思って」

「謝礼だって？」

「ええ，誰かが財布を届けたときは普通そうするものでしょ」

「物乞いする連中は嫌いだね」とヘンリー=サム=スチュワートは言った。「あんたがそう強引じゃなかったら，お礼を渡したかもしれんがね」

「その謝礼は私に対するものじゃないわ。ここにいるメアリーに対してよ。とても正直者で，あなたの安物の財布からお金を抜き取ったりできない 11 歳の女の子のね」

「そりゃ，どうもありがとう，メアリー」と彼はメアリーに言った。「親切というのはそれ自体がご褒美ってこともあるんだよ。ひょっとして，君のお母さんはまだそれを知らないのかな？」

メアリーはナンシーを見た。

「あなた，この子にどういう教訓を教えてるんだかわかってるの？」とナンシーは言った。「私はね，自分は人様に何のおかげも被っていないと思ってる人たちには我慢ならないの。それって一体どういう世の中なわけ？　ここにうちの住所を書いておくから，あなたがまともな人間になったら，彼女に謝礼を送ってほしいわ」

ナンシーは財布から紙切れを取り出した。

ヘンリー=サム=スチュワートは二人の目の前でドアをぴしゃりと閉めた。

ナンシーは両こぶしを握りしめ，空を仰いで，声は立てずにわめく仕草をした。

それから，気を取り直して，自分の住所を書きとめ，その紙をドアの下に差し込んだ。
「バカ！」と彼女は叫んだ。

解説

問1 ▶選択肢の訳は以下のとおり。
(ア)「なくなっていることに気づかなかったよ」
(イ)「あんたがそれほど図々しくなければ，お礼を渡したかもしれないが」
(ウ)「違うわよ。そんなこと言うのはやめなさい」
(エ)「それだけ？」
(オ)「週末の分を買うんだからね」
(カ)「(彼の家に) 近づいてきたわ」

(A) 正解は(オ)

▶直前で娘のメアリーが「カートがいるの？」と尋ねたのに対し，母親のナンシーが空所(A)に続いて，ワインだけでも手にかかえきれないだろうという趣旨の発言をしていることから，空所(A)に入る語句は，カートは必要だというメッセージになっているはず。したがって，(オ)の「週末の分を買うんだからね」が適切。

(B) 正解は(ウ)

▶文脈から，再度，ナンシーの発言を否定しているはずだとわかる。したがって，(ウ)の「違うわよ。そんなこと言うのはやめなさい」が入る。stop with ～「～をやめる」

(C) 正解は(カ)

▶次に，二人がヘンリーの家がある通りへと車を進める内容の文が続くので，(カ)の「(彼の家に) 近づいてきたわ」が入る。

(D) 正解は(ア)

▶ヘンリーの，「これをどこで見つけたんだい？」という驚きの発言の続きとしては，(ア)の「なくなっていることに気づかなかったよ」が適切。

(E) 正解は(エ)

▶謝礼金が目当てのナンシーに対して，ヘンリーは単に，かぶってもいない帽子を持ち上げて礼をする仕草だけをするので，「それだけ？」と言ったと考えると，次の彼のセリフ，「中に入るかい？」ともうまくつながる。したがって，(エ)の「それだけ？」を選ぶ。That's it.「①まさにそれだ，そのとおり　②それでおしまい，それだけだ」(ここでは②) という口語表現を知らないと，少々難しかったかもしれない。

▶平叙肯定文でも，尻上がりのイントネーションで尋ねれば，疑問文として機能することも覚えておこう。

(F) 正解は(イ)

▶物乞いは嫌いというヘンリーの発言のあとには，(イ)の「あんたがそれほど図々しくなければ，お礼を渡したかもしれないが」がうまくつながる。

問 2 ▶下線部を含む文前半の He'll be really grateful は「この人はとっても感謝するでしょう」という意味。どんな effort「努力」をすれば，財布の落とし主は感謝するかを考えればよい。

▶このあとで二人がとった行動から，「遠くに住む持ち主のところまで，わざわざ財布を届けに行くという努力」だということはすぐわかるが，その内容を 20 字以内でまとめるには工夫が必要。神戸大の英語では，字数制限をわざときつく設定して，日本語での要約力を試してくることが結構あるので要注意だ！

問 3 I can't stand people who think they don't owe people anything.

▶ owe *A B* は「*A* に *B* を負うている」が基本のイメージ。だから don't owe people anything は，「（世間の）人々に何も負うていない」→「他人の世話にはなっていない，人様のおかげなど少しも被っていない，人から恩義などまったく受けていない」といった内容になる。会話体で，しかも感情的になっているシーンだから，それにふさわしい日本語で訳したい。

語句 can't stand ～「～には我慢できない」

解答

問 1 (A)―(オ) (B)―(ウ) (C)―(カ) (D)―(ア) (E)―(エ) (F)―(イ)

問 2 財布を遠くに住む持ち主まで届けること。（19 字）

問 3 私はね，自分は人様に何のおかげも被っていないと思ってる人たちには我慢ならないの。

39

2009年度〔1〕

次の文章を読んで，問１～５に答えなさい。

Japan's climate is typically temperate, as befits its latitude, and contrasts ((A)) the tropics, where the growing season is year round and temperatures make a relatively slow pace of life advisable. To survive the colder months, food surpluses have always had to be built up by hard, concentrated work during the more productive parts of the year, and daytime rest periods or a leisurely work pace have not seemed necessary to escape the midday heat. The same is true ((B)) Japan's East Asian neighbors in Korea and China. Such climatic conditions may lie behind the fact that the people of all three of these countries are noted ((C)) their hard work and tireless energy. Simple necessity at first, reinforced over the centuries by well established custom and insistent moral precept*, seems to have produced among the Japanese and their neighbors in East Asia what may be the most deeply ingrained* (1)<u>work ethic</u> in the whole world and what undoubtedly is a notable characteristic and great asset of the peoples of this part of the globe.

One outstanding feature of Japanese weather is the series of great cyclonic storms, called typhoons, which devastate parts of the country in late summer and early autumn. These are identical in nature with the hurricanes that occasionally ravage the east coast of the United States, both being products of the same general relationship between land and water at comparable latitudes. (2)<u>Typhoons, however, strike Japan with somewhat greater frequency and usually with more destructiveness to life and property, since the greater part of the Japanese population is concentrated on the seacoasts of southwestern Japan where the typhoons first come ashore.</u>

Typhoons have accustomed the Japanese to expect natural catastrophes and accept them with stoic resilience*. This sort of fatalism might even be called the (3)<u>"typhoon mentality,"</u> but it has been fostered by other natural disasters as well. Volcanic eruptions sometimes occur, since a large part of the Japanese chain is the product of volcanic action, and there are many active volcanoes. The largest, Asama, devastated hundreds of square miles of central Honshu in 1783. There are also numerous fault lines* throughout the islands, and destructive earthquakes are commonplace. Tokyo and its port of Yokohama were in large part leveled by fires resulting ((D)) a great earthquake that struck at noon on September 1, 1923, leaving some 130,000 persons dead. (4)Since Edo, as Tokyo was formerly called, had been periodically hit by severe earthquakes, there is a popular belief that it is likely to be visited by a devastating earthquake every sixty years or so. In any case, the Japanese have a fatalistic acceptance of nature's awesome might, as well as a great capacity to dig themselves out after such catastrophes and start afresh.

The Japanese Today: Change and Continuity by Edwin O. Reischauer, Harvard University Press

注 precept 行動の規範； ingrained 根づいた；
stoic resilience 克己的回復力； fault line(s) 断層線

問1 空所 ((A))～((D)) に入る前置詞を答えなさい。

問2 下線部(1)の work ethic の意味として最も近いものを，下の(ア)～(エ)から一つ選び，記号で答えなさい。

(ア) a belief in working efficiently
(イ) a belief in working hard
(ウ) a belief in working happily
(エ) a belief in working leisurely

問3 下線部(3)の "typhoon mentality" とは，どういうものですか。35字以内の日本語で説明しなさい。ただし，句読点も1字に数えます。

問4 下線部(2)，(4)を日本語に訳しなさい。

問5 下の(ア)～(ク)のうち，本文の内容と合致するものを三つ選び，記号で答えなさい。

(ア) Before the Edo period the Japanese people believed that a devastating earthquake was likely to hit Japan every sixty years or so.
(イ) A great earthquake struck the Tokyo area at noon on September 1, 1923, and consequently killed about 130,000 people.
(ウ) Mt. Asama is the largest inactive volcano in the central Honshu Island of

Japan.

(エ) Japan and its neighboring countries in East Asia have a lot in common in terms of climate.

(オ) Anything but typhoons fostered the fatalism of the Japanese people.

(カ) A large part of the Japanese chain is the product of typhoons.

(キ) The fault lines in Japan are concentrated in the Honshu Island.

(ク) Typhoons have the same nature as cyclones do.

全訳

■日本の風土と日本人の気質

❶ 日本の気候は，その緯度相応におおむね温暖である。そして，年間を通じてものがよく育ち，気温が高いので比較的ゆったりしたペースで生活するのが賢明な熱帯地方とは対照的である。気温の低い月を切り抜けるためには，一年のうちで生産性の高い時期にせっせと集中して働くことで，余った食料を絶えず備蓄していく必要があったし，日中の暑さを避けるために，昼間に休憩時間をとったり，仕事のペースを落とす必要はないように思われてきた。同じことが，韓国や中国にいる，東アジアの日本の隣人たちにも当てはまる。このような気象条件が，この3国の人々はみな勤勉で，疲れ知らずの活力をもつことで知られているという事実の背景にあるのかもしれない。最初は単にそうする必要があっただけだが，それがしっかり定着した習慣や揺るぎない道徳的行動規範によって何世紀にもわたって強化され，日本人や東アジアの隣人たちの間に，世界中で最も深く根づいているかもしれない（勤労を善とする）労働倫理や，間違いなく，世界のこの地域の人々がもつ際立った特質であり，すばらしい長所でもある気質を生み出してきたようだ。

❷ 日本の気象の顕著な特徴の一つは，台風という，次々と訪れる非常に激しい暴風雨であり，夏の終わりから秋の初めにかけて国内の各地に甚大な被害をもたらしている。これは，時に米国東海岸に大被害をもたらすハリケーンと性質は同じで，そのどちらも，（日米で）ほぼ等しい緯度における（台風とハリケーンとで）同質の，陸地と海の全般的な関係によって発生するものである。(2)しかしながら，台風が日本を襲う頻度のほうがやや高い上，日本の人口の過半数が台風が最初に上陸する南西日本の沿岸部に集中しているために，たいてい，人命や財産に（ハリケーンよりも）いっそう大きな被害を与えるのである。

❸ 台風に慣らされたことで，日本人は自然災害はあって当然と思い，それを克己（こっき）的回復力で受け入れるようになった。このような宿命論は「台風気質」とでも呼べるかもしれないが，他の自然災害によっても育まれてきた。日本の山系の大部分は火山活動で出来上がったものであり，活火山も多いので，時には火山の噴火が起きることもある。活火山の中でも最大の浅間山は，1783年に，本州中部の何百平方マイルにもわたって壊滅的被害をもたらした。さらに列島全域にわたって数え切れないほど多くの断層線が走っており，破壊力の大きな地震も珍しいことではない。東京とその港である横浜は，1923年9月1日の正午に襲った大地震の結果生じた火災で，その大部分が焦土と化し，約13万人の人が亡くなった。(4)東京は昔，江戸と呼ばれていたが，江戸は周期的に大きな地震に襲われていたので，だいたい

60年ぐらいの間隔で，壊滅的被害を与える地震に見舞われる可能性が高いと一般には信じられている。いずれにせよ，日本人は，自然がもつ恐ろしい力を宿命として受け入れながら，一方でまた，そうした大災害を被っても，その窮地を脱して一から出直す優れた能力をもっているのである。

各段落の要旨

❶ 日本の気候は温暖であり，冬に備えて生産性の高い時期に懸命に働く習慣が身につき，韓国と中国の国民にも当てはまる，勤勉を重んじる労働観が根づいた。

❷ 台風は日本の気象の特徴の一つであり，米国を襲うハリケーンと同質の現象だが，概して，台風のほうが襲来頻度もやや高く，及ぼす被害も甚大である。

❸ 台風や火山噴火などの自然災害の多い風土で暮らす日本人には，そうした災害を宿命として受け入れ，被災しても前向きに再出発しようとする気質が備わっている。

解　説

問1 (A)　正解は with

▶ contrast with 〜「〜と対照をなす，〜と相違が際立つ」

(B)　正解は of〔for〕

▶ be true of〔for〕〜「〜に当てはまる」 入試のイディオムの知識としては of のほうで覚えておきたい。

(C)　正解は for

▶ be noted for 〜「〜で有名である，〜で名高い」

(D)　正解は from

▶ result from 〜「〜から生じる，〜に起因する」 result in 〜「（結果として）〜を生じさせる」と混同しないこと。

▶ resulting from a great earthquake … on September 1, 1923 の部分は，直前の fires を修飾している。by fires の手前の be leveled は，「（災害などによって建物や地域が）完全に破壊される」という意味である。

問2　正解は(イ)

▶ここで問われている，日本人（および韓国人と中国人）の心に深く根づいた work ethic「労働倫理，労働観」とは，第1段第2文中の hard, concentrated work「せっせと集中して働くこと」や，同段第4文の that 節中の「この3国の人々はみな勤勉で，疲れ知らずの活力をもっていることで有名である」という記述からみて，勤勉を尊ぶ労働観だと判断できる。

(ア)「効率的に働くことをよしとする考え方」

(イ)「勤勉に働くことをよしとする考え方」

(ウ)「楽しく働くことをよしとする考え方」
(エ)「のんびりと働くことをよしとする考え方」

問3 ▶下線部(3)を含む文が,「This sort of fatalism は typhoon mentality と呼べるかもしれない」という内容であることから，typhoon mentality「台風（によって培われた）気質」= this sort of fatalism「この種の宿命論」というイコール関係が成立することを，まずつかむ。次に，This sort of fatalism が，直前の文の内容を受けて用いられていることから，宿命論の中身は，結局，「(台風に慣らされた結果，日本人の心に根づいた）自然災害を当然のことと考え，それを克己的回復力で受け入れる考え方」であることがわかる。字数制限を守ってうまくまとめよう。
▶ここで言う stoic resilience「克己的回復力」とは，被災して弱気になりがちな自分に打ち勝って，前向きに再出発する気概のことであり，同趣旨のことは，同じ第3段の最終文でも述べられている。

問4 (2) Typhoons, however, strike Japan with somewhat greater frequency and usually with more destructiveness to life and property, since the greater part of the Japanese population is concentrated on the seacoasts of southwestern Japan where the typhoons first come ashore.
▶まずは，文の構造をしっかりとらえよう（下図参照)。特に，and の並列関係と，理由を表す since 節の修飾関係を正しく理解することが大切。since 節は，usually with more destructiveness to life and property を修飾し，人命や財産に大きな被害が出る理由を説明している。また，where 節は，the seacoasts of southwestern Japan を先行詞とする関係副詞節である。

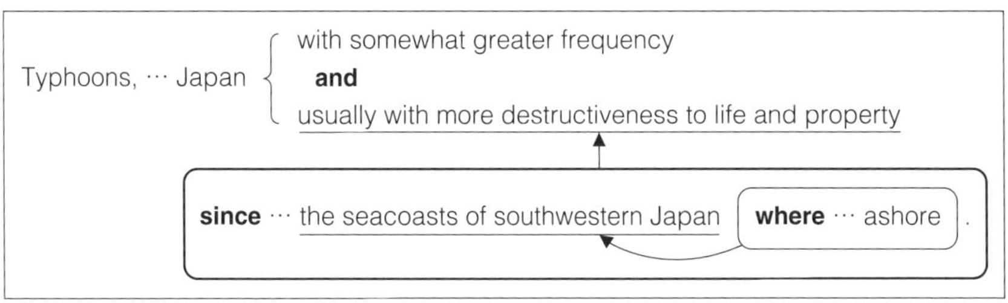

▶次は，訳出の工夫である。2つの with … の部分は，文法的には strike「～を襲う」にかかっているが，だからといって，「しかし台風は，幾分，より大きな頻度と，たいてい，人命と財産に対するより大きな破壊性を持って，日本を襲う」などと直訳のままにしておくと，日本語としてぎこちない。greater frequency や more destructiveness という比較級が，米国でのハリケーンの襲来頻度や破壊の大きさ

と比較されていることも意識して，〈解答例〉のような意訳ができるとスマートである。比較級の語句を見たら，常に比較の対象を考えること！ このほか，since 節の訳を最後に加える形にして，「…。それは，…だからである」と2文に分ける手もある。

語句 strike「(台風などが) ～を襲う」 somewhat「幾分，やや」 frequency「頻度」 destructiveness「破壊性」 property「財産，資産」 the greater part of ～「過半数，～の大半」 be concentrated on ～「～に集中している」 seacoast「沿岸（地域）」 come ashore「上陸する」

(4) Since Edo, as Tokyo was formerly called, had been periodically hit by severe earthquakes, there is a popular belief that it is likely to be visited by a devastating earthquake every sixty years or so.

▶文頭の since 節は，下線部(2)の場合と同様，理由を表している。そして，その内部に，as Tokyo was formerly called「東京は昔そう呼ばれていたのだが」という，「江戸」という地名についての補足説明のための as 節が挿入されている。「東京のかつての名前である江戸は…」と，Edo にかけて訳し上げてもよいだろう。

▶ there is a popular belief that ～ は「～という広く人々に信じられている考えがある」が直訳で，「～と一般に（は）信じられている」と意訳すれば自然な日本語になる。popular には「人気のある」だけではなく，「広く一般に普及している」という意味もあることに注意。that 節は，a popular belief の具体的内容を示す同格節。

▶ it is likely to be visited の it は Edo を指している。visit は，文脈から，前出の hit の言い換えであると判断しよう。

語句 formerly「以前に，昔は，かつて」 periodically「周期的に，定期的に」 hit「～を襲う」 severe「激しい，厳しい」 devastating「壊滅的な（被害を与えるような)」 *A* or so「*A* かそこら，およそ *A*」

問5 正解は(イ)・(エ)・(ク)

(ア)「江戸時代以前は，日本人は壊滅的被害を与える地震はだいたい 60 年ぐらいの間隔で日本を襲う可能性が高いと信じていた」

下線部(4)に一致しない。大地震の 60 年周期説は，現在，信じられているのである。

(イ)「1923 年 9 月 1 日の正午に，大地震が東京圏を襲い，その結果，約 13 万人の人が死んだ」

第 3 段第 6 文（Tokyo and its …）に一致する。

(ウ)「浅間山は日本の本州中部にある最大の休火山である」

第 3 段第 3・4 文（Volcanic eruptions sometimes …）に一致しない。浅間山は活

火山である。

(エ)「日本と東アジアの近隣諸国は，気候という点からみて，多くの共通点がある」

第1段第3・4文（The same is …）に一致する。

(オ)「台風以外のどんなものでも日本人の宿命論を育んだ」

第3段第1・2文（Typhoons have accustomed …）に不一致。選択肢の Anything but typhoons fostered ～「台風以外のいかなるものも～を育んだ」という表現は，「台風は決して～を育まなかった」ということを意味している。

(カ)「日本の山系の大部分は台風の産物である」

第3段第3文（Volcanic eruptions sometimes …）に不一致。日本の山系の大半は火山活動の産物だと書かれている。

(キ)「日本の断層線は本州に集中している」

第3段第5文（There are also …）に不一致。断層線は日本列島全域に存在する。

(ク)「台風はサイクロンと同じ性質をもつ」

第2段第2文（These are identical …）には，台風がハリケーンと性質が同じであることしか書かれていないので，少々判断に悩むところだが，インド洋や太平洋南部で発生するサイクロンも，ハリケーンと同様，地域こそ違うが台風と同じ「暴風を伴う熱帯低気圧」であり，同じ現象が地域ごとに別の名称で呼ばれているだけなので，一致していると判断してよいだろう。同段第1文の great cyclonic storms, called typhoons も参考になる。cyclonic とは「サイクロンの，サイクロンに似た，大暴風の」という意味だからである。また，消去法を利用しても，これが正解であるという結論に至る。

解答

問1　(A) with　(B) of〔for〕　(C) for　(D) from

問2　(イ)

問3　自然災害を当然のものとして，克己的回復力で受け入れる宿命論的考え方。（34字）

問4　(2) しかしながら，台風が日本を襲う頻度のほうがやや高い上，日本の人口の過半数が台風が最初に上陸する南西日本の沿岸部に集中しているために，たいてい，人命や財産に（ハリケーンよりも）いっそう大きな被害を与えるのである。

(4) 東京は昔，江戸と呼ばれていたが，江戸は周期的に大きな地震に襲われていたので，だいたい60年ぐらいの間隔で，壊滅的被害を与える地震に見舞われる可能性が高いと一般には信じられている。

問5　(イ)・(エ)・(ク)

40

2009年度〔2〕

次の文章を読んで，問1～6に答えなさい。

For a long time it was thought that we moved into and out of ice ages gradually, over hundreds of thousands of years, but we now know that (1)that has not been the case. Thanks to ice cores* from Greenland we have a detailed record of climate for something over a hundred thousand years, and what is found there is not comforting. It shows that for most of its recent history Earth has been nothing like the stable and (2)tranquil place that civilization has known, but rather has swayed between periods of warmth and brutal chill.

Toward the end of the last big glaciation*, some twelve thousand years ago, Earth began to warm, and quite rapidly, but then abruptly plunged back into bitter cold for a thousand years or so in an event known to science as the Younger Dryas*. (The name comes from the arctic plant the dryas, which is one of the first to recolonize* land after an ice sheet (3)withdraws. There was also an Older Dryas period, but it wasn't so sharp.) At the end of this thousand-year onslaught average temperatures leapt again, by as much as seven degrees in twenty years, which doesn't sound terribly dramatic but is equivalent to exchanging the climate of Scandinavia for that of the Mediterranean in just two decades. Locally, changes have been even more dramatic. Greenland ice cores show the temperatures there changing by as much as fifteen degrees in ten years, drastically altering rainfall patterns and growing conditions. This must have been (4)unsettling enough on a thinly populated planet. Today the consequences would be pretty well unimaginable.

Climate is the product of so many variables——rising and falling carbon dioxide (CO_2) levels, the shifts of continents, solar activity——that it is as difficult to comprehend the events of the past as it is to predict those of the future. Much is simply beyond us. Take Antarctica. For at least twenty million years after it settled over the South Pole Antarctica remained covered in plants and free of ice. (5)That simply shouldn't have been possible.

No less (6)intriguing are the known ranges of some late dinosaurs. The British geologist Stephen Drury notes that forests within 10 degrees latitude of the

North Pole were home to great beasts, including Tyrannosaurus rex*. "(7)<u>That is bizarre</u>," he writes, "for such a high latitude is continually dark for three months of the year." Moreover, there is now evidence that these high latitudes suffered severe winters. Oxygen isotope* studies suggest that the climate around Fairbanks, Alaska, was about the same in the late Cretaceous period* as it is now. So what was Tyrannosaurus doing there ? Either it migrated seasonally over enormous distances or it spent much of the year in snowdrifts in the dark. In Australia——which at that time was more polar in its orientation——a retreat to warmer climates wasn't possible. How dinosaurs managed to survive in such conditions can only be guessed.

The extraordinary fact is that we don't know which is more likely, a future offering us eons* of perishing frigidity* or one giving us equal expanses of steamy heat. Only one thing is certain : (8)<u>we live on a knife edge</u>.

(9)<u>In the long run, incidentally, ice ages are by no means bad news for the planet.</u> They grind up rocks and leave behind new rich soils, and scrape out fresh water lakes that provide abundant nutritive possibilities for hundreds of species of being. They act as a spur to migration and keep the planet dynamic.

A SHORT HISTORY OF NEARLY EVERYTHING by Bill Bryson, Broadway Books

注　ice core(s) 氷床コア（氷床を掘削し取り出した筒状の氷柱のサンプル）；
glaciation 氷河作用；　the Younger Dryas 新ドリアス期（更新世終わりのヨーロッパの気候区分で亜氷期の期間）；　recolonize ～に再群生する；
Tyrannosaurus rex 肉食恐竜のティラノサウルス；
Oxygen isotope 酸素同位体；
Cretaceous period 白亜紀（約1億4000万年前～6500万年前）；
eon(s) 非常に長い期間；　frigidity 厳しい寒さ

問1　下線部(2), (3), (4), (6)の語の本文中での意味に最も近い表現を，下の(ア)～(エ)からそれぞれ一つ選び，記号で答えなさい。

(2) tranquil

(ア) calm　(イ) dangerous　(ウ) noisy　(エ) safe

(3) withdraws

(ア) backs away　(イ) calls out　(ウ) draws up　(エ) turns in

(4) unsettling

(ア) changeable (イ) disturbing (ウ) trivial (エ) unresolved

(6) intriguing

(ア) complicated (イ) evident (ウ) interesting (エ) possible

問2 下線部(1)を，that が表す内容を明らかにして，日本語に訳しなさい。

問3 下線部(5)を，That が表す内容を明らかにして，日本語に訳しなさい。

問4 下線部(7)で Drury 氏が「奇妙だ」と考える理由を，40 字以内の日本語で説明しなさい。ただし，句読点も 1 字に数えます。

問5 下線部(8)が表す内容として最も適切なものを，下の(ア)〜(エ)から一つ選び，記号で答えなさい。

(ア) 私たちが現在暮らしている地球上では，温暖化が確実に進んでおり，危険な状況にある。

(イ) 今後，厳しい寒さが続く時代と激しい暑さが続く時代のどちらがやってくるかは分からない状況にある。

(ウ) 今後，私たちが暮らす地球は，急激に寒冷化しかねない状況にある。

(エ) 私たちは，気候が今後どのように変化しようとも，それに対応していかなければならない状況にある。

問6 下線部(9)を日本語に訳しなさい。

全 訳

■氷河期に関する新説

❶ 氷河期は，何十万年もかけて徐々に始まり，そして終わっていったのだと，長い間考えられていたが，今では，(1)それが事実ではなかったことがわかっている。グリーンランドから採取された氷床コアのおかげで，私たちは約10万年を少し上回るほどの期間にわたる気候の詳しい記録を得ており，そこからわかることは，心休まるものではない。最近の歴史の大半において，地球は文明が認識してきたような安定した平穏な場所などではなく，温暖な時期と厳寒期との間を行きつ戻りつしてきたことがわかるのだ。

❷ 約1万2千年前の，最後の大きな氷河作用が終わる頃，地球は温暖化し始め，しかも，それは急激なものだったが，その後突然，1千年ほどの間，再び厳寒期に逆戻りした。この出来事は，科学では新ドリアス期として知られているものである。（その呼称は北極の植物であるドリアスに由来するもので，この植物は氷床が後退したあと，地面に最初に再群生する植物の一つである。旧ドリアス期というのもあったが，それほど急激なものではなかった。）厳しい寒さに襲われたこの1千年の末に，平均気温はまた，20年間で7度も急上昇した。このことはそれほど劇的でもなさそうに思えるが，たった20年間でスカンジナビアの気候を地中海の気候と置き換えるに等しい事態なのである。場所によっては，変化はそれ以上に劇的な場合もあった。グリーンランドの氷床コアの示すところでは，その地域の気温は10年間で15度も変化し，降雨パターンや生育状況を激変させたのだ。これは生物の数が少ない惑星にあっても十分な不安要因だったに違いない。今日であれば，その結果はほとんど想像もできないものになるだろう。

❸ 気候というものは，非常に多くの可変要素――例えば，二酸化炭素（CO_2）濃度の増減や，大陸の移動，太陽活動など――の産物なので，過去の出来事を理解するのは，将来何が起きるかを予測するのと同様に難しい。その多くはまったく私たちの理解を超えるものである。南極大陸を例にとろう。南極大陸は南極に位置を定めてから少なくとも2千万年もの間，ずっと植物に覆われ，氷もない状態であった。(5)そんなことはまったくありえないはずのことだったのだ。

❹ それに劣らず興味をそそられるのは，後期の恐竜の一部が生息していたことがわかっている地域のことである。英国の地質学者であるスティーヴン=ドゥルリーは，北極から緯度で10度以内〔北緯80度以北〕の森林は，ティラノサウルスを含め，大型の動物の生息地であったと指摘している。「それは奇妙な話だ。というのも，そのような高緯度地域は年に3カ月はずっと闇に閉ざされるからである」と彼

は書き記している。その上，こういう高緯度地域は冬の寒さも厳しかったということも今では証明されている。酸素同位体の研究によると，アラスカのフェアバンクス周辺の気候は，白亜紀末期にも，現在とほぼ同じだったようだ。だとすると，ティラノサウルスはそこでどうしていたのだろうか。ティラノサウルスは季節によってものすごい距離を移動していたか，1年のかなりの時期を，暗闇の雪の吹きだまりで過ごしていたことになる。オーストラリアでは――そこは当時，位置的には今よりも極点に近い位置にあったので――もっと暖かい気候に避難するのは不可能だった。恐竜たちがこのような状況でどうやって何とか生き延びたのかは，推測するしかないのである。

❺ 驚くべき事実は，将来，非常に長い期間，ひどく厳しい寒さが続くことになるのか，同じくらい長期間，ひどい蒸し暑さが続くことになるのか，そのどちらの可能性が高いのかはわからないという点である。確かなのはたった一つ，私たちがきわめて不安定な状態で暮らしているということだけである。

❻ (9)ちなみに，長い目で見れば，氷河期は地球にとって決して悪い事態ではない。氷河期は岩を粉々に砕き，あとには新しい豊かな土壌が残るし，淡水湖が掘られ，そこが何百種もの生き物にとって豊かで栄養豊富な場となる可能性も提供してくれる。氷河期は生物に移住を促す機能を果たし，地球を活動的な状態に保つのである。

各段落の要旨

❶ 長年，氷河期の盛衰(せいすい)は何十万年という長くゆったりした周期で進行すると考えられていたが，実は，地球の気候はそれほど安定したものではなく，温暖期と厳寒期とが短期間に入れ替わってきたことがわかっている。

❷ 約1万2千年前に厳寒期から温暖期へと激変したが，すぐにまた寒冷化し，新ドリアス期と呼ばれるこの厳寒期が千年間続いた後，短期間で再び急速に温暖化した。

❸ 気候は，変化する多くの要因から生じるので，将来を予測することと同様，過去の出来事を推定することも難しく，人知を超える面が多い。南極大陸が，極地に定位した後も長期間，植物が育つ氷のない世界であったことも謎の一つである。

❹ もう一つの謎は，北極点から緯度10度圏内に生息していたとされる巨大恐竜である。年間3カ月も日の照らない厳寒の闇の世界で，彼らはどのように暮らしていたのだろうか。

❺ 今後，長期の厳寒期を迎えるのか，その逆なのかはわからない。確かに言えるのは，我々が気候的に非常に不安定な状態にいるということだけである。

❻ 長期的に見れば，氷河期は，豊かな土壌や湖を作り，生物を育み移動を促すという点で，地球にとってプラスの面を持っている。

解　説

問1 (2) 正解は(ア)

▶ tranquil「穏やかな，静かな」に近いのは(ア)の calm である。「安定して tranquil な場所ではまったくなく，むしろ温暖期と厳寒期との間を揺れ動いていた」という文脈から，不安定な気候との対比で，「安定した，穏やかな」という意味だと推測できる。

(ア)「穏やかな」　(イ)「危険な」　(ウ)「騒々しい」　(エ)「安全な」

(3) 正解は(ア)

▶ withdraws「後退する」に近いのは(ア)の backs away である。「ドリアスという植物は氷床が withdraw したあと，再群生する」という文脈から，「なくなる，撤退する」イメージのものを探す。

(ア)「後退する」　(イ)「大声で呼ぶ」
(ウ)「(車が) 止まる，整列する」　(エ)「中へ入る，内側に曲がる」

(4) 正解は(イ)

▶ unsettling「動揺させる（ような)，不安にさせる（ような)」に近いのは(イ)の disturbing である。「気温，降雨パターン，それに植物の生育状況の激変は，生物の数が少ない惑星でも unsettling だったに違いない」という文脈から，文意の通るものを選ぶ。

(ア)「変わりやすい」　**(イ)「心をかき乱す（ような)」**
(ウ)「ささいな」　(エ)「未解決の」

(6) 正解は(ウ)

▶ intriguing「(非常に) 興味をそそる（ような)」に近いのは(ウ)の interesting である。前段の後半で南極大陸の不可思議な点を述べたのを受けて，「それに劣らず intriguing なのは」とつなぎ，「巨大恐竜が日照期間の少ない厳寒の地で，いったいどのようにして暮らしていたのだろう」という趣旨の内容を後続させていることから，「不思議な，興味をそそる」といった意味の語が適切だとわかる。no less ～「(比較の相手に) 劣らず～だ」という重要表現がポイントとなる。

(ア)「複雑な」　(イ)「明らかな」　**(ウ)「興味深い」**　(エ)「可能な」

問2　that has not been the case

▶まず，be the case は「事実である」という意味。したがって that has not been the case は「それは事実ではなかった」となる。

▶次に，「長い間，…と考えられていたが，それは事実ではなかった」という文脈から，それ（that）が指す内容は，手前の that 節の内容（we moved … thousands of years）だとわかる。その箇所を直訳すると「私たちは何十万年もかけて徐々に氷河期に入り，そして徐々にそこから抜け出した」となるが，〈解答例〉のように氷河期を主語にして訳出するほうが，日本語としては自然になるだろう。over「～にわたって，～をかけて」

問3 That simply shouldn't have been possible.

▶まず，shouldn't have *done*「～したはずがない」を用いた，That shouldn't have been possible. は「それはありうるはずがなかった」→「それはありえないはずのことだった」という意味である。これに，否定を強調する simply が加わっているので，「それはまったくありえないはずのことだった」となる。

▶それ（That）が指す，ありえないはずの内容とは，前文の南極大陸の話である。after の後の it は，それより後に主語として登場する Antarctica「南極大陸」を指す。settle over the South Pole「（他の地域から移動してきて）南極点を覆う地域に位置を定める」→「南極（圏）に定位する」

▶ covered in plants「植物に覆われて」と free of ice「氷のない」の部分は，remained「～のままであった」の補語として用いられている。

問4 ▶ドゥルリー氏が be bizarre「奇妙だ」と考える理由は，接続詞 for で導かれた節に述べられているが，such a high latitude「それほどの高緯度」とは，前文で述べられている within 10 degrees latitude of the North Pole「北極から緯度 10 度以内」を指しているので，この情報も解答に盛り込む必要がある。

▶その際，「北緯 10 度以内」と訳出するのは誤りだ。それでは，赤道から緯度 10 度以内の意味（つまり熱帯地方！）になってしまう。

▶ continually は「絶えず，ずっと」の意味で，dark はここでは日照がなく，夜の状態であることを指す。

▶ Moreover, … の部分は該当箇所ではないことに注意。ドゥルリー氏が挙げている理由ではないからだ。

問5 正解は(イ)

▶「将来，長期間，厳寒期が続くのか，蒸し暑い期間が続くのか，どちらの可能性が高いのかはわからない。確かなことはただ一つ，（　　　）ということである」という流れからだけで判断すると，(ウ)を入れても文意は通るように思われるかもしれないが，on a knife edge というイディオムは「非常に不安定な状態で」の意味なので，(イ)が正解となる。「ナイフの刃の上に乗っている状態」→「どちらに転ぶかわからない状態」というイメージを持てばわかりやすい。

問 6　In the long run, incidentally, ice ages are by no means bad news for the planet.

▶語彙力を問うための設問だ。in the long run「長い目で見ると」, incidentally「ちなみに」, by no means ～「決して～ない」, bad news「悪いこと，まずい事態」がポイント。

▶ the planet をそのまま「その惑星」と訳しても，どの惑星のことか読み手には伝わりづらいので，ここでは「地球」とするのがよい。

解答

問 1　(2)―(ア)　(3)―(ア)　(4)―(イ)　(6)―(ウ)

問 2　氷河期が何十万年もかけて徐々に始まり，そして終わっていった，というのは事実ではない。

問 3　南極大陸は南極に位置を定めてから少なくとも 2 千万年もの間，ずっと植物に覆われ，氷もない状態であったなどというのは，まったくありえないはずのことだった。

問 4　北極から緯度で 10 度以内の地域は，年に 3 カ月は日が照らない暗闇の期間が続くから。(39 字)

問 5　(イ)

問 6　ちなみに，長い目で見れば，氷河期は地球にとって決して悪い事態ではない。

41

2009年度〔3〕

次の文章を読んで，問1～4に答えなさい。

Don't make jokes in America. Even in experienced hands――and I believe I speak with some authority here――a joke can be a dangerous thing.

I came to this conclusion recently while passing through Customs and Immigration* at Logan Airport in Boston. As I approached the last immigration official, he said to me : "Any fruit or vegetables ?"

I considered for a moment. "Sure, why not," I said. "I'll have four pounds of potatoes and some mangoes if they're fresh."

Instantly, I could see that I had misjudged my (　(A)　) and that this was not a man who ached for jokes. He looked at me with one of those slow, dark, cerebrally challenged expressions that you never want to see in a uniformed official, but especially in a US Customs and Immigration officer because, believe me, these people have powers you really do not want to put to the test. (1)When I say they have the legal right to interrupt your passage I mean it in every possible sense.

Luckily, this man appeared to conclude that I was just incredibly stupid. "Sir," he inquired more specifically, "are you carrying any items of a fruit or vegetable nature ?"

"No, sir, I am not," I answered at once and fed him the most respectful and humble look I believe I have ever mustered.

"Then keep moving, please," he said.

I left him shaking his head. I am sure that for the rest of his career he will be telling people about the foolish person who thought he was a greengrocer.

Irony is, of course, the key word here. Americans don't use it much. (I'm being ironic ; they don't use it at all.) In most circumstances this is actually rather a nice thing. Irony is (2)cousin to cynicism, and cynicism is not a virtuous emotion. Americans――not all of them, but a significant proportion――have no need for either one. Their approach to everyday encounters is trusting, straightforward, almost touchingly literal. They don't expect any verbal sleight of hand* in conversations, so it tends to upset them when you employ it.

We have a neighbor on whom I tested (3)this hypothesis for the first two years we were here. It began innocently enough. Soon after we moved in, he had a tree come down in his front garden. I passed his house one morning to see that he was cutting the tree into smaller pieces and loading them onto the roof of his car to take away to the tip*. It was a bushy tree and the branches were hanging over the sides in an extravagant* manner.

"Ah, I see you're ((B)) your car," I remarked drily.

He looked at me for a moment. "No," he said firmly. "I had a tree come down in the storm the other night and now I'm taking it away for disposal."

After that, I couldn't stop myself from making little jokes with him. The crunch*, so to speak, came when I was telling him one day about some disastrous airline trip I'd had, which had left me stranded overnight in Denver.

"Who did you fly with ?" he asked.

"I don't know," I replied. "They were all strangers."

He looked at me with an expression that betrayed a kind of panic. "No, I meant which airline did you fly with."

It was just after this that my wife ordered me to cease making jokes with him because apparently our chats were leaving him with headaches.

From The Man With Nothing to Declare but a Sense of Humour by Bill Bryson, *The Independent (1999/11/08)*

注 Customs and Immigration 税関検査と入国審査；
verbal sleight of hand 巧妙な言い回し； tip ごみ捨て場；
extravagant 過度の； crunch 緊迫した状況

問 1 空所（ (A) ），（ (B) ）に入る最も適切な語を，下の(ア)〜(エ)からそれぞれ一つ選び，記号で答えなさい。

（ (A) ）：(ア) client (イ) guest (ウ) audience (エ) customer

（ (B) ）：(ア) washing (イ) camouflaging (ウ) repairing (エ) parking

問 2 下線部(1)を，they が表す内容を明らかにして，日本語に訳しなさい。

問 3 下線部(2)の意味に最も近いものを，下の(ア)〜(エ)から一つ選び，記号で答えなさい。

(ア) superior to (イ) equivalent to (ウ) contrary to (エ) irrelevant to

問 4 下線部(3)の「この仮説」(this hypothesis) とはどのようなものか，20 字以内の日本語で説明しなさい。ただし，句読点も 1 字に数えます。

全訳

■冗談が通じないアメリカ人

アメリカでは冗談は言わないことだ。たとえ冗談を言い慣れている人であっても――しかも私はこの点に関してはいささか確信をもって語れると思うが――冗談は危険なものとなる場合もある。

私は最近，ボストンのローガン空港の税関検査と入国審査を通過しようとしたとき，この結論に至った。私が最後の入国審査官に近づくと，彼は私にこう尋ねた。

「果物か野菜は？」

私は一瞬考えた。「ええ，もちろん」と私は答えた。「新鮮なものなら，ジャガイモ４ポンドとマンゴーをいくつかいただきます」

すぐさま，私は自分が聞き手の人物判断を誤ったこと，しかもこの人は冗談が好きでたまらないというタイプではないことがわかった。彼は例のゆっくりした，陰気で，頭の鈍そうな表情で私を見つめたのだが，それは制服を着た職員，特にそれが米国の税関職員と入国審査官だと絶対目にしたくない表情だった。それというのも，本当に，こういう連中には，誰も本気で実際にそれを試してみたいとは思わないような権限があるからだ。彼らには人の通行を阻止する法律上の権限があると私が言うとき，私はありとあらゆる意味で（本気で）そう言っているのである。

幸い，この男性は私が単に信じがたいほど馬鹿なだけだと結論づけたらしかった。彼はもっと具体的に尋ねたのだ。「あなた，果物とか野菜とかの類の物を持っていますか」

「いいえ，持っていません」と私は即座に答え，自分としてはこれまでにしたことのないと思えるありったけの丁重かつ低姿勢の表情をつくりあげて彼に向けた。

「では，そのままお進みください」と彼は言った。

私が去るとき，彼は首を横に振っていた。彼はきっと，この職に就いている間はずっと，自分を八百屋だと思った馬鹿な奴がいたという話を人に語り続けるだろう。

もちろん，アイロニーというのがここでのキーワードである。アメリカ人はあまりアイロニーを使わない。（私は今「あまり使わない」とアイロニーを使った言い方をしているが，実は，彼らはまったくアイロニーを使わないのだ。）たいていの状況では，これは実は，むしろいいことである。アイロニーは冷笑によく似ていて，冷笑は徳のある感情ではない。アメリカ人は――皆というわけではないが，かなりの割合で――そのどちらも必要としていない。日々の出会いに対する彼らの対処の仕方は，信頼を示し，単刀直入で，ほとんど感動的と言えるほど言葉を文字通りに使うというやり方なのだ。彼らは人々が会話で巧妙な言い回しをするなど思ってもいないので，そうした言い回しをされると，当惑してしまう可能性が高い。
私たちには，こちらに来てから最初の2年間，この仮説を試す被験者となった隣人がいる。それはまったく何の悪気もなく始まったのだった。私たちが引っ越してきて間もないころ，彼の自宅の前庭の木が一本倒れてしまった。ある朝，彼の家の前を通りかかると，彼がその木を小さく切り分けて，車の屋根に積み上げ，ごみ捨て場に運ぼうとしているところだった。それは枝葉の茂った木で，枝が車の側面に実に派手に垂れ下がっていた。
私は「おや，車をカムフラージュしておられるんですね」と，さりげなく声をかけた。
彼は一瞬，私を見た。「いいえ」と彼はきっぱり答えた。「先日の夜の嵐で木が倒されたので，それを処分しに行こうとしてるんですよ」
そのことがあってからも，私は彼にちょっとした冗談を言うのをやめることができなかった。ある日彼に，私が経験したある悲惨な空の旅のせいで，デンバーで一晩，立ち往生したという話をしていたとき，言わば，緊迫した状況が生じた。
「どの航空会社の飛行機に乗ったのですか（注：文字通りには「誰と一緒に飛行機に乗ったのですか」とも解釈できる）」と彼は尋ねた。
「わかりません」と私は答えた。「みんな知らない人ばかりでしたからね」
彼は，ちょっとしたパニックを起こしているのが見て取れる表情で私を見た。「いや，どの航空会社の便を利用したのかという意味だったのですが」
彼に冗談を言うのはやめてと妻が私に命じたのはこの後すぐのことだった。私たちとおしゃべりすると，どうやらあとで彼が頭痛を起こしているようだったからだ。

解　説

問1 (A)　正解は(ウ)

▶文脈から，I had misjudged my (　(A)　) が「冗談を言う相手を見誤った」という内容になると判断。この場合，「相手」とは「冗談を聞く人」だから，(ウ)が正解。

(ア)「（医者・弁護士などの）依頼人，相談者」
(イ)「招待客，（ホテル・旅館の）宿泊客」
(ウ)「聞き手，聴衆」　　(エ)「買い物客」

(B)　正解は(イ)

▶倒木を処分するため，隣人は木を切り分けて車の屋根に積み上げていたのだが，それが枝葉の茂った木だったので，車を覆うように枝が垂れ下がっていた。その様子を見て冗談を言ったのだから，(イ)が正解。

(ア)「～を洗っている」
(イ)「～をカムフラージュ〔偽装〕している」
(ウ)「～を修理している」
(エ)「～を駐車している」

問2 When I say they have the legal right to interrupt your passage I mean it in every possible sense.

▶文頭の when 節は your passage まで。say の後に接続詞の that が省略されている。they は前文の these people を指し，その these people は a US Customs and Immigration officer「米国の税関職員や入国審査官」を指して用いられている。

▶ in a sense「ある意味で」など，「意味」という意味で使う sense に要注意！ in every possible sense で「ありとあらゆる〔ありうるすべての〕意味で」となる。

語句 the legal right to *do*「～する法的権限」 interrupt「～を阻止する〔妨げる〕」 passage「人が（検査を）通過すること，人が入国すること」 I mean it「（本気で）そう言っている」

問3 正解は(イ)

▶ cousin は「いとこ」で覚えている受験生が多いだろうが，be cousin to ～ で「～と同類である，～によく似ている」の意味。よって(イ)が正解。

(ア)「～より優れて」
(イ)「～に相当する，～と同等である」
(ウ)「～に反して」
(エ)「～にとって無関係な」

問4 ▶下線部(3)を含む文に先立つ段（第9段）の趣旨は，「アメリカ人には（アイロニーを使った）冗談が通じない」あるいは「アメリカ人にはひねりを利かせた言い回しが理解できない」ということであり，しかもこれは文章全体のテーマでもある。下線部(3)を含む段（第10段）以降で，この仮説が試されて実証されることとなった，冗談の通じない隣人の逸話につなげていることからも，この第9段の趣旨を20字以内にまとめればよいと判断できる。

▶〈解答例〉のほかに，「米国人には冗談が通じないという仮説。」（18字）でも可。

解答

問1 (A)―(ウ) (B)―(イ)

問2 米国の税関職員と入国審査官には人の通行を阻止する法律上の権限があると私が言うとき，私はありとあらゆる意味で（本気で）そう言っているのである。

問3 (イ)

問4 米国人には巧妙な言い回しは通じないこと。(20字)

42

2008 年度〔1〕

次の文章を読んで，問 1 ～ 4 に答えなさい。

Everyone agrees that one of the biggest problems among people and nations is communication. We try to improve communication by (1)talking things out, by being "honest." But if the problem is caused by differences in ways of talking, doing more of it is not likely to solve the problem. Honesty is not enough —— and often not possible.

Most of us genuinely try to be honest and considerate and to communicate, but we sometimes (2)end up in knots anyway, first, because communication is indirect and undetermined by nature, and second, because ((A)) inevitable differences in conversational style. Seeing things go ((B)), we look for explanations in personality, intentions, or other psychological motivations.

A psychotherapist* who heard me talk at a Sunday evening lecture later told me that she put her new understanding of conversational style to use the very next morning. Her Monday-at-ten appointment arrived and began to talk. The therapist offered her interpretations and strategic questions as they were relevant. ((C)) time, the client considered and discussed her comments, then returned to his account. He was a good patient. But her next client, Monday-at-eleven, was different. When she began making her comments, in ((D)) words, doing her job, he asked her not to interrupt. This therapist said that (3)if she hadn't heard my talk, she would have concluded that Monday-at-eleven was resisting her interpretations. Recalling my lecture, however, she (4)reserved judgment. Sure enough, after he finished what he had to say, he was just ((E)) eager to hear and consider the comments as Monday-at-ten. What was simply a style difference would have led her to unwarranted psychological evaluation.

Therapists, then, must consider the possibility of conversational-style differences before making psychological interpretations. And in personal rather than professional settings, it may be more effective to talk in ((F)) of conversational style even when psychological motives are correctly observed.

Psychological motives are internal and formless; talk is external and concrete. If you tell others they were hostile or insecure, they may feel accused and may not know what you are reacting to. But if you say you reacted to how they said what they did, and you can pinpoint which aspect of the way they spoke you reacted to, they can see what was there and address it. If you begin by assuming that what you felt and what they intended are not necessarily the same, they are less likely to feel accused and to (5)discount your reaction in self-defense.

Conversational style is normally invisible but not unconscious. People often say, spontaneously, "It's not what you said but the way you said it," even if they can't tell just what it was about the way you said it that they reacted to. (6)Knowing about conversational style gives names to what were previously felt as vague forces. Once pointed out, they have a ring of familiarity and truth.

From *That's Not What I Meant* by Deborah Tannen, William Morrow and Company

注 psychotherapist 心理療法医

問1 下線部(1), (2), (4), (5)の意味として最も適切なものを, (a)～(d)のうちから選び, 記号で答えなさい。

(1) talking things out
- (a) 徹底的に話をすること
- (b) 外に向かっておしゃべりを続けること
- (c) 大声を出して叫ぶこと
- (d) のどの奥から声を絞り出すようにしゃべること

(2) end up in knots
- (a) なぞを解く　(b) 争う　(c) 嘘をつく　(d) 混乱する

(4) reserved judgment
- (a) 意見を述べた　(b) 判断を保留した
- (c) 相談の予約をした　(d) 判決を言い渡した

(5) discount your reaction
- (a) あなたの反発を弱める　(b) あなたの反応を無視する
- (c) あなたの指令を受ける　(d) あなたの対抗手段を奪う

問2 下線部(3)を, Monday-at-eleven が何を意味するかを明らかにして, 日本語に訳しなさい。

問3　下線部(6)を日本語に訳しなさい。

問4　空所（ (A) ）～（ (F) ）に入る最も適切な語を，下からそれぞれ一つ選び記号で書きなさい。ただし，大文字で始まる語も小文字になっています。また，同じ語は一度しか使ってはいけません。

(ア) as　　(イ) of　　(ウ) each
(エ) other　　(オ) terms　　(カ) wrong

全訳

■会話の際に心得ておくべきこと

❶ 人や国の間での最も大きな問題の一つは意思の疎通であるというのは，誰しも意見の一致するところである。私たちは，とことん話し合う，つまり「正直」であることでもっとうまく意思の疎通をはかれるようにしようとする。しかし，もし問題が話し方の違いから生じているとすれば，話し合いをいっそう重ねても問題は解決しそうにない。正直なだけでは不十分であり，それではだめな場合も多いのだ。

❷ ほとんどの人は心から，正直でいながらも相手を思いやり，思いを伝え合おうとするのだが，どうやっても結局は話がややこしくなってしまうことがある。それはまず，意思の疎通とはもともと遠回しで，はっきりしないものであること，次に，会話の進め方に違いがあるのは避けようのないことだからである。物事がうまくいかないとわかると，私たちは人柄や意図や，他の心理的な動機にその理由を探るのだ。

❸ 日曜の夜の講演で私の話を聴いたある心理療法医（女性）が，会話の進め方について新しく理解できたことを，ちょうどその翌朝に使用したと，後で私に話してくれた。月曜の10時に診察の予約をしていた人（男性）が来て，話を始めた。療法医は自分の判断を伝え，それが適切という時には戦略的な質問をした。そのたびに，診察に訪れた人は，彼女の意見をよく考え，それについて話し合い，それからまた自分の話にもどった。彼はいい患者だった。しかし，次に診察に訪れた，月曜の11時に予約していた人（男性）は違っていた。療法医が説明を始めると，言い換えれば，彼女の仕事を始めると，彼は話の邪魔をしないでくれと言うのだった。この療法医は，(3)もし彼女が私の話を聴いていなかったら，月曜の11時に診察の予約をしていた患者は彼女の説明に逆らっていると結論づけていただろう，と言った。しかし彼女は，私の講演を思い出して，その判断を保留した。案の定，患者は自分がどうしても言わなければと思っていたことを言い終えると，月曜の10時の

患者とまったく同じくらい熱心に説明を聞き，よく考えようとした。会話の進め方が違っていただけなのに，彼女は根拠のない心理学的な評価を下してしまうところだったのである。

❹ したがって，療法医は，心理学的な判断を下す前に，会話の進め方に違いがある可能性を考慮しなければならない。そして，職業として人と話をする状況よりむしろ，私的な場面で人と話をする状況においては，心理的な動機が正しく見てとれる場合でも，会話の進め方という点を考慮しつつ話をするほうが，より効果的なこともあろう。

❺ 心理的な動機は内的で形のないものだが，会話は外的で具体的なものである。もしあなたが他の人に，あなたには敵意があるとか当てにならないとか言えば，相手は責められているような気がするかもしれないし，あなたが何に対してそういう反応をしているのかわからないかもしれない。しかし，もしあなたが相手の発言の仕方に対してそう反応したのだと言い，その仕方のどの面に自分が反応したのかを正確に示すことができれば，相手も何があったのかがわかり，それに対処できる。もしあなたが感じたことと，相手の意図したこととが必ずしも同じではないと想定することから始めれば，相手も，責められているような気がしたり，自己防衛からあなたの反応を無視したりすることも少なくなるだろう。

❻ 会話の進め方は通例，目に見えるものではないが，まったく無意識というものでもない。人は，自分が一体，相手の言い方のどういう点に反応したのかわからない時でさえ，思わず「問題はあなたの発言の中身じゃなくて，その言い方なのだ」と言うことがよくある。(6)会話の進め方について知ることで，それまでは漠然とした力のように感じられていたものが明確に認識される。それらは，ひとたび指摘されると，なじみのある，真実味を持ったものとなるのだ。

各段落の要旨

❶ 話し方の違いで意思の疎通がうまくいかない場合には，いくら率直に話しても問題は解決しない。

❷ 意思の疎通を混乱させる要因は，コミュニケーション行為が本質的にあいまいであることと，会話の進め方に個人差があることである。

❸ ある心理療法医は，筆者の講演を聴いて，会話の進め方の違いに対する認識を深めたおかげで，患者との意思の疎通がうまくいった。

❹ 会話の進め方の違いに対する考慮は，個人レベルでの会話でいっそう効果を発揮する。

❺ 相手の言い方のどこに自分が反応したのかを正確に伝えることで，感情的な反発を招かずに誤解の原因を相手にわかってもらえる。

❻ 会話の進め方に対する理解があれば，意思の疎通に影響を与える，把握しづらい要素が，明確に認識できる。

解 説

問1 (1) 正解は(a)

▶文脈から判断しよう。下線部(1)の直後を見ると，by talking things out を by being "honest"「『正直』になることによって」で言い換えているので，心の内をきっちり言葉にして語り尽くすことだと推測できる。talk *A* out「*A* を徹底的に話し合う」

(2) 正解は(d)

▶前後の内容から，下線部の意味が「(意思の疎通が) うまくいかない」という内容だとわかるので，(d)を選ぶ。

▶ end up in ～「(結局) ～に終わる」は覚えておきたいイディオム。knot は，ヒモなどの結び目やもつれた状態を意味する語。

(4) 正解は(b)

▶手前の下線部(3)以降の内容を考え合わせれば，文意の通るのは(b)だろうという文脈からの判断も十分可能だが，reserve「～を保留する」も judgment「判断」も基本語彙なので，単語の知識だけでも解けるはず。

(5) 正解は(b)

▶「こちらの感じ方と相手の意図とが違う場合があることを認識して会話をすれば，相手はこちらから責められていると感じたり，自己防衛で（　　）したりする可能性も低くなる」という文脈に合うものを考えればよい。

▶また，discount は「値段を割り引く」が基本の意味だから，そこから「人の話や考えを割り引いて聞く，考慮しない，無視する」という意味に転じてもおかしくないという，単語の意味からの推測も助けになる。

問2 if she hadn't heard my talk, she would have concluded that Monday-at-eleven was resisting her interpretations

▶まず下線部全体が仮定法過去完了を用いた文であることに注意。次に Monday-at-eleven という表現は，第3段第2文（Her Monday-at-ten appointment …）の表現からの類推で，「月曜の11時に（カウンセリングの）予約をしていたクライアント〔患者〕」のことだと判断できる。

▶ interpretation「解釈，説明，判断」 ここでの her interpretations は，前文にある her comments と同意である。

語句 conclude that ～「～だと結論づける」 resist「～に逆らう」

問3 Knowing about conversational style gives names to what were previously felt as vague forces.

▶ Knowing about conversational style は動名詞句で主語として働いている。give names to ～ は「～に名前をつける」が基本義だが，ここでは文脈から，「～がどのようなものか，その正体をしっかり認識する」といった意味になることをつかみたい。答案としては直訳でも意訳でも OK。〈解答例〉では，直訳も示しておいた。

▶ what 節では，feel *A* as *B*「*A* を *B* だと感じる」が受動態で用いられており，what were felt as ～ で「～だと感じられていたもの」という意味になる。

語句 previously「以前に（は）」 vague「あいまいな，漠然とした」 force「力」

問4 ▶すべて，基本的な定型表現の知識と文脈からの判断で容易に解けるはず。ここは満点を取りたいところだ。

(A) 正解は(イ)

▶ because of ～「～という理由で，～のせいで」

(B) 正解は(カ)

▶ go wrong「(物事が) うまくいかない，悪い方向に向かう」

(C) 正解は(ウ)

▶ each time「毎回，そのたびに」

(D) 正解は(エ)

▶ in other words「言い換えると」

(E) 正解は(ア)

▶後続の … as Monday-at-ten の as に着目。just as ～ as …「…とまったく同様に～」

(F) 正解は(オ)

▶ in terms of ～「～の観点から」

解答

問1 (1)―(a) (2)―(d) (4)―(b) (5)―(b)

問2 もし彼女が私の話を聴いていなかったら，月曜の 11 時に診察の予約をしていた患者は彼女の説明に逆らっていると結論づけていただろう

問3 会話の進め方について知ることで，それまでは漠然とした力のように感じられていたものが明確に認識される〔…に具体的な名称がつく〕。

問4 (A)―(イ) (B)―(カ) (C)―(ウ) (D)―(エ) (E)―(ア) (F)―(オ)

43

2008年度〔2〕

次の文章を読んで，問1～3に答えなさい。

A hundred years ago, the only signs of elephants at Kruger National Park in northeastern South Africa, which had just opened, were a few tracks in a dry riverbed. Game hunters of the 19th century had hunted the creatures almost to (1)<u>extinction</u>. Conservation efforts were so successful that by 1967 the authorities decided they had to start (2)<u>culling</u> elephants to keep their populations between 6,000 and 8,000, considered to be the park's "carrying capacity." Few people questioned the policy, but it was dropped in 1995. Since then the elephant population has soared to 14,000. Conservationists now fear that this herd might devastate* vegetation, threatening many life forms with extinction.

A new proposal to cull the creatures has created a dilemma for the national parks authority, South African National Parks. As a responsible (3)<u>custodian</u>, it has urged that "decisive action is required" to safeguard the survival of the rich diversity of life forms in South African wildlife reserves. The culling of elephants, it argues, is needed as a precautionary* measure to avert local species' extinctions in future. "A decision on the use of culling as a legitimate option for management of elephants," the park managers said back in 2005, "should not be delayed beyond March 2006." (4)<u>What has delayed this action is fierce disagreement over whether it is a morally responsible choice</u> —— a debate that didn't exist in 1967.

What's changed? Scientists have told us in recent years that elephants and other higher (5)<u>mammals</u>, such as chimpanzees, gorillas, dolphins, whales and dogs, have aspects of consciousness, feelings and intelligence that until recently most people thought was the province of humans alone. The debate over ((A)) Kruger's elephants —— like similar debates over the ethics of animal testing and the treatment of animals raised for food —— is challenging us to reflect on how we treat other living beings.

The elephant is a fitting object of this dilemma because it has more ((B)) humans than it appears. Elephants typically live for 65 years, spending their first 14 years growing up in a social group. Females teach them about the geography and vegetation of their range*, the social (6)<u>hierarchies</u> of their species and how to raise their young.

The understanding that science gives us about what these animals experience —— their capacity for emotion and awareness —— supports the contention of some animal-rights activists that we must treat such creatures ((C)) we did in the past. There are some simple ways of going cautiously down this path. We could start by extending anti-cruelty laws to include a few legal rights for higher mammals. For example, laws could prevent us from killing higher mammals except in self-defense, or from limiting their freedom without good reasons. We could forbid people to harm such special beings without sufficient justification. What constitutes good reasons and sufficient justification would be left to judges.

Where does that leave Kruger's elephants ? The South African government's minister of Environmental Affairs and Tourism got involved in these disputes by holding an Elephant Round Table in 2006, composed of eminent elephant scientists from universities and conservation authorities, to advise him on policies for elephant management. They found that culling is an acceptable option if scientific experts confirm an overpopulation of elephants that will seriously threaten biodiversity* in a specific region, and if all else fails. To be sure, other options won't be easy to come up with. One alternative —— capturing elephants and moving them to other parks —— is expensive, and most parks in southern Africa have ((D)) them. Instead, South African authorities are negotiating a combined conservation area that includes land from nearby Zimbabwe and Mozambique ((E)) Kruger's elephants will slowly migrate there.

Many elephant scientists and animal-welfare groups claim that there's no convincing evidence that the park is overpopulated with elephants. The destruction of vegetation, they say, falls within the acceptable impact elephants should have on African savanna ecosystems. Their robust feeding patterns, in fact, create opportunities for successful survival for many other species. When a bull* pushes over a tree, the log provides protected spaces for young plants to escape the browsers* and grazers* of the savanna. Natural ecological processes, many experts say, must be allowed to play themselves out without human intervention.

(7)<u>The crucial issue for conservation authorities now is whether they can</u>

convincingly show that elephant numbers have increased up to a point where the survival of other life forms will be threatened in the near future. If so, then culling will go forward, and that would be acceptable. Nations resist going to war with other nations unless no alternative is available. Resisting the killing of elephants until all alternatives have been exhausted would accord these creatures the respect they deserve.

From Deserving of Respect, *Newsweek* on April 4, 2007

注 devastate 荒らす； precautionary 用心のための；
range 縄張り； biodiversity 生物多様性； bull 雄の象；
browser 新芽などを食べる動物； grazer 草を食べる動物

問1 空所（ (A) ）～（ (E) ）に入れるのに最も適切なものを，下の(あ)～(お)からそれぞれ一つ選び，記号で答えなさい。ただし，同じ語句は一度しか使えません。

(あ) in hopes that　　(い) no room for
(う) what to do about　　(え) with more respect than
(お) in common with

問2 下線部(1)，(2)，(3)，(5)，(6)の語の本文中での意味として最も近い表現をそれぞれ(ア)～(エ)から一つ選び，記号で答えなさい。

(1) extinction
(ア) narrow survival　　(イ) utter destruction
(ウ) close encounter　　(エ) easy escape

(2) culling
(ア) feeding　(イ) driving　(ウ) killing　(エ) whipping

(3) custodian
(ア) spectator　(イ) hunter　(ウ) protector　(エ) farmer

(5) mammals
(ア) animals without lungs　　(イ) animals that lay eggs
(ウ) cold-blooded animals　　(エ) animals that feed babies on milk

(6) hierarchies
(ア) systems　(イ) events　(ウ) backgrounds　(エ) balances

問3 下線部(4)，(7)を日本語に訳しなさい。

全訳

■象の個体数抑制案をめぐる論争

❶ 100年前，開園したばかりの南アフリカ北東部にあるクリューガー国立公園で象の存在を唯一示すのは，乾いた川床に残されたいくつかの足跡だけだった。19世紀のハンターたちがその生き物を狩猟し，ほとんど絶滅に近い状態にしてしまっていたのである。（その後）象を保護する努力が大いに功を奏し，1967年までに当局は，象の個体数を公園の「最大扶養能力」と考えられる6,000頭から8,000頭の間に保つために，象の間引きを始めなければならないという判断を下した。その方針を問題視する人はほとんどいなかったが，しかしそれは1995年に取りやめとなった。それ以来，象の個体数は14,000頭にまで急増している。自然保護論者たちは今や，この象たちがことによると植生に壊滅的打撃を与え，多くの生き物を絶滅の危機にさらすのではないかと懸念している。

❷ 象を間引く新たな提案が，その国立公園当局である南アフリカ国立公園にジレンマを生んでいる。責任ある管理機関として，公園当局は，南アフリカの野生動物保護区内の生物形態の豊かな多様性の存続を守るために「断固たる行動が必要である」と力説している。当局の主張によると，象の間引きは，将来，在来種が絶滅するのを防ぐための予防策として必要とのことである。かつて2005年には，公園を管理する人たちは，「象を管理するため，合法的な選択肢として間引きを行うという決定は，2006年3月より遅らせるべきではない」と語っていた。(4)この行動を遅らせているのは，それが道義的に責任のもてる選択かどうかをめぐる激しい意見の対立があるからだが，それは1967年には存在しなかった議論である。

❸ 何が変わったのだろうか。科学者たちは近年，象をはじめとする他の高等哺乳動物，例えばチンパンジー，ゴリラ，イルカ，鯨，犬などは，最近までほとんどの人が人類だけがもつと考えていた，意識，感情，知性といった面をもっていることを，私たちに教えてきた。動物実験の倫理や食用として飼育される動物の扱いをめぐる類似の議論と同様，クリューガーの象をどうするかをめぐる議論のおかげで，私たちは，他の生き物の扱い方をよく考えなければという気になっているのである。

❹ 象は見かけ以上に人間との共通点が多いので，このジレンマを生むにふさわしい対象である。象の寿命はおおむね65年であり，最初の14年は社会集団の中で成長する。雌は子象たちに自分たちの縄張りの地理的情報や植生，さらに象社会の上下関係や子育ての仕方などを教える。

❺ これらの動物が経験すること――感情や意識をもつ彼らの能力――に関して科学から得られる知識は，私たちがこれらの生き物をこれまで以上に手厚く扱わなけ

ればならないとする一部の動物の権利を擁護する活動家の主張を後押ししている。この方向へと慎重に歩を進めるいくつかの簡単な方法が存在する。残虐行為禁止法の適用範囲を広げて，そこに高等哺乳動物の法律上の権利をいくつか含めることから始めることもできるだろう。例えば，法律によって，身を守る目的以外で高等哺乳動物を殺してはならないようにしたり，妥当な理由なしに彼らの自由を制限できないようにすることならできるだろう。正当な理由が十分になければ，人がそうした特別な生き物を傷つけることを禁止することもできよう。何が妥当な理由で，十分正当ということになるのかは，裁判官の判断にゆだねられることだろう。

❻ それでクリューガーの象たちはどういう状況に置かれているのだろう。南アフリカ政府の環境問題観光大臣は，象を管理する政策に関する助言を得るために，大学や保護当局の著名な象研究者たちで構成された象の円卓会議を 2006 年に開催することで，これらの論争に関与した。彼ら構成メンバーたちの見解としては，科学の専門家が，象の個体数が特定の地域の生物多様性を深刻に脅かすほど過剰であることを裏付け，他の手段がすべてうまくいかなければ，間引きも選択肢の一つとして認められるとした。確かに，他の選択肢を考え出すのは容易ではないだろう。代替案の一つ，象を捕獲して他の公園へ移すという案はお金がかかりすぎ，しかも南アフリカのほとんどの公園には象を受け入れる余裕はない。その案に代えて，南アフリカ当局は，近隣のジンバブエやモザンビーク国内の土地を含む合同保護区を作る案を交渉中だが，それはクリューガーの象が徐々にそこへ移動するのを期待してのことである。

❼ 多くの象研究者や動物保護団体は，公園内の象の個体数が過剰であるということを示す説得力のある証拠はないと主張している。植生の破壊は，象がアフリカのサバンナの生態系に及ぼして当然と認められる影響の範囲内だというのである。象の旺盛な食性は，実のところ，他の多くの種がうまく生き残る機会を生み出している。雄の象が木を押し倒すと，その丸太が若木に，サバンナの新芽などを食べる動物や草食動物から逃れるための安全な場所を提供するのである。自然界の生態学的過程は，人間が介入することなく，あくまでもその過程自体のなりゆきに任せるべきなのだと多くの専門家は語る。

❽ (7)<u>現在，保護当局にとって重大な問題は，象の数が他の生き物の生存が近い将来脅かされることになるほど増えているということを，人が納得のいくように示すことができるかどうかである。</u>もしそれができれば，象の間引きは実施されることになり，それは容認されることだろう。他に代替案がないというのでもない限り，国家は他国とあえて戦争を始めるようなことはしないものだ。代替案が尽きてしまうまで象を殺さないようにすることが，この生き物に相応の敬意を払うことになるだろう。

各段落の要旨

❶ 南アフリカの国立公園で，かつて絶滅しかけていた象の個体数が，公園当局の保護努力の結果，今では逆に他の生物に脅威を与えかねないほどに急増している。
❷ 生態系の多様性を守るために象の間引きをするという当局案は，道義的な見地から異議が唱えられ，その実施が遅れている。
❸ 高等な哺乳動物は感情や知性を備えているという近年の科学的知見のおかげで，我々は動物の扱い方に慎重になってきている。
❹ 象は見かけ以上に人間との共通点が多い。
❺ 高等哺乳動物を従来よりも手厚く扱う方法としては，法的に彼らの権利を保護するやり方がある。
❻ 南アフリカ政府は専門会議を開き，他に選択肢がなければ間引きもやむなしとしたが，近隣諸国と合同保護区を作ることも検討している。
❼ 多くの象の研究者や動物保護団体は，公園の象の個体数は生態系を脅かすほど過剰ではないと主張している。
❽ 当局は，象の数が許容できないほど増加していることを説得力ある形で示す必要があり，代替案が尽きるまでは間引きをしないことが賢明であろう。

解 説

問1 ▶選択肢の訳は以下のとおり。

(あ)「～を期待して」 (い)「～の（ための）余地がない」
(う)「～についてどうすべきか」 (え)「～以上の敬意をもって」
(お)「～と共通して」

(A) 正解は(う)

▶前置詞 over の後ろは名詞のカタマリのはずなので，まず，(い)と(う)に絞る。そして，手前が「…をめぐる論争」，直後が「クリューガー国立公園の象」という文脈に合うのは，(う)の what to do about ～「～についてどうすべきか」である。

(B) 正解は(お)

▶文意の通じる内容にするためには，「見かけよりも人間に近い」という趣旨にする必要がある。したがって，have *A* in common with *B*「*B* と *A* を共通にもっている」を比較級で用いて，have more in common with humans than it appears「それ（＝象）は見かけよりももっと人間と共通点が多い」とすればよい。

(C) 正解は(え)

▶動物の権利を擁護する活動家の主張を述べている部分なので，(え)を入れて，「こうした動物を，我々が過去にしていたよりもいっそうの敬意をもって扱う」という内容にすれば文意が通る。

(D) 正解は(い)

▶他の公園へ移すという，間引きに代わる案の問題点を述べている箇所。直前の「他の公園へ移すという案は経費がかかりすぎ，しかも南アフリカの大部分の公園は彼ら（＝象）を…」という文脈に合うのは，「受け入れる余裕がない」という内容だ。have no room for ～「～の（ための）余地がない」

(E) 正解は(あ)

▶(あ)の「～を期待して」を入れると，隣接する国と合同の保護区を作る交渉をしている南アフリカの思惑（おもわく）を表すことになって，文意が通る。

問2 (1) 正解は(イ)

▶(ア)と(イ)で迷わそうとする設問だが，extinction は「絶滅」の意味だから，(イ)が正解。

(ア)「かろうじての生存」　**(イ)「完全な破壊」**
(ウ)「身近な遭遇」　(エ)「安易な逃避」

(2) 正解は(ウ)

▶受験生が知らない単語をあえて問うのは，文脈から判断せよというメッセージだ。保護政策で逆に増えすぎた象を間引いて適切な頭数にする（＝殺す）という文脈をつかんで，(ウ)の killing を選ぶ。

(ア)「～に餌を与えること」　(イ)「～を追いやること」
(ウ)「～を殺すこと」　(エ)「～をむち打つこと」

(3) 正解は(ウ)

▶「責任ある（　　）として，当局は生物の多様性を守るために象を間引くことが必要であるとしている」という内容から，公園当局者を表すのにふさわしい語は，(ウ)の protector。(ア)の spectator では傍観者の立場になってしまう。

(ア)「観客，見物人」　(イ)「ハンター」
(ウ)「保護者」　(エ)「農民」

(5) 正解は(エ)

▶ mammal「哺乳動物」は必須語。しかし，万一この語の意味を知らなくても，下線部に後続する具体例を見れば，(エ)が正解であることは容易にわかる。

(ア)「肺のない動物」　(イ)「卵を産む動物」
(ウ)「冷血動物」　**(エ)「ミルクで赤ん坊を養う動物」**

(6) 正解は(ア)

▶これは文脈からだけでは絞り込みにくい。hierarchy「階層制度，ヒエラルキー」は覚えておくべき単語だ。意味が最も近いのは(ア)の system である。

(ア)「制度，体制」　(イ)「出来事，行事」
(ウ)「背景」　(エ)「均衡」

問3 (4) What has delayed this action is fierce disagreement over whether it is a morally responsible choice

▶構造的にはさほど難しくはない。What has delayed this action「この行動〔措(そ)置〕を遅らせているもの」が主語で，is が述語動詞だ。fierce disagreement over ～「～をめぐる激しい意見の対立」と，次の whether it is a morally responsible choice「それが道義的に責任ある選択かどうか（ということ）」の部分は，いずれも語彙力が問われている。

(7) The crucial issue for conservation authorities now is whether they can convincingly show that elephant numbers have increased up to a point where the survival of other life forms will be threatened in the near future.

▶文構造がやや複雑であり，まずそれを見抜く力が問われている。is の補語として働く whether 節の内部に that 節が含まれ，さらにその that 節の内部で，関係副詞 where で導かれた節が先行詞の a point を修飾している（下図参照）。

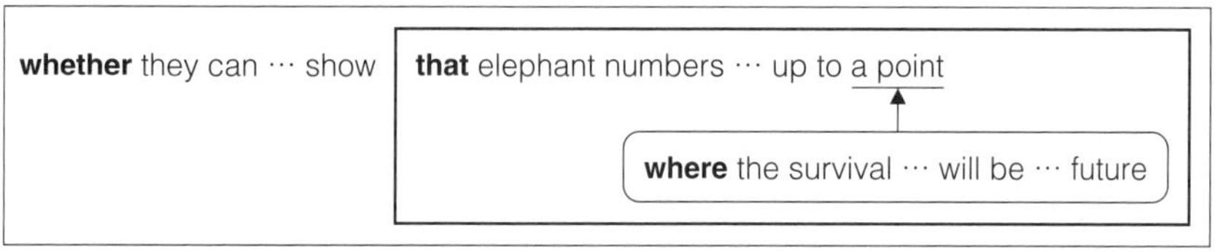

語句 the crucial issue for ～「～にとっての重大な問題」 conservation authorities「環境〔自然〕保護当局」（ここではクリューガー国立公園を管理・運営する側を指す。） convincingly「人を納得させるように，説得力ある形で」 up to a point where ～「～するところ〔程度〕まで，～するほどにまで」 survival「生存」 other life forms「他の生命体，他の生物」 threaten「～を脅かす」（ここではこれを受動態で用いている。） in the near future「近い将来に」

解答

問1 (A)―(う) (B)―(お) (C)―(え) (D)―(い) (E)―(あ)

問2 (1)―(イ) (2)―(ウ) (3)―(ウ) (5)―(エ) (6)―(ア)

問3 (4) この行動を遅らせているのは，それが道義的に責任のもてる選択かどうかをめぐる激しい意見の対立があるからだ

(7) 現在，保護当局にとって重大な問題は，象の数が他の生き物の生存が近い将来脅かされることになるほど増えているということを，人が納得のいくように示すことができるかどうかである。

44

2008年度〔3〕

次の文章を読んで，問1～4に答えなさい。本文に出てくるKathyは，盲目のジャーナリストです。

Kathy's radio show was one of the most popular shows on the station. She would interview people in the news and deal ((A)) serious issues. As well as the usual politicians and businessmen, she often spoke to artists, writers and scientists. The shows got more interesting for the listeners when Kathy questioned her guests, especially when the guests said things that Kathy found hard ((B)). That really made things exciting.

It was getting towards the end of her morning show and her final guest was coming on. He was an American scientist, Dr. Woodrow Percival, who was an expert in eye surgery. He interested Kathy because he had said that he could replace damaged eye nerves with tiny computer chips that would work just as well as real nerves, perhaps even better. Kathy took a personal interest in this. He had said, in fact, that he could make the blind see.

What's more, he had said that he could make *her* see.

Kathy had come across other "experts" before. Sometimes they were more interested in getting publicity for themselves than in telling the truth. If (1)this guy had any real doubts about his method, Kathy thought, she would know it. It was wrong to raise the hopes of people who might otherwise have accepted their disability and got on with their lives. If he was offering false hope to people, he should be found out —— and she was just the person to do it.

She introduced Dr. Percival to her listeners and began.

"Dr. Percival, you're going to (2)give a talk later today about your new treatment. Could you, in simple language, explain how this treatment works?"

"((C))."

And that was exactly what he did. (3)Kathy was waiting for any little changes in his voice that might suggest that he was not sure about what he was saying. His voice was calm. It was not the voice of an old man —— he was forty —— but it had a quality that suggested strength of character. She questioned him at frequent intervals, listening carefully for any signs that might show his answers to be false. There were none. Everything Dr. Percival said was said in a way that suggested he was being completely truthful. All of his answers were clear and open. Kathy could find no fault ((D)) the man's voice or his reasoning. Finally, she asked the question she knew all her listeners were waiting for.

"Dr. Percival, you said that you could give *me* the means to see. That was a very personal thing to say. Were you being serious?"

Kathy listened. He had been good so far. If he was going to show weakness, it would surely be now.

"Miss Page, let me apologize ..."

"This is it!" thought Kathy. "He's going to weaken! He knows he can't seriously support the things he says he can do!"

" ... for ((E)) the papers reported. They named you in particular when, in fact, I had only used you as an example. What I actually said was that people whose nerves had been damaged — in the way yours had, for example — could be helped by my treatment."

(4)But Kathy, though she heard no sign of doubt in his voice, wanted him to be very exact with his answer. She knew her listeners expected no less.

"Dr. Percival, are you saying that you could make me see?"

"Well, I'd have to see your medical records in more detail, but I think so. Yes. Yes, I could."

It was time for the end of her program. Kathy thanked her guests and the closing music was played. She (5)felt excited, yet guilty for feeling that way. She had always thought that even if she had been given the chance to see she would choose not to, not after a lifetime without sight. But at that time there had been no hope. There had been no point in hoping. Hope was like a door shut and with no key to open it. Ever.

But now, this doctor sounded sure of himself. She was certain of that.

For the first time since she was a girl she allowed herself the hope of sight. She found that she *did* want to see. She wanted to see those pictures in the museums, the faces of her friends, the sky at dawn and the stars at night. She realized she wanted it very much indeed.

Dr. Woodrow Percival had to rush off to his talk. He thanked her and left.

From *Windows of the Mind: Level 5* by Frank Brennan, Cambridge University Press

問1　下線部(1)および(2)の言い換えとして最も適当なものを一つ選び，記号で答えなさい。

(1) this guy
(ア) the blind
(イ) experts
(ウ) Kathy
(エ) Dr. Woodrow Percival

(2) give a talk
(ア) have a dialog
(イ) deliver a lecture
(ウ) gossip
(エ) chat

問2　空所（ (A) ）～（ (E) ）を補うのに最も適当なものをそれぞれについて一つ選び，記号で答えなさい。

(A) (ア) for　(イ) as　(ウ) with　(エ) on
(B) (ア) believe　(イ) to believe　(ウ) believing　(エ) believed
(C) (ア) No way　(イ) On the contrary
(ウ) For any sake　(エ) Certainly
(D) (ア) with　(イ) to　(ウ) at　(エ) for
(E) (ア) which　(イ) where　(ウ) what　(エ) who

問3　下線部(3)および(4)を日本語に訳しなさい。

問4　下線部(5)でKathyが「興奮を覚えた」のはなぜか。30字以内の日本語で答えなさい。ただし，句読点も1字に数えます。

全 訳

■盲目のジャーナリストが見出した希望

キャシーのラジオ番組は局一番の人気番組の一つだった。彼女は話題となっている人たちにインタビューし，重要な問題を取り上げていた。普段は政治家やビジネスマンが相手だが，それだけでなく，芸術家や作家，科学者と対談することもよくあった。その番組は，キャシーが番組のゲストに質問をする時，特に，そのゲストがキャシーが信じがたいと思うようなことを言った時に，番組を聞いている人たちにとって一層面白くなった。そのことで実に刺激的な話になったからである。

彼女の朝の番組が終盤にさしかかり，最後のゲストが登場しようという時のことであった。彼は，アメリカの科学者，ウッドロー=パーシヴァル博士で，眼科手術の専門家だった。キャシーが彼に関心を持ったのは，彼が損傷を受けた視神経を，本物の視神経とまったく同じ，ことによるとそれ以上の機能をはたす小さなコンピュータ・チップで置き換えることができると語っていたからである。キャシーはこれに個人的に興味を覚えた。実は，目の不自由な人の目を見えるようにできると，彼は言っていたのである。

そのうえ，彼は自分なら当の彼女の目を見えるようにできるだろうとも語っていたのだ。

キャシーはそれまでも他の「専門家」に出会ったことがあった。時に，そういう連中は真実を語るより，自分が評判になることのほうに関心を持っていた。キャシーは，もしこの男が自分の治療法について実は自信がないというところが少しでもあるとしたら，自分ならそれがわかるだろうと思った。そういう話を聞いて期待を抱かなければ，自分の障害を受け入れ，くじけることなく前向きに生きていったかもしれない人たちの期待感を高めるのはやってはいけないことだ。もし彼が人々に偽りの希望をもたせているのであれば，この男はそういう人間なのだということをはっきりさせるべきだし，自分こそまさにそれができる人間だと彼女は思っていた。

彼女は番組を聞いている人たちにパーシヴァル博士を紹介し，口を開いた。

「パーシヴァル博士，あなたは今日このあと，新たな治療法について講演をなさいます。この治療法がどういう機能をするのか，わかりやすく説明していただけませんか」

「ええ，いいですよ」

そして，その説明はまさに彼女の依頼どおりだった。(3)キャシーは，彼が自分の言っていることに確信をもっていないことを示唆するかもしれないどんな小さな声の変化であれ，それが現れるのを待ちかまえていた。彼の声には落ち着きがあった。

それは年寄りじみた声ではなく――彼は40歳だった――，気骨のある人物であることを示すひびきがあった。彼女は彼に頻繁に質問し，彼の返事が正しくないことを示すどんな兆候も聞き漏らすまいと用心して耳を澄ませていた。そういうものは皆無だった。パーシヴァル博士の発言はどれも，彼がまったく真実を語っていることを示す口調で語られた。彼の応答はすべて明快で包み隠しのないものだった。キャシーは，その男性の声にも彼の論法にも何の落ち度も見つけることはできなかった。最後に，彼女は自分の番組を聞いている人がみな待ちかまえているとわかっている質問をした。

「パーシヴァル博士，あなたはこの私に目が見えるようになる手段を提供できるとおっしゃいました。それは非常に個人的な発言でした。本気でおっしゃっていたのでしょうか」

キャシーは耳を澄ませた。彼はそれまでは上出来だった。もし彼が弱点を見せるとすれば，それはきっと今だろう。

「ペイジさん，お詫び申し上げますが…」

「ほら，きた！」とキャシーは思った。「彼は弱気になっているわ！ 彼は自分ができると言っていることを本気で保証することはできないとわかっているんだわ！」

「…新聞の記事の件です。実は，私は一例としてあなたを挙げただけでしたのに，新聞では特にあなたの名前を挙げてありましたから。私が実際に申し上げたのは，視神経に損傷を受けた人たち，例えばあなたの場合がそうであったようにですね，そういう人たちなら，私の治療法で救えるだろうということだったんです」

(4)しかし，キャシーは，彼の声には確信のなさを示す気配は聞き取れなかったものの，彼には非常に正確に答えてほしいと思った。彼女は聞いている人たちも同様の期待を抱いているとわかっていた。

「パーシヴァル博士，あなたはこの私の目を見えるようにできるだろうとおっしゃっているのですか」

「まあ，もっと詳しくあなたのカルテに目を通さなければならないでしょうが，できると思います。ええ。そうですね，できるでしょう」

彼女の番組の終了時刻だった。キャシーはゲストにお礼を述べ，終わりの音楽が流れた。彼女は興奮していたが，そういう気持ちになっていることに後ろめたさも覚えた。彼女は，たとえ目が見えるようになるチャンスを与えられたとしても，その逆の選択をするだろう，生まれてこのかた視力のない生活を送ったあとならそうするだろうとずっと思ってきたからだ。しかしそれは希望がなかった時の話だった。希望をもってもしかたがなかったのだ。希望は閉ざされた扉であり，それを開けるカギはなかった。これまではずっと。

しかし今，この医者は自分の言うことに自信があるようだった。彼女はそのことに確信がもてた。

子供の時以来初めて，彼女は目が見えるようになるという希望をもつことができた。彼女は自分が本当は目が見えるようになりたいのだということがわかった。彼女は美術館の絵，友人たちの顔，夜明けの空，夜の星が見たかったのだ。彼女は自分が実はとてもそれを望んでいることがわかった。

ウッドロー=パーシヴァル博士は急いで講演に行かなければならなかった。彼は彼女に礼を述べ，立ち去った。

解 説

問1 (1) 正解は(エ)

▶パーシヴァル博士にインタビューするキャシーの心理が描写されているこの箇所で，this guy「この男性」という表現に該当するのは(エ)である。

(ア)「目の見えない人たち」　(イ)「専門家たち」
(ウ)「キャシー」　**(エ)「ウッドロー=パーシヴァル博士」**

(2) 正解は(イ)

▶ give a talk は一般に「講演をする，話をする」という意味の表現である。博士がこの日「新たな治療法についての話」をすることがキャシーのラジオでの対談の後に予定されている，というこの文脈では，(イ) deliver a lecture「講演をする」が適切である。

(ア)「対話をする」　**(イ)「講演をする」**
(ウ)「うわさ話をする」　(エ)「おしゃべりをする」

問2 (A) 正解は(ウ)

▶ deal with ～「～を扱う」

(B) 正解は(イ)

▶先行詞の things を修飾する関係代名詞節を完成させる問題。hard to believe で「信じがたい」という意味になる。to believe は形容詞の hard を修飾する副詞用法の不定詞である。

(C) 正解は(エ)

▶キャシーが博士に彼の治療法の説明を求めて Could you …?「…していただけませんか」と尋ねたのに対する博士の返答の部分である。しかも，直後には「それはまさに彼女の依頼どおりだった」とあるので，「はい，説明します」と要請に応じたことがわかる。したがって(エ)の Certainly「もちろん，いいですよ」という，快く承諾する会話表現を選ぶ。

(ア)「嫌だ」　(イ)「とんでもない」

(ウ)「とにかく」　**(エ)「もちろん，いいですよ」**

(D)　正解は(ア)

▶ find fault with ～「～のあら探しをする」の応用形。could find no fault with ～で「～のあら探しはまったくできなかった，～には何の落ち度も見あたらなかった」という意味になっている。

(E)　正解は(ウ)

▶この空所(E)を含む引用文は博士の発言であり，“Miss Page, let me apologize … ”に続く部分である。for という前置詞の後は名詞のカタマリで，謝罪の理由を表しているはず。what を入れると名詞節になり，「新聞が報道したこと」という内容になって文意も通る。

問３ (3) **Kathy was waiting for any little changes in his voice that might suggest that he was not sure about what he was saying.**

▶３種類の節（that … / that … / what …）の文法的機能と意味内容を把握することが第１のポイントである。初めの that は関係代名詞。文末までが関係詞節で，先行詞は any little changes in his voice であって his voice ではないことを内容からつかむこと。２つ目の that は接続詞で suggest の目的語として働く名詞節を導く。最後に関係代名詞の what は，about の後ろの名詞節（what he was saying）を作っている。

▶第２のポイントは，語句の訳出上の問題である。まず，any の「どんな～でも」という意味合いを〈解答例〉のようにうまく和訳に反映させたい。次に，might / was / was という過去形に引きずられて，「自分が言っていたことに彼が確信がなかったことを示したかもしれなかった」などといった誤訳をしないこと。suggest that ～「～ということを示唆する，ほのめかす」（「提案する」ではない！） be not sure about ～「～に確信がない」

(4) **But Kathy, though she heard no sign of doubt in his voice, wanted him to be very exact with his answer. She knew her listeners expected no less.**

▶下線部の第１文では，Kathy wanted him to be …「キャシーは彼が…であってほしいと思っていた」のＳとＶの間に，though 節が挿入されていることに注意しよう。

▶語句の訳出に工夫がいるところは，sign of doubt「疑念の印〔現れ〕」→「自分の発言に確信をもっていないことを示す気配，自信のなさをうかがわせる調子」と，be very exact with his answer「自分の答えに関して非常に正確である」→「極めて正確に答える」の箇所だろう。

▶下線部の第2文は，頻出構文である no less ～ than …「…と同様～だ」の than 以下が省かれた形になっている（補えば than she did となる）。したがって，「自分の番組を聞いてくれている人々も（彼女が期待しているのと）同様に期待していることが，彼女にはわかっていた」という意味になる。

▶「リスナーも同様に期待していること」とは，博士が極めて正確に答えてくれることである。下線部(3)の場合と同様，時制の一致で過去形になっている expected を「期待していた」と訳すのは誤りだ。時制とその訳出には常に気を配ろう！

問4 ▶自分の治療法を使えばキャシーの目を見えるようにできるでしょうという博士の返答に，それまであきらめていた「目が見えるようになること」への希望が生じたからこそ，彼女は興奮しているのである。

▶この内容を30字以内でまとめるには，日本語の表現力が要求される。また，理由を答える場合は，「…から。」で締めくくるようにしよう。

解答

問1 (1)—(エ) (2)—(イ)

問2 (A)—(ウ) (B)—(イ) (C)—(エ) (D)—(ア) (E)—(ウ)

問3 (3) キャシーは，彼が自分の言っていることに確信をもっていないことを示唆するかもしれないどんな小さな声の変化であれ，それが現れるのを待ちかまえていた。

(4) しかし，キャシーは，彼の声には確信のなさを示す気配は聞き取れなかったものの，彼には非常に正確に答えてほしいと思った。彼女は聞いている人たちも同様の期待を抱いているとわかっていた。

問4 博士の治療法なら，あきらめていた視力が回復すると思えたから。(30字)

第2章　英作文

45

2022年度〔4〕

Read the following passage and answer the questions in English.

Traditionally favored by private institutions, school uniforms are being adopted by US public schools in increasing numbers. According to a 2020 report, the percentage of public schools that required school uniforms jumped from 12% in the 1999-2000 school year to 20% in the 2017-18 school year.

Supporters of school uniforms say that they create a "level playing field" that reduces socioeconomic inequalities and encourages children to focus on their studies rather than their clothes.

Opponents say school uniforms prevent students from expressing their individuality, and have no positive effect on behavior and academic achievement.

(1) Based on this passage, what does "level playing field" mean? Write around 40 words.

(2) What do you think about school uniforms? Are you for or against them? Explain your opinion with reasons based on your personal experience, using around 70 words.

出典追記：History of School Uniforms, ProCon.org

解 説

問題文の訳

以下の文章を読んで問いに英語で答えなさい。

伝統的に私立学校から支持され，学校の制服は今，米国の公立学校でも採用される数が増えつつある。2020年のある報告書では，制服の着用を求める公立学校の割合は，1999～2000年度の12％から，2017～2018年度の20％へと跳ね上がっている。

制服を支持する人たちは，制服のおかげで，社会経済的不平等を軽減して子供たちが服装より学習に集中することを促す「平らな競技場（公平な競争の場〔条件〕）」が創り出されると言う。

反対する人たちは，制服は生徒が自らの個性を表現するのを妨げ，行動や学業成績にプラスの効果はまったくないと言う。

(1) この文章によれば「level playing field」とはどういう意味ですか。40語程度で書きなさい。

(2) あなたは学校の制服をどう思いますか。賛成ですか反対ですか。あなたの意見を，自身の個人的経験に基づいた理由と共に，70語程度で説明しなさい。

(1)

設問の要求

✓問題英文の文脈から「level playing field」の意味をつかみ，それを40語程度の英語で書くこと。

アプローチ

● 「level playing field」とは「平らな〔平等な〕競技場」，つまり「公平な競争ができる場〔条件／環境〕」という意味であるが，問題英文では，「level playing field」を先行詞とする関係代名詞節でその具体的内容がthatを含め16語で説明されているので，この内容を軸にし，それを40語程度にまで膨らませることが求められている。

● とりわけ前半のreduces socioeconomic inequalities「社会経済的不平等を軽減する」という表現は抽象的なので，もっと具体性のあるわかりやすい表現で言い換えると，自ずから語数は増えるはずだ。また，後半のfocus on their studies「学習に集中する」という表現は，教科学習だけに集中する，とするよりも，教科学習も含めた教育的な多様な活動全般に拡大して表現し直してもよいだろう。

● なお，rather than their clothes「服装よりむしろ（…に集中する）」という語句の中の「服装」という言葉は，結局のところ，「（学校で私服を着用する場合に現れる）社会経済的不平等を（制服が）軽減する」という前半の内容に吸収されるので，わざわざ書かなくてもよいと言えるが，語数的に服装の話も必要なら，例えば without worrying about what to wear〔what other students are wearing〕「何を着たらよいか〔ほかの生徒がどんな服装をしているか〕を気にせずに」といった表現を使うこともできる。

表現案

“level playing field”とは，ここでは親の地位や収入レベルとは関係なく，生徒が平等に扱われて均等な機会を与えられる状況〔場〕のことを意味する。それは公平な教育環境であり，すべての生徒が学業や他の学校活動に集中できるようにしてくれる。

▶「“level playing field”はここでは…という状況〔場〕のことを意味する」
- “Level playing field” here means a situation where〔in which〕…

▶「生徒が平等に扱われて均等な機会を与えられる」
- students are treated equally and given the same opportunity〔opportunities〕

▶「親の地位や収入レベルとは関係なく」
- regardless of their parents' status and income level

▶「それは公平な教育環境であり，すべての生徒が…に集中できるようにしてくれる」
- It is a fair educational environment, enabling every student〔all students〕to concentrate〔focus〕on …

▶「学業や他の学校活動」は英語では their「彼らの，自分（たち）の」が必要。every student という単数名詞も all students という複数名詞も they で受けられる。
- their studies and other school activities

(2)

設問の要求

✓学校の制服に賛成か反対かを，自らの個人的経験に基づいた理由を添えて，70 語程度の英語で説明すること。

アプローチ

- この問題の特徴は「自らの個人的経験に基づいた理由を添えて」という条件が付いていることだ。「学校の制服に賛成か反対か」のテーマは多くの問題集で扱われているが，その解答例での理由付け部分は通例一般論である。実体験に基づいて，もしくは実体験をヒントにして実体験らしいエピソードを書く場合，事実にこだわりすぎてまとまりに欠けることが多いので，内容をよく整理し，わかりやすい表現と無駄のない構成になるよう心がけよう。適切な経験を思いつかない場合は，一般論としての賛成論や反対論の理由付けを思い浮かべ，それを体験談にアレンジすればよい。

内容案

①制服に賛成 → ②服装の競争が避けられる → ③・④制服がないと服選びで大変だろうと母が言い，その意見に賛成 → ⑤礼服としても使える → ⑥制服で式に出て経済的（①：主張，②：理由１，③・④：②の具体化〔自分の経験〕，⑤：理由２，⑥：⑤の具体化〔自分の経験〕）

英語で表現

①私は学校の制服に賛成だ。

● 問題文の Are you for or against them（＝school uniforms）? を利用して，I am for school uniforms. とすればよい。

②制服を着ることで，生徒は服装をめぐる不必要な競い合いをしなくてすむ。

▶「生徒は服装をめぐる不必要な競い合いをしなくてすむ」

● 「…しなくてすむ」は「～を避けられる」とすれば can avoid ～ で表せる。「…をめぐる不必要な競い合い」は unnecessary competition over … となろう。

③母はかつて，制服がなかったら生徒は毎日服を変えなきゃっていうプレッシャーを感じるだろうね，と言った。

▶「制服がなかったら」

● without uniforms でよいが，あとの「…を感じるだろうね」は，実際には制服を着て登校している我が子を含めた生徒たちを念頭に置いての発言であり，事実に反する仮定なので仮定法過去を使うことになることを念頭に置いておこう。そうすると without ～ の代わりに if it were not for ～ という仮定法表現も使えることを思い出す受験生も多いだろう。ただしここは日常会話の発言なので，くだけた if it wasn't for ～ がふさわしい。

▶「生徒は毎日服を変えなきゃっていうプレッシャーを感じるだろう」

● 「服を変える」は「異なる服を着る」という発想で wear different clothes，「…しなければならないというプレッシャーを感じる」は意外に簡単で feel pressure to *do* とすればよい。「…を感じるだろう」は仮定法過去なので would feel … が正しい。

④私はまったく母の言う通りだと思う。

● 日本語では「母の言う通りだと思う」と言うが，英語では「母に同意する」だけでよいので，I agree with her. で十分。「まったく」と強めたければ，I quite agree with her. となる。

⑤その上，制服は礼服として使える。

● 「その上，」は In addition, / Moreover, / Besides など。「礼服」は formal wear。「…として使える」は can be used as … が直訳だが，can serve as …「…として機能し〔役立ち〕うる」という表現もある。

⑥私はこれまでに何度か制服を着て結婚式やお葬式に参列したが，それはつまり，親が私のための礼服の購入にお金を使わなくてすんでいるということだ。

▶「私はこれまでに何度か制服を着て結婚式やお葬式に参列した」

- 「これまでに何度か…したことがある」は現在完了形を用いて表す。attend / weddings / funerals という日常語彙は身につけておくとよい。

▶「それはつまり，…ということだ」

- 〈コンマ＋〉and that means (that) … が直訳だが，これを非制限用法の which を使って〈コンマ＋〉which means (that) … とすると少し洗練された表現になる。

▶「親が私のための新しい礼服の購入にお金を使わなくてすんでいる」

- ここで覚えておきたいのが save *A B*「*A* の *B* を節約する，*A* に *B* を使わなくてすむようにさせる」という無生物主語構文である。my uniform「私の制服」を主語にして saves my parents money「両親にお金を使わなくてすむようにしてくれている」とするわけだ。何に使うお金かというと money on new formal wear for me「私のための新しい礼服の（購入に使う）お金」である。

▶〈解答例〉の〈別解〉の全訳と語句解説を以下に示しておく。

　私は学校の制服に反対である。制服は生徒の自己表現を制約してしまう。それが理由で，私は制服のない高校を選んだのだ。私服の普段着が悪影響を引き起こすことなど何もないと，今私は断言できる。さらに，制服は現代の価値観に合わない。ある日のスピーチで，私の高校の校長先生は多様性の大切さを強調された。先生のお話を聴いて私は，学校の制服は多様性を促進するのではなく，画一性を助長するためにあることを確信したのだった。

- self-expression「自己表現」 definitely「はっきりと」 be suitable for ～「～に適している」 diversity「多様性」 uniformity「画一性」

(1) “Level playing field” here means a situation where students are treated equally and given the same opportunity regardless of their parents’ status and income level. It is a fair educational environment, enabling every student to concentrate on their studies and other school activities.（43 語）

(2) I am for school uniforms. By wearing uniforms, students can avoid unnecessary competition over outfits. My mother once said that, without uniforms, students would feel pressure to wear different clothes every day. I quite agree with her. In addition, school uniforms can serve as formal wear. I have attended weddings and funerals several times in my school uniform, which means my uniform saves my parents money on new formal wear for me.（72 語）

〈別解〉I am against school uniforms. They limit students’ self-expression, which is why I chose a high school that has no uniforms. Now I can definitely say that casual clothes have no negative effect. Moreover, school uniforms are not suitable for our modern values. In a speech one day, the principal of my high school stressed the importance of diversity. Her message convinced me that school uniforms exist to promote uniformity, not diversity.（72 語）

解答例

46

2021年度〔4〕

The following is an excerpt from the article posted on a website. Read the passage and answer the following questions in English.

> In comparison to students of neighboring countries such as China and Korea, Japanese students show less interest in study abroad. According to the UNESCO database, Japan was ranked 23rd, with 33,494 post-secondary students studying abroad in 2012. In this same year, there were 698,395 students and 121,437 students studying abroad from China and Korea, respectively. <u>Many experts have attributed the decline in the number of young Japanese studying abroad to their deep-seated "inward-oriented tendency" (*uchimukishikou* in Japanese).</u> Although some scholars argue that this characteristic is not solely confined to Japanese youth, there is great interest among Japanese scholars and politicians in understanding this tendency among Japanese youth.

(1) Explain "inward-oriented tendency (*uchimukishikou*)" among Japanese youth with some example(s) other than studying abroad, using around 40 words.

(2) What do you think about the idea expressed in the underlined sentence? Write your opinion, using around 60 words.

解　説

問題文の訳

以下は，あるウェブサイトに投稿された記事からの抜粋です。この文章を読んで後の問いに英語で答えなさい。

中国や韓国といった隣国の学生に比べて，日本の学生は留学にあまり興味を示さない。ユネスコのデータベースによると，日本は，2012年に33,494人の高卒以上の学生が留学していて，23位だった。同年に中国と韓国から留学した学生はそれぞれ，698,395人と121,437人であった。多くの専門家は，留学する日本の若者の数が減っているのは彼らに深く根差した「inward-oriented tendency」（日本語で「内向き志向」）に原因があるとしてきた。この特徴は日本の若者だけに限ったことではないと主張する学者もいるが，日本の学者や政治家の間で，日本の若者に見られるこの傾向を理解することに強い関心が集まっている。

(1)　日本の若者に見られる「inward-oriented tendency（内向き志向）」を，留学以外の例を挙げて，40語程度で説明しなさい。

(2)　下線部で示されている考えについてあなたはどう思いますか。あなたの意見を60語程度で書きなさい。

(1)

設問の要求

✓問題英文の文脈における「内向き志向」の意味を，留学以外の例も添えて40語程度の英語で説明すること。

アプローチ

●「内向き志向」という表現は，外の世界――狭義には外国――に関心がなく，外部世界やそこに生きる人々と関わりを持ちたがらない傾向を指すと考えられる。ここではまず狭義の定義（＝海外に対する無関心や忌避感）による作例を考えてみよう。留学以外の例としては，海外赴任に対する意識を取り上げてみた。

内容案

①ここでの「内向き志向」とは海外に対して無関心な傾向のこと → ②日本の若手社員は海外で働きたがらない（①：言葉の定義，②：具体例）

英語で表現

①この文脈における「内向き志向」とは，外国のものごとや人々と関わることにほとんど関心を示さない心理傾向のことを意味している。

▶「この文脈における…」

●… in this context とするほか，単に … here「ここでの …」でもよい。

▶「…と関わることにほとんど関心を示さない心理傾向のことを意味している」

● means の目的語の「…する心理傾向」は，名詞句を使えば，直訳の the psychological tendency to *do* や，the unwillingness〔reluctance〕to *do*「～したがらないこと〔気持ち〕」が使える。一方，means の目的語を that 節にするなら，節内の主語に Japanese young people「日本の若者」などを据え，述部として tend to *do*「～する傾向がある」や be unwilling〔reluctant〕to *do*「～したがらない」を用いるとよいだろう。

●「…にほとんど関心を示さない」は，tendency to や tend to につなげるなら show〔have〕little interest in … を，また，unwillingness〔reluctance〕to や be unwilling〔reluctant〕to という否定表現のあとなら show much interest in … が適切だろう。

●「…と関わる」は get involved in〔with〕… で表せる。

②例えば，ネットの記事で読んだのだが，日本では海外で働きたがらない若手社員がかなりいるらしい。

▶「ネットの記事で読んだのだが，…らしい」は，I read in an online article that …「私は読んだ＋あるオンラインの記事で＋…ということを」という流れで英語に変換することができる。

▶「日本では海外で働きたがらない若手社員がかなりいる」は，quite a lot of young employees in Japan don't want to work overseas「日本のかなり多くの若手社員が海外で働きたいと思っていない」と，employees「社員，従業員」を主語にすると書きやすいだろう。

▶〈解答例〉の〈別解〉の全訳と語句解説を以下に示しておく（ここでは「外部世界」を外国に限定せず，「内向き志向」を広義に解釈して，脅威を感じなくて済む馴染みのある狭い世界に安住し，外部の異質な世界や人々と交わることを避ける性向として捉えている）。

　ここでの「内向き志向」という言葉は，日本の若者が新しい環境に身を置きたがらず，慣れ親しんだ狭い枠内に留まりたがる気持ちを指している。例えば私の学校でも，大半の生徒が少数の仲のよい友人だけと過ごすのを好んでいる。

● term「言葉，用語」 refer to ～「～を指す」 prefer to *do*「～するほうを好む」

(2)

設問の要求

✓問題英文の下線部に示された専門家の見解に対する自分の意見を，60語程度の英語で書くこと。

アプローチ

●下線部で示されている考えに賛同する場合，後半の展開をどうすればよいだろう。具体例を述べるなら，(1)で挙げたものとはまた別の例を考えないといけないし，幸い思いついたとしても(1)の解答と結局同趣旨のことを繰り返すことになりそうだ。具体例の代わりに，「内向き志向」になった原因についての考えを展開してはどうだろう。

内容案

①専門家に賛成 → ②多くの若者は海外へ行くことに消極的だ（から）→ ③なぜ内向きになっているのだろう？ → ④大きな理由は外国語に自信がないことだ → ⑤日本にいれば言語の壁がなく平穏に暮らせるのだ（①：主張，②：理由，③〜⑤：②の理由）

英語で表現

①私は専門家にまったく同感だ。

▶「私は…にまったく同感だ」

●agree with … で十分だが，ここでは quite を加えて「まったく同感だ」と強く賛同する気持ちを表現してある。

②確かに外国に滞在したり暮らしたりするのを楽しむ日本の若者もいるが，他の多くの若者は近頃海外へ行くことに消極的であるように思われる。

▶「…もいるが，他の多くの若者は…であるように思われる」

●Some …, but many others seem to be …. という「対比・対照」の表現。many others は many other Japanese young people を簡略化したもの。〈解答例〉では but でつなぐ代わりに While 節を用いて表現し，強調の do を使って「確かに」の意味合いも加味している。

▶「…に消極的である」

●be unwilling〔reluctant〕to *do*「〜したがらない」でもよいが，(1)でこれを用いた場合は表現のかぶりを避けて be negative about *doing* を使うとよい。

③ではなぜ後者の若者はそうした「内向きな」気質を持っているのか。

●「では」は then,「後者（の若者）」は the latter で表せる。「気質」には tendency「傾向，志向」でもよいが，表現がワンパターンにならないよう mentality を使ってある。

④大きな理由は外国語を操る力に自信がないことだと思う。

- 「…に自信がないこと」は their lack of confidence in …「…における彼らの自信の欠如」と表現できる。「外国語を操る力」は foreign language skills でよい。

⑤国内に留まることで，彼らは，言語の壁に悩まされず，安心感と居心地のよさを覚えるのだ。

- 表現にメリハリをつけるため，ここまでにまだ使っていない構文を使ってみよう。「国内に留まること」を主語にし，make O *do*「Oに～させる」を用いると，Remaining inside Japan makes them feel …「国内に留まることが彼らに…と感じさせる」となる。「安心感と居心地のよさを覚える」には feel safe and comfortable という簡潔な表現がある。「…に悩まされず」は free from …「…がない状態で」とすればよい。「言語の壁」は language barriers と言う。

▶〈解答例〉の〈別解〉の全訳と語句解説を以下に示しておく。

　私は専門家の意見に賛同しない。今の日本の若者が留学したくないと思っているわけではない。若いうちに海外へ行けたらいいのにと思っている人は少なくない。そういう人たちはただ内向きに見えるだけなのである。今の状況を生んだ本当の原因はおそらく日本の長引く不況だろう。たとえ留学したくても，それをする（経済的）余裕がまったくないのだ。

- be unwilling to *do*「～したがらない」 not a few ～「少なからぬ～，かなり多くの～」 prolonged「長引く」 economic recession「不況，景気後退」 can afford to *do*「～する余裕がある」

(1) “Inward-oriented tendency” in this context means the psychological tendency to show little interest in getting involved in things or people abroad. For example, I read in an online article that quite a lot of young employees in Japan don’t want to work overseas.（43 語）
〈別解〉The term “inward-oriented tendency” here refers to Japanese youth’s reluctance to put themselves in a new environment and wanting to stay within their familiar narrow circle. At my school, for instance, most students prefer to spend time only with a few good friends.（43 語）

(2) I quite agree with the experts. While some Japanese young people do enjoy staying or living abroad, many others seem to be negative about going overseas nowadays. Why then do the latter have such an “inward-oriented” mentality? I think the major reason is their lack of confidence in foreign language skills. Remaining inside Japan makes them feel safe and comfortable, free from language barriers.（64 語）
〈別解〉I don’t agree with the experts’ opinion. Japanese young people today are not unwilling to study abroad. Not a few of them wish they could go overseas while young. They just appear to be inward-oriented. The real cause of the present situation is probably the prolonged economic recession in Japan. They just cannot afford to study abroad, even if they want to.（62 語）

解答例

47

2019年度〔4〕

Imagine you are going to rent accommodation from April. The two apartments below are available in an area you like. Answer the following questions.

APARTMENT 1

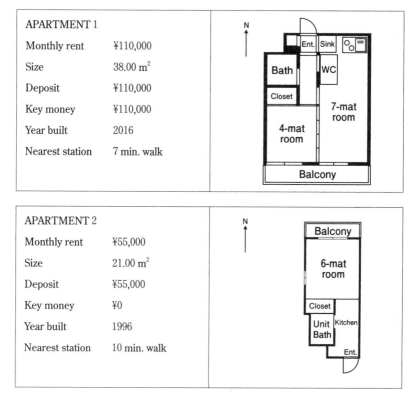

Monthly rent	¥110,000
Size	38.00 m^2
Deposit	¥110,000
Key money	¥110,000
Year built	2016
Nearest station	7 min. walk

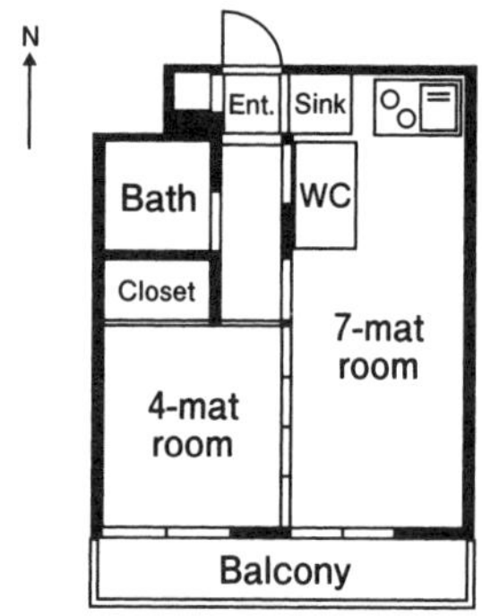

APARTMENT 2

Monthly rent	¥55,000
Size	21.00 m^2
Deposit	¥55,000
Key money	¥0
Year built	1996
Nearest station	10 min. walk

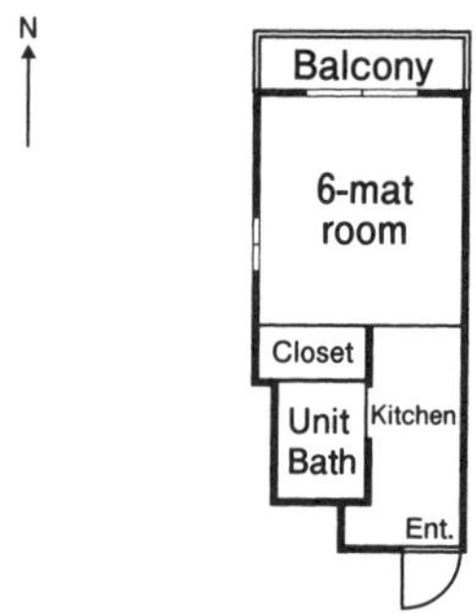

(1) Which apartment would you choose and why? Write your answer in English (around 60 words).

(2) In Japan, key money (礼金) is paid to the owner as a token of gratitude at the start of each new rental contract. Some people say that this custom is behind the times and we should stop doing it. What do you think? Give reasons for your opinion (around 60 words).

解　説

問題文の訳

自分が4月から住むところを借りようとしていると想像しなさい。あなたが気に入っている地域では以下の2件のアパートが入居可能です。次の設問に答えなさい。

(1) あなたならどちらのアパートを選びますか。そしてそれはなぜですか。英語で答えなさい。(60語程度)

(2) 日本では，新たな賃貸契約を始めるごとに，感謝の印として礼金が家主に支払われる。この慣習は時代遅れでやめるべきだと言う人もいる。あなたはどう思いますか。(また) そう思う理由を述べなさい。(60語程度)

(1)

設問の要求

✓示された2つのアパートのうちで自分ならどちらを選ぶか，理由を含めて60語程度の英語で書くこと。

アプローチ

● 4月から自分がアパートを借りることを受験生に想定させるということは，自分が晴れて大学生になり，親元を離れて一人暮らしを始めるという設定で答案のプランニングをすればよいと考えられる。その場合，ほとんどの人が（アルバイトで一部を補填するにしても）生活費を基本的に親の仕送りに依存することになるだろうから，家賃も半額で礼金不要の Apartment 2 を選ぶ方が順当で書きやすいだろう。

● 「主張＋主張を支える理由」という構成で作成しよう。語数に余裕があれば「結び」を加えて終わる。

内容案

①金銭面を第一に考えるべきなので Apartment 2 を選ぶ → ②2なら月々の家賃もずっと安いし礼金も不要 → ③1と比べて狭くて古いが，一人暮らしには2で十分 → ④手にできるもので満足すべし（①：主張＋理由1，②：理由1の展開，③：理由2，④：結び）

英語で表現

①大学生として私が第一に考慮するべきことは金銭面なので，私なら Apartment 2 を選ぶだろう。

▶「私なら Apartment 2 を選ぶだろう」

●I would choose Apartment 2 とする。想像上の話なので仮定法過去を用いる。

▶「大学生として私が第一に考慮するべきことは…なので」

●the first thing SV「Sが最初にVすること」を用いて，because the first thing I should consider as a college student is … とするほか，〈解答例〉のように the first thing to *do*「最初に～するべきこと」を用いることもできる。あとは is の後ろに「金銭面」を意味する the financial aspect〔terms〕を入れると完成だ。money matters「お金の問題」や the cost「費用」でもよい。

② Apartment 2 の月々の家賃はずっと安く，礼金を払う必要がない。

▶「Apartment 2 の月々の家賃はずっと安く」

● Monthly rent for Apartment 2 is much lower となるが，〈解答例〉のように … is much more reasonable「ずっとお手頃で」とするのも一案だ。Apartment 1 と比べているので比較級で表現すること。price や rent には expensive / inexpensive〔cheap〕ではなく high / low を使うのが正しいということもポイント。「(～の) 家賃」は rent (for ～) という。

▶「礼金を払う必要がない」

● I need not〔don't need to / don't have to〕pay key money が直訳だが，〈解答例〉のように key money is not required とすることもできる。この②の文は，①の後半で挙げた理由をいっそう具体化したもの。

③それに，Apartment 2 は狭くて古いものの，学生が一人暮らしをするには十分だ。

▶「それに」

● Moreover や Besides〔In addition〕といったつなぎ言葉が使える。あとにコンマを付けること。

▶「Apartment 2 は狭くて古いものの」

● though〔even though〕it is smaller and older と，Apartment 1 との比較なのでやはり比較級を用いる。it は，あとの主節の主語である Apartment 2 を指す。

▶「学生が一人暮らしをするには十分だ」

●「学生が一人で住むのに十分よい」と考えて，Apartment 2 is good enough for a student to live alone in とすればよい。〈形容詞・副詞＋enough for ～ to *do*〉という表現は語順に要注意。また，live alone in Apartment 2「アパート 2 に一人で暮らす」を元にして Apartment 2 is … to live alone in という不定詞を用いた表現を作る力も要求される。文末の in がポイントだ。

④自分が手にできるもので満足すべし。

▶「…で満足すべし」

● be satisfied〔content〕with ～「～で満足している」を用いる。「…すべきだ」というメッセージは，一般論化して We〔One〕should be … とするのがよいだろう。

▶「自分が手にできるもの」

● can afford ～「～を買う〔自分のものにする〕余裕がある」を使えば，what we〔one〕can afford と表現できる。もっと簡単に what we〔one〕can get としてもよい。

▶なお，③・④を次のような一文に置き換えて，経済的理由だけで展開してもよい。

I think keeping housing cost as low as possible is important to avoid putting too high a financial burden on parents who pay it.「家賃を払ってくれる親に経済的な負担をあまり多く負わせないようにするには，住居費用をできるだけ抑えるのが重要だと思う」

▶〈解答例〉の〈別解〉の全訳と語句解説を以下に示しておく。Apartment 1 を選ぶという主張を展開している。

もし高額の家賃と余分の初期費用を支払う余裕があるなら，私は Apartment 1 を選ぶ。広いし，新しいし，駅にも近い。また，南向きのバルコニーも魅力だ。さらに，トイレと浴室が別になっているので，浴槽の外で身体が洗えるし，汚れのないお湯にゆったり浸かることもできる。Apartment 1 はこんなに多くの利点があるのだ。

● initial「最初の」 south-facing「南向きの」 appealing「魅力的な」 bathtub「浴槽」 soak「浸かる」 leisurely「ゆったりと」

(2)

設問の要求

✓賃貸契約時に礼金を支払う慣習は時代遅れでやめるべきだという意見に対してどう思うか，理由を含めて 60 語程度の英語で書くこと。

アプローチ

●大家と借家人の関係は，現代では通例，サービス業とそれを利用する客というドライな関係になっており，サービス料金として月々の家賃を支払えばそれで十分だと考える人が多いと思われるので，礼金は廃止するべきだという内容のほうが書きやすいのではないか。

●(1)と同様，「主張＋理由」というシンプルな構成が明快でよい。

内容案

①礼金を支払う慣習は時代遅れで廃止するべきだ → ②今では大半の借家人は大家と親密な関係になっていない → ③両者の関係は，スーパーのオーナーと買い物客の関係と変わらない → ④そんな状況で，礼金まで支払う理由はない（①：主張，②：理由，③：理由の展開，④：結び）

英語で表現

①礼金を支払う慣習は時代遅れで廃止するべきだと思う。

▶〈解答例〉の I think the custom of paying key money is out of date and should be abolished. のほか，設問文の表現をできるだけ利用して，I think the custom of paying key money is behind the times and we should stop doing it. とすることもできる。「時代遅れ」は old-fashioned や outdated でもよい。

②今日の大部分の借家人は，大家と親密な個人的付き合いをしない。

▶ tenant「借家人」や owner「大家」，personal contact「個人的付き合い」など，語彙力を発揮するべきところだが，幸い「大家」は設問文に the owner として使用されているので，それを使って，Most tenants today have no close personal contact with the owner. と表現できる。近頃は，管理人とは時折顔を合わせても，大家は別にいて，借家人がその人物に直接会うことはないというケースも多いので，〈解答例〉では the actual owner「実際の大家」としてある。

③「両者の関係はスーパーの買い物客とスーパーのオーナーとの関係とまったく変わりはない」

▶「両者の関係」

●the relationship between the two

▶「…とまったく変わりはない」

●is no different from … とするほか，is just like … や is very〔quite〕similar to … といった「…にそっくりだ」という意味の表現でもかまわない。

▶「スーパーの買い物客とスーパーのオーナーとの関係」

●the relationship（「人間関係」の意味では可算名詞）の繰り返しを避けるために that や the one を使って，that〔the one〕between shoppers at a supermarket and its owner. とするとよい。ただし，「…とまったく変わりはない」という部分で is just like … を使った場合は，just like that「あっという間に，あっさりと」という慣用句との混同を避けるため the one を用いる。

④この状況では，感謝の印として余分のお金を支払う理由はまったくない。

▶「この状況では」

●in this situation のほか，in such a situation でもよい。

▶「…する（べき）理由はまったくない」

●there is no reason to *do*〔for *doing*〕や there is no reason S should V で表せる。

▶「感謝の印として」「余分のお金」

●「感謝の印として」は，設問文で使われている as a token of gratitude を借用。「余分のお金」は extra〔additional〕money と言う。

▶〈解答例〉の〈別解〉の全訳と語句解説を以下に示しておく。大家さんの誠意を信じる，礼金賛成論である。

　礼金を支払う慣習はそれほど悪くはないと思う。新たに賃貸契約を結ぶたびに，はじめに感謝の気持ちを示しておくことで，大家さんとずっとうまくやっていく可能性をより高められるのではないか。とりわけアパート生活で何か厄介なことに出くわしたときに，大家さんがそれだけいっそう協力的になってくれると私は思う。

● lease「賃貸契約」 increase the chance(s) of *doing*「〜する可能性を高める」 get along well with〜「〜とうまくやっていく」 supportive「協力的な」 in case of〜「〜の場合には」

(1) I would choose Apartment 2 because the first thing to consider as a college student is the financial aspect. Monthly rent for Apartment 2 is much more reasonable, and key money is not required. Moreover, even though it is smaller and older, Apartment 2 is good enough for a student to live alone in. We should be satisfied with what we can afford.（63 語）

〈別解〉If I could afford its high rent and extra initial cost, I would choose Apartment 1. It is larger, newer, and closer to the station. The south-facing balcony is also appealing. Besides, I would be able to wash outside the bathtub and soak leisurely in clean hot water because the bathroom is separate from the toilet room. Apartment 1 has so many advantages.（63 語）

(2) I think the custom of paying key money is out of date and should be abolished. Most tenants today have no close personal contact with the actual owner. The relationship between the two is no different from that between shoppers at a supermarket and its owner. In this situation, there is no reason to pay extra money as a token of gratitude.（62 語）

〈別解〉I do not think that the custom of paying key money is so bad. Showing a feeling of gratitude at the start of each new lease could increase the chances of always getting along well with the owner. I believe that he or she will be all the more supportive, especially in case of any trouble in the apartment life.（60 語）

解答例

48

2018年度〔4〕

Look at the pictograms (A) and (B), both of which represent a hot spring, and answer the following questions.

(A)

(B)

(B)画像提供：Stickami / PIXTA（ピクスタ）

(1) Which pictogram do you think is more appropriate for tourists from overseas? Why do you think so? Write your answer in English. (around 60 words)

(2) What kind of action do you think the local governments in Japan should take to attract more overseas tourists to Japanese hot springs? Introduce your own ideas. Write your answer in English. (around 60 words)

解　説

問題文の訳

共に温泉を示す絵文字(A)と(B)を見て，次の設問に答えなさい。

(1)　どちらの絵文字のほうが，海外からの観光客向けとしてふさわしいと思いますか。また，どうしてそう思うのですか。60語程度の英語で答えなさい。

(2)　より多くの海外の観光客を日本の温泉に呼び込むために，日本の地方自治体はどのような策を講じるべきだと思いますか。自分の考えを60語程度の英語で述べなさい。

(1)

設問の要求

✓(A)(B)どちらの絵文字のほうが外国人観光客にふさわしいか，自分の意見を，理由も含めて60語程度の英語で書くこと。

アプローチ

● 伝統的な温泉マークである(A)は日本人にはお馴染みのものだが，初めてこれを見る観光客には何を表しているのかわかりづらい。鍋料理や温かい飲み物を連想する人がいてもおかしくない。その点で，お湯に浸かっている人物が描かれた(B)のほうが外国人にはわかりやすいだろう。(B)を選ぶほうが書きやすそうだ。

● 「主張＋主張を支える理由」という構成でプランニングしよう。余裕があれば最後に「結び」を書いてもよい。

内容案

①絵文字(B)のほうがよい。温泉であることをはっきり表しているから → ②人物が加えられたおかげで，日本文化に馴染みのない人にもわかりやすい → ③また，温泉の入浴法もある程度わかる → ④(B)のほうが外国人にわかりやすく，実用的だ（①：主張＋理由１，②：理由１の展開，③：理由２，④：結び）

英語で表現

①海外からの訪問者に温泉であることをより明確に示しているので，絵文字(B)のほうがよいと思う。

▶「絵文字(B)のほうがよいと思う」

● まずは主張の部分である。I think pictogram (B) is better〔more appropriate〕で十分。I think は省いてもよい。「絵文字(B)」は，通例 the をつけずに pictogram (B)と言うが，問題文冒頭の the pictograms (A) and (B) という表記に合わせて the pictogram (B)としてもかまわないだろう。

▶「海外からの訪問者に温泉であることをより明確に示しているから」

●ここでは，第1文の前半で主張をし，後半の because 節で1つ目の理由の概略を述べるパターンにしてみよう。pictogram (B)を指す it を主語にして，「それはより明確に温泉を表している」と考え，まず it represents〔stands for〕a hot spring more clearly としよう。そしてそのあとに，for overseas visitors「海外からの訪問者にとって」を加える。for visitors from overseas〔from abroad〕でもよい。

②3人の人物の姿が加えられたおかげで，日本文化に馴染みのない人にもわかりやすい。

▶「3人の人物の姿が加えられたおかげで」

●「…のおかげで」は thanks to …。このあとには名詞のカタマリが来るので，「3人の人物の姿が加えられた」は，「その＋3人の＋追加された＋人の形をした＋姿〔像〕」the three added human-shaped figures としよう。

▶「…にもわかりやすい」

●pictogram (B)を今度は the sign で言い換えて主語として使えば，「そのマークは～にとってさえ容易に理解できる」the sign is easily understandable even for ～と表現できる。

▶「日本文化に馴染みのない人」

●ここは，people (who are) unfamiliar with Japanese culture とすればよい。さて，この②の文は，①の後半で挙げた理由を，いっそう具体的に展開する役割を担っている。

③また，温泉の入浴の仕方についても，この絵文字からある程度のことがわかる。

▶「また，…についても，この絵文字からある程度のことがわかる」

●the sign を指す it を主語にして，「それはまた，…についてある程度の理解を彼らに与えることもできる」と考えれば，It can also give them some idea about …などとなろう。them は手前の people unfamiliar with Japanese culture を指す。

▶「温泉の入浴の仕方」

●「温泉で入浴する日本式のやり方」と考えて the Japanese way of bathing in spas〔hot springs〕と表せる。

④(B)のほうが外国人にわかりやすく，それゆえ実用的だ。

▶「(B)のほうが外国人にわかりやすい」

●主語は pictogram (B)でも勿論よいが，単に(B)として変化をつけてもよい。ここは結びの部分なので，絵文字(B)の長所を，これまで使ったことのない語句で端的にまとめてみたい。そこで，more foreigner-friendly and thus more practical「いっそう外国人にわかりやすく，それゆえいっそう実用的だ」としてみた。

▶〈解答例〉の〈別解〉の全訳と語句解説を以下に示しておく。(A)のほうがよいという主張ならどういう内容になり得るか，その一例である。

絵文字(A)は昔からずっと使われてきた日本の伝統的な温泉マークなので，(A)のほうが適している。初めて見た時に何を表しているのか理解できない観光客もいるだろうが，それも外国旅行の楽しみの1つだ。しかも，デザインがシンプルであればあるほど，絵文字はいっそう優れたものとなる。シンプルなマークは見た目もよくて，覚えやすいからだ。

● traditional「伝統的な」 at first sight「一目で，初めて見た時に」 be nice to look at「見た目がいい」 be easy to remember「覚えやすい」

(2)

設問の要求

✓海外からもっと多くの観光客に温泉へ来てもらうために日本の地方自治体がするべきことについて，自分の考えを60語程度で書くこと。

アプローチ

● 日本の地方自治体が行うべき施策を考える，という要件を満たす内容でないといけない。とは言え，それほど難しく考える必要はなく，ごく当たり前のことでいいので，論理的で文法的にも正しい英文を書くことに留意すればよい。ネットや活字のメディアをもっと活用して，充実した情報を発信すべし，といったことなら何とか書けそうだ。ここでは，その発信者として英語と日本語のバイリンガルを雇ってみてはどうかというアイデアを盛り込んでみた。

● 「主張＋主張を支える理由」という基本構成は，常に意識しておくべきだろう。アイデアを主張したあとで，その必要性や効用を具体的に語ればよい。

内容案

①日本の地方自治体は，日本文化に通じたバイリンガルを広報スタッフに加えるべき → ②温泉について効果的に宣伝できる → ③しかも，自治体の要望と海外からの訪問者のニーズの両方が理解できる（①：主張，②：理由1，③：理由2）

英語で表現

①日本の地方自治体は，日本語が堪能で日本文化にも詳しい英語話者を広報スタッフとして雇うべきだ。

▶「日本の地方自治体は…を雇うべきだ」

● 設問英文で使われている the local governments in Japan をそのまま拝借して，The local governments in Japan should employ … とすればよい。述語動詞 employ の目的語が長くなるので，V と O の間に，次の「広報スタッフとして」という副詞句を割り込ませよう。

▶「広報スタッフとして」

- 英語の staff は「職員集団」を集合的にとらえる語であり，個々の職員は a staff member と言う。ここでは，「広報スタッフとして」を「広報のスタッフメンバーとして」と考えて，as PR staff members としておこう。PR とは public relations の略語で「宣伝〔広報〕活動」のこと。

▶「日本語が堪能で日本文化にも詳しい英語話者」

- employ の目的語の部分。native speakers of English「英語話者」を先行詞として who are fluent in Japanese and familiar with Japanese culture「日本語が流暢で日本文化に精通している」をつなげる。

②彼らならネットや活字媒体を通じ，説得力ある英語で，日本の温泉の情報を地球規模で発信できるだろう。

▶「彼らなら…日本の温泉の情報を地球規模で発信できるだろう」

- ここは仮定法過去。「もし雇われたとしたら，彼らは…できるだろう」という意味合いだ。「…の情報を地球規模で発信する」は「地球規模で…についての情報を広める」と考えれば，spread information globally about … といった表現になる。information は不可算名詞だ。「日本の温泉」は，設問英文で使われている Japanese hot springs のほか，hot springs in Japan でもよい。手前で Japanese を2度使っているので，ここは hot springs in Japan のほうが望ましい。

▶「ネットや活字媒体を通じ」

- through the Internet and print media と表現できる。

▶「説得力ある英語で」

- using persuasive English「説得力ある英語を使って」と，分詞構文で変化をつけてみよう。

③しかも，そうしたバイリンガルのスタッフなら，地方自治体の要望だけでなく，海外からの訪問者のさまざまなニーズも理解できるだろう。

▶「しかも，そうしたバイリンガルのスタッフなら，…だけでなく，～も理解できるだろう」

- ここも仮定法過去。「しかも，」は Moreover, のほか，In addition, や Besides, などでもよい。文の中核となる構造は，such bilingual staff would understand *A* as well as *B*「そんなバイリンガルのスタッフなら，*B* だけでなく *A* も理解するだろう」である。先に staff members という表現を使っているので反復を避け，ここでは，そうしたバイリンガルの職員全体を集合的に staff という単語だけで表しておく。また，could の反復を避けて，ここでは would を使うことにする。*A* as well as *B* は，かたい文体では not only *B* but also *A* で言い換えられる。

▶「海外からの訪問者のさまざまなニーズ」

- これが *A* as well as *B* の，*A* の部分。the various needs of overseas visitors と表

現できる。

▶「地方自治体の要望」

●*A* as well as *B* の，*B* の部分。the wishes of the governments とすればよい。

(1) I think pictogram Ⓑ is better because it represents a hot spring more clearly for overseas visitors. Thanks to the three added human-shaped figures, the sign is easily understandable even for people unfamiliar with Japanese culture. It can also give them some idea about the Japanese way of bathing in spas. Ⓑ is more foreigner-friendly and thus more practical.（59語）

〈別解〉Pictogram Ⓐ is more appropriate because it has long been a traditional Japanese sign for a hot spring. Some tourists from overseas might be unable to understand what it means at first sight, but that is part of the fun of traveling abroad. Moreover, the simpler the design is, the better the pictogram. Simple signs are nice to look at and easy to remember.（64語）

(2) The local governments in Japan should employ as PR staff members native speakers of English who are fluent in Japanese and familiar with Japanese culture. They could spread information globally about hot springs in Japan through the Internet and print media, using persuasive English. Moreover, such bilingual staff would understand the various needs of overseas visitors as well as the wishes of the governments.（64語）

解答例

49

2017年度〔4〕

Read the paragraph below and answer the following two questions.

Every day of our lives, we make many different decisions, both small and big. Sometimes we make decisions based on good reasons; other times we make decisions without careful consideration. One example of the latter is called the Bandwagon Effect. In this situation, you would choose to do something just because many other people are doing it.

(1) Describe a specific example of how the Bandwagon Effect has affected one of the decisions you have made in the past. The answer must be written in English. (around 40 words)

(2) Do you agree with the statement that the Bandwagon Effect has a stronger influence on teenagers than adults when they are making decisions? Include at least two reasons to support your answer. The answer must be written in English. (around 60 words)

解　説

問題文の訳

次の文章を読んで，以下の２つの設問に答えなさい。

私たちは毎日の生活の中で，ささいなものも重大なものも含め，数多くのさまざまな決定をおこなっている。理にかなった理由で決定することもあるが，慎重に考えずに決めることもある。後者の例の１つに，バンドワゴン効果と呼ばれるものがある。この効果が働く状況では，単にほかの多くの人々がしているからという理由だけで，あることをおこなう選択をするだろう。

(1)　自分が過去におこなった決定の１つにバンドワゴン効果がどう影響したか，その具体例を１つ述べなさい。40 語程度の英語で書くこと。

(2)　決定を下そうとする際にバンドワゴン効果は大人よりも 10 代の若者のほうにより強い影響を及ぼすという意見に，あなたは賛成ですか。自分の主張を支える理由を少なくとも２つ含めなさい。60 語程度の英語で答えること。

(1)

設問の要求

✓自分がバンドワゴン効果の影響を受けて決定を下した経験を１つ，40 語程度の英語で具体的に書くこと。

アプローチ

●提示されている文章から，バンドワゴン効果とは，意思決定の際に慎重に判断せず，大勢の人がやっていることに追随してしまうことだとわかる。あまり好みではないのに流行の服を思わず買ってしまったり，行列ができている店のラーメンはきっとおいしいに違いないと思ってつい並んでしまったりした経験は誰しもあるのではないか。そんなエピソードをすばやく組み立てて，破綻のない英文で書こう。実体験をベースにするにしても，まったくの創作で書くにしても，要は，すっきりとした論理的な構成とわかりやすい内容にすることである。

内容案

①昨年，選択科目から１つを選ぶことになった → ②多数派の選択に合わせて，興味のない科目をとることにした → ③少数派になりたくなかったのだ（①：前提となる状況，②：多数派に合わせた事実，③：その時の心理）

英語で表現

①昨年，理科の３つの選択科目から１つを選ぶことになった。

▶「…することになった」

●生徒としてせざるを得ないことなので，had to *do*「～しなければならなかった」

で処理しておけばよい。

▶「理科の3つの選択科目から1つを選ぶ」

● 「選択教科」は an elective や an elective subject と言う。「理科の3つの選択科目から1つを選ぶ」は，choose one subject out of three science electives や choose one out of the three elective subjects of science とすればよい。

②生物に興味があったのだが，クラスの男子のほとんどが物理を選択したので自分もそうした。

▶「生物に興味があったのだが」

● 教科名としての「生物」は biology「生物学」と言う。Although I was interested in biology, や I had (an) interest in biology, but と表現できる。

▶「クラスの男子のほとんどが物理を選択したので自分もそうした」

● 「私は物理を選んだ」+「クラスの男子のほとんどがそれを選んだから」と考えると，とりあえず I choose physics because most of the boys in my class choose it となる。ただ，choose の反復使用を避けて，例えば decided to take ～「～を取ることに決めた」と，少し表現に変化をつけてみよう。most の語法にも注意。most of のあとには the boys のような特定化された名詞がくる。

③少数派になりたくなかったのだ。

● I didn't want to be in the minority. や I didn't want to become a member of a minority. と表現できる。

(2)

設問の要求

✓意思決定の際にバンドワゴン効果から受ける影響が大きいのは大人よりも10代の若者のほうだという意見に賛成か否かを，少なくとも2つの理由を挙げて，60語程度の英語で答えること。

アプローチ

● バンドワゴン効果を引き起こす付和雷同的な性質は，程度の差こそあれ，年齢や性別にかかわらずほとんどの人間に備わっているのではないかと思われるが，その話はあとの〈別解〉で扱うことにして，ここではまず賛成論を考えてみよう。仲間意識が高いことや，知識や経験の不足から，つい他人の意見に同調してしまうといった理由なら比較的思いつきやすいのではないか。

内容案

①提示された意見に賛成 → ②若者は仲間意識が強いので周囲の人に合わせてしまう → ③また，知識や経験が乏しく，自分の意見に自信がないので他人の意見に頼りがち（①：主張，②：理由1，③：理由2）

英語で表現

①バンドワゴン効果は大人よりも10代の若者により強い影響を与えるという意見に同意する。

▶「…という意見に同意〔賛成〕する」

●I agree with the statement〔opinion〕that … が定番表現。ただ，同格の that 節の内容はすでに設問英文に書かれているので，①全体を，単に I agree with this statement〔opinion〕.「私はこの意見に同意〔賛成〕する」と簡潔に処理してもよい。

▶「バンドワゴン効果は大人よりも10代の若者により強い影響を与える」

●設問英文の表現を長く書き写すことは避けたいので，that 節を書くなら，例えば influence を動詞で用いて the Bandwagon Effect influences teenagers more strongly than adults.「バンドワゴン効果は大人よりも10代の若者により強く影響を与える」などと表現に少し変化をつけてみたい。

②まず，10代の若者のほうが仲間意識が強く，友人・知人に同調する傾向がある。

▶「まず，…」

● 2つの理由を順に述べていく際のパターンとしては，First, …. Second, ～.「まず第一に，…。第二に，～。」や，…. Moreover〔In addition〕, ～.「…。さらに，～。」などがある。

▶「10代の若者のほうが仲間意識が強く」

●「仲間意識」は a feeling of fellowship や a sense of fellow feeling と言うので，この部分は teenagers have a stronger feeling of fellowship〔a stronger sense of fellow feeling〕, and … と表現できる。「大人よりも」という比較の意識を，比較級の stronger で表現したい。

▶「友人・知人に同調する傾向がある」

●「～に同調する」には fall in〔into〕line with ～ という言い方があるがやや難しいので，発想を変えて follow ～ blindly「～に盲目的に従う」としてもいい。「知人」（の複数形）は acquaintances。

●「～する傾向がある」には tend to *do* を使えばよい。

③また，10代の若者は知識や人生経験が乏しいので，自分の意見に自信が持てず，他人の言うことに頼りがちである。

▶「知識や人生経験が乏しい」

●ここでも「大人よりも」という比較の気持ちを忘れずに，have less knowledge and life experience「より少ない知識や人生経験を持っている」，つまり「知識や人生経験が（大人よりも）少ない」と比較級を用いて表現しよう。

▶「自分の意見に自信が持てない」

● 「〜に自信が持てない」は cannot be confident in 〜 や cannot have confidence in 〜 と言う。

▶「他人の言うことに頼りがちである」

● 「他人の言うこと」は what others〔other people〕say,「〜に頼る」は depend〔rely〕on 〜，そして「〜しがちである」は，②で tend to *do* を使ったので，ここでは be (more) likely to *do* にするか，「進んで〜する，〜することをいとわない」と考えて be (more) willing to *do* にしてみよう。

▶〈解答例〉の〈別解〉の全訳と語句解説を以下に示しておく。

その意見には賛成できない。自分自身の価値観に基づいて行動する若者もいる一方で，多数派の意見を疑問も抱かずに受け入れる大人も少なくない。したがって，10 代の若者のほうがバンドワゴン効果に影響されるとは言えないと思う。さらに言えば，年齢を問わずたいていの人が大勢に従う傾向があるとさえ感じる。そもそも人間は社会性動物なのだから（多数派に従うのも当然なのだ）。

● act on 〜「〜に基づいて行動する」 quite a few 〜「かなり多くの〜」 the many「多数の人々」 young and old「若い人も年寄りの人も，老いも若きも」 be apt to *do*「(本来的な性質として) 〜しがちである」 follow the crowd「大勢〔多数派〕に従う，群衆について行く」 after all「そもそも，何と言っても（…だから)」

(1) Last year we had to choose one subject out of three science electives. Although I was interested in biology, I decided to take physics because most of the boys in my class choose it. I didn't want to be in the minority.（42 語）

(2) I agree with the statement that the Bandwagon Effect influences teenagers more strongly than adults. First, teenagers have a stronger feeling of fellowship, and tend to follow their friends and acquaintances blindly. Second, teenagers have less knowledge and life experience, and so they cannot be confident in their own opinions and are more likely to rely on what others say.（60 語）

〈別解〉I disagree with the statement. Some teenagers prefer to act on their own values, while quite a few adults seem to accept the opinion of the many without question. I think, therefore, you can't say teenagers are more influenced by the Effect. In addition, I even feel that most people, young and old, is apt to follow the crowd. After all, humans are social animals.（65 語）

解答例

50 2016年度〔4〕

Follow the directions for (1) and (2) below. All answers must be written in English.

(1)

Situation: Two friends, Chris and Kim, find that they are lost after walking for a long time in a forest. They have no maps, no phones, and no clear memory of the point at which they lost their way.

Directions: Complete the conversation below by filling in the blanks (A) to (D). The number of words used in each blank should be within the word limits indicated.

Chris: I guess it's safe to say that we're lost. What should we do now ?
Kim: (A) (10 to 20 words)
Chris: No, that's not going to work because we do not have the right stuff.
Kim: You're right. That's not a very good idea.
Chris: (B) (10 to 20 words)
Kim: What ? Are you joking ? That's really (C) !! (1 word)
Chris: Well, how about (D) (10 to 20 words)
Kim: I like the idea. Let's try that !!

(2)

Situation: The map below indicates where Chris and Kim are currently located. They started at the Camp Office and originally planned to go to the Mountain Hut, but they did not make it there.

Directions: In 80 words or less, describe the route that you think they took to get to where they are now. In your description, include two occasions where they failed to follow a route that would have taken them to the Mountain Hut. (NOTE: The map does not show which way is north.)

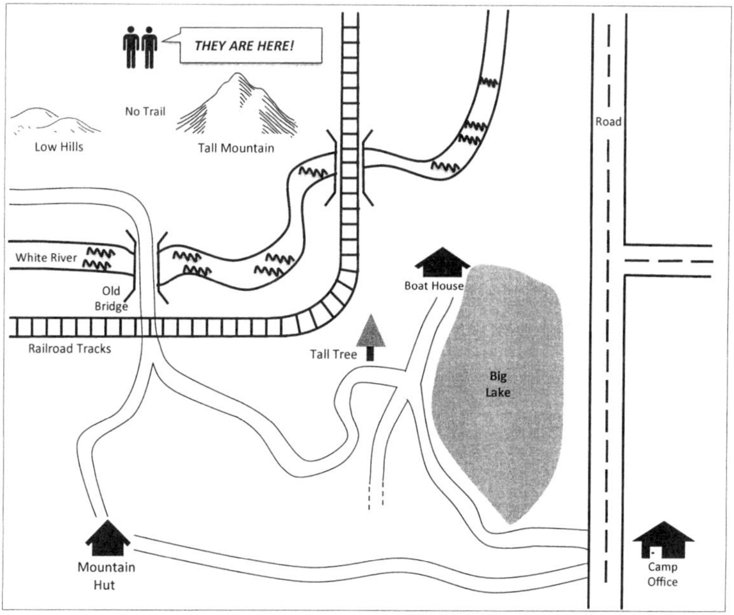

解　説

問題文の訳

以下の(1)と(2)の指示に従いなさい。解答はすべて英語で書くこと。

(1) 状況：2人の友人，クリスとキムは，森の中を長時間歩いて道に迷ってしまったことに気づく。2人は，地図も電話も持っておらず，道に迷った地点のはっきりした記憶もない。

指示：空所A～Dを埋めて，以下の会話を完成しなさい。それぞれの空所で使う語数は，指示された語数制限内にすること。

クリス：どうやら僕たちは道に迷ってると言ってよさそうだ。これからどうする？

キム　：（　A　）

クリス：いや，それじゃうまくいかないよ，それ用のものを持ってないから。

キム　：そうだね。あまりいい案じゃないな。

クリス：(B)
キム　：なんだって？　冗談だろ？　それってほんとに（ C ）だよ‼
クリス：じゃ，（ D ）はどう？
キム　：その案はいいな。それをやってみよう‼

⑵ 状況：以下の地図は，クリスとキムの現在地を示している。2人はキャンプ事務所から出発して，本来は山小屋まで行く予定だったが，そこまでたどり着けなかった。
指示：80語以内で，2人が現在地に到着するのにたどったとあなたが思うルートを説明しなさい。その説明には，2人が，山小屋にたどり着けたであろうルートをとることができなかった（道を間違えた）2つの場面を含めること。（注：地図にはどの方向が北かは示されていない。）

⑴

アプローチ

A．次のクリスの発言が手がかり。（それをするのに）適切なもの（the right stuff）がないからそれはうまくいかない（that's not going to work）と却下されるような提案をする。何か道具を使わないとできないことを考えよう。

B．続いてキムが「冗談だろ？」（Are you joking ?）と一蹴（いっしゅう）しているので，かなり突飛で馬鹿げた（あるいは危険な）行為を提案しよう。

C．上のBの内容に合わせて，「馬鹿げている」か「危険だ」という意味を表す形容詞1語を答えるとよい。

D．キムにも賛同してもらえそうな提案を思いつこう。A，B，Dに共通して言えることだが，こうした状況下での行動の提案内容を考えるときには，2つの観点で分類しつつ，すばやくアイデアを練ろう。1つは，その場に留まるのか，移動するのか。もう1つは，助けを求める行為なのか，自ら この窮地を脱するための行為なのか，という観点である。

内容案

A．のろしをあげて助けを待つ → **B**．交代で助けてくれと叫ぶ → **C**．馬鹿げている → **D**．小高い開けたところへ行って助けを待つ

英語で表現

▶**A**.「火をおこしてのろしをあげよう。ひょっとしたら誰かがそれに気付いて僕たちを救助してくれるかも」

● 提案の表現としては，How〔What〕about *doing* ? / Why don't we *do* ? / We should *do*. / We'd better *do*. などがあるので，そうした表現から適当に選べばよい。make a fire「火をおこす」と，make a smoke signal「煙の信号（＝のろし）をあげる」を使えば〈解答例〉の英文が完成する。この第1文だけでも10語程

度になるので，次の第2文，「ひょっとしたら誰かがそれに気付いて僕たちを救助してくれるかも」(Maybe someone will〔Someone may〕notice it and rescue us.）はなくてもよい。

▶B.「じゃあ，誰かが聞いてここへ来てくれるまで，交代で，助けてくれって叫ぶのはどう？」

●〈解答例〉の英文では，take turns *doing*「交代で～する」と，cry (out) for help「助けを求めて叫ぶ」という表現がポイントだ。別案としては，Then, we should climb that tall tree and wave our T-shirts. That'll certainly attract someone's attention.「じゃあ，あの高い木に登って，僕らのTシャツを振ったらいいんじゃない？　きっと誰かの目にとまるよ」というのでもよいだろう（案外，キムは賛同するかもしれないが）。

▶C.「馬鹿げている」

●crazy や ridiculous などが適切。

▶D.「低い丘に登って見通しのいい開けたところを見つけるのはどう？　そこで誰かが見つけてくれるのを待ってもいいんじゃないか」

●ここで重要なのは，Well, how about に続くように，つまり，動名詞から書き始めることだ。文末にクエスチョンマークをつけるのを忘れないように。「見通しのいい開けたところ」は a clear, open space と簡潔に表せる。また，wait for ～ to *do*「～が…するのを待つ」は必須表現。別案としては，climbing to the top of that tall mountain to see where we are, and then decide which way to go?「あの高い山の頂上まで登って，僕らが今どこにいるのか確かめて，どっちのほうへ行くべきか決めるのはどう？」といったものでもよいだろう（キムは「危険だ」と言うかもしれないが）。

▶〈解答例〉の〈別解〉の内容案と語句解説を以下に示しておく。

A. ここに留まり，簡単なテントをこしらえて，体力温存のために野宿しよう → B. 単にごろんと横になって一夜を明かすのは？ → C. 危険だ → D. 来たほうへ逆戻りしてみるのは？　運がよければ川か線路が見えるかも。

●stay put「この場に留まる（＝stay here）」 camp (out)「野宿する」 starting back the way we've just come「来たほうへ逆戻りする」 with luck「運がよければ，うまくいけば」

(2)

設問の要求

✓80語までの英文で，2人が犯した二度のルート選択ミスを指摘しながら，出発時点から今いるところまでに至る道順を説明する。

アプローチと内容案

● 二度のルート選択の誤りがどこで生じたかを特定する。出発点である the Camp Office の前の道路の向かい側に左右２本の分かれ道があり，左の道を行けば目的地に着くが，そうしなかったことが１つ目のミス。右の道を選んだ彼らは，池に沿って四叉路に出たはず。ただ，おそらくこの四叉路でのルート選択ミスはなかったと思われる（万一，the Boat House のほうへ行ってもすぐ引き返せるはずだし，これから述べる踏切の地点がとても重要だからだ）。

● the Tall Tree を過ぎてしばらく行くと，道は，線路を横切る直前で三叉路になり，左の道を選べば目的地に行けるが，ここを２人は右の道を選んだために，線路と橋を渡ったあとで道に迷い，おそらく森の中だと思われる現在地に至ったと考えられる。この三叉路での選択ミスが２つ目の誤りということになる。

英語で表現

▶ あとは，語句の知識で書ける。〈解答例〉と付き合わせつつ，以下の全訳と語句解説を読んで，学習しておこう。

〈解答例の全訳〉 the Camp Office から道路を隔てたところに２つの道があって，彼らは左のほうではなく右のルートをとった。これが彼らの最初の誤りだった。それから，彼らはおそらく the Big Lake に沿って行き，the Tall Tree のところを左折したのだろう。the Railroad Tracks に着く直前で，彼らの２回目のミスが生じた。そこを左折していれば the Mountain Hut に着いただろうが，彼らはそうはせずに，線路と the Old Bridge を渡り，森の中へと迷い込んで行ったのだ。

● path「小道」（山道なので street は不可。path / trail / route などを使おう）
the path on the〔*one's*〕right / the right-hand path「右の道」 turn（to the〔*one's*〕）left「左へ曲がる」 wander into ～「～へ迷い込む」

▶ なお，問題文にある where they are now「彼らが今いるところ」まできちんと書きたければ，そこに至るまでの表現を簡潔にして語数調整をする必要があるだろう。まず，〈解答例〉では言及している the Big Lake や the Tall Tree のくだりを省き，〈別解〉のように，すぐに第２の選択ミスの箇所の話へ移ろう。次に，二度のルート選択ミスの箇所を指摘する際の表現を切り詰めよう。〈解答例〉では，「これが最初の誤り」や「…で，彼らの２回目のミスが生じた」といった表現を使うことで選択ミスの箇所をわかりやすく丁寧に指摘しているが，それを，〈別解〉のように，「もし左の道を選んでいれば…へ着くことができただろうが，彼らは…した」と書くだけにとどめるとよい。ルート選択を誤ったことは，それだけでも十分に伝わる。語数制限のある自由英作文では，常に語数に配慮しながら，それぞれの箇所の表現法を工夫することが大切だ。

●go the wrong way「間違ったほうへ進む，道を間違える」 come across ～「～に出くわす」 a three-way intersection〔junction〕(＝a Y intersection〔junction〕/ a fork)「三叉路」 a railroad crossing「踏切」 destination「目的地」 for some time「しばらくの間」 get to where they are now (＝reach their current location)「彼らが今いるところに到着する」

解答例

(1) A．Why don't we make a fire and smoke signals？ Maybe someone will notice it and rescue us.（17語）

B．Then, what about taking turns crying out for help until someone hears us and comes？（15語）

C．crazy〔ridiculous〕

D．climbing up a low hill and finding a clear, open space？ We could wait there for someone to find us.（20語）

〈別解〉A．We'd better stay put, so let's create a simple tent and camp (out) here to save energy.（16［17］語）

B．Then, what about just lying down here and spending the night？（11語）

C．dangerous

D．starting back the way we've just come？ With luck, we'll find the river or the railroad tracks.（17語）

(2) There were two paths across the road by the Camp Office, and they took the right-hand route instead of the other. This was their first mistake. Then, they probably went alongside the Big Lake and turned left at the Tall Tree. Their second mistake happened just before they reached the Railroad Tracks. If they had turned left there, they would have reached the Mountain Hut. Instead, they crossed the tracks and the Old Bridge, and then wandered into a forest.（80語）

〈別解〉When they crossed the road in front of the Camp Office, there were two routes. If they had chosen the left one, they would have easily reached the Mountain Hut, but they went the wrong way. Later, they came across a three-way intersection just before the railroad crossing. If they had turned left there, they could have reached their destination, but they went across the White River. Wandering for some time after that, they got to where they are now.（80語）

51

2015年度〔4〕

次の文章を読んで，問1と問2に答えなさい。

国際的に見て日本はもっとも「社会的孤立」度の高い国であるとされている。この場合「社会的孤立」とは，家族以外の者との交流やつながりがどのくらいあるかという点に関わるもので，日本社会は，自分の属するコミュニティないし集団の「ソト」の人との交流が少ないという点において先進諸国の中で際立っている。

（広井良典『コミュニティを問いなおす――つながり・都市・日本社会の未来』[一部改変]）

問1　下線部を英語に訳しなさい。

問2　「社会的孤立」について，あなた自身の考えを80語程度の英語で述べなさい。

解　説

問1　日本社会は，自分の属するコミュニティないし集団の「ソト」の人との交流が少ないという点において先進諸国の中で際立っている。

▶「日本社会は…という点において先進諸国の中で際立っている」

- この部分は直訳的に処理できる。まず，「日本社会」は Japanese society だ（the は不要）。次に，「…という点において」には，in that … を用いることをおすすめしたい。入試で頻出する重要表現で，覚えておくと英作文で重宝するだろう。そして，「～の中で際立っている」では，stands out among ～ や is remarkable among ～ と表現できるだけの語彙力が求められている。最後に，「先進諸国」は developed〔advanced〕countries である。developing〔advancing〕countries とすると「発展途上国」の意味になるので要注意。
- 〈別解〉のように2文に分けて，「日本では…。この点で，日本社会は他の先進諸国の社会と大いに異なっている（In Japan, …. In this respect, Japanese society is quite different from those of other developed countries.)」とするのもよいアイ

デアだ。「点」の意味の respect は重要で，in this respect「この点で」は頻出もの。また，those of ～ は the societies of ～ の代用表現で，既出名詞の重複使用を避けるために用いている。

▶「自分の属するコミュニティないし集団の『ソト』の人との交流が少ない」

- とりあえず，主語に people「人々」を補って訳出しよう。「～との交流が少ない」は，don't have much interaction with ～ や，〈解答例〉の have little (social) contact with ～ のほか，〈別解〉のように，動詞の interact を用いて rarely interact with ～ とすることもできる。「自分の属するコミュニティないし集団の『ソト』の人」は，outside (of) ～「～の外の」を使えば，those "outside" (of) the community or group(s) they are in〔they belong to〕と直訳的に処理できるが，関係代名詞節を用いて，〈別解〉のように，those who don't belong to their own community or group(s)「自分自身のコミュニティないし集団に属さない人々」と表現してもよい。
- 「コミュニティ」という日本語を「地域社会」と解釈するなら，community は単数形でよいだろうが，「集団」のほうは，一人の人間が同時に複数の集団に属している場合も多いので，groups と複数形にしておいてもよい。

問2

設問の要求

✓「社会的孤立」について自分の考えを 80 語程度で書くこと。

アプローチ

- 「社会的孤立」という用語を，問題文の著者は，家族以外の者との交流やつながりがどれくらいあるかという点から見ており，そうした観点を踏まえた上で，自分の意見を組み立てることになる。
- 「主張＋主張を支える理由（できるだけ具体的に）＋結び」という構成でプランニングしてみよう。ここでは一例として，家族のメンバー同士も実は孤立しているのではないかという意見を述べてみる。

内容案

①社会的孤立は家族の内部でも生じている → ②親は働くことに忙しく，家族との交流は不十分 → ③子供はスマホに依存し，親との会話は乏しい → ④核家族化が進む中，祖父母は将来の不安を抱きながら自分たちだけで別居している → ⑤社会の基盤が崩壊しつつある（①：主張，②～④：理由，⑤：結び）

英語で表現

①社会的孤立は家族の内部でも起こっている。

▶「家族の内部でも起こっている」

● 「家族の内部でも」は even within families とすればよい（even は述語動詞の直前に置くことも可）。ただ，問1の「…の『ソト』の～」の箇所で “outside” を使った場合には，ここの「…の内部でも」を even “inside” families とすると対比の効果がいっそう出るだろう。「（日頃）起こっている」は happens や takes place で表せる。

②多くの親は仕事で忙しく，家族の他のメンバーと交流する時間がとれない。

▶「多くの親は仕事で忙しく，…できない」

● too … to *do* の構文を用いて，Many parents are too busy with their work〔jobs〕to *do* とするほか，Many parents, so busy earning〔making〕their living, cannot find opportunities to *do*「多くの親は，生計を立てるのにとても忙しく，…する機会が見いだせない」としてもよいし，関係代名詞節を挿入して，Many parents, who are busy (in) working, cannot *do* といった表現でもよい。

▶「家族の他のメンバーと交流する時間をとる」

● take〔have〕(enough) time to interact with other family members と表現できる。have a good time with ～「～と楽しいひとときを過ごす」を使うこともできる。

③子供は親との会話よりもスマホでゲームや友達とのやりとりをするほうを好む。

▶ would rather *do* … than *do*「～するよりむしろ…したいと思う」の構文が使える。「スマホで友達とのやりとりをする」は，communicate with friends on their smartphones と表現できる。

▶語数に余裕があれば，〈解答例〉のように，Children と would rather … の間に，raised in a digital world「デジタル世界に育って」を挿入し，スマホに依存する理由を添えると，いっそう具体性と説得力が増すだろう。

④そして祖父母は，核家族化の流れの中で，将来の不安を抱えながら別居せざるを得ない。

▶「核家族化の流れの中で」

● 「核家族への（ますます高まる）傾向のために」と読み換えて，due to the (growing) trend towards nuclear families とするとよいだろう。

▶「将来の不安を抱えながら」

● always worrying about how to support themselves in the future「将来どうやって自分たちだけで（自活して）やっていくのか，常に心配しながら」とか，forever concerned about their insecure future「自分たちの不安な将来をずっと懸念しながら」といった表現を，文末に添えればよい。

▶「別居する」

● live alone「自分たちだけで暮らす」や，live apart (from younger generations)「（若い世代の人たちと）別れて暮らす」と表現できる。ちなみに，「…せざるを得ない」は have to *do* で十分。

⑤私たちの社会の基盤が壊れ始めているのではないか。

▶「…ではないか」

●語り手の「懸念」は I'm afraid (that) … で表現できる。seem を使って「…と思われる」としてもよいが，その場合，It seems that S V … と，S seem(s) to V … の２種類の表現形を混同して，S seem(s) that S V … としないように気をつけよう。

▶「私たちの社会の基盤」

●ここでは「家族」という「社会的単位」を考えているので，unit「単位」という語を使って，the fundamental〔the most basic〕unit of our society とするのがおすすめ。the basic building block of …「…の基本的構成要素〔構成単位〕」でもよい。

▶「壊れる」

●collapse / break down / erode などが使える。

▶⑤の結びには，たとえば，We need to create a new style of community or family form where different generations live together happily and interact with and care about each other.「さまざまな世代の人々が共に幸せに暮らし，互いに交流して面倒を見合うような，新しいスタイルのコミュニティや家族形態を創出する必要がある」といった内容のことを書いてもよい。

解答例

問1 Japanese society stands out among advanced countries in that people have little (social) contact with those "outside" the community or group(s) they are in.

〈別解〉In Japan, people rarely interact with those who don't belong to their own community or group(s). In this respect, Japanese society is quite different from those of other developed countries.

問2 Social isolation takes place even within families. Many parents are too busy with their work to take enough time to interact with other family members. Children, raised in a digital world, would rather play games or communicate with friends on their smartphones than talk with their parents. And grandparents, due to the trend towards nuclear families, have to live apart, always worrying about how to support themselves in the future. I'm afraid the most basic unit of our society is beginning to collapse. (83 語)

52

2014年度〔4〕

Read the text and answer the following questions.

There are several disadvantages with renewable energy. First, it is difficult to generate the quantities of electricity that are as large as those produced by traditional methods such as using coal, natural gas or nuclear energy. This may mean that we need to reduce the amount of energy we use or simply build more energy facilities.

The second problem with renewable energy sources is the reliability of supply. Renewable energy often relies on the weather for its source of power. Hydro generators need rain to fill dams to supply flowing water. Wind turbines need wind to turn the blades, and solar panels need clear skies and sunshine.

Third,

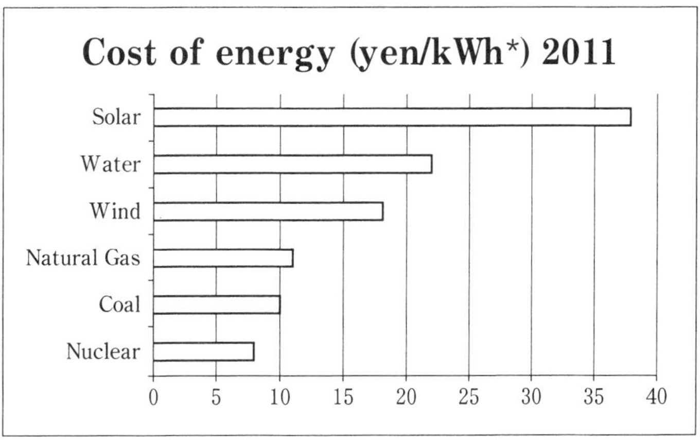

Figure 1（Adapted from『日本経済新聞』2012 年 1 月 23 日夕刊）

（Notes） kWh : kilo watt hour

1 Complete the last paragraph based on the data presented in Figure 1. Answer in English, using around 40 words.

2 Despite all of these disadvantages, what advantages does renewable energy have compared to traditional energy sources? Answer in English, using around 50 words.

解 説

問題文の訳

再生可能エネルギーにはいくつかの短所がある。まず第1に，石炭，天然ガス，原子力の利用といった従来の方法で生み出されるのと同じくらい大量の電力を発電するのは困難である。それゆえ，私たちが使うエネルギーの量を減らしたり，単にもっと多くの発電所を建設したりする必要がでてくる可能性がある。

再生可能エネルギー源の2番目の問題は，供給の信頼性である。再生可能エネルギーはその電力源を天候に頼ることが多い。水力発電だと，ダムを満水にして流水を供給するには雨が必要だ。風力タービンでは，回転翼を回すのに風が必要だし，太陽光パネルには，晴天と日光が必要である。

3番目に，

1．設問の訳：「図1に示されたデータに基づいて，40語程度の英語で最終段を完成しなさい」

設問の要求

✓図1の内容を踏まえ，40語前後の英語で，英文の最終段の空所を完成させること。

アプローチ

● 英文は，再生可能エネルギーの短所を，段落ごとに1つずつ述べており，3番目の短所を図から読み取って書くことになる。ちなみに，第1段では，従来のエネルギーほど大量の電力が生み出せないこと，そして第2段では，供給量が安定しないことが挙げられている。

●図1のグラフでは，発電にかかるコストがエネルギー源ごとに比較されており，再生可能エネルギーは3種とも，従来のものより高くつくことがわかる。第1・2段の論旨展開と同様に，まず概括的にコストが高くつくことを述べてから，どれほど差があるのかを具体的に例示すればよい。「抽象 → 具体」の流れである。

内容案

①再生可能エネルギーのほうが発電コストは高い → ②例えば，太陽光パネルは天然ガスの3倍以上のコストがかかる（①：短所の提示，②：その具体例）

英語で表現

①再生可能エネルギーを使って発電するコストのほうがはるかに高い。

▶「再生可能エネルギーを使って発電するコスト」

●英文第1段に，renewable energy「再生可能エネルギー」，generate「〜を生み出す，発生させる」（＝produce），それに electricity「電気」といった単語が使われているので，それを利用すると，the cost of generating〔producing〕electricity (by) using〔by means of〕renewable energy といった表現を作ることができる。

▶「…のほうがはるかに高い」

●cost や price には expensive ではなく high を使うことは，重要な語法上のポイントだ。グラフを見ると相当に差があるので，比較級を much で強めて is much higher としよう。

②例えば，太陽光パネルを使って発電するには，天然ガスを使って発電する場合の3倍以上コストがかかる。

▶「〜するには費用が3倍以上かかる」

●It costs … to *do*「〜するには（費用が）…かかる」と，「倍数＋as 〜 as …」という2つの必須構文を正しく組み合わせて，it costs more than three times **as** much to *do* **as** … としよう。

▶「太陽光パネルを使って発電する」

●一応，generate〔produce〕electricity (by) using solar panels となるが，第1文との表現の重複を避けて，generate〔produce〕power from the sun〔from solar energy〕などと，表現を工夫してみてもよい。

▶「天然ガスを使って発電する場合の」

●これは2つ目の as … の部分の情報だ。it costs … when we use natural gas「天然ガスを使うと…かかる」をもとにして…の部分を省き，costs を代動詞の does にすると，as it does when we use natural gas ができあがる。as it does from natural gas とすることもできる。

▶〈解答例〉の〈別解〉の全訳と語句解説を以下に示しておく。

再生可能エネルギーは従来のエネルギー源よりもコストがずっと高い。例えば風力は，他の再生可能エネルギー源ほどは高価ではないが，最も安価な従来のエネルギー源である原子力の2倍以上のコストがかかる。

●wind power「風力」 nuclear power「原子力」

2．設問の訳：「このようにいろいろと短所はあるが，再生可能エネルギーには従来のエネルギー源と比べてどのような利点があるか，50語程度の英語で答えなさい」

設問の要求

✓従来のエネルギー源と比較した場合の再生可能エネルギーの利点を，50語程度の英文で書くこと。

アプローチ

●advantages と複数形になっているので，少なくとも2つの利点を挙げなければならない。

●思いつきやすい事項としては，エネルギー源が枯渇しないことや，環境に優しいことなどが挙げられるだろう。また，従来型のエネルギー源は，被爆の危険や環境汚染対策費などを考えると，実は高コストなのであり，結局は再生可能エネルギーのほうが安くつくという論でもよい。

内容案

①化石燃料のように枯渇しない → ②環境に優しい（①：第1の利点，②：第2の利点）

英語で表現

①第一に，再生可能エネルギー源は，化石燃料のように枯渇することが決してないという点で，従来のエネルギー源にまさっている。

▶「…という点で～にまさっている」

●have an advantage over ～ in that … という，使い勝手のいい表現を覚えよう。これを使えば，renewable energy sources have an advantage over traditional energy sources in that … と，この部分はすぐにできあがる。

▶「化石燃料のように枯渇することが決してない」

●「枯渇する」は run out / be exhausted / be used up,「化石燃料」は fossil fuels,「～のように」には前置詞の like を使えばよい。

②第二に，それは環境にとても優しい。再生可能エネルギー源を利用することで二酸化炭素の排出量を減らし，地球温暖化の速度を遅らせることができる。

▶「それは環境にとても優しい」

● 「環境に優しい」には environmentally-friendly を使うとよい。「それは環境にとても優しい」だけではまだ短く抽象的な文に留まっているので，これを次の文でさらに具体化して，第 1 の理由と長さや内容面でのバランスをとろう。

▶「二酸化炭素の排出量を減らす」

● reduce (the amount of) CO_2 emissions や reduce emissions of CO_2 と表現できる。

▶「地球温暖化の速度を遅らせる」

● slow down〔decrease〕the speed〔rate / pace〕of global warming でよいが，「温暖化を抑える」と考えれば control global warming と簡潔に表現することもできる。

▶〈解答例〉の〈別解〉の全訳と語句解説を以下に示しておく。

再生可能エネルギーの利点の一つは，空気や水を汚染しないことである。さらに，原子力発電に伴うリスクや環境を浄化する費用など，従来の燃料を使うことから生じる隠れた費用を考慮すれば，再生可能エネルギー源のほうがコストはかからない。

● pollute「～を汚染する」 furthermore「さらに」(＝moreover / besides / in addition) the risk(s) involved in ～「～に伴う危険」 nuclear power〔electricity〕generation「原子力発電」

1．the cost of producing electricity by means of renewable energy is much higher. For example, it costs more than three times as much to generate power from the sun as it does when we use natural gas. (37 語)

〈別解〉renewable energy costs much more than traditional energy sources. For example, wind power, which is less expensive than the other renewable energy sources, costs more than twice as much as nuclear power, the cheapest traditional source of energy. (38 語)

2．First, renewable energy sources have an advantage over traditional energy sources in that they will never run out like fossil fuels. Second, they are very environmentally-friendly. By using renewable energy sources, we can reduce the amount of CO_2 emissions and slow down the speed of global warming. (47 語)

〈別解〉One of the advantages of renewable energy is that it does not pollute air and water. Furthermore, if we consider the hidden costs arising from using traditional fuels, such as the risks involved in nuclear power generation or the cost of cleaning the environment, renewable energy sources cost less. (49 語)

解答例

53

2013年度〔4〕

次の文章を読んで，問1と問2に答えなさい。

子どもは人生の意味について問うことはない。しかし青春期に達すると，愛とは何か，死とは何か，自己の未来はどうあるべきか，神の有無等々さまざまの問いが浮かんでくる。大切なことは，これらすべての問いの悉(ことごと)くが難問ですぐ答えが出てこないということだ。そして解き難い問いを発するところにこそ精神とよばれるものの核心が形成されるということである。不可解なものが我々を育てる。青春とは，はじめて秘密（秘めごと）を持つ日だと言ってもよい。必ずしも恋愛のみに限らない。さきに述べたような，人生に関するさまざまの問いが，すでに秘めごとなのである。なぜなら，それまで親や師や知人から導かれるままに歩んできたのが，この問いを境として，今度は自ら道を求めて行かなくてはならない。自己の未来，自己の生き方については，いかなる名著にも書いていない。親も師も無力である。自分で一歩一歩を生きてみなければならない。

（亀井勝一郎『青春論』［一部改変］）

問1　下線部を英語に訳しなさい。

問2　上の文章を読んで，あなたが青春期に大切だと考えることがらについて，理由や例を挙げて40語程度の英語で書きなさい。

解　説

問1　大切なことは，これらすべての問いの悉くが難問ですぐ答えが出てこないということだ。

▶「大切なことは…ということだ」

● The important thing is that … や，〈解答例〉の What is important is that … といった直訳的な訳出で十分だが，「重要である」という意味の動詞の matter を使って What matters is that … と表現してもよいし，〈別解〉のように，「人」を主語にして You〔We〕must〔should〕remember that …「…ということを覚えておかなければならない」と，別の発想で処理することもできる。

▶「これらすべての問いの悉く」

● 〈解答例〉で使っている all these questions のほか，「悉く」に含まれる「個々一つひとつ数え上げて全体に至るイメージ」にこだわるなら，〈別解〉のように each〔every one〕of these questions としてもよい。ただ，注意しなければならないのは，all these questions は複数扱いだが，each や every one を使うと単数扱いになることだ。

▶「…が難問ですぐ答えが出てこない」

● 「…はとても難しいのですぐに答えられない」と読み換えると比較的平易に英訳できる（以下，that 節内の主語として all these questions を用いる場合で説明する）。〈解答例〉のように and を使って are very difficult and cannot be answered at once としたり，so … that ～ 構文を使って are so difficult that they cannot be answered right away などとすればよい。また，関係代名詞節を使うなら，are difficult ones which〔that〕cannot be readily answered といった構造の異なる表現ができる。

● 「すぐに答えられない」の部分を「人」を主語にして表現すると，are so difficult that you〔we〕cannot answer them at once や，are difficult ones that we cannot answer right away などと訳出できる（〈別解〉では主語が単数なので，are difficult ones は is a difficult one にしてある）。「すぐに答えを思いつけない」と考えて，are so difficult that you〔we〕cannot come up with the answers at once としてもよい。

問 2

設問の要求

✓ 青春期に大切だと考えることがらについて，理由や例を挙げて 40 語程度で書くこと。

アプローチ

● 著者の意見は高尚で，青春期に大切なのは「解き難い問い＝不可解なもの＝秘めごと」を持つことだそうだが，そうした内容とは切り離して，もっと書きやすい内容で自分の意見を自由に書いてよさそうだ。

● 「理由や例を挙げて」の「や」は，40 語という比較的少ない指定語数から考えても，「と」ではなくて「か」と解すべきものだろう。つまり，「理由または具体例を（一つ）挙げて」という意味だと考えられる。

● 意見表明の典型パターンである「主張＋理由〔または具体例〕」という構成でプラン

ニングしよう。例えば，「知的好奇心が重要」というのはどうだろう。新しい知識や技術やものの考え方を得ようとする欲求こそ，向学心のもとになるものだろうし，ひいては社会を変える力にもなるのではないか…。何とか理由も書けそうだ。

内容案

①青春期には知的好奇心が大事 → ②それは，優秀な学業成績を収める鍵となるだけでなく，社会をより良くする原動力にもなる（①：主張，②：理由）

英語で表現

①青春期には，知的好奇心が重要だ。

▶「青春期には」

- in adolescence や as an adolescent〔as adolescents〕といった表現のほか，「若いときには」と考えて，when we〔you〕are young や when young，あるいは in youth とすることもできる。

▶「知的好奇心が重要だ」

- 「好奇心」は curiosity，「知的好奇心」は intellectual curiosity と言う。したがって，そのまま intellectual curiosity is important としてもよいが，curiosity の形容詞である curious を使って，be intellectually curious「知的な面で好奇心旺盛である」とし，〈解答例〉のように it is important to be intellectually curious と表現することもできる。このほか，cultivating〔developing〕intellectual curiosity is important「知的好奇心を養うことが重要だ」としてもよい。

②新しい知識や技術やものの考え方を得たいという欲求は，優秀な学業成績を収める鍵となるだけでなく，社会をより良くするための原動力にもなり得る。

▶「新しい知識や技術やものの考え方を得たいという欲求」

- ここで，知的好奇心という抽象的な表現を具体化して見せると，自分が言わんとする内容が読み手に伝わりやすくなるし，「抽象」から「具体」へという自然な流れもできる。a desire to acquire new knowledge, skills, and ways of thinking と英語で表現するのはそれほど難しくはないはずだ。

▶「優秀な学業成績を収める鍵」

- 「～の鍵」は the key to ～ と言う。to は前置詞である。学校で成績が優秀であることは，do well at school という簡単な英語で表現できるので覚えておこう。これらを組み合わせると the key to doing well at school という〈解答例〉の表現が完成する。the key to academic success という言い方でも同様の意味が表せる。

▶「社会をより良くするための原動力になり得る」

- 「～のための原動力〔基盤〕」は a driving force for ～ や，a basis for ～ で表せる。〈解答例〉では a major driving force for ～「～のための大きな原動力」としている。また，「社会をより良くする」は，improve (our) society や change (our) society for the better で表現できるので，これを動名詞句の形にして for の後ろで用いればよい。

● 「～になり得る」は can be ～ でもよいのだが，be 動詞ばかりでは単調なので，〈解答例〉では入試頻出表現の一つである serve as ～「～として役立つ，～として機能する」を使って，can serve as ～ としてある。

▶「～だけでなく，…も」

● 〈解答例〉のように，not only〔just / merely〕～, but (also) … を使えばよい。ただ，ここでは一文で処理すると長くなるので，次のように2文に分けてもよいだろう。せっかくだから文末の表現も変えて，「社会をより良くするのに貢献する市民になるのに役立って（も）くれる」としておく。

This is not merely the key to doing well at school. A desire to acquire new knowledge, skills and ways of thinking (also) helps us (to) become citizens who contribute to the betterment of (our) society.

▶〈解答例〉の〈別解〉の全訳と語句解説を以下に示しておく。

青春期には難題に取り組むことが重要である。どんなに問題が難しく思えても，目標達成のために地道に努力を続けるべきだ。そうした粘り強さは，その後の人生で，さまざまな困難に対処しなければならなくなった時に，きっと大きな力になってくれる（から）。

● tackle「～に取り組む」 challenge「難題，難しいがやりがいのある課題」 make steady efforts to *do*「～するための地道な努力をする」 perseverance「粘り強さ」 be of great help「大いに役立つ」 cope with ～「～に対処する」

解答例

問1 What is important is that all these questions are very difficult and cannot be answered at once.

〈別解〉We should remember that every one of these questions is a difficult one that we cannot answer right away.

問2 When young, it is important to be intellectually curious. A desire to acquire new knowledge, skills, and ways of thinking is not only the key to doing well at school, but can also serve as a major driving force for improving society.（42 語）

〈別解〉Tackling challenges is important in adolescence. However difficult a problem may seem, you should continue to make steady efforts to achieve your goal. Such perseverance will certainly be of great help when you have to cope with various difficulties later in life.（42 語）

54

2012年度〔4〕

次の文章を読んで，問1と問2に答えなさい。

過去半世紀，日本人は便利・快適でゆたかな生活を求めて，ほぼそれを実現した。史上かつてないくらい日本は経済大国になり，われわれは先祖の誰一人経験しなかったような便利・快適な生を享受している。かつては金持ちしか所有できなかったクルマ，冷蔵庫，洗濯機などがどの家庭にも備わっているなんて，過去の日本人には想像もつかぬ状態にある。食べ物，着るものは町にあふれ，テレビだの，コンピューター，ファックス，携帯電話なども日用道具であり，航空機や新幹線のスピードも珍しくない。平和も五十年以上つづいている。

つまり，史上かつてない平和と繁栄の中にいま日本人はいる。

と，そのことを誰もが知っている。

にもかかわらず，その一方で，ではなぜ，そのゆたかになった社会に生きる自分たちに真の幸福感が薄いのか，とも感じている。

中野孝次『風の良寛』（一部改変）

問1　下線部を英語に訳しなさい。

問2　この著者の意見について，どう思いますか。あなたの意見を，50語程度の英語で述べなさい。

解　説

問1　史上かつてないくらい日本は経済大国になり，われわれは先祖の誰一人経験しなかったような便利・快適な生を享受している。

▶「史上かつてないくらい日本は経済大国になり」

- 「経済大国」に対応する英語表現である an economic power を使えば，「日本は経済大国になった」は，Japan has become a great economic power と英訳できる。現在完了形を用いることに注意。さて，これを Japan has become a greater economic power と比較級の表現にして，これに後続する形で「史上かつてないくらい」の意味を表すように，than ever before「これまでにないほど」や，than at any other time in history「歴史上の他のどの時代よりも」などをつなげればよいだろう。「これまでと現在との比較」という視点を意識して，比較構文を正確に使うことがポイントとなる。
- 「日本の経済」を主語にして，「日本の経済は現在，…よりも発展している」と言い換えるなら，The economy of Japan is now more developed than … と訳出することもできる。
- 以上のほか，Japan now has a stronger economy than it has ever had in the past「日本は今，過去のどの時期よりも強い経済を持っている」や，Japan has never been as〔so〕great an economic power as it is now「日本が今ほどの経済大国になったことはこれまで一度もなかった」（これは as ～ as …「…と同じくらい～だ」を用いた表現）といった訳出も可能だ。

▶「われわれは先祖の誰一人経験しなかったような便利・快適な生を享受している」

- 「～を享受する」には enjoy が適訳。
- 「先祖の誰一人経験しなかったような…生」は，比較級を用いて「われわれの先祖の誰が経験したものよりも，もっと…な生活〔生活様式〕」と読み換えると，a＋比較級の形容詞＋life〔lifestyle〕than any of our ancestors experienced や，a life〔lifestyle〕that is＋比較級の形容詞＋than that experienced by any of our ancestors といった訳出ができる。不定冠詞の a を忘れないこと。
- 「便利な」には convenient が，「快適な」には pleasant や comfortable がそれぞれ使える。
- 「先祖の誰一人経験しなかったような便利・快適な生」の部分は，原級の形容詞と none of ～ を使って，a convenient and comfortable life of the kind (that) none of our ancestors (ever) experienced などとすることもできる。

問2

設問の要求

✓著者の意見に対する自分の考えを50語程度の英語で書くこと。

アプローチ

- 著者の意見を整理すると，「日本は現在かつてないほどの経済大国になり，物質的には豊かで何不自由のない，便利で快適で平和な社会になっているのに，真の幸福感があまりないとも感じている」となる。
- 「主張＋理由（＋結び）」という構成でプランニングしよう。ここでの「主張」とは，著者の意見への賛否の立場を表明することである。
- 賛成の理由としては，「物質面の豊かさだけでは真の幸福は得られない。精神面で幸福にならないとだめ」といった内容が思いつきやすいだろう。逆に，「日本人は自分たちが幸福だと思っていいのだ」という反対論を述べるなら，現代日本のプラスの側面だけに目を向け，今の日本人がいかに恵まれているかを，過去（または他国）との比較において述べていけばよいのではないだろうか。

内容案

〈賛成論の場合〉

①著者に賛成 → ②日本は物質面では豊かになったが，真の幸福は精神的なもの → ③物が豊かなだけでは幸福感は得られない → ④何でもお金で買えるわけではないのである（①：主張，②：理由，③：理由の展開，④：結び）

英語で表現

①私は著者に賛成だ。

▶ agree with ～「（人や人の意見）に賛成である」を用いて，I agree with the author. や I agree with the author's opinion. とすればよい。

②確かに日本は物質面では豊かな国になったが，真の幸福は心の豊かさを得ることから生まれると思う。

▶「確かに日本は物質面では豊かな国になったが」

- 「確かに～だが，（しかし）…」の意味を表す It is true that ～, but … という譲歩構文が使える。ただ，譲歩表現を安易に用いることは慎もう。受験生は，相手の顔色をうかがいながらものを言う日本語の発想を英作文にもそのまま持ち込み，譲歩しすぎて立場のあいまいな答案を作りがちだからだ。譲歩した内容そのものを論駁（ろんばく）するか，（この〈解答例〉の**〈賛成論の場合〉**のように）譲歩内容よりもさらに重要度の高い内容を持ち出すことでしっかりと反論することができる場合にのみ，譲歩表現は有効なのである。
- 「日本は～になった」は，問1でも使った Japan has become ～ でよい。「物質面では豊かな国」は a rich〔wealthy〕country だけでもよいが，そのあとに in

the material sense「物質的な意味において，物質面で」を加えると，あとで述べる精神面との対比がいっそう明確になる。a materially affluent country「物質的に豊かな国」とも言える。

▶「真の幸福は心の豊かさを得ることから生まれる」

● 「～から生まれる」に come from ～ を使えば，true happiness comes from achieving spiritual richness と表現できる。

③単に多くの物的財産を持ち，文明の利器を使っているということだけでは，本当の幸福感は得られない。

▶「本当の幸福感は得られない」

● you〔we〕cannot feel really happy や，you〔we〕cannot have〔gain〕a true feeling of happiness で表現できる。

▶「単に多くの物的財産を持ち，文明の利器を使っているということだけでは」

● 「単に～するだけでは」には simply〔just〕by *doing* が使える。「物的財産」は material possessions,「文明の利器」は modern conveniences で表せる。他の箇所の表現との兼ね合いで語数を減らす必要があれば，〈解答例〉の**〈賛成論の場合〉**から and using modern conveniences の部分を省けばよい。

④何でもお金で買えるわけではないのだ。

▶「～はお金では買えない」

● 人を主語にした You〔We〕cannot buy ～ with money. や，それを受動態にした ～ cannot be bought with money. でよいが，money を主語にした Money cannot buy ～. という表現も覚えておきたい。

▶〈解答例〉の**〈反対論の場合〉**の全訳と語句解説を以下に示しておく。

　私は著者の意見に反対だ。今日，私たち日本人は，物質的な豊かさだけでなく，平和と自由，よい教育や進んだ医療にも恵まれている。こうした恩恵すべてを私たちは享受しているが，これは日本の歴史の中でこれまでなかったことである。だから日本人には，自分たちが今本当に幸せだと思える十分な理由があるのだ。

● material wealth〔affluence〕「物質的な豊かさ」 advanced medical care「進んだ医療」 This is the first time (that) S V「SがVするのは今回が初めてである」 benefit「恩恵」 have every〔good / enough〕reason to *do*「～するだけの十分な理由がある」 genuinely〔really〕「本当に」

問1 Japan has become a greater economic power than ever before, and we are enjoying a more convenient and pleasant life than any of our ancestors experienced.

〈別解〉The economy of Japan is now more developed than at any other time in history, so we are enjoying a lifestyle that is more convenient and comfortable than that experienced by any of our ancestors.

問2 〈賛成論の場合〉I agree with the author. It is true that Japan has become a wealthy country in the material sense, but I believe that true happiness comes from achieving spiritual richness. You cannot feel really happy simply by having a lot of material possessions and using modern conveniences. Money cannot buy everything.（51語）

〈反対論の場合〉I disagree with his opinion. These days we Japanese have not only material wealth but also peace, freedom, good education and advanced medical care. This is the first time in the history of Japan that we are enjoying all these benefits. Therefore, the Japanese have every reason to feel genuinely happy now.（52語）

解答例

55 2011年度〔4〕

次のグラフを見て，問1，2に英語で答えなさい。

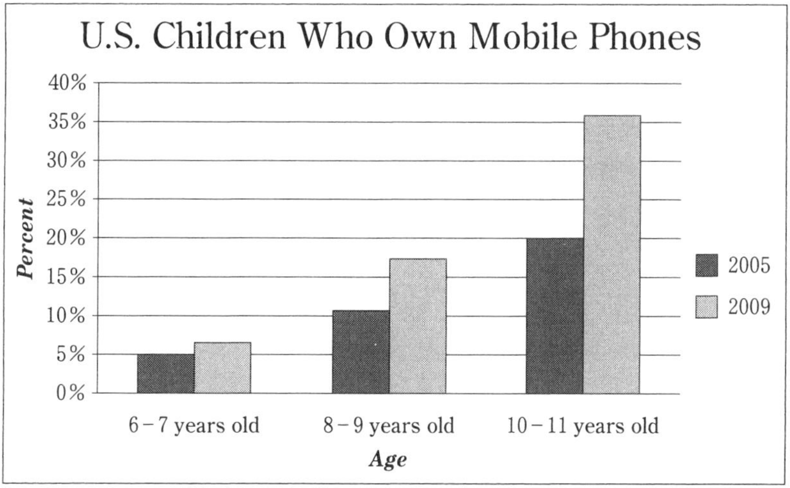

問1　What does this graph tell us? Write a paragraph of around 60 words. Include one brief introductory sentence that outlines the general trend, and two sentences that discuss some specific details from the graph.

問2　At what age do you think people should get their first mobile phone? Write another paragraph of around 60 words giving your opinion. Include reasons to support your opinion.

解 説

問1

設問の要求

✓グラフからわかることを60語程度の1段落構成の英文で書くこと。
✓全般的な傾向の概略を述べる短い導入文を1文と，細部の特徴を論じる2文を含む3文構成とする。

アプローチ

● グラフは，2005年と2009年におけるアメリカの子供の携帯電話の所有率を3つの年齢層に分けて示したものである。まずは，グラフから全般的な傾向と細部の特徴をしっかりと読み取る必要がある。
● グラフから読み取れる全般的傾向と言えるのは，2005年から2009年にかけて，3つのどの年齢層でも携帯電話の所有率が上昇したという点であろう。
● 次に，グラフから細部の特徴と言えそうなものを探すと，例えば，携帯電話の所有率の増加の割合が，年齢が高くなるほど大きくなっていることと，それに関連して，特に10～11歳の年齢層では，2005年と比べて2009年には所有率がほぼ倍増した（または，2009年には3分の1以上が持つようになっていた）ことが挙げられるのではないか。

内容案

①携帯電話を持つ子供の割合が2005～2009年で増加 → ②6～7歳での増加率は少なく，10～11歳で最大 → ③2005年では10～11歳の5分の1が所有。一方，2009年では10～11歳の3分の1以上が所有（①：全般的傾向，②：細部の特徴1，③：細部の特徴2）

英語で表現

①このグラフによれば，携帯電話を持つアメリカの子供の割合は，2005年から2009年の間で増加した。

▶「このグラフによれば…」
● According to this graph, … のほか，The graph shows〔tells us〕that …「このグラフは…ということを示している」という表現でもよい。

▶「携帯電話を持つアメリカの子供の割合が増加した」
● the percentage of U. S. children who had mobile phones increased や a great percentage of children in America had a mobile phone と表現できる。これに，regardless of the age group「年齢層を問わず」や in all the age groups「どの年齢層でも」などを加えてもよいだろう。

②6～7歳の子供では増加は少なかったが，10～11歳の年齢層では増加率は最も大

きかった。

▶「6～7歳の子供では増加は少なかった」

● 「6～7歳の子供」は，6- to 7-year-olds / 6 to 7-year-olds / children between 6 and 7 years old〔years of age〕/ children aged 6 to 7など，さまざまな表し方がある。そこで，「6～7歳の子供では増加は少なかった」は，例えば，the increase was moderate among 6- to 7-year-olds「6～7歳の子供たちの間では増加は穏やかだった」や，the rate of ownership was not so high among children aged 6 to 7「6～7歳の子供たちの間では所有率はそれほど高くなかった」といった表現が使える。また，「6～7歳の子供たちの間では」の部分を，among the youngest group「最若年層の間では」と，具体的な年齢を示さずに表すこともできる。

▶「10～11歳の年齢層では増加率は最も大きかった」

● 手前で the increase was moderate among 6- to 7-year-olds と述べたなら，それに合わせて，and (the increase was) the highest among 10- to 11-year-olds としてつなげるのが最も簡単だ（カッコ内は省く）。The rate of ownership was the highest among children between 10 and 11.「10～11歳の年齢層の子供の所有率が最も高かった」といった表現でもよい。

● また，「年齢が高くなればなるほど，いっそう多くの子供たちが携帯電話を持つ傾向があった」と言いたければ，The＋比較級 ～, the＋比較級 ….の構文を使って，the older the children were, the more likely they were to have a mobile phone などとすればよい。

③ 2005年では10～11歳の子供の5分の1しか携帯電話を持っていなかったが，2009年には10～11歳の子供の3分の1以上が持っていた。

▶「2005年では10～11歳の子供の5分の1しか携帯電話を持っていなかった」

● only a fifth of the children between 10 and 11 years old had a mobile phone in 2005 などと表現できるが，分数の表記は間違えやすいので要注意。また，「10～11歳の子供」のところは，ワンパターンにならないように，できれば，先に「6～7歳の子供」を表すのに用いた表現とは別の言い方にしておくといいだろう。

▶「2009年には10～11歳の子供の3分の1以上が持っていた」

● a mobile phone の繰り返しを避けて，代名詞の one に置き換え，more than a third had one in 2009 としたい。「4年でほぼ2倍になった」と言いたければ，「倍増する」という意味の動詞の double を使って，almost doubled for four years〔during the four years〕と表現できる。〈別解〉では，この double を分詞構文で用いて，…, almost doubling among children aged 10 to 11「…し，10～11歳の子供の間ではほぼ倍増した」という表現を用いている。

問2

設問の要求

✓携帯電話を初めて持つべき年齢についての自分の考えを，60語程度の（問1とは）別の1段落構成の英文で書くこと。

✓主張を支える理由を，その文章の中に複数含めること。

アプローチ

● 「主張＋理由」という構成で書こう。携帯電話を初めて持つべき年齢をまず提示することになる。その際，あらかじめ複数個の理由を思い浮かべられる年齢を設定すること。なお，語数制限を考えると，理由は2つで十分であろう。「何歳以下は持つべきではない」といった書き方もできる。

● 理由としては，小さいうちから持つことを容認する案**〈早期容認案〉**では携帯電話の利点を述べ，逆に，大きくなるまでは持つことを制限する案**〈制限案〉**では携帯電話の弊害を挙げることになるだろう。

内容案

〈早期容認案〉

① 10歳くらいで持たせるべき → ②この時期には，塾通いを始めて帰宅も遅くなる子供が多くなる → ③携帯があれば，親はいつでも子供と連絡が取れるので安心 → ④今の子供はハイテク機器を使い慣れておく必要もある（①：主張，②・③：理由1，④：理由2）

英語で表現

① 10歳くらいで携帯電話を初めて持たせるべきだと思う。

▶「携帯電話を初めて持たせるべきだ」

● 〈解答例〉では children should get their first mobile phone「子供は自分の最初の携帯電話を手に入れるべきだ」としているが，children should be allowed to have a mobile phone「子供は携帯電話を持つことを許されるべきだ」としてもよい。

▶「10歳くらいで」

● at around〔about〕age ten や when they reach the age of ten or so などが使える。

②この年齢になると，多くの子供が塾に行くようになり，帰宅が夜遅くなり始める。

▶「この年齢になると」

● 新たな文の冒頭で At this age, … と書いてもよいが，〈解答例〉のように，手前の around age ten を先行詞とする，非制限用法の関係副詞の when に「そしてこの年齢になると…」という意味を持たせるやり方もある。

▶「多くの子供が塾に行くようになり，帰宅が夜遅くなり始める」

● many〔a lot of〕children〔kids〕start going to cram school and coming home late at night と表現できる。start *doing*〔begin to *do*〕「〜し始める」，cram school「塾」，late at night「夜遅く」といった語句はどれも必修表現。

③携帯電話があれば，親はしたい時にいつでも子供と連絡が取れるので安心できる。

▶「携帯電話があれば」

●ここでは「子供が携帯電話を持っていれば」という趣旨なので，（親を you，その子供を your child で表すなら）if your child has a mobile phone となる。

▶「親は子供と連絡が取れるので安心できる」

●you (can) feel assured because you are able to make contact with him or her や you don't need to worry because you can call him or her などと表現できる。〈解答例〉では分詞構文を使って，you can feel assured, being able to call him or her としている。

▶「したい時にいつでも」

●whenever〔anytime〕you want to とすればよい。

④さらに，今の子供は幼い時からハイテク機器の扱いに慣れておく必要がある。

▶「今の子供は」

●children today〔nowadays〕がおすすめ。recent〔present〕children などとは言わないので注意しよう。In this modern age〔world〕, children …「現代では，子供たちは…」といった表現でもよい。

▶「幼い時から」

●「早い時期から」と考えて from an early age としよう。from a very young age でもよい。

▶「ハイテク機器の扱いに慣れておく必要がある」

●need to get used to using high-tech gadgets〔equipment〕や need to get accustomed to handling technological devices とすればよい。get used〔accustomed〕to *doing* は重要表現の一つ。to が前置詞であることに注意しよう。

▶〈解答例〉の**〈制限案〉**の全訳と語句解説を以下に示しておく。

18 歳以下の子供には携帯電話を持たさないようにすべきだと思う。携帯電話を使うと，不適切な内容の多量の情報に容易にアクセスできてしまうので，子供には益より害のほうが大きくなる。さらに，人とじかに会って会話することは子供たちのソーシャルスキルを伸ばすのに不可欠だと思うのだが，携帯電話があると，そうした対面コミュニケーションの必要性が減ってしまうのだ。

●children under (the age of) eighteen「18 歳以下の子供」 prohibit *A* from *doing*「*A* が〜するのを禁じる」 do *A* more harm than good「*A*（人）にとって，益より害のほうが大きい」 with a lot of information (that is) unsuitable for them being easily accessible through it「彼らにとって不適切な多量の情報が，それ（＝この現代的な機器である携帯電話）によって容易にアクセスできる状態になるので」（付帯状況の with，つまり with O C「OがCの状態で〔なので〕」を用いた表現。a lot of information unsuitable for them が O，being easily accessible through it が C に相当する） face-to-face communication「対面コミュニケーション，人とじかに会って話をすること」 indispensable〔essential〕「不可欠な」

問1 According to this graph, the percentage of U. S. children who had mobile phones increased between 2005 and 2009. The increase was moderate among 6- to 7-year-olds and the highest among 10- to 11-year-olds. Only a fifth of the children between 10 and 11 years old had a mobile phone in 2005, but more than a third had one in 2009.（60 語）

〈別解〉This graph tells us that a great percentage of children in America had a mobile phone in 2009 than in 2005, regardless of the age group. Specifically, we can see that the older the children were, the more likely they were to have a mobile phone. Moreover, mobile phone ownership increased more rapidly among older children, almost doubling among children aged 10 to 11.（64 語）

問2 〈早期容認案〉I think children should get their first mobile phone at around age ten, when many kids start going to cram school and coming home late at night. If your child has a mobile phone, you can feel assured, being able to call him or her whenever you want to. Besides, children today need to get used to handling high-tech gadgets from an early age.（64 語）

〈制限案〉I think children under the age of eighteen should be prohibited from having a mobile phone. This modern device does children more harm than good, with a lot of information unsuitable for them being easily accessible through it. Moreover, mobile phones reduce the need for face-to-face communication, which I believe is indispensable in developing young people's social skills.（58 語）

解答例

56

2010 年度〔4〕

次の文章の下線部(1)，(2)を英語に訳しなさい。

最近，プリペイドカードの普及が進んでおり，私たちの暮らしは飛躍的に便利になった。(1)このごろでは，たとえ現金を持っていなくても，乗り物に乗り，食事をして，ちょっとした買い物をすることすらできてしまう。大学でも，食堂でプリペイドカードを使う学生の姿をしばしば見かけるようになった。(2)このような変化は時代のニーズに即したものである反面，「お金を使う」という意識が薄れてしまう危険性を指摘する人もいる。

解　説

(1) **このごろでは，たとえ現金を持っていなくても，乗り物に乗り，食事をして，ちょっとした買い物をすることすらできてしまう。**

▶「このごろでは」

●この文の内容は現在形で表現するほうが易しいので，現在完了形や過去形と相性のよい recently や lately ではなくて，these days / nowadays / today のほうを使うことをおすすめする。ちなみに，recently を使うなら，例えば，Recently, prepaid cards have enabled us to *do*. といった，現在完了形を用いた訳出をすることになる。

▶「たとえ現金を持っていなくても」

●even if we don't have any cash with us / even if we〔you〕have no money with us〔you〕 もっと簡単に，without cash としてもよい。

▶「乗り物に乗り」→「公共交通機関を利用する」

●上のように言い換えて，take〔use〕public transportation〔transit〕とするほかに，take〔use / ride〕buses and〔or〕trains と，具体的に表現することもできる。

▶「食事をして」→「外食をする〔レストランで食事をする〕」

●eat out / have〔eat〕a meal at a restaurant

▶「ちょっとした買い物をする」

● do some〔a little〕shopping / buy some things

(2) **このような変化は時代のニーズに即したものである反面,「お金を使う」という意識が薄れてしまう危険性を指摘する人もいる。**

▶「～である反面, …する人もいる」

● Though〔Although / While〕～, some people …. / ～, but (on the other hand,) some people …. / ～, but at the same time, some people ….

▶「このような変化」

● this (kind of) change / these changes / changes like this / this trend

▶「時代のニーズに即したものである」

● ここは, やや難度の高い部分だが, be in response to the demands of the times / meet the needs of people today のほかにも, meet the needs of the times〔age〕/ meet our current needs / reflect the tendency of our times など, meet や reflect という動詞に, the tendency〔needs / demands〕of ～ を組み合わせれば何とか表現できる。

▶「～を指摘する」

● point out ～ / point out that ～ のほか,「～だと警告〔主張〕する」と考えて warn〔argue〕that ～ としてもよい。

▶「『お金を使う』という意識が薄れてしまう危険性」

● ここが第2の難所だ。直訳風に処理すれば, the risk that we may become less conscious〔aware〕of spending money などとなる。また, 上で紹介した, point out that ～ や warn〔argue〕that ～ のように, that 節で書く場合には, that we may be at the risk of losing the sense that we are spending money などとできる。

解答例

(1) These days, even if we don't have any cash with us, we can use public transportation, eat out, and even do some shopping.

〈別解〉Nowadays, even if we have no money with us, we can take buses and trains, have a meal at a restaurant, or even do a little shopping.

(2) This kind of change is in response to the demands of the times, but at the same time, some people point out the risk that we may become less conscious of spending money.

〈別解〉While these changes meet the needs of people today, some people warn that we may be at the risk of losing the sense that we are spending money.

57

2009年度〔4〕

次の文章の下線部(1)，(2)を英語に訳しなさい。

(1)ここ数年，さまざまな国際集会において，とくにアジアからの出席者の間から，「日本はほとんど西洋化してしまったように思えるのに，日本文化や日本の伝統が存在すると言えるのか」という質問を受ける。アジアの国々の中でも，少なくとも外見的には，日本は最も西洋化をとげた国であるようにみえる。衣食住などあらゆる日常生活の要素に，それが現れているのは明らかな事実である。

いま，こうした生活の中にあって，何をもって「日本文化」，「日本の伝統」とするかは決して容易なことではない。アジアの人々からの質問に応答するのも，実際大変難しい。茶道に華道に能や歌舞伎という答えは，本当のところ答えにはならない。生活の中にある「文化」でなければならない。その生活の中にあるものは，およそ「伝統」と遠いものばかりである。(2)アジアの人たちでなくとも，「日本文化」はどこにあるのかと疑うのは当然である。

（青木保『「日本文化論」の変容』）

解　説

(1) **ここ数年，さまざまな国際集会において，とくにアジアからの出席者の間から，「日本はほとんど西洋化してしまったように思えるのに，日本文化や日本の伝統が存在すると言えるのか」という質問を受ける。**

▶「ここ数年」

● for〔in〕the last〔past〕few years / for〔in〕several years now / in recent years
こうした語句を現在完了時制の文で用いるのがよいだろう。

▶「…という質問を受ける」

● 〈解答例〉のように，I have (often) been asked, "… ?" と受動態にしてもいいし，〈別解〉のように，質問者（＝アジアからの出席者）を主語にして能動態にすることもできる。「…という質問」の部分を，this question : / a question like this : / the following question : と表現し，質問内容をコロンで導く方法もある（〈別解〉参照）。

▶「さまざまな国際集会において」

● at various international meetings〔conferences〕とするほかに，〈解答例〉のようにＩを主語にしている場合には，when attending various international meetings〔conferences〕とすることもできる。

▶「とくにアジアからの出席者の間から」→「参加者，とくにアジアの国々からの人々によって」

● 〈解答例〉のように受動態を用いている場合は，上のように読み換えて，by participants, especially by those from Asian countries とすればよい。〈別解〉では，「参加者，とくに同胞のアジア人たち」(attendees, especially fellow Asians) と訳出している。「アジアの人たち」は Asian people でもよい。「出席者」は those present でもかまわない。

▶「日本文化や日本の伝統が存在すると言えるのか」

● Can you say that Japan still has its own culture and traditions ? / Can you say that Japanese culture and traditions still exist ? と，直訳的に処理できる。

▶「日本はほとんど西洋化してしまったように思える」

● seem の語法（It seems that S *do* … = S seems to *do* …）を正しく使うことが大切。westernize「～を西洋化する」を受動態で用いて，Japan seems to be〔have been / have become〕almost completely〔totally〕westernized / it seems that Japan is〔has been / has become〕almost completely〔totally〕westernized などとできる。

▶「…のに」

● 「…は存在するのか」という問いかけは，「…はもう存在していないのではないか」という問題提起であり，ひょっとすると「…はもう存在していないじゃないか」という気持ちが含まれている可能性もあるのだ。そこに思い至れば，「日本はほとんど西洋化してしまったように思えるのに」という部分は，こうした問題提起をするための「根拠」として機能していることがわかる。したがって，「のに」の部分は though 節や while 節で処理するのではなく，次のように読み換えるほうが，英語としてはいっそう論理的になる。

《読み換え①》「日本はほとんど西洋化してしまったように思えるということを考えると（considering〔given〕that ～ / when ～），…はもう存在していないのではないか」

《読み換え②》「日本はほとんど西洋化してしまったように思えるので（since〔because〕～），…はもう存在していないのではないか」

(2) アジアの人たちでなくとも，「日本文化」はどこにあるのかと疑うのは当然である。

▶「～するのは当然である」

● It is quite natural that S should *do* / It is not surprising that S should *do* こうした表現の that 節内で用いられる感情・判断の should は，必ず使わなければならないものではない。(例) It is quite natural that she should get〔she gets〕angry.

▶「『日本文化』はどこにあるのかと疑う」

●「…はどこにあるのだろうかと思う」と考えて wonder where … is とするのが一番簡単だが，〈解答例〉のように「…はまだ（本当に）存在するのかどうかと疑う」と読み換えて doubt whether … still（really）exist としたり，〈別解〉のように，wonder where（on earth〔in the world〕）S can still find …「Sがまだ…を見つけることが（いったい）できるのだろうかと思う」といった意訳的な処理もできる。また，"Does Japanese culture really exist ?" といった，疑問文を用いた表現にすることも可能だ。

● ちなみに，問題文では「日本文化」に引用符がついているが，英語では，"Japanese culture" としてもよいし，引用符なしで Japanese culture と書いてもかまわない。

▶「アジアの人たちでなくとも」

● not only our fellow Asians, but（also）others / people, even if they are not Asians, / non-Asian people as well as Asians / all foreigners, not only Asian people, などとできる。

解答例

(1) In the last few years, at various international conferences, I have often been asked by participants, especially by those from Asian countries, "Can you say that Japan still has its own culture and traditions, considering that Japan seems to have been almost completely westernized ?"

〈別解〉For several years now, at various international meetings, some attendees, especially fellow Asians have asked me this question : "Can you say that Japanese culture and traditions still exist, since it seems that Japan has become almost totally westernized ?"

(2) It is quite natural that not only our fellow Asians but（also）others（should）doubt whether "Japanese culture" still really exists.

〈別解〉It is not surprising that people, even if they are not Asians,（should）wonder where（on earth）they can still find Japanese culture.

58

2008年度〔4〕

次の文章の下線部(1)と(2)を英語に訳しなさい。

(1)1950年代の前半には，東京で育った男が，パリで暮らすようになっても，少くとも日常生活において，大きな相違を感じることはなかった。(2)私の場合も，フランスで初めて地下鉄を見たのではなく，東京で乗り慣れた交通機関がパリではもう少し便利にできていると思ったにすぎない。制度上の根本的な相違におどろいたのではなく，同じような制度の運営の仕方に，いくらかの相違を認めたにすぎない。珈琲は珍しい飲み物ではなく，寝台に寝るのは，本郷の病院以来の習慣であった。私の第一印象は，彼我の相違ではなく，相似であった。

（加藤周一『続 羊の歌』）

解　説

(1) **1950年代の前半には，東京で育った男が，パリで暮らすようになっても，少くとも日常生活において，大きな相違を感じることはなかった。**

▶「1950年代の前半には」

●In the early 1950s や In〔During〕the first half of the 1950s とする。the を抜かしたり，1950s の s を忘れたりしがちなので注意しよう。

▶「東京で育った男が，パリで暮らすようになっても」→「東京で育てられた男がパリで暮らし始めた場合に」

●if a man (who had been) brought up in Tokyo started to live in Paris / when a guy who had been (born and) raised in Tokyo moved to Paris など。

●日本語の「…するようになっても」には even if 節を使いたくなるが，even if S V は「S が V しない場合はもちろんのこと，たとえ S が V する場合でも（…だ)」という意味なので，本問の訳出には使えない。

▶「少くとも日常生活において，大きな相違を感じることはなかった」

●〈解答例〉のように，he didn't feel much difference(,) at least in his daily life と比較的素直に訳出できる。

●次のように「東京で育った男」を主語にして訳出することもできる。a man (who had been) brought up in Tokyo didn't find any big differences(,) at least about his everyday life, if〔when〕he went to live in Paris

●この場合，「過去の事実」として述べずに，自分の体験をもとにして頭の中で一般化して「～した男なら…したであろう」という想定として述べるなら，仮定法過去完了を使って，a man (who had been) brought up in Tokyo wouldn't have felt〔found / thought〕… としてもよい。

●〈別解〉では，felt の目的語に that 節を用いて，その節中で be different from を使って訳出した例を示しておいた。

(2) **私の場合も，フランスで初めて地下鉄を見たのではなく，東京で乗り慣れた交通機関がパリではもう少し便利にできていると思ったにすぎない。**

▶「私の場合も」→「(例えば）私の場合は／私に関して言えば」

●上のように読み換えて In my case, (for example) / As for me とすれば，英語として自然な表現となる。「例えば，私は…」(For example, I …）でもよい。

●日本語の「も」にこだわって also などを使いたくなるが，前文で，他の具体的な人物の例が挙げられている場合ならともかく，筆者も含めた一般論しか前文で述べられていないこの問題文では，also を使うと非論理的になる。

●英文を書く際には，英語として論理的かどうかをいつも意識しよう。日本語を一言一句，英単語に単純に置き換えるだけではダメな場合を，数多く体験することが大切。

▶「フランスで初めて地下鉄を見たのではなく」→「私が初めて地下鉄を見たのはフランスにおいてではなかった。そして」

- 〈解答例〉では強調構文を使って訳出している。
- 「フランス」を主語にして France was not the first country〔place〕where I saw a subway「フランスは，私が地下鉄を見た最初の国〔場所〕ではなかった」としてもよい。
- 「地下鉄」を主語にして a subway, which I saw in France, was nothing new to me「地下鉄を，私はフランスで見たが，それは私にとって目新しいものではなかった」とする処理も可能だ。

▶「…と思ったにすぎない」

- I just〔simply〕thought〔felt〕that … とすればよい。

▶「東京で乗り慣れた交通機関がパリではもう少し便利にできている」→「パリのこの交通機関は，東京で私が慣れていたものよりもほんの少し便利である」

- 時制の一致を行う結果，述語動詞が過去形や過去完了形になることに注意。「この交通機関」は this transportation system でもよい。要するにパリの地下鉄のことを指しているのだから，the subway there〔in Paris〕でも十分だ。
- 「東京で乗り慣れた」は「東京でよく利用していた」と読み換えて the one〔the subway〕I had often used〔taken〕in Tokyo や，that in Tokyo (,) which I had been familiar with「慣れ親しんでいた東京の地下鉄」など，自分が使いこなせる頻出表現をうまく利用して，文法的に正しく書くことを心がけよう。

解答例

(1) In the early 1950s, if a man brought up in Tokyo started to live in Paris, he didn't feel much difference, at least in his daily life.
〈別解〉During the first half of the 1950s, a man who had been raised in Tokyo wouldn't have felt that daily life in Paris was much different from that in Tokyo.

(2) In my case, for example, it was not in France that I saw a subway for the first time, and I simply thought that this means of transportation in Paris was a little more convenient than the one I had been used to in Tokyo.
〈別解〉As for me, France was not the first country where I saw a subway. I just found that this transportation system was a little more convenient in Paris than the one I had been familiar with in Tokyo.